LE SIÈCLE DES DICTATEURS

Sous la direction
d'OLIVIER GUEZ

LE SIÈCLE DES DICTATEURS

PERRIN Le Point

MIXTE
Papier issu de
sources responsables
FSC® C003309
FSC
www.fsc.org

Pocket, une marque d'Univers Poche,
est un éditeur qui s'engage pour la préservation
de l'environnement et qui utilise du papier fabriqué
à partir de bois provenant de forêts gérées
de manière responsable.

ISBN : 978-2-266-29852-0
Dépôt légal : octobre 2020

SOMMAIRE

PRÉFACE

par Olivier GUEZ

La première fois, c'était dans un train, une nuit de novembre 1984. Des aboiements me réveillèrent en sursaut. J'entrouvris le rideau du compartiment, une fente, à peine. De grandes bottes gesticulaient devant la fenêtre embuée et des uniformes vert-de-gris patrouillaient le quai, chiens en laisse. Leurs lampes torches fouillaient la rame plongée dans les ténèbres. Certains, accroupis, scrutaient les essieux, d'autres, les espaces entre les voitures, « à la recherche d'espions », dis-je à mes sœurs le lendemain – j'avais dix ans. Nous venions d'entrer en RDA, en route vers Berlin-Ouest : c'était mon premier contact avec une dictature, et avec un dictateur, un vieil homme aux cheveux blancs coiffés en arrière, le visage placide, mangé par d'austères lunettes d'écaille. Un portrait géant d'Erich Honecker ornait le quai de la gare inconnue.

La deuxième fois, ce fut à Prague, quatre ans plus tard, au couchant de la guerre froide. Je ne sais plus si l'effigie du premier secrétaire du parti communiste, Milous Jakes, s'affichait sur les murs de la ville, mais je me souviens d'une atmosphère asphyxiante, de gens fuyants, et de leurs visages anxieux lorsque nous leur demandions un renseignement anodin. Le quartier du Château était quadrillé par la police et la milice.

La troisième fois, c'était sous les tropiques, au printemps 2002. Cuba mourait de faim, ses fils vendaient ses filles pour une poignée de dollars aux touristes européens, mais consacraient d'immenses ressources à la propagande du régime. L'île était tapissée d'icônes du Che, de slogans à la gloire de la révolution, et de musées, parfois minuscules, dans les villages retraçant l'épopée de Fidel et de ses *barbudos* dans la Sierra. Le passé, antérieur à la révolution, n'existait pas, comme si Cuba avait émergé des flots le 1er janvier 1959 – le jour où Batista fut chassé. Le 11 avril eut lieu une tentative de coup d'État contre Hugo Chavez, le président vénézuélien, allié du régime. Fidel Castro discourut pendant des heures, comme à son habitude, une allocution retransmise en direct par les télévisions et les radios du pays. Le lendemain, les huit pages de *Granma*, le quotidien du parti communiste, reproduisaient l'intégralité de l'intervention du vieux dictateur.

Entre Prague et La Havane, j'étudiai à Londres. Lorsque mourut Deng Xiaoping, le 19 février 1997, je courus voir mon ami Ammer qui vivait à l'autre extrémité du sixième étage de notre résidence. En une de *Libération*, le portrait noir et blanc du Petit Timonier (1,52 m) était si remarquable qu'une idée (navrante) nous vint : tapisser notre corridor de posters de dictateurs. La porte de ma chambre arbora ainsi le visage de Saddam Hussein des mois durant. Notre éventail de despotes ressemblait au sommaire de ce livre – manquaient cependant les bruns et les noirs : notre incorrection politique (ou plutôt notre imbécillité) avait ses limites. La mort de Deng Xiaoping clôturait un XXe siècle sanglant et mortifère, endeuillé par les crimes de Hitler, de Mao et de Staline, et de tant d'autocrates, sur tous les continents.

Depuis Pisistrate, le premier tyran de la Grèce archaïque, des hommes exercent férocement leur puissance personnelle, hors de tout contrôle et de toute loi, à l'encontre de leurs tribus. Il y eut des Césars romains dont les sanguinaires Caligula et Néron, des despotes plus ou moins éclairés, des souverains absolutistes et des bouchers sanguinaires comme Qin Shihuang, le premier unificateur impérial de la Chine, qui enterrait vifs les lettrés, et dont Mao se vanta d'être l'héritier ; ou Mohammed Tughluq, sultan de Dehli, qui rasa sa capitale pour son bon plaisir. Mais jamais les dictateurs n'ont autant proliféré qu'au siècle dernier, comme si le progrès et la technique, ses deux matrices, s'étaient retournés contre lui. À son mitan, l'État moderne reposait sur une organisation pyramidale hyper-structurée et centralisée de type bureaucratique, détenant le monopole de la violence « légitime » et d'institutions onéreuses et complexes, les télécommunications, le complexe militaro-industriel. Lorsque cet appareil tentaculaire passa aux mains des dictateurs, la violence se déchaîna avec une intensité sans précédent.

Tous étaient des hommes. Insomniaques, ascètes ou sexopathes, impassibles ou éructant, souvent de petite taille (Kim Jong-il, Lénine, Staline, Franco, Mussolini mesuraient moins de 1,70 m), ils adoraient se pavaner en uniforme, bardés de médailles et de titres ronflants, l'air martial, ombrageux, toujours menaçant. Le Führer, le Duce, le Petit Père des peuples, le Grand (et le Petit) Timonier, le Lider, le Caudillo, le Guide, le Bienfaiteur ou le Conducator… Ils ont scandé l'histoire du XXe siècle, le siècle des dictateurs.

À l'origine, ils n'étaient rien ou pas grand-chose. Des illuminés, des marginaux, des passe-muraille ; des agitateurs ou des militaires frustrés qui rongeaient leur frein dans des cantonnements de province : ces ratés mythomanes et revanchards ne se seraient jamais approchés du pouvoir sans un coup de pouce (ou de pied) du destin. Les dictateurs surgissent toujours du chaos – conflits, révolutions, crises économiques. La Grande Guerre fut la matrice de la barbarie européenne au XXe siècle. À son déclenchement, Lénine, Hitler et Mussolini bénirent le ciel. À son terme, défaits ou victorieux, les combattants qui avaient survécu à quatre ans de feu roulant, de bombardements aériens et d'attaques au gaz dans les tranchées revinrent du front désespérés, convaincus d'avoir été dupés. Le vieux monde – la « civilisation des mœurs » chère à Norbert Elias –, policé par des siècles de civilité aristocratique, se disloqua. Immédiatement, en Russie puis en Italie, quelques années plus tard en Allemagne et dans presque toute l'Europe centrale, après que la Grande Dépression eut ruiné des millions de gens et fait s'effondrer les républiques en sursis, partout le même scénario (y compris en Espagne, pays qui n'avait pas participé à la guerre, et même en Chine dans un contexte différent) : chômage, inflation ; décomposition politique ; anarchie, règlements de comptes (et parfois même guerre civile), impuissance des autorités. Un sauveur charismatique s'imposait. Les foules, composées d'individus furieux et amers, étaient prêtes au grand basculement. « Dans un monde toujours changeant et incompréhensible, les masses avaient atteint le point où elles croyaient simultanément tout et rien, où elles pensaient que tout était possible et que rien n'était vrai », écrit Hannah Arendt dans *Les Origines du totalitarisme*. Au milieu des années 1930, plus de la moitié des États européens étaient dirigés par des despotes. La guerre totale élargit leur empire.

Le second XXe siècle commença dans les décombres du Berlin nazi. En Europe centrale et orientale, l'Union soviétique infligea son socialisme totalitaire et ses marionnettes (sauf en Yougoslavie et en Albanie) à la tête des nations qu'elle avait conquises. Elle brisa les rêves éphémères d'émancipation de la Hongrie, de la Tchécoslovaquie et de la Pologne. Des dictateurs s'y perpétuèrent jusqu'à la chute du Mur.

En Asie, en Afrique et en Amérique latine, la guerre froide et la désintégration des empires coloniaux furent les catalyseurs d'une seconde vague, plus rouge que noire. Révolutions et coups d'État se succédaient ; des ruines de la décolonisation émergèrent des hommes « forts » qui confisquèrent l'indépendance de leur pays tout en l'appariant à l'une des deux superpuissances. Les États-Unis soutinrent Pinochet, Stroessner, Mobutu et les Duvalier, l'URSS, Assad père, Saddam

Hussein, Castro et Kadhafi. Ils furent des pions du grand échiquier de leur parrain qu'ils épaulaient au Conseil de sécurité de l'ONU. En échange, la stabilité de leur régime était assurée et ils avaient toute latitude pour tourmenter leur population et s'enrichir en toute impunité.

Chaque chapitre dissèque le dictateur au pouvoir. Les premières semaines sont cruciales, il doit imposer sa volonté de puissance, restaurer l'ordre, transformer la société en un État caserne dont il est le donneur d'instructions, comme un dompteur. Aussitôt, l'opposition est bannie, les médias et les intellectuels censurés, ses adversaires exilés, enfermés, torturés ou assassinés. Il dissémine ses mouchards afin d'épier la société et encourage la délation. Le guide suprême surveille aussi ses surveillants : plus rien ne lui échappera. La population comprend, avant de l'éprouver, que les moindres transgressions seront punies sévèrement ; qu'elle se tienne tranquille (et ne se mêle surtout pas de politique) et elle pourra jouir d'alvéoles de liberté, en famille, au stade, en bord de mer, parquée dans les nouvelles résidences que le régime s'apprête à édifier.

Parallèlement, ses partisans prennent en main la police, l'armée, les services secrets, et accèdent aux plus hautes responsabilités. Ils l'accompagnent depuis le début du mouvement et forment une clique autour de lui. Mais aucune ne peut s'implanter durablement. Le dictateur est habile à ourdir des intrigues parmi ses acolytes et à manipuler leurs luttes de pouvoir. Souvent, il dédouble leurs fonctions, et les promeut, les rétrograde, et les promeut, avant un jour de les éliminer. Au bout de quelques années, tous les dirigeants lui sont redevables de leur place. Ils vivent sur le qui-vive : ils savent que leur chef dispose de leur vie et de leur mort.

Mais le *Vojd* ne peut se contenter d'effrayer et de réprimer. Il va remodeler la société, construire des villes, des ponts et des autoroutes (notamment entre l'aéroport et son palais). À la plèbe, il doit offrir du pain et exalter le courage, susciter la joie et l'espoir, en lui faisant miroiter un avenir grandiose, le Reich millénaire, l'aube communiste après le Grand Soir, l'Afrique unifiée, ou l'islam purifié de la gangrène de la modernité, un horizon toujours lointain qu'il faudra mériter par beaucoup d'efforts et de soumission, écrit Elias Canetti dans *Masse et puissance*. Il se grise de statistiques fantaisistes, et ment, tout le temps et impunément. « Paix » signifie guerre, « solidarité », égoïsme, « amour », haine : il vide les mots de leur substance ou plutôt les retourne contre eux. Il flatte le sentiment de persécution des déclassés qu'il nourrit en désignant un ennemi monstrueux, une double menace : l'« ennemi sous les murs » (à l'extérieur), l'« ennemi dans les caves » (l'opposition, les traîtres, les profiteurs, tous les agents de décomposition qui complotent contre la patrie), note Canetti. Il engage la lutte au nom d'une immense communauté, les morts et les vivants, et désormais le passé, le présent et l'avenir font front commun. Il les fédère en recourant aux mythes fondateurs – les Romains, la Reconquista, les premiers Germains, la guerre des paysans, les samouraïs… –, les mythes, « promesses et communions », selon Roger

Caillois. Jamais il ne parle au conditionnel mais toujours à l'impératif.

Le dictateur n'est pas seulement un auteur de fictions, c'est aussi un acteur et un metteur en scène remarquables. Du haut de son balcon, de la tribune d'un stade, à l'occasion d'un congrès du parti unique, il harangue son peuple. Sa voix murmure, glapit, éructe ; il empoigne les mots. Un grand cirque accompagne ses apparitions. Aux mythes restaurés, à la religion dont il est le prophète, il faut une pompe, des célébrations, des rites nouveaux : du kitsch et des exhibitions spectaculaires. À grand fracas, il fait défiler des gaillards musculeux et des jeunes filles vertueuses, des cohortes de soldats, de gymnastes et de missiles, portant fleurs, emblèmes et étendards, déguisés comme il se doit. À chaque dictature, ses parures, ses uniformes, la chemise noire, la veste Mao, la toque léopard, et des artifices qui font paraître ses légions plus fortes et plus volumineuses, comme jadis, dans les royaumes d'Afrique ou de Méso-Amérique, les despotes grimaient leurs guerriers de plumes, de tatouages et de masques de combat. L'ère nouvelle impose de tout chambouler ; les révolutions frappent d'autant plus les esprits qu'elles prétendent remodeler l'Homme et tutoyer l'universel. Le grand simplificateur impose son langage symbolique, le drapeau et l'insigne, l'adresse, le salut, l'hymne, et les timbres doivent porter sa marque (ou son visage), reconnaissable et aisément reproductible, les stimulus excitent et intimident.

Par essence, le tyran se méfie des individus. Du berceau au cimetière, il cherche à les encadrer et rêve de les fondre en une masse disciplinée. Comme au stade, remarque Canetti, il sait que les hommes se libèrent de leur phobie du contact et de leurs tabous dans la masse, et qu'ils s'y sentent égaux et invulnérables, « revêtus d'une immense cuirasse ». La masse les innocente. Ils peuvent franchir les limites de leur personne, et, s'ils sont bien manipulés, assassiner, en toute liberté ; le système les exonérera de leur responsabilité. À cette fin, le dictateur use et abuse de la propagande. Au XXe siècle, le siècle du Progrès, les journaux, le cinéma, la radio, la télévision lui ont fourni d'extraordinaires moyens pour violer psychologiquement les foules. Certains jouent sur l'enthousiasme, d'autres sur les antagonismes ou la peur, mais, quelle que soit leur stratégie, elle ne doit jamais s'arrêter, la répétition conditionne les esprits. La propagande s'adresse autant à la population sous emprise qu'aux observateurs (et aux idiots utiles, ses admirateurs) à l'étranger.

Le dictateur est un survivant paranoïaque. « Il est de tous les hommes celui qui veut le moins mourir… le sentiment de danger ne le quitte jamais », écrit Canetti. Alors, il demeure toujours sur ses gardes, à l'affût des complots et des conjurations qui se trament dans son dos. « Ses yeux sont partout et il ne faut pas non plus que lui échappe le plus petit bruit, car il pourrait contenir une intention hostile. » À ses ennemis qui se dissimulent, il arrache les masques inoffensifs. S'il ne les châtie pas immédiatement, c'est pour mieux les faire souffrir plus tard. Au moment voulu, il saura exploiter l'acte félon en exigeant une soumission totale, une trahison, l'apostasie. Nul ne doit savoir ce que le dictateur trame, pas même son conseiller le plus proche. Il est le « seul à avoir la clé du système-gigogne des secrets dans son entier » (Canetti). Si lui pénètre les corps, les foyers et les âmes de ses gens, il ne se laisse pénétrer par personne. Le secret garantit la surprise et entretient la peur.

Les hommes craignent la solitude et la liberté, vertigineuses. Après avoir vécu sous l'emprise du divin pendant des millénaires, ils ont toujours besoin d'espérer, de croire en quelque chose qui les dépasse. Les dictatures ont essaimé sur cette peur du vide, et ont développé une dimension mystique et religieuse, quelques décennies seulement après la mort proclamée de Dieu. Des dictateurs, et parmi les plus féroces, ont été adulés de leur vivant, notamment par l'intelligentsia, comme des ersatz du Très-Haut. Aux églises, aux temples ont succédé des statues monumentales érigées à la gloire du despote.

Les dictateurs racontés et analysés dans les excellents chapitres qui vont suivre me font penser à des requins, mais tous n'étaient pas de grands mangeurs d'hommes. Quels que fussent leurs méfaits, Franco et Honecker n'ont jamais nagé dans le même bassin que Hitler, Mao, Pol Pot et Staline, responsables de la mort de dizaines de millions d'hommes et de souffrances indicibles. Ils firent du meurtre un mode de gouvernement. Fanatiques déments mais calculateurs cyniques, tels des tueurs en série, ils passèrent leur société au laminoir avec un plaisir sadique. Ils purent compter sur des millions de complices opportunistes, veules et froids, comme Josef Mengele, l'employé modèle des usines de la mort nazies.

Dans *Les Origines du totalitarisme*, Hannah Arendt distingue les tyrans autoritaires des dictateurs totalitaires. Les premiers doivent composer avec une population et des ressources relativement réduites tandis que les seconds disposent d'un « matériau humain » considérable. « Il faut une matière première presque inépuisable pour nourrir la machinerie de la domination totale », écrit-elle. L'Allemagne hitlérienne n'est devenue totalitaire qu'après s'être emparée de gigantesques territoires à l'Est pendant la guerre. À la suite de ces conquêtes, elle massacra des millions de civils, à l'arrière du front et dans ses camps d'extermination. Les dictateurs totalitaires pensent en continents et en siècles (voire en millénaires). Ils façonnent l'Histoire, en quête d'un empire planétaire, même au prix de l'autodestruction : tous sont prêts à sacrifier les intérêts du régime et de leur pays à ceux de leur pouvoir personnel. Le « Grand Bond en avant » et la Révolution culturelle de Mao plongèrent la Chine dans le chaos ; les purges de Staline affaiblirent considérablement l'Armée rouge à la veille de « Barbarossa » ; les camps (transport, logistique) mobilisèrent de gigantesques ressources du IIIe Reich alors qu'il était en train de perdre la guerre. Tours, détours, revirements ; improvisations chimériques, folie furieuse : la raison d'État s'évanouit, les dictateurs totalitaires suivent leurs pulsions, leurs politiques anti-utilitaires, leur réalité fictive (les lois de la Nature, la race ; les lois de l'Histoire, le matérialisme), ils fixent des objectifs insensés, quelles qu'en soient les conséquences humaines, matérielles et environnementales. Infaillibles, égomaniaques, ils poussent jusqu'au paroxysme l'absolutisme du pouvoir absolu.

« Le dirigeant totalitaire doit à tout prix éviter que la normalisation devienne telle qu'un nouveau mode de vie puisse apparaître », remarque Hannah Arendt. Dans l'Allemagne de Hitler, dans l'URSS de Staline, dans la Chine de Mao, le calme est toujours précaire. Inquiets, imprévisibles, ils trouvent toujours de nouveaux obstacles à éliminer, les normes de sélection des victimes se radicalisent. Épurer, purifier, la machine est insatiable. Après s'être débarrassés de leurs concurrents et de leurs opposants, les tyrans lancent la chasse aux « ennemis objectifs » désignés au gré des circonstances et menacent bientôt les citoyens inoffensifs, le plus souvent choisis au hasard – il faut respecter les quotas d'arrestation, personne n'est jamais totalement innocent. « Le *suspect* englobe la population entière... Le châtiment n'est plus fonction du crime..., une conduite exemplaire ne met pas à l'abri. » À l'aube, la police secrète exécute les basses œuvres, la terreur règne.

Le goulag soviétique, le Laogai chinois, Auschwitz, Treblinka... L'arme fatale des dictateurs totalitaires, ce sont les camps (de travail, de rééducation, de concentration, d'extermination). Rasés, numérotés, affamés, les déportés sont poussés dans leurs derniers retranchements. Ils meurent d'épuisement ou assassinés d'une balle dans la nuque ou, industriellement, dans les chambres à gaz. Les camps détruisent la personne et la dignité humaines, de manière froide et systématique. Les morts entassés dans des fosses communes sont privés de sépulture. Les corps disparaissent, réduits en cendres, dans les fours crématoires nazis.

Jamais aucun conflit n'a massacré autant d'hommes que les dictateurs totalitaires au dernier siècle.

Deux dictateurs de ce livre sont encore au pouvoir : Bachar al-Assad et Kim Jong-un, les fils de leur père. Hybrides du marxisme et de la monarchie absolue de droit divin, les communistes forment parfois des dynasties. À Cuba, Raul Castro a remplacé son frère à la tête de l'État. En Iran, l'ayatollah Khamenei dirige la théocratie chiite depuis la mort de Khomeyni, son fondateur, il y a trente ans. Ailleurs, après la vague démocratique de la fin du XXe siècle, nourrissant l'illusion, éphémère, de la fin de l'Histoire, les dictateurs, Poutine, Erdogan, al-Sissi, sont de retour ou n'ont jamais quitté la scène, tels les pétro-monarques du Golfe. Au Levant, une tentative d'État totalitaire islamique a échoué ; son dictateur, le « calife » al-Baghdadi, est en fuite. En Europe émergent des « démocrates illibéraux » qui concentrent les pouvoirs ou mettent sur pied un système leur permettant de les concentrer tout en conservant une démocratie de façade. Dans la plupart de ces pays, on vote certes, mais avant le scrutin le potentat s'arrange pour disqualifier ses adversaires les plus sérieux et ensuite, si les résultats le déçoivent, il trouve un prétexte pour les faire annuler.

« Nous voici condamnés à vivre dans le monde où nous vivons. C'est une condition trop austère et trop contraire à l'esprit des sociétés modernes pour qu'elle puisse durer », écrivait François Furet en conclusion du *Passé d'une illusion*. Partout, y compris dans les démocraties les plus anciennes, on assiste à des poussées autoritaires, à des flambées fascistoïdes. La mondialisation – turbo-capitalisme, grandes migrations, réchauffement climatique, nouvelles technologies – angoisse les peuples. Ils sont à la recherche de certitudes, de repères, de hiérarchies, dans un monde bouleversé par une crise de modernité comparable à celles qui suivirent les deux premières révolutions industrielles. Comme leurs tristes devanciers, les hommes « forts » ou prétendus tels proposent des solutions simples à des problèmes de plus en plus compliqués. Elles s'articulent autour de trois piliers, la sécurité, l'identité, la consommation, un triptyque qui se déploie du Brésil aux États-Unis, du Japon à la Hongrie. Souvenons-nous de la citation de Hannah Arendt au début de cette introduction : « Dans un monde toujours changeant et incompréhensible, les masses avaient atteint le point où elles croyaient simultanément tout et rien, où elles pensaient que tout était possible et que rien n'était vrai. »

Un autre type de dictateur est apparu ces dernières années. Son royaume n'a ni capitale ni frontière, mais il règne sur plus de deux milliards d'individus. Opinions politiques, préférences sexuelles, cercles d'amis ; vies professionnelles, pouvoir d'achat, hobbies ; petits secrets, grandes vacances : grâce à Facebook, WhatsApp, Instagram… l'empire des réseaux détient davantage d'informations sur ses sujets que Staline à l'époque des grandes purges. Ses logarithmes sont la police secrète du troisième millénaire. Richissime, il esquive l'impôt, vend les données de ses usagers à des officines suspectes, et s'apprête à lancer sa propre monnaie. Aucun contre-pouvoir ne se dresse devant lui. À la planète, il impose ses codes, son esthétisme, et ses valeurs puritaines – des islamistes décapitant des otages plutôt qu'un sein dénudé. Les réseaux mettent en péril l'équilibre du monde et transforment la nature humaine à une vitesse sidérante. Hommes, femmes, enfants, nous sommes devenus dépendants des émotions virtuelles qu'ils suscitent.

Pékin, automne 2018. Un portrait gigantesque de Mao épie l'entrée de la Cité interdite et la place Tian'anmen dont les réverbères sont équipés de dizaines de caméras de surveillance. Sur l'autoroute, dès la sortie de l'aéroport, les voitures sont flashées à intervalles réguliers. Sur Baidu, le moteur de recherche chinois, aucune trace des événements de 1989, ils n'ont jamais existé. Impossible aussi de lire un journal étranger – sauf *L'Équipe*. Pour communiquer avec le monde extérieur, il faut passer par Wechat, la messagerie de Tencent, le géant local du Web. Un milliard de Chinois y sont connectés jour et nuit, pour communiquer, régler leurs factures, réserver un billet de train, encaisser leur salaire. En Chine, Wechat c'est la vie, mais Wechat collabore avec le régime : il peut puiser dans toutes ses données, à sa guise, comme si Zuckerberg et Trump partageaient le Bureau ovale à la Maison Blanche. Les centaines de millions de caméras qui maillent le pays sont équipées de logiciels de reconnaissance faciale et reliées à un grand ordinateur central capable de scanner les 1 370 millions de Chinois en une seconde, et de noter leur comportement – un numéro à 18 chiffres est concédé à chacun d'entre eux. Xi Jinping, le secrétaire général du parti unique qui régente la Chine depuis soixante-dix ans, a été désigné président à vie et sa

« pensée » inscrite dans la Constitution, comme celle de Mao. La Chine est le seul État totalitaire à s'être réformé sans s'autodétruire.

Le meilleur des mondes, Big Brother, l'État unique de Zamiatine : nous y sommes. La technologie offre aux dictateurs du XXIe siècle des moyens dont leurs prédécesseurs n'auraient pas rêvé.

« Il est remarquable que la dictature soit à présent contagieuse, comme le fut jadis la liberté », écrivait Paul Valéry dans *Regards sur le monde actuel*. Ce livre, qui n'a pas de précédent, est non seulement d'histoire, mais de toute actualité. Il est le fruit d'un travail d'équipe de plusieurs années. Les contributions de mes camarades, historiens référents, intellectuels et journalistes d'envergure, sont remarquables par leur style comme par leur rigueur. Qu'ils en soient remerciés.

1

Lénine, le prophète du totalitarisme

par Stéphane COURTOIS

En ce froid janvier 1886, dans la petite ville de Simbirsk perchée au-dessus de la Volga et perdue au fin fond de l'immensité russe, à 1 500 kilomètres de la capitale Saint-Pétersbourg, une procession se dirige vers la cathédrale orthodoxe. Les notables et de jeunes instituteurs accompagnent la dépouille d'Ilya Oulianov, inspecteur régional des écoles anobli par le tsar, décédé à cinquante-trois ans d'une attaque cérébrale devant sa femme et ses enfants atterrés. Comme le veut la coutume, et en l'absence des aînés étudiants à la capitale, le cercueil est porté par Vladimir Ilitch, un adolescent de quinze ans et demi qui, derrière le masque impassible forgé par une stricte éducation, est totalement bouleversé.

Très éprouvée, la famille doit vivre d'une petite pension et sous-louer quelques pièces de sa grande maison.

Et Vladimir – Volodia pour les intimes – doit remplir le rôle de chef de famille et terminer sa scolarité où il a toujours obtenu la « médaille d'or ». Soudain, nouveau coup de tonnerre dans ce ciel déjà agité, son frère aîné Alexandre est arrêté par l'Okhrana, la police secrète. Inspiré par les révolutionnaires terroristes de la Narodnaïa Volia – La Volonté du peuple – qui en 1881 ont assassiné le tsar Alexandre II, il préparait un attentat contre Alexandre III. Sa mère, affolée, tente par tous les moyens de le sauver. Mais en vain. L'orgueilleux étudiant en chimie revendique la préparation des bombes et, condamné à mort, il refuse de demander sa grâce. Il est pendu le 8 mai 1887.

Volodia, qui est né le 10 avril 1870, vient de perdre dans des conditions tragiques la figure tutélaire de son père et la figure idolâtrée de son frère. Il y a dix-huit mois, la famille Oulianov était en pleine ascension sociale et promise à un avenir brillant. Aujourd'hui, accusée de régicide, elle est mise au ban de la bonne société et tout son monde s'écroule. Volodia ne se remettra jamais de ce double deuil et son profond traumatisme aura des conséquences mondiales. Formidable exemple de l'effet papillon : le double battement d'ailes de Simbirsk verra, le 7 novembre 1917, ce même Volodia, sous le nom désormais célèbre de Lénine, s'emparer du pouvoir en Russie et y instaurer la première dictature communiste et le premier régime totalitaire de l'Histoire. Un itinéraire fulgurant qui fera de l'URSS après 1945 l'autre superpuissance aux côtés des États-Unis, avant qu'en 1989-1991 tout ne s'effondre comme un château de cartes. Ce séisme géopolitique entraînera dans sa chute le système communiste mondial, tout en léguant au XXIe siècle la mémoire d'une immense tragédie.

Naissance d'un révolutionnaire

Pour l'instant, Volodia serre les dents et termine avec brio ses études secondaires. Mais intérieurement il bouillonne. En perte de tous ses repères, réfugié dans la propriété familiale de Kokouchkino, il y découvre la bibliothèque secrète constituée par Alexandre et se jette dans des lectures jusque-là interdites : Darwin, Marx, Ricardo et surtout un roman publié en 1863 par le révolutionnaire populiste Nikolaï Tchernychevski, *Que faire ? Les hommes nouveaux*. Ces « hommes nouveaux » sont des jeunes gens qui rêvent d'une Russie arriérée en marche vers une utopique société parfaite. Volodia est fasciné par un personnage mystérieux, Rakhmetov, l'« homme spécial », qui, jour et nuit dans la clandestinité, se consacre au service de sa « fiancée », la Révolution, et qui, pour elle, est prêt à subir la torture et la mort. À partir de cette figure romanesque, Volodia imagine peu à peu le scénario de sa vie : devenir le héros qui venge son frère et prépare une révolution destinée à renverser la dynastie des Romanov et l'autocratie tsariste, pour instaurer le socialisme. Il s'y consacrera inlassablement pendant trente ans, de 1887 à 1917.

Dès 1889-1890, à Samara puis à Kazan, il noue des contacts avec de vieux militants de la Narodnaïa Volia et découvre le célèbre *Catéchisme du révolutionnaire*, vade-mecum du professionnel de la subversion dû à la plume de Serge Netchaïev, l'homme qui inspira à Dostoïevski son fameux roman *Les Démons*. Puis, entiché d'un marxisme primaire, il se distingue quand en 1891-1892 les campagnes de la Volga sont frappées par une terrible famine. Alors que toute la société tente de secourir les affamés, seul Volodia soutient que l'hécatombe – 400 000 morts de faim – est une bonne nouvelle : elle discrédite le tsar et pousse les moujiks à abandonner les champs pour les usines, accélérant ainsi l'industrialisation et donc la formation d'une classe ouvrière qui renversera le capitalisme. Ses camarades notent déjà chez lui cette conviction absolue du caractère « scientifique » de la doctrine marxiste devenue fanatisme idéologique et cette absence de compassion pour son prochain qui seront sa marque.

Volodia passe ses examens de droit et, avocat sans cause, monte à la capitale où il crée avec un jeune Juif, Julius Martov, un petit groupe au titre pompeux, l'Union de lutte pour l'émancipation de la classe ouvrière. Mais l'Okhrana veille et, le 21 décembre 1895 au petit matin, un commissaire de police l'arrête au saut du lit. Première leçon de vie militante et nouveau traumatisme. Condamné à trois ans de « déportation en Sibérie », le « noble Oulianov » part en train, accompagné de sa famille. Arrivé en mai 1897 au village de Chouchenskoïé, il est logé dans une datcha, touche du gouvernement un pécule et dispose de deux superbes fusils pour chasser. Cet idéologue qui apprend la vie dans les livres obtient tous ceux qu'il désire et, quand il repartira, ses malles en contiendront plus de 250 kilos ! Il fait même venir sa « fiancée », une camarade arrêtée en même temps que lui, la jeune institutrice Nadejda Konstantinova Kroupskaïa. À bientôt trente ans, il l'épouse, même si en 1938 son camarade Trotski écrira : « [...] on peut dire avec assurance que Vladimir, depuis sa jeunesse, garda toute sa vie une attitude pure avec les femmes. Ce n'est pas à la froideur de son tempérament qu'il fallait attribuer ce trait presque spartiate de sa figure morale. Au contraire, le fond de sa nature était passionné. Mais il était complété par... – il est difficile de trouver un autre mot – la chasteté. » De fait, sa seule passion est la révolution.

Profitant de ce séjour de trois ans au grand air, Vladimir rédige un factum de 650 pages, *Le Développement du capitalisme en Russie*. Sous le pseudonyme d'Iline, il y déverse un tombereau de milliers de chiffres et de statistiques, d'innombrables tableaux, des diagrammes, des schémas et des équations. En bon disciple de Marx, il a truffé l'ouvrage de citations tirées de *Das Kapital* et prétend que la Russie en est déjà au stade capitaliste et donc en route vers le socialisme. C'est oublier, pour les besoins de LA CAUSE, que 85 % de la population de l'Empire vivent et travaillent à la campagne et que la classe ouvrière y est ultra-minoritaire. Il espérait marquer ainsi son irruption spectaculaire sur la scène révolutionnaire, or son livre est moqué par tous les économistes, y compris marxistes. Celui-ci souligne néanmoins sa passion pour les jongleries et les illusions statistiques qui provoqueront les premiers grands désastres du bolchevisme au pouvoir.

En mars 1898 se tient à Minsk le congrès fondateur du Parti ouvrier social-démocrate de Russie, le POSDR, qui salue les « glorieux combattants de l'ancienne Narodnaïa Volia » mais se revendique d'un socialisme démocratique et réclame l'élection d'une Assemblée constituante. S'il ne participe pas à cet acte fondateur, Vladimir suit néanmoins de près les débats internes à l'Internationale socialiste où l'Allemand Eduard Bernstein déclare en 1900 : « Aucun socialiste faisant usage de sa raison ne rêve aujourd'hui d'une victoire imminente du socialisme grâce à une révolution violente – nul ne rêve d'une conquête rapide du Parlement par un prolétariat révolutionnaire. » Bernstein le schismatique ouvre ainsi la crise du « révisionnisme », qui, face à la montée en puissance dans toute l'Europe de la prospérité capitaliste et de la culture démocratique et parlementaire, somme les marxistes d'aligner leur discours sur leur pratique – donc démocratique et réformiste – ou leur pratique sur leur discours – donc révolutionnaire et violent. Pour Vladimir, c'est une déclaration de guerre et il fait signer « à l'unanimité » une « Protestation des sociaux-démocrates de Russie » – ils sont dix-sept ! – qui exigent « une guerre à outrance » contre les idées « révisionnistes ». Un effet précoce de sa propension aux positions les plus radicales destinée à le différencier de tous les autres socialistes.

Lénine, le bolchevik

Rentré de Sibérie, Vladimir décide de s'exiler à l'étranger où, à l'exception de quelques mois en 1906, il restera jusqu'au printemps 1917, pérégrinant de Munich à Londres, de Bruxelles à Paris et de Prague à la villa de l'écrivain Maxime Gorki sur l'île de Capri. À trente ans, il est dans la force de l'âge, le crâne déjà dégarni, une petite barbiche sous ses pommettes kalmoukes ; râblé et sportif – il apprécie beaucoup la marche, la natation, les randonnées, le vélo et la chasse –, il adore jouer aux échecs mais a horreur de perdre. Il projette de créer un journal, l'*Iskra* – l'« Étincelle » –, destiné à unifier sous sa direction les marxistes russes. Installé en Suisse, le rebelle le propose à Georges Plekhanov, la figure tutélaire du marxisme en Russie. La rencontre tourne au vinaigre, car l'aîné apprécie peu l'arrogance du cadet, mais il finit par donner son accord. Pourtant, Vladimir a été mortifié par la rebuffade initiale et décide de jouer désormais sa propre partie. D'autant que, diffusée clandestinement en Russie, l'*Iskra* suscite l'enthousiasme de nombre de jeunes révolutionnaires. Il décide alors de frapper un grand coup et publie en 1902 *Que faire ? Les questions brûlantes de notre mouvement*, signé pour la première fois du pseudonyme « Lénine », en référence à son exil intérieur près du fleuve sibérien la Léna. Ce manifeste est dominé par ce cri du cœur : « Donnez-nous une organisation de révolutionnaires, et nous soulèverons la Russie. »

Il y développe sa vision iconoclaste de la révolution et du parti. Celle-ci devra se montrer violente, radicale et communiste, loin du parlementarisme démocratique. Celui-là devra être un parti « de type nouveau », une avant-garde formée de « révolutionnaires professionnels », clandestin et strictement discipliné, où les ouvriers seront placés sous la direction d'intellectuels détenteurs de la doctrine « scientifique » du marxisme. L'essentiel est d'assurer la conformité du militant à la « ligne » et sa fidélité au « Parti », aux ordres d'un leader charismatique. Lénine proclame encore : « Ce qu'il nous faut, c'est une organisation militaire d'agents », ce qu'en 1920 il définira comme le « centralisme démocratique », une « discipline quasi militaire ». Or ce modèle partisan est à l'opposé des partis socialistes européens ; à travers les élections, leurs municipalités, les syndicats et les coopératives, ceux-ci représentent les intérêts des ouvriers et des couches populaires ; à l'inverse, le groupuscule léniniste ne vise que ses propres intérêts : la prise du pouvoir et sa conservation, menées par un leader révolutionnaire et ses affidés désireux d'appliquer la doctrine de Marx – renversement par la violence de la société « bourgeoise », suppression de toute propriété privée, instauration d'une économie planifiée et répression des récalcitrants. Ce divorce annoncé avec la société dans sa pluralité contient déjà la cruauté avec laquelle Lénine va conduire la Russie après 1917. En affirmant que « le parti se renforce en s'épurant », il revendique même la liquidation politique puis physique du « membre indigne ». Sont ainsi posés le principe et la légitimation du crime politico-idéologique, caractéristiques du parti-État totalitaire communiste. D'ailleurs, il insiste pour que dans le programme du POSDR le futur pouvoir socialiste soit défini comme la « dictature du prolétariat ». La dictature, déjà !

Lénine prépare activement le IIe congrès du POSDR afin que les « iskristes » en prennent la direction. Dans un premier temps, tout va bien : ses insultes et ses manœuvres font fuir les dissidents. Mais bientôt la bataille fait rage entre *bolcheviks* – « majoritaires » pro-Lénine pour qui le membre du parti doit lui consacrer toute sa vie – et *mencheviks* – « minoritaires » pro-Martov pour qui le parti doit s'ouvrir à des sympathisants et des alliés. Or pour Lénine « majorité un jour, majorité toujours » ! Pourtant, son cynisme est tel qu'un de ses jeunes affidés, Léon Trotski, le dénonce comme un nouveau Robespierre pour qui le parti est l'« appareil administratif qui doit gouverner la république de la "Vertu" orthodoxe et de la "Terreur" centraliste ». Et bientôt nombre de bolcheviks quittent le navire léniniste dont le chef se retrouve très isolé à la tête d'une minuscule fraction.

S'il ne joue aucun rôle dans les révoltes qui secouent la Russie en 1905, Lénine s'en inspire pour privilégier l'idée d'une révolution portée par la guerre civile, par des jacqueries paysannes et par des mutineries de soldats et de marins. Revenu au pays fin 1905 pour quelques mois, il y rencontre la jeune génération révolutionnaire, des hommes d'action qu'il va s'attacher. Parmi eux un certain Iossif Vissarionovitch Djougachvili, déjà connu sous le pseudonyme de Staline et qu'il surnommera le « merveilleux Géorgien », avant de le coopter au Comité central de la fraction bolchevique du POSDR recréée en 1912 à Prague.

La « divine » surprise

Le 1er août 1914 éclate la Première Guerre mondiale. Installé alors près de Zakopane, dans la partie polonaise de l'Autriche-Hongrie, Lénine, qui n'a rien vu venir, est d'abord arrêté comme citoyen russe, donc ennemi. Il aurait pu rester jusqu'en 1918 dans un camp d'internement et l'on n'aurait jamais plus entendu parler de lui. Mais les socialistes autrichiens le font libérer après une semaine et il file en Suisse où la guerre va se révéler comme une « divine surprise ». Dans un premier temps, il assiste effaré à l'effondrement de la doctrine marxiste : au lieu de manifester leur solidarité contre la guerre selon le slogan de Marx, « Prolétaires de tous les pays, unissez-vous », les socialistes européens rallient tous leur propre gouvernement au sein de l'Union sacrée. Le sentiment national et patriotique l'emporte sur le principe de classe. En rage, Lénine en tire deux conclusions : d'abord, la IIe Internationale – socialiste – a trahi et il faut donc en créer une IIIe – communiste ; ensuite, il faut profiter du fait que des millions d'hommes sont en armes pour les appeler à « transformer la guerre impérialiste en guerre civile » d'où sortira la révolution communiste. En attendant, réfugié à Zurich, coupé de la Russie, il vit dans la pauvreté et déprime. En janvier 1917, il déclare même : « Nous, les vieux, nous ne verrons peut-être pas les luttes décisives de la révolution imminente. »

Or le 15 mars éclate la nouvelle la plus improbable : l'abdication du tsar Nicolas II qui provoque l'effondrement du régime et ouvre une crise majeure. Sa haine des Romanov, son profond ressentiment contre la société « bourgeoise » où il n'a pas su trouver sa place et sa passion révolutionnaire sont tels que Lénine n'hésite pas, pour rentrer en Russie, à s'adresser aux services secrets allemands, trop heureux d'expédier chez l'ennemi cet agitateur accompagné de dizaines de « camarades ».

Après avoir traversé l'Allemagne puis la Suède dans un train spécial affrété par le Reich – le fameux « wagon plombé » –, Oulianov arrive à Petrograd le 17 avril et lance d'emblée une violente campagne contre le Gouvernement provisoire et contre le Soviet de Petrograd, à majorité menchevique et socialiste-révolutionnaire. Il appelle à la fraternisation sur le front, à la prise du pouvoir pour une république des soviets et à la nationalisation des terres, tandis que les bolcheviks créent leur milice armée, les gardes rouges. Dans un premier temps il est moqué par tous, mais bientôt il profite d'un désastre militaire de l'armée russe pour tenter les 17 et 18 juillet une prise d'armes à Petrograd. C'est un échec, le parti bolchevique est réprimé et Lénine s'enfuit en Finlande puis disparaît dans la clandestinité.

Son avenir politique semble ruiné. Pourtant, la crise révolutionnaire tourne à l'anarchie, dans l'armée, dans les usines, dans les campagnes et parmi les nationalités non russes avides de conquérir leur indépendance. À la mi-septembre, le chef du gouvernement, Alexandre Kerenski, jaloux du chef d'état-major Kornilov, imagine un faux coup d'État contre-révolutionnaire et remet les bolcheviks en selle. Il proclame la république, légitimée par l'élection au suffrage universel d'une Assemblée constituante prévue le 25 novembre, mais Lénine n'en veut pas. Il doit impérativement s'emparer du pouvoir avant cette échéance et ordonne à son parti de préparer la prise d'armes décisive – sur le modèle du fameux révolutionnaire français Auguste Blanqui.

La « dictature du prolétariat »

Dans la nuit du 6 novembre, 6 000 gardes rouges et les marins mutinés de la base navale de Kronstadt occupent Petrograd. Le 7 au matin, Lénine proclame le pouvoir des bolcheviks avec à sa tête un Conseil des commissaires du peuple – *Sovnarkom* –, qu'il préside. Il instaure la « dictature du prolétariat » : « La dictature est un pouvoir qui s'appuie directement sur la violence et n'est lié par aucune loi. La dictature révolutionnaire du prolétariat est un pouvoir conquis et maintenu par la violence, que le prolétariat exerce sur la bourgeoisie, pouvoir qui n'est lié par aucune loi. » En réalité, un parti unique bientôt rebaptisé « communiste » – en référence à la doctrine radicale du *Manifeste du parti communiste* de Marx de 1848 – s'empare de l'État et jette les fondations du régime totalitaire. Et la « dictature du prolétariat » n'est rien d'autre que la dictature de ce parti.

Le Sovnarkom publie immédiatement un décret sur la paix appelant à l'arrêt des combats, et un décret sur la terre qui entérine la saisie des propriétés par les paysans. Lénine ruine d'emblée les possédants et les classes moyennes en annulant les emprunts tsaristes et en faisant saisir dans les banques le contenu des coffres-forts des particuliers. Il instaure une économie administrée et planifiée et ne tolère aucune opposition. Il déclare la guerre à l'Ukraine qui aspire à l'indépendance et le 20 décembre il crée la *Tcheka* – Commission extraordinaire de lutte contre la contre-révolution, la spéculation et le sabotage, devenue GPU, NKVD puis KGB –, l'organe de la terreur de masse utilisée comme moyen premier de gouvernement. Il nomme à sa tête Felix Dzerjinski, « notre Fouquier-Tinville » – l'accusateur public du Tribunal révolutionnaire qui d'avril 1793 à juillet 1794 envoya 2 500 personnes à la guillotine. Bras armé du parti, agissant en toute impunité, la Tcheka comptera jusqu'à 280 000 hommes en 1921 et jouera un rôle décisif au cours de la guerre civile et après dans le maintien au pouvoir des communistes.

Cependant, le chef bolchevique ne peut empêcher la réunion, le 18 janvier 1918, de l'Assemblée constituante à Petrograd ; les bolcheviks y sont très minoritaires – 9 millions d'électeurs sur 40 millions – mais veulent lui imposer une « Déclaration des droits du peuple travailleur », véritable programme communiste. L'Assemblée refuse. Lénine donne alors l'ordre de la dissoudre par la force. Le 19 janvier, gardes rouges et régiments bolcheviques empêchent toute réunion ; c'est l'assassinat de la démocratie russe et le signal d'une guerre civile extraordinairement violente qui va durer près de quatre années. Elle oppose les « Rouges » aux « Blancs » – conglomérat de forces politiques antibolcheviques, depuis les nostalgiques du tsarisme jusqu'aux anarchistes, en passant par tout le spectre des démocrates et socialistes. Mais elle oppose aussi les « Rouges » aux ouvriers des villes, dont la situation s'aggrave de jour en jour, et surtout aux paysans – les « Verts » –, dont les bolcheviks pillent les récoltes les armes à la main sous prétexte de « réquisitions ». D'autant que le régime vient d'établir la conscription pour créer une Armée rouge, armée de guerre civile chargée, aux yeux de Lénine, d'assurer la protection de sa dictature et de porter la révolution communiste à l'étranger.

Reste un énorme problème : la Russie est toujours en guerre avec l'Allemagne et l'Autriche-Hongrie, qui, après d'interminables négociations, mènent en février 1918 une attaque foudroyante et contraignent Lénine, le 3 mars 1918, à signer le traité de Brest-Litovsk : la Russie doit accepter les indépendances ukrainienne, finlandaise et baltes et perd 800 000 km^2 ainsi que 26 % de sa population, 32 % de sa production agricole, 23 % de sa production industrielle et 75 % du charbon et du fer. C'est un immense désastre national qui enflamme la guerre civile. Mais Lénine n'en a cure.

Grâce aux Allemands, il conserve son pouvoir qu'il transfère en mars à Moscou, au Kremlin, et impose une politique visant des groupes sociaux entiers, qui va de la privation des droits, y compris du droit de se nourrir selon le slogan « Qui ne travaille pas ne mange pas », jusqu'à l'extermination pure et simple avec son ordre de mars 1918 : « Mort aux koulaks » – les paysans qui refusent de se laisser piller. Il inaugure le principe d'extermination de masse de catégories entières – opposants politiques, aristocrates, bourgeois, propriétaires fonciers, officiers, Cosaques, religieux, etc. Il instaure le « communisme de guerre » qui fait du parti bolchevique le propriétaire de tous les biens et interdit tout commerce privé. En juillet 1918, une « Constitution » établit que « le Parti communiste dirige, commande et domine tout l'appareil d'État ». Toute la presse non bolchevique est interdite et le pouvoir impose sa propagande omniprésente.

Cette politique provoque des réactions, des chefs communistes sont assassinés, Lénine est victime d'un attentat. Les bolcheviks réagissent avec une extrême cruauté : à l'automne 1918, plus de 15 000 personnes, souvent des otages internés dans les premiers camps de concentration – à l'origine du goulag –, sont fusillées, soit bien plus que les 6 321 exécutions pour raison politique entre 1825 et 1917. La guerre civile instaure une culture de la cruauté qui permet au pouvoir de sélectionner les « hommes plus durs » que réclame son chef et qui deviendront les dirigeants soviétiques pour un demi-siècle. Et si les bolcheviks gagnent dès 1920 la guerre contre des « Blancs » mal commandés, mal armés et dispersés, ils sont confrontés à d'innombrables révoltes paysannes tandis que le « communisme de guerre » ruine l'industrie, le commerce et la monnaie et mène le pays au désastre.

Installé au Kremlin dans un modeste appartement, avec sa fidèle Kroupskaïa, Lénine mène sa vie habituelle de petit bourgeois bureaucrate : il préside les réunions du Sovnarkom et du Politburo, lit quantité de rapports, reçoit nombre de responsables, donne souvent par télégramme des ordres à tout propos, rédige articles et discours où il justifie sa politique et pourfend ses ennemis russes comme étrangers. Il mène en particulier une polémique violente contre le chef socialiste allemand Karl Kautsky, le « rénégat », qui, dès 1918, a critiqué d'un point de vue marxiste la « dictature du prolétariat ». Il tient parfois un meeting dans une usine ou part se reposer à la campagne, ce qui lui vaut une singulière aventure : sa Rolls-Royce

Lénine (1870-1924)
lors d'un enregistrement radiophonique
au Kremlin, 1919.

« réquisitionnée » est « braquée » par des voyous, mais il s'en tire sans dommages.

Le premier régime totalitaire

En mars 1921, Lénine affronte une crise mortelle. Il comptait sur une révolution communiste européenne pour conforter son pouvoir et avait créé à cet effet en

1919-1920 la IIIe Internationale, le *Komintern*, conçue comme un parti communiste mondial formé de sections nationales – par exemple la Section française de l'Internationale communiste, futur PCF. Or la révolution mondiale se fait attendre, surtout depuis l'effondrement de la révolution communiste de Béla Kun en Hongrie en 1919 et la déroute de l'Armée rouge face à la Pologne à l'été 1920. Tous ses plans sur la comète s'effondrent, surtout avec la révolte des marins de Kronstadt, qui, au nom des Soviets, contestent le pouvoir bolchevique. Prise d'assaut par l'Armée rouge, l'île tombe après dix jours de combats acharnés qui font 10 000 tués et un millier de blessés et prisonniers fusillés sur place, 2 103 condamnés à mort et 6 500 déportés en camp de concentration, tandis que 8 000 habitants s'enfuient vers la Finlande. Ainsi sont écrasés les prolétaires opposés à la « dictature du prolétariat ». Pragmatique, son chef comprend qu'il faut lâcher du lest.

Lors du Xe congrès du parti qui se tient au même moment, Lénine impose la NEP, la « Nouvelle Politique économique » : il remplace le pillage des récoltes par un impôt en nature livré par les paysans et fixé à l'avance, rétablit la liberté du commerce intérieur, octroie des concessions à des entrepreneurs privés contre livraison à l'État d'une partie de leur production. C'est reconnaître l'échec total du « communisme de guerre ». L'idéologie marxiste a été vaincue par la réalité. En contrepartie, Lénine renforce la discipline du parti et y interdit les fractions, c'est-à-dire toute discussion interne. L'« appareil », l'ensemble des « permanents » payés par le parti, devient tout-puissant sous l'autorité du Bureau politique. Son Secrétariat, dont Staline a été nommé secrétaire général début 1922, est le cœur du pouvoir. S'il desserre l'étreinte sur l'économie, le chef suprême, dont le culte public est déjà puissant, verrouille le contrôle de la direction sur l'appareil, de l'appareil sur le parti et du parti sur la société. Toute expression de pluralisme est appelée à disparaître, l'unanimisme devient la règle, le système totalitaire est désormais en place. Il repose sur le monopole politique du parti unique devenu parti-État et de son chef charismatique, sur le monopole idéologique marxiste-léniniste dans tous les domaines de l'expression – presse, enseignement, arts, etc. –, et sur le monopole des richesses comme de la production et de la distribution de tous les biens matériels. S'y ajoute la terreur de masse comme moyen de gouvernement et de renforcement du pouvoir.

Cependant, la NEP arrive trop tard. La région de Tambov se révolte ; le 27 avril 1921, on y envoie l'Armée rouge, avec artillerie, avions et gaz de combat. La « pacification » dure des mois et sa cruauté est symbolisée par cet ordre du 11 juin : « 1. Fusiller sur place sans jugement tout citoyen qui refuse de donner son nom. » Le reste est à l'avenant, privilégiant la responsabilité collective des familles et l'exécution de chaque aîné. Il se conclut ainsi : « 7. Appliquer le présent ordre du jour rigoureusement et sans pitié. » « Pas de pitié ! », tel était le cri de guerre des bolcheviks depuis 1917 et il devait le demeurer jusqu'à la mort de Staline.

Enfin et surtout, une gigantesque famine a débuté au printemps autour de la Volga, provoquée tant par les réquisitions forcées que par les estimations grossièrement erronées de la récolte de grain établies par le *Gosplan* (« Comité d'État pour la planification »), et que le Politburo a retenues pour fixer les quotas de livraison des paysans. Lié au volontarisme utopique de Lénine et masqué par une propagande mensongère, ce délire statistique devient l'une des grandes caractéristiques du système de production communiste. La famine voit se multiplier le cannibalisme, dure jusqu'en 1923 et touche 30 millions de personnes dont environ 5 millions meurent de faim. Elle finit par avoir raison de la résistance paysanne. Staline retiendra la leçon pour briser l'Ukraine en 1932.

Le fiasco de la NEP et la famine sont autant de coups durs pour Lénine. La réalité résiste à sa volonté et l'image de la révolution bolchevique est ternie par ces millions de morts, s'ajoutant au chaos sanglant de la guerre civile. Mille jours après sa prise de pouvoir, obligé d'être sur le pont et à la manœuvre en permanence, il est à bout. En juillet 1921, il écrit à Maxime Gorki : « Je suis si fatigué que je ne peux plus rien faire du tout. » De fait, depuis l'été 1921 le Politburo lui a ordonné un congé de longue durée. Début 1922, il est en burn-out, sous l'effet d'un stress intense. Incapable d'assister aux réunions, il se repose dans ses appartements ou à la campagne.

Pourtant, il rechigne à lâcher prise. Du 10 avril au 19 mai 1922 se réunit à Gênes une conférence internationale chargée de rétablir les circuits monétaire, financier et économique. La Russie bolchevique y est invitée et Lénine en profite pour négocier avec la République de Weimar un traité de reconnaissance mutuelle. Rendu public à Rapallo le 16 avril, ce traité lui permet de jeter les bases d'une coopération militaire secrète avec la Reichswehr, qui, contre les clauses du traité de Versailles, va reconstruire clandestinement en URSS sa puissance – formation de ses officiers, expérimentation de nouveaux matériels (chars, chasseurs-bombardiers, parachutes) et de nouvelles tactiques offensives –, ce qui lui permettra de vaincre la Pologne et la France en 1939-1940… avant de se retourner contre Moscou en 1941. Lénine réussit ainsi à torpiller le traité de Versailles et à « exacerber les contradictions interimpérialistes ». Superbe manœuvre : il n'est plus seul et est parvenu à rompre le front des puissances contre lui.

Fort de ce succès, il décide de liquider les ultimes pôles de résistance, et d'abord l'Église orthodoxe. Un décret du 26 février 1922 ordonne la « confiscation immédiate dans les églises de tous les objets précieux en or ou en argent, de toutes les pierres précieuses, qui ne servent pas directement au culte ». Avec un formidable cynisme, Lénine utilise le prétexte de la famine pour ruiner l'Église en cherchant à vendre ses biens à l'étranger pour combler le gouffre des finances. Ces opérations de confiscation entraînent de nombreux incidents avec les fidèles. En réaction, Oulianov donne le 19 mars ses ordres au Politburo : « Strictement secret. […] Nous avons quatre-vingt-dix-neuf chances sur cent de frapper mortellement l'ennemi à la tête avec un succès total, et pour nous garantir des positions pour nous essentielles pour les décennies à venir. Avec tous ces gens affamés qui se nourrissent de chair humaine, avec les routes jonchées de centaines, de milliers de cadavres, c'est maintenant et seulement maintenant que nous pouvons (et par conséquent devons) confisquer les biens de l'Église avec une énergie farouche, impitoyable. [...] Tout indique que nous n'arriverons pas à nos fins à un autre moment, parce que seul le désespoir engendré par la faim peut entraîner une attitude bienveillante, ou du moins neutre, des masses à notre égard. » Dans la foulée, des milliers de prêtres, moines et moniales sont assassinés par la Tcheka.

Ultimes cruautés

Le 25 mai 1922, à cinquante-deux ans, Lénine est frappé d'une attaque cérébrale. Son comportement est dès lors commandé par l'angoisse de disparaître avant d'avoir liquidé ses ultimes ennemis : les socialistes-révolutionnaires (S-R) et les intellectuels. Pour organiser le procès des chefs S-R, il faut élaborer un code pénal *ad hoc* et il y met la main : « L'essentiel est clair, je crois. Il faut poser ouvertement le principe, juste politiquement – et pas seulement en termes étroitement juridiques –, qui motive l'essence et la justification de la terreur, sa nécessité, ses limites. Le tribunal ne doit pas supprimer la terreur, le dire serait se mentir ou mentir ; mais la fonder, la légaliser dans les principes, clairement, sans tricher ou farder la vérité. La formulation doit être la plus ouverte possible, car seule la conscience légale révolutionnaire et la conscience révolutionnaire créent les conditions d'application dans les faits. » Rédigé en quelques jours, ce « code » définit comme crime contre-révolutionnaire tout acte « visant à abattre ou à affaiblir le pouvoir ». Tenu du

6 juin au 7 août 1922, le procès des S-R est le premier grand procès-spectacle truqué de l'ère communiste et se conclut par onze condamnations à mort de révolutionnaires bien connus. Staline saura là encore s'en inspirer.

Puis Lénine s'attaque aux intellectuels. Le 6 juin est créé le *Glavlit* – la Direction centrale chargée des affaires de la littérature et des éditions – qui légalise la censure sur toutes les publications pour trois quarts de siècle. Jaloux des vraies personnalités savantes, Lénine exige qu'on prépare leur expulsion et concocte sa liste d'indésirables : professeurs d'université, archéologues, physiciens, ingénieurs, écrivains et « une liste spéciale de membres antisoviétiques de l'intelligentsia de Petrograd ». Dans la nuit du 16 au 17 août, un premier groupe de 160 d'entre eux, souvent très connus, sont arrêtés parmi lesquels 35 et leurs familles sont mis de force le 29 septembre sur un bateau et déposés sans prévenir dans un port prussien. Ils ne peuvent emporter que quelques vêtements et, cruauté suprême, leurs livres et archives sont confisqués ; ils sont en outre contraints de signer un document stipulant qu'en cas de retour en URSS ils seront immédiatement fusillés.

Le 13 novembre, au prix d'un effort énorme, Lénine prononce son dernier discours public, puis entre le 24 novembre et le 2 décembre il subit cinq attaques cérébrales. L'état désastreux du leader bolchevique est à l'unisson d'une Russie exsangue. Aux deux millions et demi de morts et disparus de la Grande Guerre s'ajoutent, au titre de la guerre civile et du communisme de guerre, 2 millions de victimes de massacres et de combats,

5 millions de morts de faim, 2 millions de morts du typhus et 2 millions d'émigrés souvent issus des élites. La classe ouvrière, censée diriger l'URSS, est réduite à un million d'actifs. Le vrai pouvoir est aux mains d'un parti communiste fort de 750 000 membres qui pour les neuf dixièmes d'entre eux, à la fin des années 1920, ne dépassent pas un niveau d'instruction primaire.

Fin de partie

Le 13 décembre, ses médecins notent : « Il a des attaques paralysantes chaque jour. Ce matin il a été frappé de paralysie dans son lit et d'une autre dans son bain. Vladimir Ilitch est bouleversé et consterné par la détérioration de son état. » Le 22 décembre, un nouvel AVC le laisse très affaibli, au point d'être obligé de réapprendre à parler et à écrire. Grabataire, sa tête seule continue de penser encore et toujours politique. Il passe en revue ses successeurs et place en exergue le « camarade Staline [qui], en devenant secrétaire général, a concentré entre ses mains un pouvoir illimité et je ne suis pas convaincu qu'il puisse toujours s'en servir avec assez de circonspection ». Quel aveu sur la dimension totalitaire du parti-État et quelle naïveté de croire qu'un pouvoir illimité peut être manipulé « avec circonspection ». Puis il s'occupe du « camarade Trotski qui [...] est peut-être l'homme le plus capable de l'actuel Comité central. Mais il pèche par excès d'assurance et par un engouement exagéré pour le côté purement administratif des choses ». Comme si l'« excès d'assurance » n'était pas depuis 1900 la marque même de Lénine ! Quant au « côté purement administratif », c'est une vision réaliste de la bureaucratisation effrénée qui emporte le pouvoir soviétique et dont il est le principal responsable.

Le 4 janvier 1923, il dicte : « Staline est trop brutal et ce défaut, parfaitement tolérable dans notre milieu et dans les relations entre nous, communistes, ne l'est plus dans les fonctions de secrétaire général. Je propose donc aux camarades d'étudier un moyen pour démettre Staline de ce poste et pour nommer à sa place une autre personne qui n'aurait en toutes choses sur le camarade Staline qu'un seul avantage, celui d'être plus tolérant, plus loyal, plus poli et plus attentif envers les camarades, d'humeur moins capricieuse, etc. Ces traits peuvent sembler n'être qu'un infime détail. Mais à notre sens, pour nous préserver de la scission et en tenant compte de ce que j'ai écrit plus haut sur les rapports de Staline et Trotski, ce n'est pas un détail, ou bien c'en est un qui peut prendre une importance décisive. »

Alors qu'en 1917 il appelait à la guerre civile et qu'en 1918 il exigeait des « gens plus durs », Lénine estime soudain que son « merveilleux Géorgien » est trop « brutal », raison précisément pour laquelle il l'avait promu au Comité central en 1912, puis au Sovnarkom et au Politburo en 1917, enfin en 1922 au Secrétariat général ! Sauf qu'il n'est plus en état de s'opposer à sa mainmise inéluctable.

Le 7 mars 1923, une nouvelle attaque met Lénine définitivement hors jeu et, loin des images d'Épinal et des photos retouchées de la propagande soviétique,

L'une des dernières photographies de Lénine : malade, en 1923, devant sa datcha à Gorki.

les archives secrètes ouvertes après 1991 montrent un homme ravagé, hagard, en fauteuil roulant, à qui l'on donnerait quatre-vingt-dix ans. Il n'en a que cinquante-trois lorsqu'il meurt le 21 janvier 1924.

Enterrement et morale de la fable

Aussi cynique que son mentor, Staline s'empresse de lui organiser des funérailles grandioses et de faire embaumer son corps pour l'exposer, dans un mausolée sur la place Rouge, à l'adoration des peuples d'Union soviétique et des communistes du monde entier. Lénine est mort et Staline inaugure son culte, auquel il associe sa personne, qui va aveugler le XXe siècle. Surtout quand en 1956 Nikita Khrouchtchev aura fait tomber de son piédestal le « méchant » Staline pour mieux honorer le « bon » Lénine. Pourtant, le disciple n'avait fait que perpétuer son maître.

Bibliographie sélective

Alain BESANÇON, *Les Origines intellectuelles du léninisme*, Calmann-Lévy, 1977.

Stéphane COURTOIS (dir.), *Dictionnaire du communisme*, Larousse, 2007.

—, *Lénine, l'inventeur du totalitarisme*, Perrin, 2017.

Yolène DILAS-ROCHERIEUX, *L'Utopie ou la mémoire du futur. De Thomas More à Lénine, le rêve d'une autre société*, Robert Laffont, 2000.

Orlando FIGES, *La Révolution russe, 1891-1924. La tragédie d'un peuple*, Denoël, 2007.

Richard PIPES, *The Unknown Lenin : From the Secret Archive*, Yale University Press, 1996.

Robert SERVICE, *Lénine*, Perrin, 2012.

Nikolaï TCHERNYCHEVSKI, *Que faire ? Les hommes nouveaux*, préface de Yolène Dilas-Rocherieux, Éditions des Syrtes, 2000.

Dimitri VOLKOGONOV, *Le Vrai Lénine*, Robert Laffont, 1995.

Nicolas Werth, « Un pouvoir contre son peuple », *in* S. Courtois, N. Werth *et alii*, *Le Livre noir du communisme. Crimes, terreur et répression*, Robert Laffont, 1997.

2

Mussolini, du rouge au noir

par Frédéric Le Moal

Benito Mussolini conserve encore de nos jours une part de mystère malgré les innombrables biographies qui lui ont été consacrées. Qui peut affirmer connaître totalement les ressorts intimes de cet homme pétri de contradictions apparentes ? Ne fut-il pas tout à la fois un homme brutal mais sans cruauté, un père de famille sentimental et un amant désordonné, un socialiste nationaliste et un révolutionnaire anticommuniste, un chef politique timide dont le charisme électrisait les foules, un dirigeant pragmatique aveuglé par sa propre légende, un homme de lettres cultivé et un tyran rêvant de pétrir la nature humaine comme de la pâte, le maître d'un régime totalitaire encerclé de contre-pouvoirs ? Une seule cohérence en vérité chez lui : le rêve de remodeler les Italiens et de leur inculquer la culture de cette violence dont il disait qu'elle était « morale, sacrée et nécessaire » et qui finit par l'engloutir lui et ses derniers fidèles dans la bacchanale de la place Loreto.

Socialiste puis fasciste mais toujours révolutionnaire

Mussolini, né le 29 juillet 1883 à Dovia di Predappio, fut avant tout un enfant de la Romagne rouge et anticléricale, le fils d'un forgeron anarchisant et garibaldien et d'une pieuse institutrice, élevé dans les idéaux du socialisme. Un garçon colérique, violent et insubordonné qui devint instituteur, préféra l'exil en Suisse au service militaire en Italie, connut différentes geôles pour son militantisme socialiste, gravit les échelons du Parti socialiste italien (PSI), reçut en 1912 la direction du principal journal du parti l'*Avanti !* dans lequel il fulmina les plus terribles condamnations contre les réformistes prêts à s'entendre avec les gouvernements bourgeois. Très tôt, il devint l'idole des jeunes militants électrisés par son charisme. La Première Guerre mondiale constitua une rupture majeure dans sa vie. Elle le propulsa vers son destin en le détachant du PSI mais – c'est absolument capital pour comprendre la suite – sans un reniement profond. Il glissa vers une autre forme de socialisme, lié celui-ci au nationalisme.

Comme le reste de l'élite italienne, il se trouva entraîné dans le violent débat provoqué par la proclamation de la neutralité du pays le 3 août 1914 : fallait-il rester dans cette position confortable, peu glorieuse mais propice à obtenir certains avantages, ou se jeter dans la mêlée furieuse qui déjà ensanglantait l'Europe ? Dans un premier temps, Mussolini suivit la ligne neutraliste du PSI mais s'en éloigna très vite. La guerre était l'occasion de faire la révolution, de renverser les trônes, de piétiner l'ordre social traditionnel. On ne pouvait la laisser passer. Alors montons à l'assaut contre les Empires centraux et avec la France républicaine ! Or, son parti ne l'entendait pas de cette oreille. Les débats furent d'une rare âpreté. Mussolini perdit rapidement la direction de l'*Avanti !* pour fonder en novembre 1914 son propre journal, *Il Popolo d'Italia*, qui lui servirait à pousser le gouvernement à s'engager aux côtés de la Triple-Entente afin d'honorer le rendez-vous de l'Italie avec son destin.

La bataille fut rude pour le jeune leader, qui perdit sa solide position au sein du socialisme italien avec son expulsion du PSI le 24 novembre 1914. Mais cela n'enlevait rien au fait qu'il demeurait un socialiste et que ses efforts visaient à convaincre ses camarades qu'ils faisaient fausse route. « Aujourd'hui c'est la guerre, demain la révolution » : tel était son credo. L'ennemi ? Les Autrichiens bien sûr, qui avaient si longtemps comprimé sa patrie, mais aussi l'ancien président du Conseil Giovanni Giolitti et ses manœuvres dilatoires pour sauver la neutralité. Peu à peu, un glissement sémantique s'opéra. Le terme « peuple » remplaça celui de « prolétariat », mais l'ennemi resta le même : la bourgeoisie pleutre qui repoussait la grande confrontation nécessaire à l'avènement d'un monde nouveau.

Le 26 avril 1915, l'Italie signa avec l'Entente le traité de Londres qui contenait une liste de promesses territoriales pour prix de son entrée dans le conflit[1]. Un mouvement d'hésitation du gouvernement face au Parlement hostile à la guerre déclencha une crise politique majeure dite du « Mai radieux » pendant laquelle les groupes interventionnistes descendirent dans les rues. Finalement, le 24 mai les Italiens déclarèrent la guerre à l'Autriche-Hongrie. Mussolini partit pour le front en septembre dans le corps des bersagliers, y combattit – ainsi que tous les futurs hiérarques de son régime –, y fut blessé, tout en écrivant toujours des articles incendiaires pour *Il Popolo d'Italia*. Désormais, il appartenait lui aussi à la *Trincerocrazia*, cette aristocratie des tranchées née dans la violence de la guerre et qui, par ses sacrifices, était appelée à prendre les commandes une fois la paix revenue. L'année 1917 fut celle des ruptures, celle de la défaite de Caporetto[2] le 24 octobre qui entraîna un appel au peuple pour la défense de la patrie ; celle de la révolution bolchevique qui conduisit à la sortie de la Russie du conflit. Par cet acte, Lénine trahissait la cause sacrée de la guerre et servait la victoire des Empires centraux. « Une paix qui assassine la révolution, voilà le chef-d'œuvre de Lénine ! » pouvait-on lire dans *Il Popolo d'Italia*. À partir de cette date, Mussolini devint un ennemi farouche du bolchevisme.

1. Le traité octroyait à l'Italie le Trentin, l'Istrie, une partie de la Dalmatie, un protectorat sur l'Albanie et des territoires coloniaux.

2. Le 24 octobre 1917, une attaque austro-allemande perça le front italien, provoquant la déroute de la 2e armée et un repli jusqu'au Piave, au prix de 30 000 tués et 275 000 prisonniers.

Le pouvoir à portée d'une marche

D'autres combats l'attendaient après la victoire : refuser cette « victoire mutilée » imposée à Rome par ses alliés, qui lui contestaient une partie des terres promises en 1915, combattre le régime libéral au pouvoir incapable de préserver l'héritage de la guerre comme de protéger le pays du spectre du communisme qui menaçait d'entraîner l'Europe dans la révolution permanente. Bref, il fallait sauver l'Italie.

Le 23 mars 1919, une nébuleuse de groupes de différentes obédiences se réunit à Milan, dans un palais de la place San Sepolcro, pour fonder les Faisceaux[1] italiens de combat qui se voulaient l'antiparti par excellence, dotés d'un programme très à gauche (instauration de la république, suffrage universel, journée de huit heures, impôt sur le capital, expropriation partielle des terres, anticléricalisme). Gardons bien à l'esprit qu'à ce moment-là Mussolini n'était qu'un chef parmi d'autres et que son autorité était loin d'être totale et incontestée. Sa marginalité s'avérait particulièrement marquée dans le mouvement du squadrisme. Ces unités paramilitaires en lutte contre les communistes, les socialistes et les militants catholiques, principalement dans le nord du pays, bénéficiaient d'une autonomie très forte, sous la direction de chefs appelés les *ras* et qui ne s'en laissaient pas conter.

---

1. Le terme désignait à l'origine l'emblème de l'autorité des magistrats dans la Rome antique, avant d'être repris par certains groupes révolutionnaires italiens au XIXe siècle.

Or, Mussolini avait deux atouts dans son jeu dont tous ses rivaux étaient dépourvus : son charisme extraordinaire et ses qualités hors pair de manœuvrier politique. Il se tint prudemment à l'écart de l'aventure de Fiume – une épopée qui pourtant contribua en grande partie à la gestation du fascisme – sur laquelle planait la figure romanesque de Gabriele D'Annunzio[1]. Après sa déconfiture aux élections législatives de novembre 1919, il comprit en outre qu'il lui fallait s'appuyer sur les classes moyennes, en voie de déclassement et terrorisées par le communisme. Les élections de mai 1921 constituèrent un premier succès électoral : 35 fascistes firent leur entrée au Parlement. Mais, pour s'emparer du pouvoir, il fallait un parti en bonne et due forme. Ainsi naquit en novembre 1921 le Parti national fasciste (PNF) avec un programme nettement moins radical, lequel exprimait la nouvelle alliance avec une partie des forces conservatrices. Mais que l'on ne s'y trompe pas : Mussolini maintenait bien son mouvement sur la voie d'une révolution politique et sociale.

La crise finale de l'État libéral, gouverné par de pâles personnalités, ouvrait béante la porte vers le succès. Mussolini joua alors avec beaucoup d'habileté. Sa prise du pouvoir en octobre 1922 s'opéra sur deux plans : l'un factieux, l'autre politique et institutionnel. Le premier volet constituait l'essence même

1. Le poète marcha avec ses hommes sur la ville de Fiume que les Alliés refusaient d'octroyer à l'Italie et y créa un État indépendant. L'aventure s'acheva en décembre 1920 à la suite d'une intervention de l'armée italienne.

de la révolution fasciste : une marche sur Rome des Chemises noires dans le respect de la mythologie révolutionnaire et socialiste pour arracher le gouvernement des mains de la vieille élite. L'autre correspondait à des négociations politiques secrètes conduites avec le ministère, les grands chefs du Parlement et surtout le roi Victor-Emmanuel III, seul habilité à nommer le président du Conseil. Toujours pragmatique, le chef fasciste avait su rassurer le Palais sur ses intentions : on ne toucherait pas à la Couronne. La conjonction de ces deux pressions décida le monarque, obsédé par le risque de guerre civile et la crainte d'être détrôné au profit de son cousin le duc d'Aoste, à faire appel à Mussolini, prudemment resté à Milan pendant les événements. Le fils du forgeron revint de la capitale lombarde dans un train de nuit fort confortable, fut reçu le 30 octobre 1922 au palais du Quirinal où le roi lui confia la charge de former un gouvernement dans lequel les fascistes n'occuperaient que trois ministères. Le coup de poker avait réussi.

Dictateur mais à petits pas

Disons-le d'emblée, Mussolini n'aspirait pas à ajouter simplement son nom à la déjà longue liste des présidents du Conseil. Il avait conquis le pouvoir à la hussarde et n'entendait aucunement le rendre. Son avènement devait constituer une rupture dans l'histoire de l'Italie et son alliance avec les forces conservatrices restait purement conjoncturelle. Mais il connaissait trop la réalité des rapports de force pour commettre l'erreur de précipiter les événements. Il mit quatre années pour établir à son profit une dictature personnelle qui ne manquait pas de limites comme nous allons le voir. Dans un premier temps, il chercha à institutionnaliser son mouvement factieux mais – nuance fondamentale – non pas pour le fondre dans l'État, mais pour fasciser l'État de l'intérieur. Les forces squadristes furent intégrées dans une Milice volontaire pour la sécurité nationale puis la loi électorale modifiée afin de favoriser le PNF, ce qui permit sa large victoire aux élections de mai 1924. La révolution avançait à petits pas.

Or, il existait toujours une opposition, ce que bien des fascistes avaient tendance à oublier, et qui ne ménageait pas ses coups : communistes, socialistes, catholiques du Parti populaire italien. La violence n'avait pas disparu, loin de là, et des rixes opposaient toujours les militants des différents camps. La ligne rouge fut franchie en juin 1924 quand le député socialiste Giacomo Matteotti fut enlevé en plein centre de Rome et son cadavre retrouvé en décomposition dans la campagne romaine en août. L'enquête remonta rapidement jusqu'au ministère de l'Intérieur où sévissait une police parallèle au triste nom de Tcheka[1], un ministère qu'occupait… Mussolini ! L'opposition se déchaîna, accusant le pouvoir d'avoir le sang d'un député sur les mains tandis que son chef prétendait qu'on lui avait jeté un cadavre dans les jambes. Une large partie des députés

1. Le nom faisait écho à la police politique créée en 1917 par le pouvoir bolchevique pour traquer ses ennemis.

décidèrent même de ne plus siéger dans l'enceinte du Parlement, paralysant ainsi le fonctionnement de l'État (d'où le nom de l'Aventin qu'on attribua à cette stratégie, en référence à la colline où les chefs de la plèbe romaine se retiraient). La puissance des attaques entraîna Mussolini dans l'une de ses crises d'abattement récurrentes qui le fit vaciller. L'expérience fasciste allait-elle s'arrêter là ?

Pour les *ras* les plus intransigeants, il n'en était pas question. Plusieurs d'entre eux, dont Roberto Farinacci, surent remonter la détermination de leur chef, qui retrouva toute sa fougue et sa violence. De surcroît, l'absence de réaction du souverain, qui refusa de le renvoyer sans un vote de l'Assemblée – en l'espèce impossible du fait de la sécession de l'Aventin –, lui ôta bien plus qu'une épine du pied : elle lui permit de passer à l'offensive contre ses ennemis. Le 3 janvier 1925, Mussolini monta à la tribune de l'Assemblée pour prononcer un discours tonitruant. Sa voix résonna dans un hémicycle tétanisé pour assumer la responsabilité des événements, annoncer que d'énergiques mesures seraient prises, que l'ordre serait assuré et que le fascisme était bien vivant. Remis en selle par les durs du régime, Mussolini réaffirmait son rôle de guide de la révolution fasciste.

À partir de là, tout s'enchaîna. Entre 1925 et 1926, plusieurs lois ou décrets dits lois fascistissimes installèrent une dictature pleine et entière dont le Duce[1]

---

1. Venant du latin *Dux* et utilisé pour désigner un chef de guerre, le terme prit la signification de guide dans la gauche révolutionnaire italienne au XIXe siècle.

était la clef de voûte : suppression des partis politiques et de la liberté de la presse ; interdiction de la franc-maçonnerie ; suppression de la responsabilité du président du Conseil devant la Chambre ; création d'un Tribunal spécial pour la défense de l'État. Dans le même temps, le pouvoir installa les instruments pour la mise en œuvre de son projet totalitaire de refonte de l'âme et du corps des Italiens : le *Dopolavoro* qui prenait en charge les loisirs, les *Balilla* et *Avanguardisti* accueillant enfants et adolescents pour infuser dans leur jeune cerveau les dogmes du régime. Une lutte implacable contre toutes les « déviances », sociales ou sexuelles, fut lancée, entraînant l'exil dans les régions hostiles – le *confino* – des homosexuels, des marginaux et des opposants.

Mussolini au travail

Car, répétons-le, Mussolini menait une révolution anthropologique qui visait à remodeler les individus par leur sujétion à l'État. Le Parti n'était qu'un instrument de contrôle et de mobilisation des masses, la réalité du pouvoir se trouvant entre les mains de l'État et du chef du gouvernement, Duce du fascisme. « Tout dans l'État, rien en dehors de l'État, rien contre l'État », affirma-t-il. Rien n'échapperait donc à son contrôle, ni la culture ni l'économie. Mais ne nous y trompons pas. Si Mussolini mena une lutte implacable contre ses anciens camarades du parti socialiste et contre le communisme, il ne le fit jamais au nom du conservatisme. « La doctrine fasciste, écrivit-il, n'a pas élu comme prophète [Joseph] de Maistre. » Elle offrait au contraire une autre conception de la révolution qui unissait nationalisme et socialisme. D'où la haine dont le dictateur ne cessa de poursuivre la bourgeoisie italienne et ses valeurs libérales, et ce, jusqu'à son dernier souffle.

Le Duce s'attela à transformer son pays au nom de son idéal révolutionnaire : travaux d'aménagement des zones hostiles, création de villes nouvelles dont l'une porta son nom, travaux urbanistiques de rénovation des centres historiques, construction de logements, modernisation de la radio, création de Cinecittà, lutte pour l'amélioration des conditions de vie et de santé, etc. Mais sa plus grande réussite, à l'orée des années 1930, celle qui lui conféra un prestige international inouï et une adhésion massive des Italiens, ce fut la signature des accords du Latran avec la papauté, le 11 février 1929. Au terme d'une longue négociation, le « bouffeur de curés » et Pie XI, l'intransigeant pontife qui n'avait aucune illusion sur la sainteté du Duce, mirent un terme au conflit entre l'État italien et le Saint-Siège, lequel retrouvait un État indépendant (la Cité du Vatican) enclavé dans Rome, et signaient un concordat conférant à l'Église catholique de substantiels avantages.

En 1922, Mussolini avait choisi comme résidence l'élégant palais Chigi, situé le long du Corso par lequel on accédait depuis la place Colonna et qui disposait d'un balcon d'où il pouvait haranguer la foule. Pourtant, au fil des années, il le considéra comme mal adapté à la puissance de son pouvoir. Il fallait au chef du fascisme un siège capable de rivaliser avec le palais royal du Quirinal. Sa préférence se porta sur le palais de Venise, massive et austère bâtisse moyenâgeuse située en plein centre de Rome. Pour son bureau, il choisit l'immense salle de la Mappemonde dont les dimensions gigantesques lui conféraient une solennité froide qui impressionnait tous les visiteurs. Elle disposait de surcroît d'un balcon d'où il pouvait prononcer ses discours, dans des postures théâtrales, jouant de sa voix, de ses bras, de ses yeux hypnotiques, subjuguant une foule en délire massée sur la piazza Venezia. Toutefois, même s'il avait fait aménager des appartements privés au troisième étage, il préféra installer son épouse Rachele et ses enfants dans une villa de la banlieue de Rome, la villa Torlonia. Il disposait en outre d'une résidence de campagne, à Rocca delle Caminate, non loin de Predappio son village natal. Ces divers lieux lui permettaient de se retrancher des regards. Une tendance qui ne cessa de s'accentuer avec les années et qui l'isola toujours un peu plus du pays réel.

Sa conception du pouvoir lui interdisait d'accepter la moindre rivalité. Si les hiérarques les plus puissants reçurent des portefeuilles ministériels, ils les perdaient souvent à l'occasion d'un remaniement, au profit d'un poste aussi honorifique que dépourvu de réel pouvoir. Le Duce récupérait la plupart du temps le ministère en question, cumulant les charges et s'appuyant sur de fidèles sous-secrétaires d'État. En 1936, dans un réflexe népotique, il alla jusqu'à confier les Affaires étrangères à son gendre Galeazzo Ciano. La situation était la même au sommet du PNF où il ne plaça, sauf exception, que de fidèles exécutants ou de pâles figures. Toutefois, on n'assista jamais à des purges sanglantes, à des éliminations brutales de rivaux potentiels, comme les pratiquaient avec cruauté Staline ou Hitler. Certains purent continuer à le critiquer vertement, comme le fit avec constance Roberto Farinacci avec ses articles incendiaires parus dans son journal *Regime fascista.* Sauf exception, le charisme mussolinien continuait de s'exercer avec la puissance d'un sortilège sur les chefs et les cadres du fascisme, sur les foules et les individus.

Il y avait aussi un autre élément à prendre en compte : la présence du roi au-dessus de la tête du Duce, qui ne fut jamais chef d'État. Victor-Emmanuel III aimait d'ailleurs à le lui rappeler en l'appelant *Presidente* et jamais Duce. Chaque semaine, comme tout bon Premier ministre d'un régime parlementaire, le chef fasciste se rendait au palais du Quirinal pour leur entretien hebdomadaire dont rien ne transpirait. Jusqu'en 1939, la cérémonie du discours du trône fut scrupuleusement respectée. Les deux hommes établirent des relations cordiales construites sur le *modus vivendi* de 1922. La Couronne était certes un bien faible contre-pouvoir, mais il avait le mérite d'exister, et ce, tant que le vieux souverain vivrait puisque le républicain Mussolini avait bien l'intention d'abolir la monarchie à sa disparition.

Travailleur acharné, le dictateur ne répugnait pas à l'étude minutieuse des dossiers, s'intéressait aux chiffres, lisait avec une attention à la fois politique et malsaine les fiches que la police politique, l'OVRA[1], lui fournissait sur les personnalités du royaume ou l'état de l'opinion publique. Il entretenait d'ailleurs avec soin cette réputation, laissant la lumière de son bureau allumée la nuit pour que les Romains noctambules pussent être assurés que le Duce œuvrait jusqu'au bout de la nuit à leur bonheur… Fier de sa corpulence et de l'impression de force qui en émanait malgré sa taille moyenne, conscient de son pouvoir charismatique qui se dégageait de son regard pénétrant, il entretenait avec soin cette image de vitalité comme si elle était capable à son tour d'irriguer le corps tout entier de la société italienne. Paul-Otto Schmidt, l'interprète de Hitler, se souvenait d'un homme au « corps toujours très droit, se balançant un peu sur les hanches en parlant, [qui] éveillait avec sa tête de César l'idée d'un Romain antique, au front puissant, au menton énergique, anguleux ». Se voulant athlète, il touchait à tous les sports, aimait se faire photographier en maillot de bain sur les plages de l'Adriatique, fourche à la main dans un champ ou marchant au pas cadencé avec ses hommes. Mais derrière ce décorum se cachait un homme en fait fragile, victime fréquente du stress et de crampes d'estomac, à la psychologie anxieuse et à la sexualité débridée.

1. De son vrai nom Organizzazione per la Vigilanza e la Repressione dell'Antifascismo, elle fut créée en 1927.

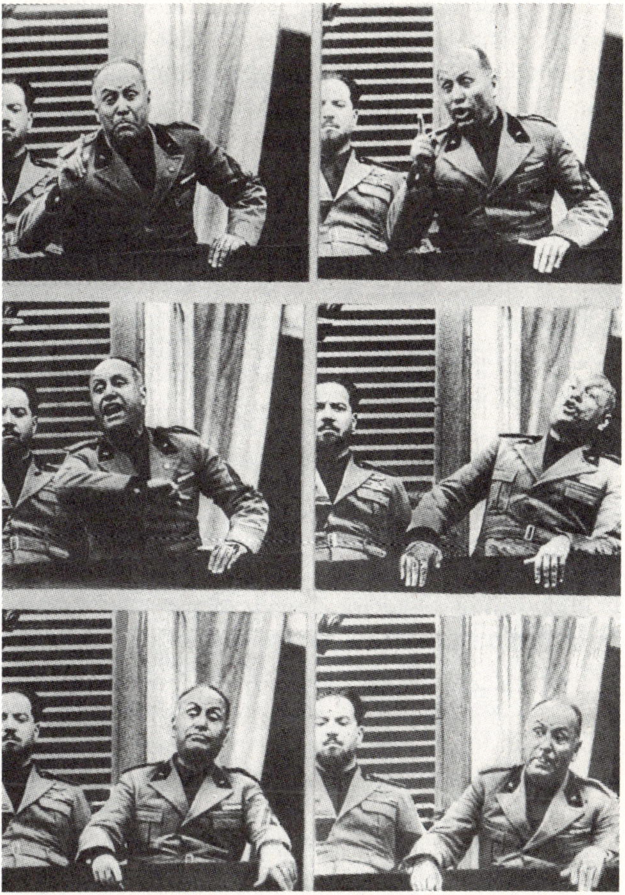

Benito Mussolini (1883-1945),
l'orateur dans tous ses états, vers 1935.

Le fascisme fut-il un mussolinisme ?

Le mouvement se réduisait-il à son chef ou s'apparentait-il à une féodalité ? En ce qui concerne ses débuts, on l'a vu, la réponse est clairement négative tant les *ras* défendaient bec et ongles leur autonomie. Mussolini n'établit son autorité sur le fascisme que progressivement. Le culte de la personnalité qu'il sut mettre en place à son profit rendit sa figure omniprésente : peintures, sculptures, photographies, slogans, discours inondaient l'espace public et entraient dans le foyer de chaque Italien. La concentration des pouvoirs de l'État et du PNF dans ses mains en fit le cœur battant de la prise de décision. Avec la mise à l'écart des rivaux, plus aucune tête ne dépassait. Dans un tel contexte, le corps de Mussolini et le fascisme finirent par fusionner. Cette réalité indépassable posait la question la plus taboue du régime : celle de la succession. À partir de 1936, son gendre Ciano, bien vu à la Cour et proche des milieux conservateurs anglophiles, apparaissait comme le dauphin sans que le dictateur n'eût prononcé la moindre parole en ce sens et sans que les autres grands hiérarques n'eussent dit leur mot sur cette affaire qui les intéressait au premier chef !

Il y eut bien un mussolinisme, curieux syncrétisme d'idéologie sans prise avec la réalité et de pragmatisme politique confinant au cynisme. Le Duce, il est vrai, ne fut jamais très à l'aise avec les questions de doctrine, ce qui favorisa son parcours sinueux, et il savait s'adapter aux circonstances avec une facilité déconcertante, comme le montra dès 1922 son positionnement sur une ligne d'équilibre entre les différentes factions de son mouvement en réalité très hétérogène. En fait, il y eut toujours une opposition interne très forte dans les courants les plus à gauche du PNF qui hurlaient à la trahison des idéaux de San Sepolcro[1] érigés au rang de mythes. Cette aile radicale ne cessa de lui disputer le bois de la Vraie Croix, de le pousser à mettre fin aux équivoques et aux compromissions et à enfin détruire l'ancien monde bourgeois. Cependant, cette sourde colère ne déboucha jamais sur une fronde ouverte, interdite par la nature même du régime. C'était de lui et de lui seul que la révolution devait un jour advenir. Même Farinacci, avec ses postures d'antipape qui l'exaspéraient, ne franchit jamais le Rubicon.

Le Duce sut, avec son habileté coutumière, manipuler ces gardes noirs de la révolution, les flatter quand il en avait besoin, les comprimer quand ils allaient trop loin. Toutefois, il faut remarquer que le régime connut un crescendo dans l'emprise totalitaire qui prouve bien les desseins anthropologiques du dictateur. Mais il connaissait aussi le poids autant que l'influence des trois contre-pouvoirs qui paradoxalement le soutenaient : l'Église, la Couronne et les grands industriels. Un faux pas et tout pouvait tomber.

Fut-il admiré des Italiens ? Sans aucun doute. Fut-il aimé ? C'est certain. « Contempler ce visage, écrivit une jeune fille de Padoue qui vint l'écouter en 1938, c'est se sentir prêt à tout, à tout sacrifice, à tout

1. Les idéaux du fascisme de 1919 devenus mythiques chez les plus radicaux parce que vierges de toute compromission avec les conservateurs.

combat. » C'est en réalité cette convergence permanente vers sa personne qui donne au fascisme les traits d'un césarisme totalitaire comme l'a défini l'historien italien Emilio Gentile. Ce fut la force du système que de reposer sur les qualités politiques de son chef. Mais ce fut aussi sa faiblesse, car une fois le Duce arrêté le 25 juillet 1943, une fois disparu celui qui était à la fois le capitaine et le gouvernail, le navire sombra en une journée.

Le tournant fatal

Les années 1930 constituèrent une étape cruciale de la radicalisation mussolinienne. Au début de la décennie, la thématique antibourgeoise et guerrière reprit une vigueur nouvelle. Alors qu'il avait mené jusque-là une politique étrangère assez proche de celle des démocraties occidentales par hostilité au revanchisme allemand, le Duce défia l'Europe en octobre 1935 en lançant la conquête de l'Éthiopie, laquelle ne s'acheva qu'en mai 1936 au prix d'une guerre brutale plus difficile que prévu. La population italienne lui apporta un soutien si fort que l'historien Renzo de Felice parle d'un véritable consensus. Jamais le dictateur ne fut aussi populaire qu'à cette époque. Mais, isolé sur la scène internationale, il se tourna alors vers l'Allemagne nationale-socialiste qui n'attendait que cela pour former l'Axe Rome-Berlin (octobre 1936). Ce fut le premier tour de valse avec le diable. Le deuxième arriva vite avec l'engagement conjoint dans la guerre d'Espagne pour aider un Franco très méfiant à l'encontre de ses nouveaux amis italiens. Le troisième se déroula à Berlin où Hitler accueillit avec tout le soin nécessaire un Mussolini transcendé par les réussites du IIIe Reich (septembre 1937). Le Duce chercha en retour à éblouir le Führer lors de son voyage à Rome, en mai 1938, d'où le pape Pie XI était parti pour Castel Gandolfo respirer un air plus sain. Entre-temps, l'Italie avait abandonné l'Autriche à son sort en mars 1938 en laissant l'Allemagne réaliser l'*Anschluss* tant désiré par le Führer.

En politique intérieure aussi, Mussolini serra la vis. Il combattit les attitudes jugées bourgeoises, imposa le pas de l'oie, critiqua à mots de moins en moins couverts la monarchie et surtout imposa en 1938 un virage raciste et antisémite très grave[1], même s'il ne s'agissait pas de mesures de persécutions physiques mais discriminatoires. Obsessions raciales et préjugés antibourgeois se mêlaient dans cette offensive qui contribua à briser le *modus vivendi* établi avec la papauté et créa des remous dans l'opinion publique, qui y vit une servile imitation des Allemands détestés. Mais Mussolini vieillissant était plus que jamais décidé à faire naître cet homme nouveau dont il rêvait depuis toujours, y compris sous la contrainte.

La guerre ! C'était par la guerre et sur les champs de bataille qu'on procéderait à l'accouchement de l'Italien fasciste. Or, sur cette question, Mussolini étouffait sous

1. Annoncé en juillet 1938, le tournant antisémite prit corps avec les lois de septembre 1938 qui excluaient les Juifs de la société italienne.

le poids de contradictions insurmontables puisque ni l'état de l'armée ni celui des finances ne permettaient de s'engager aux côtés des Allemands envers lesquels il éprouvait un curieux mélange de haine, d'admiration et de peur secrète. Au moment de la crise tchécoslovaque de septembre 1938, il contribua à sauver la paix grâce à la conférence de Munich. Lorsque Hitler, au mépris de la parole donnée, envahit et dépeça la Tchécoslovaquie quelques mois plus tard, le dictateur italien répliqua en rapinant l'Albanie avant de signer une véritable alliance avec le Reich, le pacte d'Acier du 22 mai 1939. Il spécifia ne pas pouvoir entrer en guerre avant 1943. Mais, une nouvelle fois, les Allemands le trompèrent en agressant la Pologne et en précipitant l'Europe dans une nouvelle apocalypse.

En septembre 1939, soumis aux pressions du clan antiallemand et encore réaliste sur la situation de son pays, Mussolini opta pour une position ambiguë : la « non-belligérance ». Cette neutralité hostile envers les démocraties constituait un entre-deux plein de menaces pour l'avenir. Cela étant, la fulgurance des victoires allemandes le mit davantage à la torture. Et quand la France, à la surprise générale, s'écroula en quelques semaines, il comprit qu'il devait participer à la curée. Le 10 juin 1940, l'Italie déclara donc la guerre à la France et au Royaume-Uni. Une décision fatale prise contre les réserves du roi et de plusieurs hiérarques, l'opposition de la papauté et des profondeurs du pays. Ce fut cette décision, conforme à sa dynamique idéologique, qu'il paya de sa vie.

Car la guerre du Duce devint, dès les premiers jours, un long calvaire. Alpes, Libye, Grèce : partout s'accumulèrent les défaites qui l'humilièrent et lui firent perdre le soutien de l'opinion. Partout il fallut s'abaisser à obtenir l'aide de la Wehrmacht qui se coiffait des lauriers de la victoire, à l'instar de l'Afrikakorps de Rommel envoyé en Libye pour sauver l'armée italienne d'un désastre face aux Anglais. Pis, les villes de la péninsule subirent très vite les dévastations des bombardements alliés. La misère, le désespoir et la colère s'y propageaient comme la peste. Même si la vindicte populaire se retournait en priorité contre les petits chefs du PNF, l'image du Duce comme chef infaillible s'écorna, surtout chez les officiers et les hiérarques. Sa santé subit les contrecoups des mauvaises nouvelles s'accumulant sur son bureau. Le dictateur commençait à lâcher prise. Né de la guerre, irrigué par la passion guerrière, le régime ne pouvait survivre à la défaite.

Le glas

Le débarquement des Anglo-Saxons en Sicile en juillet 1943 sonna le glas du fascisme. Après le bombardement de Rome, plusieurs barons du régime optèrent pour une mise à l'écart du Duce qui, coupé du pays, n'écoutait plus personne et qui ne fascinait plus les siens, ce qui était sans doute beaucoup plus grave. Les conjurés se décidèrent à agir par le biais d'un vote du Grand Conseil du fascisme, organe suprême du PNF, dont ils exigèrent la convocation pour la nuit du 24 au 25 juillet 1943. Menés par

La dernière rencontre
entre Mussolini et Hitler à Rastenburg,
le 20 juillet 1944.

Dino Grandi[1], les Césaricides – dont certains arrivèrent armés à la séance ! – obtinrent à l'issue d'une longue et pesante réunion une majorité pour retirer à

1. Ministre des Affaires étrangères de 1929 à 1932, ambassadeur à Londres jusqu'en 1939, puis ministre de la Justice et président de la Chambre des Faisceaux et des Corporations, il était resté très proche de la Couronne.

leur chef ses pouvoirs militaires mais avec la certitude de maintenir le régime. Or, Victor-Emmanuel III avait ourdi en parallèle son propre complot et quand le 25 juillet Mussolini se présenta à sa villa privée certain de reprendre en main les événements, il le fit arrêter par des carabiniers. Complètement désarçonné, transféré dans une prison de Rome, le prisonnier en fut rapidement sorti pour d'autres jugées plus sûres : l'île de Ponza, puis celle de la Maddalena et enfin au sommet du Gran Sasso dans les Abruzzes. Pendant ce temps, le régime se liquéfia puis l'Italie passa du côté allié en septembre 1943 dans des conditions apocalyptiques.

Or, Hitler n'entendait pas perdre le contrôle de la péninsule. Lié à Mussolini par d'étranges sentiments d'estime teintés de supériorité et de mépris absolu pour les « traîtres » italiens, il ordonna sa libération par un commando et l'accueillit à Berlin pour le convaincre de prendre la tête d'un État croupion fasciste dans le centre-nord de la péninsule. Cependant, le Duce n'était déjà plus que l'ombre du chef charismatique qu'il avait été. Obéissant aux nazis, il installa sa République sociale italienne (RSI) dans différentes villes des lacs de Lombardie et mena une lutte implacable contre tous ses ennemis. Par esprit de vengeance autant que par crainte du désaveu de Hitler, il offrit aux fascistes les plus enragés la tête de son gendre Ciano qui avait voté contre lui lors de la séance du Grand Conseil. Condamné à mort après un simulacre de procès, le Brutus du fascisme mourut avec dignité, fusillé dans le dos.

Reclus dans la ville de Salò, le dictateur tentait de garder la main sur les événements, de limiter les ingérences des Allemands, mais l'avancée lente et inexorable des Alliés condamna à terme l'aventure sanglante de la RSI. Il tenta bien une ultime manœuvre politique avec les socialistes pour une transition « en douceur » vers un nouveau pouvoir. Il n'avait en fait plus aucune carte en main. Le 25 avril 1945, il s'enfuit de Milan pour rejoindre les Alpes en compagnie d'une poignée de fidèles et de sa maîtresse Clara Petacci. L'équipée s'acheva tragiquement : déguisé en soldat allemand, l'ancien maître de l'Italie fut arrêté par des partisans qui le fusillèrent avec Clara à ses côtés dans des conditions encore mystérieuses, le 28 avril 1945. Leurs dépouilles, ramenées le lendemain à Milan et jetées sur la place Loreto, subirent les pires outrages d'une foule hystérique avant d'être pendues à une rampe.

Vaincu, Mussolini entra dans la mort avec ce corps piétiné puis enterré à la va-vite avant qu'il ne rejoignît sa ville natale de Predappio où il repose encore de nos jours, entouré d'une étrange fascination qui ne cesse d'interroger.

Bibliographie sélective

En plus de la magistrale biographie de Mussolini écrite par Renzo de Felice en huit volumes et non traduite en français, on lira :

Emilio GENTILE, *La Religion fasciste*, Perrin, 2002.

—, *Qu'est-ce que le fascisme ? Histoire et interprétation*, Gallimard, 2002.

Frédéric Le Moal, *Histoire du fascisme*, Perrin, 2018.

Pierre Milza, *Mussolini*, Fayard, 1999.

Didier Musiedlak, *Mussolini*, Presses de Sciences Po, 2005.

Michel Ostenc, *Mussolini, une histoire du fascisme italien*, Ellipse, 2013.

Max Schiavon, *Mussolini. Un dictateur en guerre*, Perrin, 2016.

3

Staline, le « Lénine d'aujourd'hui », ou comment Staline est devenu Staline

par Nicolas W*ERTH*

« Staline a concentré un pouvoir illimité », dont il n'est pas sûr « qu'il puisse toujours se servir avec assez de circonspection [...] ». « Staline est trop brutal, et ce défaut, parfaitement tolérable dans notre milieu, ne l'est plus dans les fonctions de Secrétaire général. Je propose donc aux camarades d'étudier un moyen pour démettre Staline de ce poste. »

Ces courtes notations assassines ont été dictées les 23 décembre 1922 et 4 janvier 1923 par Lénine quelques semaines avant l'attaque cérébrale qui allait l'écarter définitivement de la vie politique. Ces notes (qui ont été, avec quelques autres pages consacrées aux principaux leaders communistes – Trotski, Boukharine, Zinoviev, Kamenev et Piatakov –, improprement appelées le « testament de Lénine ») ont été gardées sous le boisseau jusqu'au discours secret de Khrouchtchev au XXe congrès en février 1956. Ira-t-on jusqu'à dire qu'elles étaient à proprement parler « secrètes » ? En réalité, elles furent communiquées à quelques rares responsables du Parti lors du XIIIe congrès du Parti qui se tint en mai 1924 quelques mois après la disparition de Lénine (le 21 janvier précédent), les collègues de Staline au Politburo, la plus haute instance du Parti, ayant été, quant à eux, mis au courant bien avant. Elles furent également publiées en Occident en 1925 grâce à deux communistes antistaliniens, Boris Souvarine, responsable communiste français, et Max Eastman, journaliste socialiste américain qui s'était procuré le « testament de Lénine » lors d'un voyage qu'il avait effectué en URSS en 1924. Quand ces notes parurent en Occident, Staline obtint, sous la menace, que Trotski et Nadejda Kroupskaïa, la veuve de Lénine, écrivissent dans la *Pravda* qu'il s'agissait d'un faux.

C'est néanmoins avec un handicap majeur que Staline aborde les luttes de succession qui s'engagent avant même la mort de Lénine. Un handicap majeur que ce désaveu ultime du Maître, qui, de surcroît, avait rompu toute relation personnelle avec Staline dans les tout derniers jours avant son attaque cérébrale, à la suite d'une agression verbale particulièrement grossière de ce dernier à l'encontre de Nadejda Kroupskaïa[1].

Ce handicap allait influer durablement, fondamentalement, sur le mode de relations de Staline avec les

1. Khrouchtchev lut également, devant les délégués réunis à huis clos dans la nuit du 24 au 25 février 1956, cette lettre de rupture très dure envoyée par Lénine à Staline le 5 mars 1923.

autres responsables bolcheviques de sa génération. Il n'aura de cesse de prouver qu'il n'a pas « trahi le léninisme » – c'est pour cette raison qu'il voua une haine sans fond à Trotski, précisément parce que celui-ci avait développé le thème de la « Révolution trahie » par Staline. Ce dernier va consacrer une grande énergie à se reconstruire une parfaite légitimité politique, en réécrivant l'histoire du bolchevisme, rédigeant sa propre hagiographie, construisant sa vision d'un système centré autour de sa personne. Jusqu'à la fin des années 1930, jusqu'à ce que la « vieille garde léniniste » ait été éliminée, Staline est en réalité un dirigeant sur la défensive qui teste sans relâche le degré de dévouement personnel à sa personne, « tient » ses plus proches collaborateurs en instrumentalisant leur moindre « faille biographique » (une adhésion passée au menchevisme, un écart par rapport à la « ligne » du Parti, des relations familiales ou amicales avec des « ennemis de la Révolution », etc.), persécute enfin tous ceux qui ont pu garder en mémoire le dernier conflit entre le Maître et le disciple.

L'ascension

Mais d'abord, avant d'aborder le cœur du sujet – c'est-à-dire la façon dont Staline parvint à s'imposer à la tête du parti bolchevique au cours des six années qui suivirent la « mort politique » de Lénine (cinq années après sa mort réelle, en janvier 1924) –, revenons brièvement sur son parcours avant 1922-1923.

Car à cette date, cinq ans après la prise du pouvoir par les bolcheviks en octobre 1917, Staline est déjà l'un des tout premiers dirigeants bolcheviques, l'un des plus proches collaborateurs de Lénine, contrairement à la légende, véhiculée par Trotski, selon laquelle il n'aurait été à cette époque qu'un obscur *apparatchik*, un « homme d'appareil », gris et sans envergure.

Lorsque, dans les années 1920, on demanda aux personnalités communistes de fournir une notice autobiographique destinée à être publiée, Staline fut l'un des rares dirigeants à pouvoir évoquer sans contorsions une enfance de pauvreté et de privations. Ses parents étaient tous deux serfs de naissance avant l'abolition du servage en 1861. Son père, Vissarion Djougachvili – un modeste cordonnier géorgien installé dans la petite ville de Gori –, fut tué dans une rixe alors que son fils Sosso, le futur Staline (né en décembre 1879), n'avait que dix ans. En 1894, Sosso Djougachvili est inscrit au séminaire de Tiflis – seule voie pour lui de continuer des études. Il y suit des cours cinq ans durant, tout en fréquentant des cercles d'étudiants marxisants. On a imputé à l'orientation théologique des études du jeune Staline le style didactique, fait de figures de style oratoires, si caractéristique de la prose stalinienne. En 1899, Djougachvili est renvoyé du séminaire pour manque d'assiduité. Comme nombre d'étudiants de sa génération, il « va au peuple », milite dans des groupuscules socialistes au contact du monde ouvrier des grandes villes du Caucase, Tiflis et surtout Bakou, la grande ville du pétrole, sur les rivages de la mer Caspienne. Première arrestation, en avril 1902, suivie d'une condamnation à trois ans d'exil en Sibérie, d'où – comme la plupart des déportés politiques – il s'évade début 1904. De retour au Caucase, il rejoint les cercles bolcheviques locaux, à un moment où les sociaux-démocrates se divisent entre mencheviks et bolcheviks, prend rapidement du galon dans le petit milieu révolutionnaire caucasien, rédige son premier pamphlet (*Coup d'œil rapide sur les divergences dans le Parti*), dont le sectarisme didactique et emporté retient l'attention de Lénine. Fin 1905, « Koba » (son surnom dans la clandestinité révolutionnaire[1]), qui a été désigné délégué bolchevique pour le Caucase – une promotion fulgurante au terme de deux années de militantisme –, rencontre Lénine pour la première fois, lors de la conférence qui se tient à Tammerfors, en Finlande, et au cours de laquelle les dirigeants bolcheviques doivent se prononcer sur leur participation à la campagne électorale pour l'élection de la Ire Douma. À vingt-six ans, Staline entre dans le « premier cercle » léniniste. En avril 1906, au IVe congrès du parti social-démocrate, qui se tient à Stockholm, Koba représente le courant bolchevique caucasien, très minoritaire face aux mencheviks géorgiens, en plein essor après leur succès aux élections à la Douma. L'année suivante, alors que la révolution reflue, il est impliqué dans un certain nombre d'« expropriations révolutionnaires » (hold-up de banques) censées alimenter les caisses du parti. Dans la polémique qui se développe au sein même du parti bolchevique sur ces pratiques, Lénine soutient fermement ces « actions de partisans ». Entre

1. Koba est le nom d'un héros géorgien.

1908 et 1913, Staline (l'« Homme d'acier », le nouveau surnom révolutionnaire de Djougachvili) alterne arrestations, condamnations, déportations, suivies aussitôt de fuites et de périodes de clandestinité. En 1912, il est désigné, par cooptation, au Comité central du parti bolchevique, devenant ainsi l'un des dix principaux dirigeants du mouvement clandestin. Lénine a donc joué un rôle décisif dans sa promotion. Conscient de l'importance cruciale du problème des nationalités pour la cause révolutionnaire, c'est précisément Staline qu'il pousse à exposer le point de vue marxiste sur cette question : en 1913 paraît *Le Marxisme et la question nationale*, opuscule à propos duquel Lénine évoque, dans une lettre à Gorki, le « merveilleux Géorgien ». Grâce à ce texte – sans grande originalité – dans lequel il affirme que « la question nationale au Caucase ne peut être résolue qu'en entraînant les nations et les peuples attardés dans le courant général d'une culture supérieure », Staline devient le spécialiste du parti en politique des nationalités. En février 1913, il est une nouvelle fois arrêté. Envoyé en exil dans la région de Touroukhansk (Sibérie orientale), la plus éloignée et la plus isolée des régions de relégation de l'Empire russe, il y reste cette fois quatre ans, jusqu'à la chute du tsarisme, en février 1917.

Revenu à Petrograd en mars 1917, à la suite de l'amnistie proclamée par le Gouvernement provisoire, Staline devient secrétaire de rédaction de la *Pravda*, le journal bolchevique. Lors de la VIIe conférence du Parti, qui se tient fin avril 1917, il est élu au Comité central. Seuls Lénine et Zinoviev recueillent plus de voix que lui. Au moment où se multiplient en Finlande,

Photographies de la fiche de Joseph Staline (1878-1953) établie par la police secrète de Saint-Pétersbourg.

en Pologne, en Ukraine, dans les provinces baltes et au Caucase les revendications d'autonomie, voire d'indépendance, la question nationale devient centrale dans l'évolution et l'avenir du processus révolutionnaire en cours. Suivant Lénine, Staline souscrit alors à la thèse selon laquelle toute nation a droit à l'autodétermination et à la sécession. À la suite du coup d'État bolchevique du 25 octobre 1917, il est nommé, dans le nouveau gouvernement, au poste clé de commissaire du peuple aux Nationalités. Mais en fait, loin de se cantonner à ce seul secteur, il devient l'homme chargé par Lénine de toutes les missions spéciales sur les points les plus « chauds » des fronts de la guerre civile. Durant l'été 1918, il est dépêché sur le « front des approvisionnements » dans la région de Tsaritsyne (la future Stalingrad), avec pour mission de réquisitionner massivement les récoltes pour sauver Moscou de la famine qui menace. En mai 1919, il est envoyé sur le front de Petrograd avec les pleins pouvoirs, au moment où la ville est menacée par l'avancée des Blancs. Responsable du Conseil révolutionnaire de guerre sur le front sud-ouest pendant l'été 1920, Staline joue un rôle, très controversé par la suite, dans l'échec final de l'offensive soviétique sur Varsovie : à un moment décisif, il refuse d'envoyer des renforts pour épauler le corps d'armée commandé par le général Toukhatchevski qui marche sur la capitale polonaise. Parallèlement à ces activités de (piètre) stratège militaire, Staline dirige l'immense appareil bureaucratique de l'Inspection ouvrière et paysanne, chargé de contrôler la bonne marche des institutions soviétiques. Il est aussi l'un des cinq membres titulaires du Politburo, créé en mars 1919 pour coordonner l'action du Comité central. Loin d'être un obscur *apparatchik*, comme le prétendra Trotski, Staline était bien l'un des plus proches collaborateurs directs de Lénine et parmi les plus appréciés pour son soutien sans faille, son sens de la discipline, sa fermeté de caractère, sa détermination et son absence totale de scrupules et de pitié dans l'action – des atouts majeurs dans l'épreuve de la guerre civile. En avril 1922, il est promu au poste, en apparence technique, de secrétaire général du Comité central. Cette fonction, qu'il occupera trente ans durant, s'avère stratégique : elle lui permet, en effet, d'avoir la haute main sur toutes les mutations et promotions des hauts fonctionnaires du parti.

Cependant, à l'automne 1922, un conflit majeur éclate entre Lénine et Staline sur la question du cadre fédéral dans lequel doit se construire l'URSS. En septembre, une Commission, présidée par Staline et chargée d'élaborer un projet d'État fédératif, remet un texte qui prévoit l'absorption des Républiques soviétiques (Ukraine, Biélorussie, Arménie, Géorgie, Azerbaïdjan) dans la RSFSR[1], dont le gouvernement deviendrait celui de la fédération. Lénine, déjà malade, ébauche une version totalement différente du projet, dans laquelle la fédération rassemblerait des Républiques égales et non dominées par la Russie. Condamnant le « chauvinisme grand-russe » de Staline, Lénine, dans trois notes qui constituent ce que l'on a appelé improprement son « testament », porte alors une appréciation sévère sur celui qu'il avait qualifié, dix ans auparavant, de « merveilleux Géorgien ».

Les cinq facteurs de la victoire de Staline

Dans les luttes de succession qui s'ouvrent avant même la disparition de Lénine, Staline va montrer infiniment plus de volonté et de sens tactique que ses adversaires. Il joue à la perfection les uns contre les autres, s'alliant d'abord avec Zinoviev et Kamenev pour éliminer du jeu politique son adversaire le plus dangereux, Trotski. Une fois ce dernier affaibli, il renverse ses alliances et se rapproche de Boukharine, Tomski et Rykov pour écarter Zinoviev et Kamenev

1. République socialiste fédérative de Russie.

dc la direction. Désormais assez puissant, il se retourne contre ses alliés de la veille : Boukharine est exclu du Politburo en novembre 1929, Tomski en juillet 1930, Rykov en décembre 1930.

Au-delà des péripéties de ces luttes « politiciennes », interrogeons-nous sur les causes plus profondes de la victoire politique de Staline dans la seconde moitié des années 1920, qui conduisent à l'incarnation du pouvoir dans sa personne et à son identification au parti communiste.

Cinq facteurs – étroitement liés – peuvent expliquer la victoire de Staline :

— tout d'abord, l'émergence, après la mort de Lénine, d'une religiosité séculière, d'une figure tutélaire personnifiant la dictature révolutionnaire ;

— la captation par Staline de l'héritage léniniste, qui lui permet de s'imposer comme « exégète » autorisé de la pensée de Lénine, comme son continuateur et son « meilleur disciple » ;

— la formulation, par Staline, d'un certain nombre d'objectifs, de choix stratégiques politiques simples, mais qui offrent une nouvelle espérance et un objectif concret : la « construction du socialisme dans un seul pays » ;

— la transformation profonde de la sociologie du Parti, avec un afflux massif d'éléments populaires et plébéiens, qui se retrouvent et se reconnaissent dans les éléments programmatiques proposés par leur *Vojd* (« Guide ») ;

— enfin, la capacité de Staline à contrôler, avec un petit groupe soudé de fidèles, les appareils du Parti et de la police politique.

Le premier facteur est la mue symbolique du pouvoir après la mort de Lénine. Sa disparition donne lieu à l'explosion d'un phénomène cultuel dont le rôle dans la trajectoire du bolchevisme est capital. Et Staline joue là un rôle clé. En tant que secrétaire général du Parti, c'est lui qui est chargé de l'organisation des funérailles ; il prononce un discours destiné à une vaste postérité : des générations d'écoliers apprendront par cœur, des décennies durant, la formule du serment qui scande son discours : « Nous te jurons, camarade Lénine, d'accomplir avec honneur ta volonté. » Mais le disciple va bien plus loin : il met sur pied une « Commission pour l'immortalisation de la mémoire de Vladimir Ilitch Oulianov (Lénine) », chargée de la ritualisation de la mort du grand homme, dont le corps, dûment embaumé, et le cerveau, dûment disséqué pour y trouver les preuves matérielles de son « génie », doivent reposer dans un mausolée sur la place Rouge.

Les autres dirigeants bolcheviques protestent contre ce « culte de la personnalité » – c'est alors que l'expression fait son apparition. La veuve de Lénine, Nadejda Kroupskaïa, va jusqu'à publier dans la *Pravda* une mise en garde sur la bonne manière d'honorer la mémoire du grand disparu. Rien, dans le style de Lénine, n'allait en effet dans le sens de cette exaltation sanctifiante. Son rôle majeur, reconnu par tous, à la tête du Parti et de l'État était toujours allé sans mise en avant de sa personne. Si autoritaire qu'il ait pu être, il s'est toujours effacé derrière l'idée et la fonction. Pour Lénine, il n'y a que des forces sociales collectives. La dictature du prolétariat est une dictature sans dictateur.

Or, le mythe prend bien au-delà, sans doute, de ce qu'escomptaient ses promoteurs. En quelques mois, un véritable culte s'organise, avec ses monuments à la gloire de Lénine, ses objets liturgiques, ses « coins Lénine » dans les institutions les plus modestes, des écoles aux bibliothèques et aux musées. Ce culte n'a certes rien de spontané, mais il est évident qu'il n'aurait pas eu les proportions qu'il a prises s'il avait été une pure fabrication imposée d'en haut, s'il n'avait rencontré un écho profond et inattendu dans les masses. La célébration de Lénine fonctionne, sans doute parce qu'elle s'enracine d'une certaine manière dans la figure séculière du « petit père » que le tsar était pour son

À sa table de travail…

peuple il y a encore à peine une génération[1]. Staline, mieux que les autres dirigeants, comprend l'importance d'une personnification de la dictature bolchevique, de cette prétendue « dictature du prolétariat ». Il comprend que le culte de Lénine va permettre au parti d'acquérir ce qui lui fait le plus défaut : la légitimité à travers la figure d'un fondateur magnifié. Il intègre tout le profit politique qu'il peut en tirer en se posant comme premier et seul « continuateur », comme le meilleur disciple du Maître héroïsé.

Le « meilleur disciple »

Staline se donne donc pour objectif de monopoliser l'héritage léniniste en se posant comme l'exégète autorisé de sa pensée. Dès avril 1924, il prononce une série de conférences, éditées dans un ouvrage intitulé *Les Bases du léninisme*. Il y avance quelques idées simples, en priorité la nécessité de la discipline et de l'unité du Parti, avant-garde, élite et leader des masses. Diffusé à des centaines de milliers d'exemplaires, l'ouvrage sera la première – et souvent unique – lecture « théorique » des quelque 200 000 nouvelles recrues du Parti de la « promotion Lénine ». À peine dix jours après sa mort, sur proposition de Staline, le Comité central a en effet lancé une vaste campagne de recrutement de jeunes

1. Si cette figure (du « petit père ») a été brisée, dans le cas de Nicolas II, c'est à la suite du « Dimanche rouge » du 9 janvier 1905 quand le tsar fit tirer sur la foule désarmée – à peine vingt ans ont passé depuis.

communistes, de préférence ouvriers, afin de donner au Parti une assise sociale conforme à sa définition idéologique. Ces nouveaux communistes sont, pour la plupart, dépourvus de toute éducation politique, voire, pour beaucoup, de toute éducation tout court. Un certain nombre d'entre eux seront formés à la hâte dans les écoles de cadres du Parti et donneront ces personnages typiques du communiste stalinien des années 1930 : les « promus ».

Ce sont précisément ces nouvelles recrues qui sont à même de comprendre et de suivre la théorie que développe leur chef à partir de la fin de 1924, celle de la « construction du socialisme dans un seul pays ». Cette théorie repose sur un passage d'un article de Lénine paru en 1915, dans lequel il écrivait que, « en raison des circonstances exceptionnelles du moment, la révolution peut éclater non pas dans plusieurs pays du monde impérialiste à la fois, mais dans un seul ». À partir de ce mince fondement (d'autorité, certes), Staline va développer l'idée selon laquelle, depuis l'échec de la tentative d'insurrection communiste en 1923 en Allemagne et le reflux général de la révolution en Europe, « la victoire du socialisme dans un seul pays, ce dernier fût-il moins développé du point de vue capitaliste, et le capitalisme subsistant dans les autres pays, ces derniers fussent-ils plus développés au point de vue capitaliste, est parfaitement possible et probable ». Bref, il entend transformer une défaite en victoire en faisant de l'URSS la terre promise du socialisme, première étape sur la voie menant au communisme. Outre qu'elle donne une nouvelle espérance et un objectif concret à tous ceux qui doutent de la révolution mondiale, la « construction du socialisme dans un seul pays » a l'immense avantage de mobiliser la fibre nationale, voire nationaliste – un ressort essentiel de la rhétorique stalinienne. L'Union soviétique est érigée en patrie mondiale du socialisme ; la signification universelle de l'expérience qui y est menée est d'autant plus exaltante qu'elle est unique, exemplaire, mais aussi isolée dans un monde capitaliste hostile. L'URSS est une forteresse assiégée. Ce choix stalinien implique de reprendre la marche en avant vers la modernité et le progrès interrompue en 1921 lorsque Lénine, face aux insurrections paysannes – et à la révolte de Kronstadt –, a dû faire marche arrière et proclamer la « pause » de la NEP. Cette théorie a aussi l'avantage de retourner l'argumentation du principal adversaire de Staline, Trotski. Celui-ci a reformulé, sous le nom de « révolution permanente », l'idée développée par Lénine selon laquelle le succès durable de la révolution russe était suspendu *in fine* au développement de la révolution mondiale. Il critique ses adversaires (Staline, mais aussi Kamenev et Zinoviev) pour leur manque de fougue révolutionnaire. Désormais, Koba et ses partisans peuvent lui répliquer que ses chimères internationalistes ne font que refléter son manque de confiance dans les forces de son pays. « Il ne resterait à notre révolution, cingle Staline, qu'une seule perspective : végéter au milieu de ses propres contradictions et pourrir sur pied dans l'attente de la révolution mondiale. » Son habileté est de jouer tour à tour de la prudence, contre une démarche jugée à la fois irréaliste, aventureuse et inutilement risquée à un moment où les puissances capitalistes retrouvent leur stabilité politique et leur croissance économique, et de la détermination contre un attentisme démoralisant, avec un objectif concret à réaliser dans un cadre national.

Dans la lutte politique que se livrent les « héritiers de Lénine », la grande force de la position stalinienne réside aussi dans son identification réussie avec la « ligne générale » du Parti, dans sa grande simplicité, son extrême schématisme, qui la rend accessible à une grande majorité de militants peu éduqués et peu formés politiquement. Staline parvient à réduire le débat politique à la lutte entre une « ligne générale » incarnée, au centre, par lui-même, et des « déviations », de « gauche » (Trotski) ou de « droite » (Boukharine, Rykov), menaçant l'unité sacrée du Parti. L'analyse des réunions de cellule révèle clairement, chez les militants de base, une profonde ignorance des thèses rivales des différents idéologues. Les grands débats politiques des cercles dirigeants parviennent à la base à la fois déformés, outrageusement simplifiés et orientés par le double biais des cours de formation politique et de la tutelle des « instructeurs » envoyés par le Département d'organisation et de répartition du Comité central (*Orgraspred*). En définitive, le débat entre Staline et Trotski se réduit à l'idée que le premier veut construire le socialisme en URSS tandis que le second refuse. Lorsqu'on demande à un secrétaire de cellule, en 1929, de définir les caractéristiques de la « position droitière » de Boukharine (cet éminent dirigeant bolchevique qui s'oppose très fermement à la collectivisation forcée des campagnes), il a cette réponse, admirable d'ignorance et de naïveté : « Le déviationnisme de droite est une déviation vers la droite, le déviationnisme de gauche

(Trotski) une déviation vers la gauche, mais le Parti, avec à sa tête Staline, trace sa voie entre les deux. » La force de la position stalinienne réside dans son identification avec la ligne « centriste », partant juste du Comité central, et, comme je l'ai déjà souligné, dans son extrême schématisme qui la rend accessible à une majorité de militants facilement influençables. Le débat politique se réduit à une lutte entre une « ligne générale » incarnée par Staline et des « déviations » mortifères. Sans cesse sont rappelés aux militants la menace de l'encerclement capitaliste et par conséquent le danger que tout conflit dans les cercles dirigeants du Parti ferait peser sur l'existence même de l'URSS. La « discussion » est désormais toujours considérée comme « imposée », « forcée » par une opposition, une déviation. Dans ce contexte, examiner une question politique, c'est d'abord ratifier la dénonciation d'un « opposant » (et bientôt, dans les années 1930, d'un « ennemi »). Quand débat il y a, il doit être soigneusement préparé, orienté, encadré. Toute nouvelle orientation, tout changement de la « ligne du Parti » sont expliqués, commentés par des « instructeurs » et des « propagandistes » qui indiquent le « bon choix ».

On le voit, deux derniers éléments jouent ici en faveur de Staline : l'évolution de la composition du Parti, et la maîtrise des mécanismes et des structures de contrôle et d'autorité en son sein. Entre 1924 et 1929 – ces cinq années décisives pour la montée de Staline –, la composition sociologique des communistes se modifie considérablement. Dix ans après la révolution d'Octobre, le Parti compte environ 1 300 000 membres et stagiaires. Tandis que le nombre des bolcheviks d'origine, pour l'essentiel issus de l'intelligentsia « déclassée » ou de la petite et moyenne bourgeoisie, a fondu (notamment à cause de l'hécatombe de la guerre civile) – ils ne sont plus que 8 000 en 1927 –, on assiste à un phénomène de plébéianisation, ce qui ne signifie pas pour autant une authentique prolétarisation. Malgré les campagnes massives de recrutement d'ouvriers (« promotion Lénine » en 1924, « promotion d'Octobre » en 1927), ceux-ci représentent moins d'un tiers des communistes. Soixante-dix pour cent d'entre eux occupent un emploi non manuel, le plus souvent peu qualifié, dans l'immense appareil bureaucratique en cours d'édification. Autre caractéristique de ce parti en pleine mutation : sa jeunesse (85 % des communistes ont moins de trente-cinq ans en 1929), la faible expérience politique de ses cadres (moins de 2 % des secrétaires de cellule ont adhéré au Parti avant 1918), le faible niveau d'éducation de ses membres (1 % seulement ont un diplôme d'enseignement supérieur). Ces chiffres globaux contrastent fortement avec ce que l'on sait des communistes ayant suivi l'opposition trotskiste en 1926-1927 (ils sont un peu moins de 10 000, qui pour la plupart vont être exclus lors de la grande campagne de purge de 1929). Ceux-ci sont, à l'inverse, bien plus éduqués que la moyenne – on y compte beaucoup d'intellectuels et d'étudiants. Le faible niveau politique des membres du Parti, qui, à la différence des « vieux bolcheviks », n'ont jamais lu aucun classique du marxisme (tout au plus des opuscules de vulgarisation comme *Les Bases du léninisme* de Staline), sert de justification à l'encadrement idéologique de plus en plus strict des organisations de base par les comités de district ou de province. Au cours de ces cinq années charnières, le contrôle des cadres sur les organisations de base se perfectionne. En atteste la présence, lors des réunions importantes, d'un représentant du comité de district qui fait office de rapporteur et dont l'une des fonctions est de noter tout propos déviant. En cas de « difficultés », des instructeurs de l'*Orgraspred*, département clé du Secrétariat du Comité central, sont dépêchés sur place.

Dernier facteur – non des moindres – de la victoire imparable de Staline : sa capacité à contrôler les principaux appareils du Parti avec un groupe soudé de fidèles (Molotov, Ordjonikidze, Kaganovitch, Kouibychev, Kirov, Mikoian, Vorochilov, Andreiev, Postychev) qui s'est constitué, pour l'essentiel, durant la guerre civile, et plus précisément sur le « front sud » (Tsaritsyne, rebaptisée dans les années 1930 Stalingrad). Ce noyau dur s'empare notamment du Secrétariat du Comité central, de l'Orgraspred et de la Commission de contrôle. En 1925, une nouvelle réglementation fixe la répartition des postes nommés par telle ou telle instance du Parti. Des 25 000 postes de permanents, un quart (plus de 6 000) – les plus importants – dépendent directement du Secrétariat du Comité central et de l'Orgraspred, les autres étant pourvus par les comités régionaux. En théorie, tous les postes de responsabilité figurant sur les listes (*nomenklaturas*) du Comité central et des comités régionaux sont électifs. En réalité, cette « élection » est toujours préparée par l'organisation dont dépend le poste.

À partir de 1924-1925, le Secrétariat du Comité central, dirigé par Staline, assisté de son fidèle Poskrebychev, tente d'établir un fichier complet de tous les communistes ; l'entreprise mettra en fait plus de quinze ans à être finalisée. Au milieu des années 1920, un autre organisme, dirigé par deux proches collaborateurs de Staline (Kouibychev jusqu'en 1926, puis Ordjonikidze), la Commission centrale de contrôle, prend une importance croissante. Elle a pour objectif, selon ses statuts, « la lutte déterminée contre tous les groupuscules et mouvements fractionnels au sein du Parti, l'étude systématique des phénomènes malsains dans le domaine de l'idéologie, la purge des éléments idéologiquement nuisibles ou moralement corrompus ». Chaque année, entre 4 et 8 % des militants sont convoqués pour les motifs les plus variés, dont les principaux sont l'alcoolisme (25 à 30 % de motifs de convocation), la « passivité politique » (20 %), beaucoup plus fréquente que l'« opposition active » (6 à 8 %), diverses formes de carriérisme, d'abus, de bureaucratisme (15 à 20 %), les vols caractérisés (10 %), la pratique religieuse (8 à 10 %), l'appartenance à une classe socialement étrangère (5 %)[1]. Jusqu'en 1927, les commissions de contrôle se contentent d'appliquer généralement des « purges douces » (avertissement, blâme, plus rarement exclusion – on compte, en 1924-1926, moins de 1 % d'exclus par an, par rapport au nombre total des communistes). Mais à partir de 1927 s'amorce un tournant qui annonce la grande purge de 1929. Il est marqué par une sévérité beaucoup plus grande, au nom cette fois d'un monolithisme idéologique, envers les opposants politiques, notamment les trotskistes (plusieurs milliers d'entre eux sont exclus du parti en 1927 et début 1928,

1. C'est-à-dire la « bourgeoisie », la « noblesse » ou la « classe des koulaks » (paysans riches).

au lendemain du XVe congrès) et par les liens de plus en plus étroits entre les commissions de contrôle et la police politique, le GPU[1], tenue par un proche de Staline, Dzerjinski jusqu'en 1926 puis Menjinski.

Échec et mat

Quand Staline s'impose-t-il définitivement à la tête du Parti ? En 1929, après la défaite de la dernière opposition sérieuse, qualifiée de « droite » et emmenée par Nikolai Boukharine et Alexei Rykov. L'affrontement ultime se fait sur le projet volontariste global de modernisation proposé par le secrétaire général, qui vise à faire de l'URSS une grande puissance industrielle et militaire. « La Russie a toujours été battue à cause de son retard, expliquera Staline dans un célèbre discours prononcé le 4 février 1931. Nous retardons de cinquante à cent ans sur les pays avancés. Nous devons parcourir cette distance en dix ans. Ou nous le ferons ou nous serons broyés. » D'où tirer le capital indispensable au financement de cette industrialisation massive et accélérée ? D'une surexploitation – jamais reconnue, bien sûr – des ouvriers, dont le salaire réel baisse de moitié au cours du Ier plan quinquennal (1928-1933) ; de prélèvements massifs, à des prix dérisoires, de la production agricole, dès lors que les paysans auront été parqués dans de grandes exploitations collectives,

1. GPU, sigle de *Glavnoie Politiceskoie Upravlenie*, Direction politique d'État, nouveau nom de la police politique depuis 1922 (remplace la Tcheka).

et toute opposition (censée venir des « éléments capitalistes au sein de la paysannerie », les « koulaks ») brisée. L'exportation de produits agricoles financera l'achat, à l'étranger, de biens d'équipement et de technologies indispensables à l'industrialisation. Cette « accumulation socialiste primitive » suppose naturellement que les mécanismes du marché, qui fonctionnaient vaille que vaille sous la NEP, aient été au préalable cassés, et que les paysans aient été regroupés dans des fermes collectives. Ces prélèvements massifs sont à l'origine de terribles famines – totalement occultées par le régime – qui, entre 1931 et 1933, feront plus de 6 millions de victimes principalement en Ukraine, au Kazakhstan et dans les régions de la Volga.

Staline officialise le changement de cap le 7 novembre 1929 avec un mémorable article intitulé « L'année du grand tournant », dont la péroraison lyrique est restée dans les annales : « Nous marchons à toute vapeur dans la voie de l'industrialisation, vers le socialisme, laissant derrière nous notre retard russe séculaire. Nous devenons le pays du métal, le pays de l'automobile, le pays du tracteur. »

Cet article donne le signal d'une accélération catastrophique du processus de surenchère dans la radicalisation. Sur le front des campagnes, on décide de la « collectivisation totale » des régions agricoles les plus productives. Sur le front industriel, on décide de forcer l'allure, de réaliser le premier plan quinquennal en quatre ans, selon le slogan « les rythmes décident de tout ! ».

Dans le même temps se met en place une autre pièce cruciale du dispositif : le 21 décembre 1929, le

50e anniversaire de Staline est l'occasion d'un véritable sacre du secrétaire général, du déchaînement du culte de la personnalité. Le « guide » est intronisé « génie de notre temps » et salué, chose encore plus significative, comme le « nouveau Lénine ». Le « grand tournant » qu'il entreprend est donc légitimé comme un retour aux sources et un accomplissement de la révolution d'octobre 1917. C'est ainsi que Staline présentera rétrospectivement son œuvre, quelques années plus tard, dans le manuel *Histoire du parti communiste de l'URSS* publié en 1938. Le « grand tournant » de 1929 est qualifié de « transformation révolutionnaire des plus profondes, un bond effectué de l'ancien état qualitatif de la société à un nouvel état qualitatif, équivalent par ses conséquences à la révolution d'octobre 1917 ». Comment mieux légitimer l'« offensive socialiste » qu'en la présentant comme la réitération d'Octobre et comme guidée par l'intelligence et l'audace du « nouveau Lénine », du « Lénine d'aujourd'hui » ? La boucle est bouclée. La mue symbolique du pouvoir, amorcée avec la mise en place de la Commission pour l'immortalisation de la mémoire de Lénine, est achevée. Staline est devenu l'incarnation du Parti. À ce titre, il est intouchable. Trotski n'avait-il pas affirmé, en 1924 : « En dernière analyse, le Parti a toujours raison [...]. On ne peut avoir raison qu'avec le Parti et par le Parti, car l'histoire n'a pas créé d'autre chemin pour réaliser ce qui est juste » ?

Quant à Boukharine, voici ce qu'il confiait en 1936, lors de son dernier voyage à l'étranger avant son arrestation, à un dirigeant menchevique en exil, Fedor Dan, qui lui demandait les raisons de la fascination qu'exerçait Staline : « Vous devez comprendre que ce n'est pas à lui que nous faisons confiance, mais à l'homme qui a la confiance du Parti. C'est arrivé ainsi, il est devenu une sorte de symbole du Parti, son incarnation. Les petites gens, les ouvriers, le peuple croient en lui, c'est sans doute de notre faute, et c'est pourquoi nous entrons tous dans sa gueule grande ouverte, en sachant parfaitement qu'il nous dévorera tous. Et lui le sait parfaitement, et il attend le moment favorable pour nous dévorer tous. »

Le fonctionnement de la dictature stalinienne : une logique clanique

Parvenu au sommet, Staline impose sa logique de « clan », policière et despotique. Une étape décisive sur cette voie est la nomination, fin 1930, de son plus proche collaborateur, Viatcheslav Molotov, à la tête du Conseil des commissaires du peuple. « Nous allons enfin réaliser, écrit-il à son compère, une parfaite unité des sommets de l'État et du Parti, ce qui renforcera notre pouvoir. » Staline développe sa vision d'un État réduit à un groupe restreint de « gens de confiance ». Les congrès s'espacent[1] ; le Politburo – organe dirigeant du Parti – se réunit de moins en moins souvent

1. Aucun congrès du Parti n'est convoqué entre 1939 et 1952, alors que dans les années 1920 le congrès se réunissait chaque année.

en séance plénière[1] ; les décisions les plus importantes, engageant l'avenir du pays, sont prises au cours de réunions informelles regroupant ses plus proches collaborateurs dans son bureau. Sa soif de contrôle conjugue refus de toute délégation de pouvoir et interventionnisme permanent et minutieux dans toutes les affaires jugées d'importance. De ce point de vue, sa dictature personnelle apparaît aux antipodes de la dictature hitlérienne fondée sur le « principe charismatique » du Führer et sur un style de commandement « néoféodal » qui laisse une grande marge de manœuvre aux *Gauleiter* nazis dans leurs fiefs régionaux.

L'achèvement de la dictature personnelle de Staline passe par l'élimination d'une grande partie des élites politiques, économiques et militaires issues de la première génération bolchevique, la destruction de tous les liens politiques, personnels, professionnels ou administratifs générateurs de solidarités qui n'ont pas pour origine une adhésion inconditionnelle à sa politique et par la promotion d'une nouvelle couche de dirigeants qui lui doivent leur carrière et lui sont totalement dévoués. Ce processus se déroule, pour l'essentiel, dans les années qui précèdent la Seconde Guerre mondiale, et tout particulièrement en 1936-1938, années de la « Grande Terreur ». Le renouvellement des cadres est spectaculaire : plusieurs dizaines de milliers de responsables politiques, économiques et militaires sont arrêtés et exécutés. Au début de 1939, 293 des 333 secrétaires régionaux du Parti, 26 000 des 33 000 hauts

1. 85 séances en 1930, 20 en 1935, 6 en 1937, 3 en 1938, 2 en 1939.

fonctionnaires de la *nomenklatura* sont en poste depuis moins d'un an. L'élimination et le remplacement de 80 % des cadres et responsables communistes ne représentent cependant qu'un des aspects de cet épisode, le plus meurtrier du stalinisme. Comme l'ont montré les archives récemment déclassifiées, le Guide, épaulé par Nikolai Iejov, le commissaire du peuple à l'Intérieur, est non seulement le grand ordonnateur des trois grands procès de Moscou mettant en scène les plus grands dirigeants bolcheviques qui se sont opposés à lui par le passé (Zinoviev, Kamenev, Boukharine, Rykov), mais il planifie les douze « opérations répressives secrètes de masse » destinées à « éliminer une fois pour toutes tous les éléments socialement nuisibles qui sapent les fondements de l'État soviétique[1] ». En seize mois (août 1937-novembre 1938), plus de 1,5 million de citoyens soviétiques sont arrêtés et condamnés (dont plus de la moitié, soit 800 000 personnes, à la peine de mort) par une juridiction d'exception dans le cadre de ces « opérations de masse » programmées sur une base de quotas régionaux indiquant le nombre d'individus à « faire passer en 1re catégorie » (peine de mort) ou en « 2e catégorie » (dix ans de camp).

Le vainqueur de Stalingrad, l'homme fort de Yalta

La mémoire de ce crime de masse, gardé secret, est totalement éclipsée – à l'intérieur comme à l'extérieur

1. Directive de l'ordre n° 00447 du 30 juillet 1937.

du pays – par le rôle majeur joué par l'Union soviétique dans l'écrasement du nazisme. Stalingrad efface certes la « Grande Terreur », mais aussi le pacte germano-soviétique du 23 août 1939, qui a permis aux deux dictateurs, Hitler et Staline, de se partager une partie de l'Europe orientale, et à l'URSS de retrouver *grosso modo* les frontières occidentales de l'Empire russe. À partir de la fin des années 1930, Staline encourage et instrumentalise le nationalisme grand-russe, en habillant de l'expression « patriotisme soviétique » un chauvinisme ethnique russe – une politique pour le moins inattendue de la part d'un dictateur issu d'une minorité nationale, mais qui lui permet de s'assurer l'appui du peuple le plus important de l'Union afin de combattre les ferments de désagrégation que représentent les nationalités du nouvel empire soviétique en expansion. S'il permet – temporairement – à Staline d'annexer des territoires peuplés de 23 millions d'habitants, le pacte germano-soviétique ne sauve pas l'URSS de l'agression hitlérienne. Le dictateur porte une responsabilité écrasante dans les désastres militaires de 1941-1942. Cette responsabilité se situe à trois niveaux : une erreur globale d'appréciation de la menace nazie en juin 1941 ; une politique d'équipement de l'armée trop tardive et incomplète, malgré d'indéniables progrès réalisés au cours des années 1930 ; une profonde désorganisation du commandement de l'Armée rouge à la suite des purges de 1937-1938. Les Soviétiques gagnent la guerre non pas tant grâce à Staline, mais plutôt en dépit des erreurs stratégiques et tactiques qu'il commet, et au prix de pertes incomparables (plus de 20 millions de morts) dues en premier lieu à la barbarie nazie, mais aussi au peu de valeur qu'accorde le régime stalinien à la vie humaine. Exacerbé par les atrocités commises par l'envahisseur, le sentiment patriotique renforce le consensus social, qui est l'arme principale de la survie de l'URSS. Très habilement, grâce à son remarquable sens politique, Staline parvient à identifier sa personne à la cause sacrée, celle de la Patrie. Les soldats vont au combat en chantant : « *V boï za rodinu, v boï za Stalina !* » (« Combattons pour Staline ! Combattons pour la Patrie ! »). Le culte de Staline, identifié à la Russie souffrante, combattante et enfin victorieuse, se propage, par leur intermédiaire, jusque dans les campagnes où la haine du système kolkhozien était restée très vive. La guerre et la victoire modifient profondément la relation entre Staline et la société soviétique, mais aussi son aura. La conférence de Yalta (4-11 février 1945) marque l'apogée du rôle international du dictateur soviétique. Jouant habilement des divergences entre Britanniques et Américains, et de la confiance que lui accorde Roosevelt, il pousse son avantage et obtient satisfaction sur des points fondamentaux qui entérinent la place prééminente de l'Union soviétique : trois sièges (Russie, Ukraine, Biélorussie) à la conférence constitutive de l'ONU ; la confirmation des frontières occidentales et orientales de la Pologne selon les vœux de l'URSS ; la légitimation du Comité de Lublin (prosoviétique) comme « noyau du futur gouvernement polonais », sans oublier la satisfaction des demandes de réparations formulées par les Soviétiques à l'Allemagne.

Le « Père des peuples »

Dans les années d'après-guerre, Staline, au faîte de son prestige, cumule les fonctions de secrétaire général du Parti, de président du Conseil des ministres, de maréchal, généralissime et commandant en chef des forces armées. C'est durant ces années que le « culte de la personnalité » atteint son apogée, notamment à l'occasion de son 70e anniversaire, en décembre 1949. Malgré les innombrables manifestations d'idolâtrie et les concerts de louanges à la gloire du « Père des peuples », le dictateur se retranche de plus en plus dans un isolement soupçonneux, fuyant cérémonies et réceptions, ne connaissant de la vie du pays que les images embellies des rapports officiels. Ses dernières années au pouvoir sont marquées par un net durcissement idéologique, après la relative libéralisation et le relâchement des contrôles sur la société durant la guerre. À partir de 1946 se développe une vaste offensive contre toute création de l'esprit dénotant de prétendues influences étrangères, contre l'« individualisme petit-bourgeois », le « formalisme » et le « cosmopolitisme ». Bientôt, la condamnation du « cosmopolitisme » prend une tournure de plus en plus ouvertement antisémite : des milliers de Juifs sont arrêtés ou chassés de leur travail, surtout s'ils exercent dans les milieux de la presse, à l'Université ou dans la médecine. Si l'un des plus proches collaborateurs de Staline, promu à la fin des années 1930 dans le « premier cercle », Andreï Jdanov, apparaît comme le principal artisan de ce durcissement idéologique, appelé couramment *Jdanovschina*, en fait c'est bien le *Vojd* qui dirige cette campagne. Staline impose aussi, contre l'avis des généticiens, les « théories » d'un charlatan, Lyssenko, qui pousse jusqu'à la caricature les conceptions déterministes en affirmant l'imposture des lois de Mendel et en proclamant l'hérédité des caractères acquis.

Derrière l'unanimité de façade, le dictateur vieillissant manœuvre habilement, réaffirmant sans relâche son pouvoir, arbitrant et instrumentalisant les conflits latents qui se développent entre les héritiers à sa succession. Dès la fin de la guerre, il écarte de toute vie publique et de tout rôle politique les principaux chefs militaires, auréolés du prestige de la victoire, et notamment le maréchal Joukov, le « vainqueur de Berlin », dont il craint qu'il ne lui porte ombrage. En 1948-1949, Staline dirige une vaste opération de purge contre la direction du Gosplan et l'appareil du parti communiste de Leningrad. L'« affaire de Leningrad » coûte la vie à des centaines de cadres du Parti accusés de « comploter avec les titistes dans le but de renverser le pouvoir soviétique ».

De plus en plus méfiant, Staline accuse publiquement, lors du XIXe congrès du Parti convoqué en octobre 1952 (treize ans et demi après le XVIIIe), ses plus proches collaborateurs, Molotov, Mikoian et Vorochilov, de « déviationnisme droitier » et de « soumission servile à l'Amérique ». C'est dans ce climat délétère de fin de règne qu'éclate, en janvier 1953, l'affaire du « complot des blouses blanches ». Un groupe de médecins juifs du Kremlin aurait tenté d'empoisonner des dirigeants soviétiques. Comme au moment de la « Grande Terreur » de 1936-1938, des milliers de meetings sont organisés pour exiger le châtiment des coupables et le retour à une véritable « vigilance bolchevique ». Ce complot marque à la fois le couronnement de la campagne « anticosmopolite » déclenchée quatre ans auparavant et la probable ébauche d'une nouvelle purge générale que seule sa mort allait permettre d'éviter. À ces deux dimensions s'en ajoute sans doute une troisième : la lutte entre les différentes factions des ministères de l'Intérieur et de la Sécurité d'État, soumis à des remaniements constants par Staline, qui a toujours considéré la police politique comme le recours absolu, le seul corps de l'État-Parti réellement sûr pour asseoir son pouvoir personnel. Comme le montrent ses annotations des procès-verbaux d'interrogatoire des « médecins-assassins », le tyran suit de très près, jusqu'à son dernier jour d'activité, le 28 février 1953, avant d'être terrassé par une attaque cérébrale, cette affaire révélatrice de sa paranoïa grandissante.

À peine quelques mois après sa disparition, le nom de Staline disparaît presque totalement de la presse soviétique. En février 1956, dans son « Rapport secret », Nikita Khrouchtchev, l'un des plus fidèles staliniens, dénonce le « culte de la personnalité » de son ancien chef, ses multiples « erreurs », « excès » et « abus », brisant l'icône du « Père des peuples » afin de sauvegarder – pour quelques décennies encore – l'image du Parti. Dans la Russie d'aujourd'hui, le communisme a été rejeté « aux poubelles de l'Histoire ». Paradoxalement, Staline, lui, reste étonnamment populaire et de nouvelles statues sont édifiées à sa gloire. Pour la génération postcommuniste, il n'est ni le secrétaire général, ni l'ordonnateur des crimes de masse de la « Grande Terreur », ni le responsable des grandes famines du début des années 1930. Il est resté dans la mémoire collective comme le vainqueur de Stalingrad, l'homme qui a fait entrer la Russie dans une certaine modernité, a su préserver l'Empire et porter au zénith la puissance et le prestige international de son pays.

Bibliographie sélective

Oleg KHLEVNIOUK, *Staline,* Belin, 2017.

Stephen KOTKIN, *Stalin. Paradoxes of Power, 1878-1928*, Londres, Penguin Books, 2015.

Miklos KUN, *Stalin : an Unknown Portrait,* Budapest & New York, CEU Press, 2003.

Alter LITVIN, John KEEP, *Stalinism. Russian and Western Views at the Turn of the Millenium*, Londres & New York, Routledge, 2005.

Simon Sebag MONTEFIORE, *Stalin : The Court of the Red Tsar*, Londres, Weidenfeld & Nicolson, 2003.

Alfred RIEBER, « Stalin, Man of the Borderlands », *American Historical Review*, 106 (2001), p. 651-691.

Boris SOUVARINE, *Staline. Aperçu historique du bolchevisme,* 1935, rééd. 1992, Ivréa.

Robert TUCKER, *Stalin as Revolutionary, 1879-1929*, New York & Londres, Norton, 1973.

—, *Stalin in Power : The Revolution from above, 1928-1941,* New York & Londres, Norton, 1990.

Adam ULAM, *Staline. L'homme et son temps,* Calmann-Lévy/Gallimard, 1977, 2 vol.

Nicolas WERTH, *Être communiste en URSS sous Staline*, Gallimard, coll. « Folio », 2017.
—, *La Terreur et le désarroi. Staline et son système*, Perrin, 2007.
—, *Le Cimetière de l'espérance. Essais sur l'histoire de l'URSS,* Perrin, 2019.

4

Adolf Hitler, le démon de l'Allemagne

par Éric Branca

Moscou, octobre 1955. Deux Allemands en manteaux élimés montent sous bonne garde dans un train à destination de Berlin. Ils sortent de dix ans de captivité en Union soviétique, dont six passés au goulag. Le premier, Otto Günsch, fut le dernier aide de camp de Hitler ; le second, Heinz Linge, son majordome. Ce sont eux qui, le 30 avril 1945, mirent le feu aux cadavres du Führer et d'Eva Braun dans la cour de la Chancellerie encerclée par l'Armée rouge. Günsch a désormais quarante-deux ans, Linge, trente-huit[1]. À les

1. Günsch mourra en 2003 après avoir encore passé un an dans une prison d'Allemagne de l'Est, et Linge en 1980. Comme le général SS Wilhelm Mohnke († 2001), dernier défenseur de la Chancellerie, tous deux furent libérés d'Union soviétique à la suite du voyage à Moscou du chancelier Konrad Adenauer en 1955, en même temps que les 50 000 derniers prisonniers allemands ayant

voir, on leur en donnerait soixante. Avant de les envoyer en Sibérie, le NKVD les a interrogés individuellement, jour après jour, nuit après nuit. Mis au secret, ils ont dû, pour rester en vie, dire tout ce qu'ils savaient de l'homme que l'un et l'autre avaient servi, vingt-quatre heures sur vingt-quatre, pendant respectivement cinq et dix ans. Une torture mentale de chaque instant puisque la moindre contradiction relevée dans leurs souvenirs était assimilable à un mensonge, donc passible de mort. Mise au point par Staline en personne, cette tactique n'a qu'un but : disposer, pour son usage personnel, d'informations de première main sur la psychologie de son défunt adversaire. Ce souci maniaque exigeait de ne laisser dans l'ombre aucun aspect de la personnalité de Hitler, depuis ses lectures jusqu'aux détails de sa vie très privée en passant par ses goûts alimentaires et les anecdotes de tous ordres permettant de s'approcher au plus près de la vérité…

Preuve de la fascination pathologique qui ne cessait de tenailler le dictateur soviétique pour l'homme qui, en 1941, avait projeté la Wehrmacht à portée de canon de Moscou, puis, l'année suivante, planté le drapeau à croix gammée au sommet de l'Elbrouz, cette enquête a produit l'un des documents les plus insolites sur le dictateur nazi : le « Dossier Hitler 462 A », remis à Staline le 29 décembre 1949. Soit 413 pages dactylographiées

---

survécu en captivité. Avec l'ancien chauffeur de Hitler, Erich Kempka († 1975), sa secrétaire personnelle, Traudl Junge († 2002), et son garde du corps, Rochus Mish († 2013), dont les témoignages, recueillis par les Américains, concordent au détail près, ils furent les six principaux survivants du bunker.

qui ne deviendront accessibles aux historiens qu'à partir de 1991, en même temps que s'ouvriront les archives du Parti communiste soviétique, avant d'être publiées pour la première fois en Allemagne en 2006 et en France l'année suivante.

Un monstre très ordinaire...

Qu'apporte concrètement ce dossier ? Aux historiens, peu de révélations susceptibles de bouleverser leur interprétation du national-socialisme, mais, au grand public, une dimension essentielle dans la connaissance de son inventeur : le dictateur le plus meurtrier du XXe siècle – *ex aequo* avec Staline, mais nanti de la responsabilité supplémentaire d'avoir déclenché deux holocaustes en un : la Seconde Guerre mondiale et l'extermination des Juifs – était, par beaucoup d'aspects de sa vie quotidienne, un homme ordinaire et beaucoup moins déséquilibré qu'on ne l'a dit. En tout cas, jusqu'en 1943, date de la défaite de Stalingrad qui coïncide avec une dégradation rapide de son état général.

Dans sa quête d'informations extraordinaires, Staline a, de fait, dû être déçu. Contrairement aux rumeurs diffusées par les services de propagande américains, soucieux de ridiculiser le personnage, Adolf Hitler ne mangeait pas les tapis au plus fort de ses crises de nerfs, pas plus qu'il n'était obsédé sexuel ou, au contraire, asexué : il aimait les femmes et celles-ci le lui rendaient bien. Ses rapports avec Eva Braun, rencontrée en 1929 et qui devint, à partir de 1934, une sorte d'épouse morganatique, semblent avoir été, de même, d'une confondante banalité. Bien qu'il fût autodidacte, sa culture générale était impressionnante, et infiniment moins lacunaire qu'on a pu le prétendre. Certes végétarien et hostile au tabac (au point d'être en avance sur son temps en affirmant, à rebours du consensus médical de l'époque, que la cigarette était cancérigène), il n'était pas l'ennemi absolu de l'alcool qu'on a décrit. Il lui arrivait même, quand il enchaînait les meetings électoraux, d'ingurgiter plusieurs litres de bière par jour et, à partir de la défaite de Stalingrad, d'arroser ses repas au cognac ! S'il vouait un culte à Wagner, il appréciait l'opéra italien (au point de dessiner des décors pour le *Turandot* de Puccini), possédait une discothèque impressionnante de musique russe, écoutait Chopin et ne détestait pas le jazz. Quant à ses proches, domestiques en particulier, pas un qui ne soit resté marqué par l'attention dont il les gratifiait. Même après avoir découvert l'horreur de l'univers concentrationnaire, leur fidélité à sa mémoire n'a pas varié. Exemple parmi des dizaines, l'entretien accordé par l'une des dernières secrétaires du Führer, Traudl Jung, en *incipit* du film *La Chute*, montre combien la fascination hypnotique du personnage s'est exercée à perpétuité sur ceux qui l'avaient côtoyé…

Hitler, au reste, serait-il parvenu à entraîner près de 80 millions d'Allemands derrière lui et à manipuler, six années durant, les dirigeants des plus grandes démocraties du monde – à l'exception notoire de Winston Churchill – s'il avait été le pantin éructant incarné par Chaplin dans *Le Dictateur* ? Évidemment non, et là réside sans doute l'aspect le plus « monstrueux » du personnage, au sens imposé par Hannah Arendt dans la *Banalité du mal*. C'est justement parce qu'ils ne sont pas foncièrement différents des autres hommes que les bourreaux interrogent l'humanité tout entière.

« La catastrophe allemande ne provient pas seulement de ce que Hitler a fait de nous, mais de ce que nous avons fait de Hitler, résumera dans ses mémoires Baldur von Schirach, l'ancien chef des Jeunesses hitlériennes. Hitler n'est pas venu de l'extérieur, il n'était pas, comme beaucoup l'imaginent, une bête démoniaque qui a saisi le pouvoir toute seule. C'était l'homme que le peuple allemand demandait et l'homme que nous avons rendu maître de notre destin en le glorifiant sans limites. Car un Hitler n'apparaît que dans un peuple qui a le désir et la volonté d'avoir un Hitler. »

Certainement sans le savoir, l'ancien chef repenti des Jeunesses hitlériennes rejoint l'interprétation du grand psychanalyste Carl Gustav Jung sur la puissance de séduction du maître du IIIe Reich. Pour ce disciple séparé de Freud, le dictateur était moins la cause qu'une conséquence du « dérèglement » allemand de l'entre-deux-guerres, et ses discours un exercice cathartique autant que politique permettant d'exprimer certains archétypes propres à l'inconscient collectif germanique, brimé par la défaite de 1918. Parmi ces archétypes, écrit Jung dans son essai *Wotan* (1936), il y a celui du dieu germanique du même nom, « dieu de la tempête et de la frénésie, déclencheur des passions et de la soif de bataille [...] un artiste en illusion versé dans tous les secrets occultes »... Déclinaison nordique du Dionysos grec, Wotan « est un attribut fondamental du psychisme allemand, un facteur irrationnel qui agit comme un cyclone sur les hautes pressions de civilisation ». Au journaliste américain Hubert Knickerbocker qui demande à Jung, en 1938, son avis sur le « cas Hitler », le médecin suisse répond, en clinicien : « Il est le haut-parleur qui amplifie les murmures inaudibles de l'âme allemande [...]. Le secret de la puissance de Hitler, c'est qu'il a un accès exceptionnel à l'inconscient. Dans notre cas, même si occasionnellement notre inconscient nous atteint à travers les rêves, nous avons trop de rationalité, trop de "cérébral" pour lui obéir, mais Hitler, lui, écoute et obéit. Le véritable leader est toujours "dirigé"... C'est ce qui le rend puissant. Sans le peuple allemand, il ne serait rien. »

L'Autrichien qui haïssait les Habsbourg

Hitler, de fait, n'a jamais aimé l'Autriche, son pays natal, témoin de ses premières années d'errance. Et sans doute faut-il voir dans ce rejet l'explication de la première grande décision de sa vie : celle de s'engager, en août 1914, non dans l'armée des Habsbourg, mais dans celle du royaume de Bavière, partie intégrante de l'Empire grand-allemand, le IIe Reich, fondé par Guillaume Ier en 1871.

Ce soldat inconnu, qui, dans moins de deux décennies, fondera son successeur, le IIIe Reich, vient d'avoir vingt-cinq ans et ne s'est pas remis d'un double traumatisme : son échec, en octobre 1907, au concours d'entrée de l'École des beaux-arts de Vienne et, le 21 décembre suivant, la mort de sa mère, Klara, quarante-sept ans, d'un cancer du sein. Veuve depuis 1903 d'Aloïs Hitler, fonctionnaire des douanes autrichiennes devenu petit propriétaire terrien, Klara a eu de lui cinq enfants, en sus d'Adolf : trois autres fils prénommés Gustav, Otto et Edmund, ainsi que deux filles, Ida et Paula. Seuls Adolf et Paula, née en 1896, ne mourront pas en bas âge. Aloïs s'étant marié deux fois avant d'épouser la mère de Hitler, Adolf et Paula seront élevés avec une demi-sœur, Angela, issue du précédent mariage d'Aloïs, et un demi-frère, Aloïs junior, que leur père, marié une première fois, avait eu avec celle qui deviendrait sa deuxième épouse…

Violent et buveur, l'ancien douanier suscite contre lui l'unanimité de cette fratrie recomposée qui voue un culte à Klara, dont Adolf est le préféré. Enfance chaotique au gré des pérégrinations du père, qui, sa retraite prise, achète et revend des exploitations agricoles sans parvenir à se fixer : de Braunau am Inn, où le futur chancelier voit le jour en 1889, la famille s'installe en 1894 en Bavière, à Passau, puis revient en Autriche un an plus tard pour acquérir une ferme à Fischlam puis une autre à Lambach en 1897, et, *bis repetita*, à Leonding, à 4 kilomètres de Linz, la capitale du *Land* de Haute-Autriche, sur le Danube. C'est là qu'à onze ans, en 1900, Adolf fait son entrée au lycée. De très acceptables, voire excellents, ses résultats s'effondrent. Devenu un cancre, le fils refuse en effet obstinément la voie tracée par le père : la fonction publique. Lui veut devenir artiste. Il n'en démordra pas, au point de répéter à ses proches, jusqu'aux dernières heures de la Seconde Guerre mondiale, que celle-ci gagnée il se retirera à Florence – la ville d'Europe qu'il place au-dessus de tout – pour ouvrir un cabinet d'architecte !

À la mort d'Aloïs, Klara envoie Adolf en pension à Linz. Il n'y restera qu'un an, du printemps 1903 à l'été 1904, soit pendant sa quinzième année. Douze mois qui vont tout changer puisqu'il entre en contact pour la première fois avec l'idéologie pangermaniste, par l'intermédiaire de son professeur d'histoire, Léopold Pötsch.

Au jeune Adolf, Pötsch transmet la haine de l'empire Habsbourg, ensemble multiculturel accusé de donner tout le pouvoir aux Slaves et, d'une manière générale, aux non-Allemands, et la vénération du Reich Hohenzollern, seul continuateur légitime, à ses yeux, de l'épopée carolingienne relevée par les Hohenstaufen. Mais, à la rentrée de 1904, nouvelle rupture : Klara Hitler envoie son fils à Steyr, à 40 kilomètres de Linz, pour préparer son *Abitur* (baccalauréat). Il ne s'y présentera pas et quittera définitivement l'école à seize ans, passant dès lors l'essentiel de son temps à lire, à dessiner et à travailler son piano, un demi-queue qui trône fièrement au milieu du minuscule trois-pièces que Klara vient d'acheter à Linz. Désarmée par tant d'inaptitude scolaire, elle a fini par épouser les passions de son fils : il sera l'artiste de la famille. Pour lui, rien n'est trop beau. En 1905, elle l'envoie pour l'été à Vienne, visiter les musées et passer ses soirées à l'Opéra. En 1906, c'est décidé : il passera le concours de l'Académie des beaux-arts. Mais il ne le prépare que sporadiquement, et en 1907 il est recalé pour « travail insuffisant ». Malade depuis le début de l'année, Klara ne connaîtra jamais cet échec, que l'impétrant, meurtri au plus profond de lui-même, s'est bien gardé de lui avouer. Quand elle s'éteint, quelques jours avant Noël, son fils décide de quitter Linz pour s'installer dans la capitale et tenter une deuxième fois le concours.

Nouvel échec, nouvelle raison de détester cette Vienne « gangrenée » par le cosmopolitisme et les prémices de l'art abstrait, qu'on préfère à son classicisme pompier teinté de romantisme. Nourrie par la littérature antisémite qui fleurit dans la métropole autrichienne, la haine des Juifs progresse désormais à grands pas dans l'esprit du jeune homme. Commencent alors sept années d'errance qui le verront passer du statut de semi-dandy dépensant sans travailler le maigre héritage de sa mère à celui de quasi-clochard, contraint de vendre ses œuvres à la criée et de dormir à l'asile de nuit après avoir servi comme porteur de bagages à la gare de Vienne.

Mais, en 1913, bref retour de fortune : une part de l'héritage paternel lui revient, qui lui permet de s'installer à Munich pour y préparer le concours de l'Académie des beaux-arts. Il n'aura pas le loisir de s'y présenter. Le 2 août 1914, l'Allemagne entre en guerre contre la France et Hitler, qui se fait passer pour apatride afin de ne pas servir les Habsbourg, est incorporé comme volontaire dans le 2e régiment d'infanterie de l'armée bavaroise. Le 28 octobre, il subit son baptême du feu à Ypres (Belgique). Trois jours plus tard, le régiment qui comptait 3 600 hommes n'en aligne plus que 600 en état de se battre. Sain et sauf malgré son exposition au feu, Hitler est fait *Gefreiter*[1] puis récompensé de la croix de fer de deuxième classe. Il recevra celle de première classe en 1918, non sans avoir été blessé en 1916 puis gravement intoxiqué à l'ypérite quelques jours avant l'armistice. Quand survient la nouvelle, l'Autrichien commence seulement à recouvrer la vue qu'il avait perdue. À l'annonce de la « trahison de Novembre », il redevient aveugle. Puis revoit. Sa psyché prend-elle, ce jour-là, définitivement le contrôle de son *logos* ? À la journaliste américaine Anne McCormick, il expliquera quinze ans plus tard dans le *New York Times* : « Je ne voyais plus, et soudain, j'ai vu. Cette vision retrouvée, ce fut aussi mon inspiration. »

L'éveil du démon

Nul doute qu'une métamorphose se produit alors. Pour le malheur du peuple allemand, Hitler devient Wotan. Le guerrier taciturne qui, entre deux combats, préférait s'isoler dans la campagne belge ou française, carnet de croquis en poche, commence à rechercher frénétiquement le contact et l'assentiment des autres, auxquels il tient des discours nationalistes enflammés. Durant son séjour à l'hôpital militaire de Pasewalk, en Poméranie, ses harangues font office d'attraction, subjuguant déjà ceux que n'effraie pas sa véhémence. Il en sort avec une obsession, inverse de celle de la majorité de ses camarades, heureux de rentrer chez eux : rester dans l'armée.

---

1. Traduit abusivement par « caporal » mais correspondant plutôt dans l'armée française à la distinction de soldat de « première classe ».

Adolf Hitler (1889-1945) lors du Ve congrès du parti national-socialiste à Nuremberg, en 1933.

Ce fanatisme naissant va alors en rencontrer un autre : celui du corps des officiers de l'ancienne *Deutsches Heer*[1], hantés par le danger de prise en main de l'armée par les bolcheviks, comme ce fut le cas lors de la révolution russe de l'année précédente. Une crainte que renforce le spectacle de l'éphémère République soviétique de Munich, bientôt écrasée dans le sang mais qui, pour l'heure, convainc le capitaine Karl Mayr, responsable du renseignement militaire en

1. L'ancienne armée impériale, rebaptisée *Reichswehr* par la République de Weimar, réduite à 100 000 hommes par le traité de Versailles et qui deviendra la *Wehrmacht* hitlérienne à partir de 1935.

Bavière en même temps que supérieur de Hitler, de l'employer comme informateur, en charge des « menées antinationales ». Séparer le bon grain de l'ivraie, voici donc sa mission comme « indic » de la nouvelle *Reichswehr*.

Conscient des dispositions exceptionnelles de sa recrue pour s'exprimer en public, Mayr va plus loin : il l'envoie suivre des cours d'économie et d'histoire politique à l'université de Munich. Hitler en sort conquis par ceux du professeur Gottfried Feder, dont il fera, dès 1933, l'un des économistes officiels du IIIe Reich. Sa thèse : la société capitaliste doit se débarrasser des Juifs qui, en « contrôlant la finance mondiale », réduisent les producteurs nationaux en esclavage par le biais de l'usure.

« Lorsque j'entendis le premier cours de Gottfried Feder parlant de la servitude engendrée par les intérêts du capital, écrit Hitler dans *Mein Kampf*, je compris immédiatement qu'il s'agissait d'une vérité décisive pour l'avenir du peuple allemand. La séparation tranchée du capital boursier d'avec l'économie nationale présentait la possibilité d'entrer en lutte contre l'internationalisation de l'économie allemande, sans toutefois menacer les fondements d'une économie nationale indépendante par une lutte indifférenciée contre toute forme de capital. »

Faut-il dater de cette rencontre la naissance officielle du « national-socialisme » ? Pangermanisme, antisémitisme, anticapitalisme mondialisé, tout est lié, désormais, dans l'esprit de Hitler. Il écrit le 16 septembre 1919 à son camarade de régiment Adolf Gemlich, qui l'interroge sur les Juifs, que ceux-ci sont la « tuberculose des peuples ». Contre eux, il convient, dit-il, de lutter de deux manières : par un « antisémitisme instinctif » et un « antisémitisme raisonné ». « L'antisémitisme instinctif s'exprimera en dernier ressort par des pogroms. L'antisémitisme raisonné, en revanche, doit conduire à une lutte méthodique sur le plan légal et à l'élimination des privilèges du Juif. Son objectif final doit être cependant, en tout état de cause, leur bannissement. »

À ce rejet, il ajoute une raison supplémentaire : les Juifs sont les fourriers du bolchevisme dont ils font le lit en aggravant l'injustice sociale. Ne manque que le *Führerprinzip*, qui servira bientôt de ciment à l'État totalitaire le plus accompli du XXe siècle. Il est proclamé moins d'un an plus tard, quand Hitler, émancipé de la tutelle du capitaine Mayr, fonde son propre parti.

Une fulgurante ascension

Fin 1919, l'officier a en effet chargé son informateur d'infiltrer un groupuscule ultra-nationaliste qui échappe à son contrôle : le DAP, ou *Deutsche Arbeiter Partei*, le Parti des travailleurs allemands. Son chef, Anton Drexler, professe des opinions voisines de celles de Hitler, mais souffre d'un manque évident de charisme. Surtout, il n'a pas été soldat, ce qui réduit son audience auprès des anciens combattants pressés de venger l'humiliation du traité de Versailles. Subjugué par sa recrue, Drexler lui laisse les rênes du mouvement. Et en février 1920, sous l'influence de Hitler, le DAP change de nom pour devenir le NSDAP (*Nationalsozialistische*

Deutsche Arbeiterpartei, ou Parti national-socialiste des travailleurs allemands). L'éloquence hors normes de l'Autrichien fait le reste et, en avril 1921, il évince Drexler pour devenir *Führer* (« guide ») de la nouvelle formation. À peine mis sur ses rails, le nazisme s'identifie au culte absolu de la personnalité. C'est maintenant par centaines, et bientôt par milliers, que le public bavarois se presse à ses réunions. Rapidement, son audience s'élargit à la bourgeoisie et les moyens financiers affluent. Deux hommes jouent, dans ce sens, un rôle décisif : le Germano-Américain Ernst Hanfstaengl, qui lui donne les moyens d'imprimer son journal, le *Völkischer Beobachter* (*L'Observateur du peuple*), et le mettra bientôt en relation avec les journalistes les plus influents de la presse anglo-saxonne, et Hermann Goering, ancien as de l'escadrille von Richthofen, lié familialement à plusieurs représentants de l'industrie lourde.

Le 8 novembre 1923, Hitler se croit assez fort pour tenter un putsch. Il ne vise que le gouvernement régional de Bavière mais ne doute pas que son succès lui ouvrira aussitôt la route de Berlin, sur le modèle de la marche sur Rome qui, treize mois auparavant, a porté Mussolini au pouvoir. Surtout, le chef du NSDAP a subverti le général Erich Ludendorff, ex-numéro 2 du Grand État-Major entre 1914 et 1918, lequel a obtenu du général von Seekt, son ancien subordonné devenu chef d'état-major de la *Reichswehr*, que celle-ci reste l'arme au pied. C'est compter sans la police de Munich qui est restée fidèle au gouvernement. Le 9 novembre, sur l'Odeonplatz, elle fait feu sur les putschistes. Bilan : seize morts et des centaines d'arrestations, dont Hitler et Ludendorff, tandis que Goering, grièvement blessé, parvient à prendre la fuite… Condamné le 1er avril 1924 à cinq ans de prison, au terme d'un procès qui le rendra célèbre dans toute l'Allemagne et pour la première fois en Europe, Hitler ne restera que treize mois en tout derrière les barreaux. Logé dans des conditions de confort exceptionnelles à la prison de Landsberg, il en profitera pour rédiger *Mein Kampf* avec l'aide de son secrétaire Rudolf Hess. Et aussi pour prendre une résolution : ne plus jamais tenter de prendre le pouvoir par la force. Un engagement dont il ne faut surtout pas déduire « qu'il était prêt à accepter la légalité comme une barrière inviolable, mais seulement qu'il était décidé à développer l'illégalité à l'abri de la légalité ! », note Joachim Fest, l'un des principaux biographes du Führer.

On connaît la suite de sa marche au pouvoir que le déchaînement de la crise économique de 1929 va rendre inéluctable. Après une période de basses eaux qui correspond au retour de la prospérité en Allemagne[1], le rouleau compresseur hitlérien se met en marche. Aux législatives de septembre 1930, le parti nazi atteint 18,3 % des voix et fait entrer 107 députés au Reichstag, ce qui en fait la deuxième force politique d'Allemagne derrière les sociaux-démocrates du SPD (24,5 %) et devant le parti communiste (13 %).

En 1931, le chômage touche 5 millions de personnes et l'Allemagne, comme en 1923, se déclare hors

1. Aux législatives d'avril 1928, le NSDAP n'obtient que 2,6 % des voix. Le nombre de chômeurs est alors passé sous la barre du million, trois fois moins qu'en 1923.

d'état de payer les réparations imposées par le traité de Versailles. L'opinion est-elle mûre pour le grand saut ? Pas tout à fait. Tout juste naturalisé allemand, l'ancien porteur de la gare de l'Ouest à Vienne, dont le parti aligne maintenant plus de 400 000 membres, se présente à l'élection présidentielle de mars 1932 contre le maréchal Paul von Hindenburg, quatre-vingt-quatre ans, élu depuis 1925. Résultat : 13,4 millions de voix (36,8 %) pour Hitler au second tour. Victorieux, mais dans l'incapacité de constituer une coalition, Hindenburg dissout le Reichstag. Aux législatives du 31 juillet, le NSDAP devient le premier parti d'Allemagne, avec 37,2 % des voix et 230 sièges. Pas assez, cependant, pour obtenir la majorité. Or Hitler refuse de participer à un gouvernement dont il ne serait pas le chef. Privé de coalition pour gouverner, le maréchal dissout à nouveau. À l'issue des élections du 6 novembre, les nazis ont certes perdu 2 millions de voix, mais restent le premier parti du Reichstag. Le 3 décembre 1932, Hindenburg appelle le général Kurt von Schleicher à la Chancellerie. Mais cet ultime replâtrage échoue comme tous les autres. Car, pour sortir de l'impasse, Schleicher a réclamé les pleins pouvoirs, que lui refuse le Président. Le 28 janvier 1933, il lui présente donc sa démission. Et le 30 janvier, Hitler, quarante-trois ans, devient chef du gouvernement. Le soir, les Sections d'assaut défilent aux flambeaux sous les fenêtres de la Chancellerie. Le IIIe Reich est né. À son ami Goering, le nouveau maître de l'Allemagne lance devant plusieurs témoins : « Personne ne nous en fera sortir. Sauf les pieds devant ! » Il tiendra sa promesse.

Un an pour bâtir l'État totalitaire

D'emblée, Adolf Hitler s'emploie à réaliser celle contenue dans le dernier des « 25 points » du NSDAP[1] : « La création d'un pouvoir central puissant ». Pour bâtir l'État totalitaire dont il a dessiné les contours depuis plus de dix ans, l'ancien détenu de Landsberg tend un piège diabolique à Hindenburg dont la lucidité, certes, n'est plus qu'à éclipses, mais dans lequel vont aussi tomber les milieux conservateurs qui n'avaient choisi Hitler que pour écarter la menace communiste... Quitte, le travail accompli, à le renvoyer sans ménagement à ses aquarelles. Le calcul du nouveau chancelier est simplissime : obtenir une dissolution suivie de nouvelles élections législatives. Et déclencher, juste avant celles-ci, un événement qui aboutisse à ce qu'elles soient les dernières !

Le 2 février 1933, quarante-huit heures après l'entrée de Hitler à la Chancellerie, Hindenburg signe le décret de dissolution du Reichstag et fixe les nouvelles élections au 5 mars. Mais, alors que la campagne électorale bat son plein, le ciel de Berlin s'empourpre dans la nuit du 27 au 28 février : le Reichstag est en flammes ! Au petit matin, il est en cendres. Accusés : les communistes, puisque l'un d'eux, un Hollandais nommé

1. Le programme du parti nazi, rédigé dès 1920 de la main de Hitler et qui prévoyait, notamment, la « nationalisation des trusts ». Hitler, ayant obtenu le soutien du patronat allemand, se garda bien de tenir cette promesse, mais réalisa tous les autres points, à commencer par la constitution territoriale d'un « Grand Reich allemand » et la mise sur pied d'une politique raciale et antisémite sans précédent.

Van der Lubbe, pris sur le fait, a avoué sans difficulté. Sans savoir que trois foyers ont été allumés simultanément au sien[1]…

Le soir même, le piège se referme. Hitler fait signer au président de la République le *Reichstagsbrandverordnung* (littéralement « décret de l'incendie du Reichstag »), pris en vertu de l'article 48 de la Constitution de Weimar qui autorise le chef de l'État à prendre toutes les mesures nécessaires au rétablissement de l'ordre public. Parmi celles-ci, la suspension des sept articles de cette même Constitution garantissant les droits fondamentaux du citoyen allemand. En conséquence de quoi disparaissent *ipso facto* les principes d'*habeas corpus*, de liberté d'expression, de liberté de la presse, mais aussi le droit d'association et de réunion, de même que la confidentialité des postes et des téléphones, la protection de la propriété privée et celle du domicile. Le même jour, 10 000 personnes sont arrêtées, principalement des communistes,

1. Trois éléments, au moins, militent en faveur de l'instrumentalisation de Van der Lubbe par les nazis : le fait qu'il ait été laissé en liberté par la police de Berlin, désormais aux mains de Goering, après trois précédentes tentatives d'incendie ; l'impossibilité matérielle pour un seul homme d'allumer plusieurs départs de feu simultanément, condition nécessaire à l'embrasement si rapide du Reichstag ; enfin et surtout, le témoignage devant le tribunal de Nuremberg du général Franz Halder, ancien chef d'état-major adjoint de la Wehrmacht : « À un déjeuner pour l'anniversaire du Führer en 1942, la conversation vint à rouler sur le bâtiment du Reichstag et sur sa valeur artistique. J'entendis de mes propres oreilles Goering interrompre la conversation en criant : *"Le seul qui connaisse vraiment le Reichstag, c'est moi, parce que j'y ai mis le feu !"* »

mais aussi des sociaux-démocrates et des opposants de toutes origines. Pour eux est ouvert à Dachau, dans la banlieue de Munich, le premier camp de concentration du nouveau régime, inauguré le 22 mars. Réputé provisoire, le *Reichstagsbrandverordnung* restera en vigueur jusqu'en 1945.

Sans attendre le résultat des législatives, Hitler a demandé et obtenu d'Hindenburg que le drapeau noir, rouge et or de la République de Weimar soit remplacé par la croix gammée[1], emblème du NSDAP depuis 1920. Le 5 mars, les élections donnent à ce dernier (44 % des voix et 288 sièges) et à ses alliés de la droite et du centre la majorité au Reichstag… mais pas celle des deux tiers qui lui permettrait, arithmétiquement, d'obtenir les pleins pouvoirs et d'abolir la république. L'intimidation fera le reste. Pendant que les Chemises brunes encerclent l'Opéra Kroll où, faute d'hémicycle disponible, s'est réuni le nouveau Reichstag, les députés se soumettent en se démettant. Le 23 mars 1933, par 441 voix contre 84 (celles des communistes) et 122 abstentions, Adolf Hitler obtient les pleins pouvoirs en

1. Ancien symbole indo-européen, la svastika ou croix gammée (*Hakenkreuz* en allemand) est devenue un symbole pangermaniste au XIXe siècle, sous l'égide de la Société de Thulé, association secrète dont faisaient partie plusieurs nazis de haut rang. Mais c'est lui qui, en personne, dessina le drapeau nazi. « Après de nombreuses tentatives, écrit-il dans *Mein Kampf*, je m'arrêtai à une forme définitive : un rond blanc sur fond rouge, et une croix gammée noire au milieu. Après de longs essais, je trouvai aussi une relation définie entre la dimension du drapeau, la grandeur du rond blanc, la forme et l'épaisseur de la croix gammée. Et c'est resté ainsi. »

vertu d'une loi d'habilitation dite *zur Behebung der Not von Volk und Reich*, littéralement « pour l'élimination de la misère du peuple et du Reich ». Un blanc-seing absolu, trois fois renouvelé, en 1937, en 1941, puis en 1943, permettant au chancelier de se passer du Reichstag, ravalé au rang de chambre d'enregistrement.

La Constitution de Weimar abolie, aucune force légalement constituée ne s'oppose plus à la *Gleichschaltung* (« mise au pas ») voulue par Hitler, hors celle, toute théorique, du président Hindenburg, dont la santé se dégrade chaque jour. Le 31 mars, la structure fédérale de l'État allemand s'efface au profit d'une réorganisation hyper-centralisée transposant au niveau des *Länder* les principes de la loi des pleins pouvoirs et, le 7 avril, un décret sur la « restauration de la fonction publique » permet au gouvernement de radier les fonctionnaires juifs ou réputés hostiles au régime. Le 2 mai 1933, enfin, les syndicats sont placés devant l'alternative d'être dissous ou de s'incorporer au Front allemand du travail (*Deutsche Arbeit Front*, ou DAF) qui se substitue à eux, mais aussi aux organisations patronales – au grand dam des industriels qui avaient soutenu Hitler.

Dirigée par l'ingénieur chimiste Robert Ley, orateur apprécié de Hitler qui fermait les yeux sur son alcoolisme et son penchant pour la prévarication, le DAF est au cœur de la prise en main du corps social par la dictature nationale-socialiste. Elle illustre le principe de la *Volksgemeinschaft* (« communauté populaire ») destinée à assurer le progrès social en « éliminant les causes de la lutte des classes ». Sa colonne vertébrale est l'organisation de loisirs du Reich, *Kraft durch Freude* (« La Force par la joie »), qui lance plusieurs bateaux de croisière à classe unique, fait construire de nombreux complexes balnéaires (dont la gigantesque cité de Prora, sur l'île de Rügen, en mer Baltique) et permet à des millions d'Allemands de voyager gratuitement et de pratiquer toutes sortes de sports (y compris l'équitation et le vol à voile, jusqu'alors réservés à une élite)… En contrepartie, bien sûr, d'un solide endoctrinement. À son passif : la *Volkswagen* (la « voiture du peuple », dite aussi *KDF-Wagen*), financée à partir de 1936 au moyen d'un emprunt forcé, mais dont 90 % des souscripteurs furent privés en raison de la déclaration de guerre qui réserva le véhicule à l'armée…

Parallèlement, l'appareil répressif se rationalise avec la création de la Gestapo (police secrète d'État) sous l'égide de Goering (avant qu'Heinrich Himmler n'obtienne, en 1936, le titre de chef de toutes les polices) et la multiplication des camps de concentration. Le 14 juillet 1933, l'édifice est parachevé par la constitution du NSDAP comme parti unique, pendant à l'intégration de toutes les organisations de jeunesse existantes dans la Jeunesse hitlérienne et des mouvements paramilitaires issus de la République de Weimar dans la SS ou les SA.

Née en 1925 comme simple « section de protection » *(Schutzstaffel)* du Führer, la première, confiée à Himmler dès 1929, va rapidement devenir un État dans l'État, doté de ses propres services de police et de renseignements et, à partir de 1939, d'un corps d'élite militaire (la Waffen-SS) qui se battra sur tous les fronts, non sans s'arroger un rôle déterminant dans la formation idéologique des Allemands et la mise en œuvre de la politique raciale voulue par Hitler aux termes des lois de Nuremberg de 1935[1]. Quant aux SA (pour *Sturmabteilungen* ou « Sections d'assaut »), fortes de 200 000 hommes en 1933, et sans lesquelles Hitler n'aurait jamais tenu la rue face aux communistes, leur rôle va brusquement décliner après la « Nuit des longs couteaux » du 30 juin 1934 qui voit le Führer se débarrasser brutalement de leur chef, Ernst Röhm, l'un de ses camarades de la première heure, accusé de préparer un complot pour le renverser.

La réalité est sans doute plus complexe. Partisan de la « révolution permanente », Röhm mettait depuis longtemps Hitler en garde contre l'« embourgeoisement » du parti. Son prestige auprès de ses adhérents les plus populaires, ceux venus, notamment, des rangs communistes, commençait en outre à inquiéter l'armée, dont le soutien était vital au nouveau régime… Mais, en éliminant ce gêneur, Hitler ne pense pas seulement alors à sa respectabilité, y compris internationale ; il donne aussi quitus à Himmler et aux partisans du racisme biologique que combattait Röhm depuis l'origine. Ce tournant politique essentiel dont les implications ultérieures sautent aux yeux fut totalement ignoré à l'époque, de même qu'un autre aspect, non moins capital, de la « Nuit des longs couteaux » : la décapitation de la droite allemande conservatrice incarnée par l'ex-chancelier Schleicher, assassiné dans la nuit du

1. Dites aussi « lois sur la protection du sang et de l'honneur allemand » ; ces textes organisent le racisme d'État et l'exclusion des Juifs de la communauté nationale, interdisant notamment les mariages ou les relations sexuelles entre ces derniers et les Allemands.

30 juin en même temps que plusieurs chefs de file du courant catholique… Un détail que les milieux économiques passent alors par pertes et profits, trop heureux de voir le nouvel homme fort éliminer ce qui restait de son aile gauche.

À l'ombre du Führerprinzip

Pour que sa dictature soit complète, il manque encore un détail : la disparition du président Hindenburg. C'est chose faite le 2 août 1934. Le jour même, le Reichstag vote la fusion des deux fonctions de Président et de chef du gouvernement. Hitler devient officiellement Führer et chancelier, titre matérialisant son pouvoir absolu que les Allemands plébiscitent, le 19 août, par 89,9 % des voix… Mais il fait bien plus. À chaque officier, à chaque soldat de l'armée allemande, dont il prend personnellement le commandement, il fait prêter un serment de fidélité non plus seulement à la patrie, mais à lui-même : « Devant Dieu, je jure solennellement d'obéir en toutes choses au Führer du Reich et du peuple allemand Adolf Hitler, commandant suprême de la Wehrmacht. En soldat courageux, je serai prêt à tout moment à donner ma vie pour respecter ce serment. »

À la devise de l'ancien régime impérial *Ein Volk, ein Reich, ein Gott* (« Un peuple, un Empire, un Dieu ») est substitué *Ein Volk, ein Reich, ein Führer*. Axe structurant du régime, le *Führerprinzip* s'étend, par délégation, à toutes ses composantes, de sorte que la société tout entière devient, selon le mot de Ian Kershaw, une « communauté charismatique » organisée moins comme une pyramide que comme un système satellitaire. Au centre de la galaxie, Adolf Hitler laisse les échelons inférieurs fonctionner en relative autonomie à condition qu'ils contribuent à diffuser son autorité. Faute de quoi, la foudre tombe. Le général von Fritsch et le *Feldmarschall* von Blomberg, respectivement commandant en chef de l'armée de terre et ministre de la Guerre, en feront l'amère expérience, en 1938, pour n'avoir pas soutenu avec suffisamment de zèle l'annonce faite par Hitler que l'ère des conquêtes pacifiques s'achevait et que la vraie guerre ne tarderait pas[1]. Contrairement au fascisme italien, authentique « statolâtrie » (Marcel Prélot) ne souffrant aucune exception à la verticalité – il n'existe qu'un Duce comme il n'existe, en Espagne, qu'un Caudillo –, l'hitlérisme fait cohabiter la terreur politique (dont la violence implacable dépasse infiniment la brutalité du régime mussolinien ou la cruauté du régime franquiste) avec une confiance limitée, mais réelle, dans l'autodiscipline des servants du culte. Cette autonomie très relative le différencie aussi fondamentalement du régime stalinien. Si, dans l'Allemagne de Hitler comme en Russie soviétique, le parti contrôle tout, l'habileté des nazis est de ne pas généraliser les interdictions. Assuré de l'efficacité de l'énorme machine de propagande confiée

1. Limogé et redevenu simple colonel, Fritsch, accusé d'homosexualité, mourra devant Varsovie en septembre 1939. Et Blomberg sera mis à la retraite après que son mariage avec une ancienne prostituée eut été rendu public…

à Joseph Goebbels, Hitler, par exemple, encourage la photo et le cinéma amateurs dont il veut faire, grâce aux pellicules Agfacolor et aux caméras 8 mm, relativement bon marché, un instrument de promotion du régime. Aujourd'hui encore, ce calcul a laissé des traces : pour des centaines de documentaires réalisés à partir des collections privées rescapées du IIIe Reich, combien illustrent l'histoire de l'URSS avec des scènes de la vie quotidienne immortalisées par des citoyens soviétiques ? Aucun, puisqu'il était strictement interdit de photographier et de filmer dans les rues et qu'en outre l'équipement pour le faire manquait au plus grand nombre…

En fixant sur des kilomètres de pellicule en couleur l'intimité du dictateur, Eva Braun qui, elle, disposait d'une caméra 16 mm semi-professionnelle[1], n'échappait pas à cette passion hitlérienne pour le cinéma et la photographie. À ceci près que, dans le cas du Führer, ce témoignage était destiné à rester secret.

« Marié avec l'Allemagne », comme il aimait à le dire et comme le suggérait la propagande, Hitler était censé lui consacrer tout son temps et ignorer jusqu'au mot de « loisir ». « Le Führer a institué les vacances pour le peuple, pas pour lui » : la formule revient régulièrement dans les actualités filmées vantant les

1. Une Siemens F2 avec laquelle elle a filmé, notamment, sa vie quotidienne au Berghof, le chalet de Hitler sur l'Obersalzberg, à quelques kilomètres de Berchtesgaden, qui, à partir de 1936, et spécialement pendant la guerre, fut l'autre centre de pouvoir de l'Allemagne nationale-socialiste. Avant de devenir la compagne du Führer, Eva Braun était l'assistante de son photographe personnel, Heinrich Hoffmann.

réalisations sociales du régime. Qu'auraient pensé ceux qui les regardaient s'ils avaient su que ce même Führer passait l'essentiel de sa vie en vacances ? Fuyant les obligations officielles (sauf les rassemblements géants qu'il affectionnait, tel le congrès du Parti, à Nuremberg, chaque deuxième semaine de septembre jusqu'en 1938), Hitler, qui semblait ignorer la fatigue lors des campagnes électorales – au point de tenir jusqu'à cinq réunions publiques par jour, aux quatre coins de l'Allemagne[1] –, fut à partir de 1933 un « dictateur paresseux » (Ian Kershaw).

Lui qui dévore les livres (pour son plaisir) n'aime pas les rapports écrits. Il réunit ses collaborateurs (mais très rarement ses ministres) quand il veut et où il veut, mais sans jamais d'autre raison que sa convenance personnelle. Il faut lire le récit d'une journée de Hitler reconstituée par Claude Quétel pour comprendre combien il a adapté sa vie publique aux habitudes de bohème qui étaient les siennes depuis les années 1910, et non l'inverse. Si, même aux tournants les plus critiques de la guerre, il réunissait ses généraux à minuit, ce n'était pas pour agir au plus près de la situation, mais parce que sa journée commençait à midi et se trouvait incroyablement décalée par rapport au rythme de la plupart des hommes d'État, souvent actifs dès l'aube. Petit déjeuner à 11 h 30, déjeuner à 15 heures, thé à 18 heures, dîner rarement avant 22 heures, séance de cinéma ou obligation d'assister à un interminable

1. Grâce à l'usage intensif de l'avion, qu'il fut le premier homme politique du XXe siècle à inaugurer, ce qui donnait l'impression qu'il était omniprésent.

monologue du Führer jusqu'à 2 heures, voire 3 heures du matin : quiconque vivait ou travaillait dans l'ombre de Hitler sortait du temps ordinaire pour entrer dans une autre dimension. Une anecdote résume tout : quand, le 6 juin 1944, l'état-major de la Wehrmacht a confirmation, à 5 h 30, du débarquement allié en Normandie, le Führer s'est couché une heure plus tôt… On attend donc 10 heures du matin pour le réveiller. Et encore, parce que le maréchal Keitel a insisté !

À cette date, le Führer n'est plus que l'ombre de lui-même, comme on peut le constater sur les films d'Eva Braun qui le montrent pour la dernière fois, au début de juillet 1944, sur la terrasse du Berghof. Il n'a que cinquante-cinq ans mais, voûté, la moustache blanchie, c'est déjà un vieillard que la lumière importune et qui peine à dissimuler le tremblement de sa main gauche et une démarche traînante qui évoquent un début de maladie de Parkinson. Toutes choses qui s'accéléreront après l'attentat du 20 juillet 1944 d'où il sortira indemne mais pour plonger dans une profonde dépression nerveuse. Celle-ci ne sera « soignée » que grâce aux amphétamines prescrites par son médecin personnel, le docteur Morell, un charlatan notoire qu'Himmler soupçonnait de vouloir empoisonner le Führer mais que même lui ne parvint pas à éloigner, tant son patient était devenu addict à ses traitements.

Une dictature « polycratique » ?

De même que, dans la personnalité de Hitler, l'exaltation et l'hyperactivité alternent avec de longues périodes d'inertie et de dilettantisme qui frappent son entourage, de même l'organisation de l'État hitlérien déconcerte les historiens par sa structure à la fois totalitaire et anarchique (« polycratique » dit même l'historien Martin Brozsat). D'où le débat, sans doute jamais résolu, entre « fonctionnalistes » et « intentionnalistes », les premiers plaidant, derrière Brozsat et Hans Mommsen (petit-fils de Theodor, célèbre historien allemand de l'Antiquité romaine), en faveur d'une radicalisation croissante de Hitler et de son régime sous l'effet des circonstances, lesquelles conduiront mécaniquement à la « guerre totale » et à la Shoah ; les seconds, derrière Raul Hilberg et Lucy Dawidowicz, estimant que l'extermination des Juifs était voulue et portée par Hitler depuis l'aube de son engagement politique. L'un des derniers biographes du Führer, Ian Kershaw, coupe quant à lui la poire en deux : l'interprétation fonctionnaliste vaut pleinement pour la politique intérieure, tandis qu'en politique étrangère c'est l'intentionnalisme qui prévaut. « Polycratique », la dictature hitlérienne l'est assurément dans son fonctionnement. Chaque membre du triumvirat qui seconde Hitler, à savoir Goering, Himmler et Goebbels, dispose de sa sphère d'intervention, subdivisée en d'innombrables prés carrés dont le périmètre évolue selon l'influence des différents « bonzes » du parti. Parmi eux, les 32 *Gauleiter* (gouverneurs) qui conservent, jusqu'en

1945, un accès direct au Führer selon un rituel quasi féodal d'appel à l'autorité suprême contre les pouvoirs intermédiaires…

Jusqu'à la bataille d'Angleterre de l'été 1940, fatale à son prestige, c'est Goering, par ailleurs successeur désigné du Führer, qui dispose incontestablement du pouvoir de décision le plus élevé. Responsable en chef du Plan de quatre ans qui, à partir de 1936, assure le réarmement de l'Allemagne, le *Reichsmarschall* en profite pour prendre personnellement le contrôle de 228 sites sidérurgiques dont l'importance économique n'a d'égale que les profits illicites qu'ils lui procurent. Sans parler des revenus qu'il tire personnellement de la confiscation des biens juifs, devenue systématique après les pogroms de la « Nuit de cristal » de novembre 1938[1].

Avec l'occupation du continent, qui atteint son point culminant de l'été 1942 à l'été 1943, c'est Himmler qui devient l'homme le plus puissant du moment. Non seulement parce qu'il est le maître absolu de l'univers concentrationnaire qui garantit l'ordre intérieur de la « forteresse Europe », mais aussi parce qu'il mobilise ses millions de prisonniers, transformés en esclaves, au profit de l'industrie de guerre allemande. Ceux-ci,

1. Déclenchée au prétexte de l'assassinat, à Paris, du conseiller d'ambassade allemand Ernst vom Rath par un jeune Juif polonais, la « Nuit de cristal » est le premier vrai pogrom de l'Allemagne nazie. Dans la nuit du 9 novembre 1938, près de 200 synagogues et lieux de culte sont incendiés, 7 500 commerces et entreprises exploités par des Juifs saccagés, et une centaine d'entre eux assassinés, tandis que 30 000 autres sont déportés en camp de concentration.

Discours du 19 juillet 1940 à l'Opéra Kroll de Berlin où se réunit l'assemblée après l'incendie du Reichstag en 1933.

encadrés par la SS, joueront un rôle essentiel dans la production d'essence et de caoutchouc synthétiques, mais aussi dans l'assemblage des armes secrètes des derniers mois de la guerre, les fusées V2 en particulier.

Quant à Goebbels, qui déteste cordialement et Goering et Himmler, son rôle de metteur en scène de la propagande deviendra essentiel quand il s'agira de soutenir le moral de l'arrière à partir des premières défaites et des bombardements massifs qui, dès 1943, s'abattront sur les villes allemandes. C'est lui, notamment, qui convaincra Hitler d'éviter à tout prix de rationner la population… Quitte à accroître le pillage des territoires occupés et à affamer leurs habitants, spécialement en Pologne et en Russie.

Pourvu que son autorité en sorte renforcée, Hitler laisse volontiers les trois hommes et leurs fidèles s'affronter, n'hésitant pas, le cas échéant, à les monter les uns contre les autres, comme l'attestent ses propos de table, recueillis religieusement par Bormann.

On chercherait en vain, cependant, la moindre influence de ce trio – et même du falot ministre des Affaires étrangères, Joachim von Ribbentrop – dans la conduite de la politique extérieure, scientifiquement menée à partir de 1933 selon les préceptes édictés dans *Mein Kampf* : révision (d'abord pacifique) des frontières héritées du traité de Versailles ; recherche acharnée d'une entente avec l'Angleterre pour établir son hégémonie sur le continent au détriment de la France ; conquête, enfin, d'un *Lebensraum* (« espace vital ») à l'Est. De ce point de vue, la thèse intentionnaliste est difficilement contestable. D'autant que la poursuite d'un plan n'exclut pas l'improvisation et même, en raison de son caractère exorbitant, la fuite en avant devenant rapidement une course à l'abîme après les batailles de Stalingrad puis de Koursk (1943) qui signent la défaite à l'Est. Quand, terré dans le bunker de la Chancellerie en ruine, Hitler, un mois avant son suicide, se fait apporter la maquette du plus grand musée du monde qu'il a dessiné, conçu et qu'il entend bien faire construire à Linz une fois la paix revenue, il illustre parfaitement la formule de Martin Brozsat : hors d'état de remplir seul le « vide institutionnel qu'il avait délibérément créé », il ne pouvait que « détruire son œuvre politique en remettant immédiatement en jeu tous ses acquis dans une course folle à la recherche d'un objectif imaginaire dont même les contours n'étaient pas établis ». À la fois coupé de la réalité mais y exerçant son influence au point d'entraîner le peuple allemand dans sa chute et de rester, jusqu'à son dernier souffle, « indiscuté, inflexible, impitoyable, comme il l'avait été dans les jours les plus éclatants » (Charles de Gaulle), Hitler s'offre le luxe, avant de mourir, de mettre en scène sa propre disparition. Son œuvre de destruction accomplie, Wotan peut rentrer sous terre. « Ce soir, vous allez pleurer », dit-il dans un étrange sourire aux derniers occupants du bunker, le 29 avril 1945, avant de leur annoncer, une coupe de champagne à la main, qu'il s'apprête à épouser Eva Braun et que tous deux se suicideront le lendemain. Ce qu'il fait le 30, vers 15 h 30, au terme d'un déjeuner d'adieu préparé par sa fidèle cuisinière autrichienne, Constanze Manziarly…

Il fut le seul, ce jour-là, à manger de bon appétit.

Bibliographie sélective

Biographies

François DELPLA, *Hitler*, Grasset, 1999.

—, *Hitler, propos intimes et politiques*, Nouveau Monde éditions, 2016.

Henrik EBERLE et Matthias UHL, *Le Dossier Hitler*, Presses de la Cité, 2007.

Joachim FEST, *Hitler*, t. 1 : *Jeunesse et conquête du pouvoir* : t. 2 : *Le Führer*, Gallimard, 1973.

Ian KERSHAW, *Hitler*, t. 1 : *Hubris, 1889-1936*, Flammarion, 1999 ; t. 2 : *Némésis, 1936-1945*, Flammarion, 2000.

Peter LONGERICH, *Hitler*, éditions Héloïse d'Ormesson, 2017.

Marlis STEINERT, *Hitler*, Fayard, 1991.

John TOLAND, *Hitler,* Perrin, coll. « Tempus », 2012.

Volker ULLRICH, *Hitler,* Gallimard, 2017, 2 vol.

Études générales

Éric BRANCA, *Les Entretiens oubliés d'Hitler, 1923-1940*, Perrin, 2019.

Martin BROSZAT, *L'État hitlérien*, Fayard, 1986.

Johann CHAPOUTOT, *Comprendre le nazisme*, Tallandier, 2018.

Richard J. EVANS, *Le III*[e] *Reich,* Flammarion, 2009, 3 vol.

Thierry LENTZ, *Le Diable sur sa montagne, Hitler au Berghof, 1922-1944*, Perrin, 2017.

Hans MOMMSEN, « Hitler, en tant que dictateur, la place du Führer dans le système national-socialiste », in

Le Troisième Reich dans l'historiographie allemande : Lieux de pouvoir - Rivalités de pouvoirs, sous la direction de Jean-Paul Cahn, Stefan Martens et Bernd Wegner, Villeneuve-d'Ascq, Presses universitaires du Septentrion, 2013.

Claude QUÉTEL, « Une journée avec Hitler », in *Une journée avec*, Perrin/Le Point, 2016.

5

Franco, l'insubmersible

par Éric Roussel

Hitler s'est suicidé dans son bunker de Berlin ; Mussolini a été fusillé au bord du lac de Côme. Franco, lui, est mort dans son lit en 1975. Ses obsèques, célébrées à Madrid en présence du jeune roi qu'il avait choisi de donner à l'Espagne, rassemblèrent des milliers d'Espagnols. Depuis lors, il repose dans la gigantesque basilique de Valle de los Caídos qu'il avait fait creuser dans la montagne, non loin de l'Escorial. C'est dire si la destinée de Francisco Franco Bahamonde, « Caudillo d'Espagne par la grâce de Dieu », se distingue de celle des deux autres dictateurs réunis au sein de l'Axe et qui l'aidèrent à conquérir le pouvoir. Du Führer, il ne reste rien aujourd'hui. Le Duce, s'il n'était pas un simple « César de carnaval », a surtout laissé le contre-exemple d'un homme pervertissant l'idée de nation jusqu'à pactiser avec le racisme. L'héritage de Franco, en revanche, existe. Durant ses trente-cinq années de pouvoir absolu (1939-1975), l'Espagne a connu une métamorphose profonde, une modernisation sans précédent de son économie avec des conséquences sociales irréversibles. Et, d'une certaine manière, la démocratie espagnole, telle qu'elle fonctionne depuis plus de quarante ans, doit quelque chose à celui qui, jusqu'au bout, s'employa à la museler. La statue, évidemment, a échappé à Pygmalion, mais, en choisissant Juan Carlos, Franco ne pouvait ignorer qu'il sonnait le glas d'un régime autoritaire. Adolfo Suarez, qui, avant de devenir le Premier ministre clé de la transition, de 1976 à 1981, avait été une figure du franquisme, a témoigné que le Caudillo se montrait résigné face à cette perspective.

De l'ombre à la lumière

Rien, vraiment rien ne destinait Francisco Franco à devenir un jour le maître tout-puissant de l'Espagne. Il était né au Ferrol, en Galice, à l'extrême pointe ouest de la péninsule Ibérique, le 4 décembre 1892 et le moins que l'on puisse dire est que personne n'avait décelé en lui un être d'exception. Très jeune, dès 1907, il entra à l'académie militaire de Tolède, avant de se retrouver en 1910 sous-lieutenant dans sa ville natale. Et là encore, pendant trois ans, il fit figure de passe-muraille, ne se distinguant que par sa timidité vis-à-vis du beau sexe et une pratique religieuse frisant la bigoterie. Rien de notable à première vue dans ces années de formation. Et pourtant c'est sans doute à ce moment-là que tout s'est joué pour le jeune officier. Son enfance et son adolescence, il les avait vécues au sein d'une famille profondément désunie, marquée surtout par le comportement jugé scandaleux d'un père libre-penseur et libertin, peut-être franc-maçon, qui, très tôt, avait déserté le foyer conjugal pour aller vivre sa vie à Madrid aux côtés d'une autre femme. Or, cette conduite, Francisco Franco ne l'accepta jamais. Elle devint même pour lui un objet de répulsion. Ce père qui, à ses yeux, avait trahi les devoirs les plus sacrés, il le prit en horreur, ne le revit qu'en de très rares occasions et jura de se comporter toujours en adoptant une attitude en tous points opposée. Le modèle du futur Caudillo, ce fut sa mère Pilar, issue d'un milieu un peu plus favorisé et dont l'obéissance stricte aux commandements de l'Église n'accusa jamais la moindre faiblesse. Le rejet d'un père, à ses yeux dénaturé, pèsera beaucoup dans la formation de la personnalité de Franco. Ses obsessions futures, et principalement sa tendance à voir partout l'influence de la franc-maçonnerie, n'ont probablement pas d'autre origine.

La vie de garnison qu'il mène au Ferrol lasse vite le jeune sous-lieutenant. Classé médiocrement, il ne peut espérer qu'une promotion à l'ancienneté. Comme beaucoup de ses camarades, le Maroc le fait rêver, bien que l'Espagne n'y contrôle qu'une zone assez étroite : le Rif au nord-est, la Yabala au nord-ouest. Il sollicite donc une affectation de l'autre côté de la Méditerranée, l'obtient en avril 1913 et s'illustre bientôt à l'occasion de différentes opérations. On découvre alors que le personnage n'est peut-être pas aussi falot qu'on pourrait le penser. Son courage est incontestable.

La croix du Mérite de première classe lui est attribuée et, en mars 1915, il est promu capitaine. Il n'a que vingt-deux ans.

Deux ans plus tard, il arrive à Oviedo, dans les Asturies, précédé d'une réputation bien établie. Son comportement au Maroc, où il a été grièvement blessé, fait de lui un quasi héros. Du coup, il prend confiance, fréquente la bonne société et c'est ainsi qu'il fait la connaissance d'une jeune fille issue de ce milieu : Carmen Polo Martinez Valdès. Il l'épouse seulement en 1923 après un nouveau séjour au Maroc qui lui donne l'occasion de se distinguer encore une fois. Le couple, uni par la même religiosité, n'aura qu'une fille, chérie de son père : Nenuca.

Désormais, Franco fait partie du peloton de tête des jeunes officiers. Au Maroc où se poursuit sa carrière, son action est si appréciée qu'en février 1926 il est élevé au grade de général de brigade. À trente-trois ans, il est le plus jeune général dans son pays et même en Europe. La France reconnaît ses mérites en le faisant commandeur de la Légion d'honneur.

Nommé en 1928 directeur de l'Académie générale militaire, Franco révèle d'autres dons que ceux qu'il a manifestés jusque-là. Le combattant devient un administrateur remarqué, apprécié de ses supérieurs comme de ses subordonnés (90 % des 720 officiers de l'Académie le rejoindront durant la guerre civile). Il se trouve donc exposé quand se produit, en 1931, la chute de la monarchie et l'instauration de la IIe République. Alphonse XIII, qui choisit de quitter le pays en avril 1931 à la suite d'élections municipales favorables aux républicains, appréciait le jeune général : il l'avait même honoré en lui accordant le titre de gentilhomme de la Chambre. Primo de Rivera, qui, de 1929 à 1930, avait exercé une véritable dictature à l'ombre du monarque, lui portait des sentiments identiques. Franco aurait donc pu être tenté de leur rester fidèle. Ce ne fut pas le cas. Dans un premier temps, celui qui devait faire tomber la république la servit. Ainsi se tint-il à l'écart, en 1932, de la tentative du général Sanjurjo visant à restaurer la royauté. Il ne commença à adopter une attitude différente que lorsqu'il se sentit ostracisé par le nouveau pouvoir.

L'Académie de Saragosse était devenue pour Franco un véritable fief. Sa suppression, au motif qu'elle nourrissait un élitisme malsain aux yeux du ministre de la Guerre, Manuel Azana, ne pouvait qu'être mal ressentie par son directeur. Et ce dernier réagit évidemment de manière négative lorsqu'il s'aperçut qu'on le faisait suivre et, surtout, qu'un décret d'Azana annulant les avancements pour mérites de guerre allait lui faire perdre son rang dans l'armée.

En réalité, Franco n'est pas spécialement mal traité par les nouveaux maîtres du pays. Conscients de son prestige, ils le ménagent. En février 1933, ils le nomment gouverneur militaire des îles Baléares, poste qui, normalement, aurait dû revenir à un général de division. Mais, plus le temps passe, plus Franco se montre réticent envers un régime dans lequel il ne se reconnaît pas. C'est aussi l'époque où il verse dans un anticommunisme absolu. La stratégie du Komintern, l'Internationale bolchevique, visant pour vaincre à se servir d'une alliance avec les socialistes et certains partis bourgeois ne lui a pas échappé. Dès lors, il est prêt à rompre les amarres avec une légalité à ses yeux privée de légitimité.

La guerre civile

À partir de l'automne 1933, l'Histoire s'emballe en Espagne. Le 9 octobre, le président de la République, Niceto Alcala Zamora, prononce la dissolution des Cortes – le Parlement espagnol. Cette décision justifiée par des troubles d'essence libertaire, très durement réprimés, n'apporte aucun apaisement. La République a déçu les masses ouvrières et les journaliers agricoles par sa politique sociale. L'anticléricalisme dont elle a fait preuve lui a aliéné les catholiques. La démocratie balbutiante apparaît déjà très affaiblie. La droite, qui sort victorieuse du scrutin organisé après la dissolution, n'atteint pas la majorité absolue. Mais, face à la gauche dominée par les socialistes, elle a vocation à diriger le gouvernement. Or, le chef de l'État, pourtant catholique, refuse cette éventualité. Il s'ensuit une situation très confuse, ponctuée d'attentats terroristes et de grèves politiques très dures. Appelés au pouvoir par le Président, les radicaux ne possèdent aucune vraie légitimité et la violence se déchaîne à l'annonce de la participation de la droite à un cabinet dirigé par Alejandro Lerroux, un vieil anticlérical. Pour la gauche menée par Largo Caballero, la droite sortie des urnes est synonyme de fascisme. D'où son refus du compromis puis le contexte prérévolutionnaire caractérisé par une grève générale, la proclamation d'une « République catalane » et surtout le soulèvement armé des mineurs des Asturies.

Cette insurrection, Franco va la réprimer de manière telle que son nom restera à jamais attaché à ce sinistre épisode. Car, adjoint du général Lopez Ochoa, chargé officiellement de l'opération, le futur Caudillo se distingue en couvrant de son autorité les agissements d'un sinistre personnage, Lisardo Doval, délégué à l'ordre public du ministère de la Guerre dans les Asturies. Exécutions sommaires, tortures : tout est bon aux yeux de Doval pour briser les mineurs. Et Franco acquiesce sans problème de conscience. La folie meurtrière d'un Hitler ne sera jamais son fait. Simplement, face à la menace représentée par le communisme, il se montre implacable, insensible à la détresse humaine.

Cette froide détermination sera son atout principal dès le début du soulèvement militaire qui, en juillet 1936, sonne le glas d'une république ravagée par mille et une conspirations, inapte à servir de cadre à un jeu démocratique normal. Cette insurrection, Franco n'en est pas l'inspirateur, ni le chef. Nommé gouverneur militaire des Canaries – en fait exilé – par le premier gouvernement de Front populaire mis en place après les élections législatives de février 1936, il ne se joint au mouvement déclenché par le général Mola qu'au tout dernier moment. Jusque-là, le prudent Galicien jugeait l'entreprise trop hasardeuse. Il faut l'assassinat par des policiers, en juillet, du chef monarchiste Calvo Sotelo pour le décider à sortir de la légalité.

Dans le conflit qui s'ouvre alors, Franco s'impose très vite. Au départ, la position des insurgés apparaît précaire. Ils sont loin d'avoir tous rallié l'armée. Mais le gouverneur militaire des Canaries leur apporte une aide décisive en acheminant par air et par mer quelque 23 400 hommes destinés à combattre les républicains. À partir de là, son prestige et son crédit ne cessent de grandir dans le camp nationaliste. Dès la fin du mois de septembre, il est à la fois généralissime des armées en révolte et chef de l'État en puissance. Pour atteindre ce résultat inespéré compte tenu de son engagement tardif aux côtés des insurgés, Franco a cyniquement joué : alors que Madrid aurait pu tomber aux mains des rebelles dès l'automne 1936, il a décidé de détourner l'armée d'Afrique vers Tolède afin de libérer les défenseurs de l'Alcazar assiégés dans la forteresse depuis le 18 juillet. Trop précoce, la prise de la capitale n'aurait pas permis, aux yeux du généralissime, d'écraser totalement l'adversaire. « Dans une guerre civile, dira-t-il, une occupation systématique du territoire accompagnée du nettoyage nécessaire est préférable à une défaite rapide des armées ennemies qui laisse le pays infesté d'adversaires. »

Cette ligne, exempte de tout scrupule et de toute pitié, Franco va la maintenir jusqu'à l'issue de l'affrontement. Plus les combats durent, plus ses chances de s'imposer durablement augmentent, estime-t-il. Il est vrai qu'il n'a pas toujours à forcer sa nature. Car, autant son habileté manœuvrière apparaît peu contestable, autant ses talents militaires sont moins aveuglants. Les qualités qu'il a montrées pour conquérir des galons jusqu'au grade suprême diffèrent de celles dont doit témoigner le chef d'une force dont l'objectif est de s'emparer d'un pays. Or, à partir de l'automne 1936, les choses se compliquent pour les nationalistes. S'ils

22 mai 1939 : défilé de la victoire
sous les yeux de Franco (1892-1975).

ont marqué des points face à des adversaires souvent mal commandés, ils se heurtent maintenant à des ennemis bénéficiant du soutien logistique des Soviétiques. Car, très vite, la guerre s'est internationalisée. À l'engagement de l'Allemagne et de l'Italie aux côtés du camp nationaliste a répondu l'appui de Staline au gouvernement républicain. Expédiés rapidement, les chars et les avions de chasse soviétiques se révèlent sur-le-champ opérationnels. Recrutés parmi les militants des partis communistes européens, les 2 000 combattants des Brigades internationales apportent de leur côté un concours non négligeable aux gouvernementaux. De ce fait, après des succès initiaux, les forces franquistes se heurtent à la résistance des Rouges. Les soldats fidèles au gouvernement républicain se battent avec courage.

En janvier 1938, ils remportent un succès impressionnant en se rendant maîtres de Teruel. Mais cet exploit est une victoire à la Pyrrhus. La ville est bientôt reprise par les nationalistes. Et la bataille de l'Èbre qui se poursuit jusqu'en novembre 1938 marque le début de la fin pour la République. Franco se trouve en passe d'être le maître absolu du pays.

L'équilibriste

Avant même le terme du conflit, en mars 1939, le Caudillo a mis en place un véritable gouvernement qui s'est substitué à la junte militaire à l'origine du soulèvement. Onze ministres la composent : quatre militaires, trois membres de la Phalange, le parti d'inspiration fasciste fondé par José Antonio Primo de Rivera (le fils du dictateur), deux monarchistes, un traditionaliste et un technicien. L'instauration de cet embryon d'État de droit est l'œuvre en réalité du beau-frère de Franco, Ramon Serrano Suñer. Le personnage présente un double visage. À bien des égards, sa sympathie va clairement à l'Italie fasciste et à l'Allemagne nazie. Mais cet avocat, ancien député aux Cortes, possède des capacités réelles et une intelligence politique redoutée. Ministre de l'Intérieur du cabinet installé dès 1938, il lui revient l'idée de placer la Phalange, alors en position de parti unique, sous la dépendance directe du chef de l'État, ce qui exclut tout risque d'insubordination ou de concurrence. Serrano Suñer sait également trouver un équilibre entre les forces hétérogènes, et quelquefois même opposées, qui se sont rangées sous la bannière du Caudillo : la Phalange, mais aussi des monarchistes d'obédiences diverses, des militaires plus ou moins disciplinés, l'Église enfin, qui, dès 1937, par une lettre collective des évêques, a apporté sa bénédiction au soulèvement.

Cet appui explicite et le rôle éminent reconnu par l'État au catholicisme, devenu religion d'État, donnent sa vraie originalité au régime établi par Franco. Il emprunte des traits au fascisme, surtout dans une première période, sans se confondre avec lui. Promu chef de l'État sans limitation de durée, le Caudillo puise pour une très large part son inspiration dans une religiosité que l'on qualifierait aujourd'hui d'intégriste. Si sa foi est profonde, son expression sur le plan politique apparaît sans la moindre nuance. Franco, dont la culture est limitée et la connaissance de l'étranger étroite – il n'a guère voyagé qu'en France, en Allemagne, en Italie, en Grande-Bretagne et au Portugal –, est un manichéen. Tout ce qui s'oppose ou menace l'ordre catholique tel qu'il le conçoit ne peut susciter de sa part compréhension ou pitié. Telle est son originalité par rapport à Mussolini et *a fortiori* Hitler. Et l'Église, qui a été très persécutée par la République et dont des centaines de prêtres ou de religieuses ont été martyrisés, accueille évidemment avec faveur ce nouvel ordre politique. Les voix discordantes dans le monde catholique sont rares : quelques évêques en Espagne, des écrivains croyants comme Bernanos ou Mauriac en France qui dénoncent la croisade menée par Franco et y voient une trahison complète de l'idéal chrétien.

De fait, les valeurs évangéliques ne paraissent pas être la préoccupation première du dictateur. Au-delà de l'autoritarisme qui caractérise son régime, il se distingue par son acharnement à poursuivre et à châtier cruellement ceux qui se sont dressés contre lui. Dès février 1939, une loi singulière, dite « loi des responsabilités politiques », aggrave la nature répressive du nouvel ordre franquiste par son caractère rétroactif. Ce texte, en effet, donne la possibilité de poursuivre tous ceux qui, activement ou même passivement, auraient contribué aux troubles de 1934, à la formation du Front populaire, ainsi que tous ceux qui se seraient opposés au mouvement déclenché en juillet 1936. La République, certes, n'avait pas été irréprochable au point de vue de la légalité ou du respect de la personne humaine. Ainsi, le simple fait d'être reconnu comme prêtre ou religieux avait souvent constitué un motif d'exécution sommaire dans le camp républicain. Ce qui distingue malgré tout Franco est son acharnement à poursuivre ses adversaires longtemps après la fin des hostilités. En 1942, il y aura encore près de 125 000 prisonniers politiques, et plus de 30 000 victimes de la répression seront exécutées après la fin de la guerre. Le Dieu auquel Franco croit est essentiellement un Dieu vengeur. À telle enseigne que certains membres de la hiérarchie catholique finiront par s'en émouvoir. Le Caudillo ne tiendra aucun compte de ces avis. Maître de l'Espagne, il entend le rester et préserver son pays de deux périls qui, selon lui, le menacent : le communisme et la franc-maçonnerie.

Le personnage, jusqu'à la fin de ce qu'il faut bien appeler son règne, ne changera guère. Physiquement,

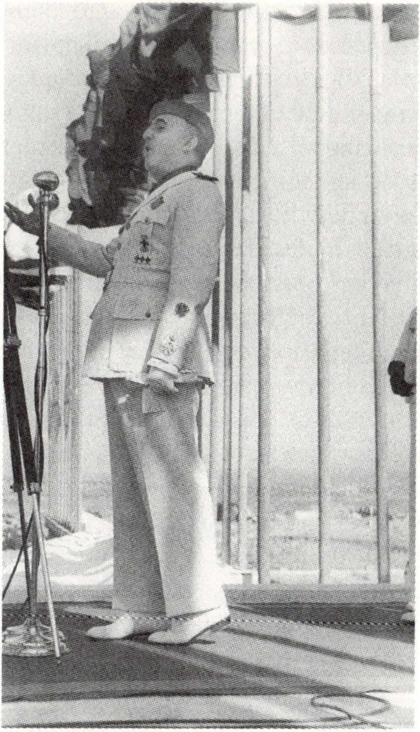

Discours de commémoration
à Madrid, vers 1940.

Franco n'a rien pour s'imposer de manière naturelle. Petit, bedonnant, il incarne jusqu'à la caricature l'homme ordinaire. Conscient de son manque de prestance, il cherche à le compenser en édictant des règles protocolaires très strictes. Très rares sont ceux qui le tutoient, tous sont tenus de l'appeler « Excellence » et c'est entouré d'un cérémonial quasi monarchique qu'il apparaît en public. Au cours de ses déplacements, la garde maure, affectée à sa sécurité, l'entoure. Lorsqu'il participe à une cérémonie religieuse, ce qui lui arrive souvent, il exige du clergé d'être accompagné jusque sur le parvis des édifices religieux sous un dais. Son élocution monocorde, hésitante ne le prédispose guère à électriser les foules. Jamais on ne le verra se lancer dans de longues harangues pour galvaniser ses compatriotes. En privé, l'homme n'est pas plus entraînant. Arborant en toutes circonstances un sourire un peu mystérieux, il n'impressionne guère ses interlocuteurs par sa conversation. Son cousin, le général Franco Salgado Araujo, qui sera son plus proche confident, souligne dans les notes qu'il a laissées que les séances de travail ou les déjeuners au palais du Pardo distillent très vite un ennui profond.

Franco, pourtant, n'est pas un médiocre. Son début de carrière le prouve et de Gaulle, qui lui rendra visite en 1970, s'avouera frappé par son intelligence. La force peu visible de celui qui, à partir de 1939, concentre en Espagne tous les pouvoirs est son aptitude à analyser une situation, sa connaissance des hommes aussi dont il capte vite les faiblesses pour en tirer parti. Le Caudillo est l'exacte antithèse d'un visionnaire. Beaucoup de ses pronostics sur le long terme se sont révélés faux. Ainsi croira-t-il longtemps à la possibilité pour l'Allemagne nazie de gagner la guerre. Ainsi s'obstinera-t-il à tout juger sur le plan international en fonction d'une grille de lecture antimaçonnique qui frisait le délire. À courte échéance, Franco, en revanche, voit souvent juste. Il l'a démontré en s'engageant très tardivement dans le soulèvement de 1936 et en réussissant tout de même à en prendre le contrôle total. Il le démontrera tout au long de sa présence au pouvoir en naviguant de manière souvent habile entre les divers courants et les différentes forces indispensables à l'assise de son autorité. Dans le maniement des hommes, son machiavélisme, par ailleurs, est impressionnant. Il sait, par exemple, que tel ou tel responsable, voire tel ou tel ministre, est corrompu, mais, plutôt que de le confondre immédiatement, il se contente de faire comprendre à l'intéressé qu'il n'est pas dupe de sa conduite, ce qui garantit une docilité totale.

La réputation de prudence de Franco est telle qu'on lui attribue souvent des mérites que rien ne justifie. Encore aujourd'hui, on le crédite d'avoir eu l'intelligence de ne pas s'engager, lors du déclenchement de la Seconde Guerre mondiale, aux côtés de Hitler. On sait que les deux dictateurs se rencontrèrent à Hendaye le 23 octobre 1940 et que le Führer n'obtint pas ce qu'il souhaitait. Mais Franco avait-il le choix ? Pouvait-il raisonnablement se lancer dans une aventure coûteuse et hasardeuse en 1939 alors que son pays sortait ravagé et partiellement ruiné d'une terrible guerre civile qui avait fait près de 500 000 victimes ? Serrano Suñer, qui s'était fait l'avocat d'un alignement sur l'Axe avant d'être totalement marginalisé, en grande partie pour cette raison, à partir de 1942, reconnaîtra : « Ni économiquement, ni militairement, ni politiquement, nous n'étions en mesure de nous laisser allécher par des perspectives belliqueuses… L'Espagne ne devait pas entrer en guerre. » Quand la France fut écrasée, à la stupeur du monde, en quelques jours, Franco crut un moment que Hitler sortirait vainqueur du conflit. Il entama alors une négociation avec l'Allemagne aux termes de laquelle il n'entrerait en guerre aux côtés de l'Axe qu'en étant certain de se voir attribuer en cas de victoire non seulement le Maroc et Gibraltar, mais aussi l'Oranie en Algérie et les territoires d'Afrique occidentale sous tutelle française. C'était là beaucoup exiger, d'autant plus qu'Allemands et Italiens savaient pertinemment que, par-dessus le marché, ils seraient contraints dans l'immédiat de porter à bout de bras un pays très affaibli et dont le potentiel militaire était réduit. De tout cela, on peut raisonnablement conclure que les pourparlers entamés entre Madrid, Berlin et Rome relevaient d'un jeu de posture, d'une sorte de comédie, chacun des protagonistes sachant que l'Espagne ne se trouvait pas en mesure d'intervenir.

Un fait est sûr : Franco a alors le mérite de ne pas se livrer à des persécutions antisémites analogues à celles qui se produisent en Allemagne et plus récemment en Italie. La législation espagnole ne contiendra jamais de dispositions discriminatoires à l'égard des Juifs et il n'y aura pas davantage d'instance comparable au Commissariat aux Questions juives de sinistre mémoire en France. Autant le Caudillo se montrait obsédé maladivement par les francs-maçons, autant sa position vis-à-vis des Juifs paraît avoir été exempte d'hostilité systématique – si l'on met à part quelques propos de tonalité antisémite jusqu'en 1942. Il paraît aussi évident que le « Généralissimo », toujours réaliste, comprit, à partir du débarquement américain en Afrique du Nord de novembre 1942, que le IIIe Reich était condamné et que, dès lors, il pouvait être de bonne politique de gagner la reconnaissance des organisations juives américaines très puissantes en négociant avec le Congrès juif mondial établi à Lisbonne ou la Croix-Rouge. En tout cas, le fait est qu'un peu partout les diplomates espagnols, à commencer par Nicolas Franco, frère du Caudillo, ambassadeur à Lisbonne, déployèrent une activité remarquée et grandement bénéfique aux Juifs persécutés. Franco, pour sa part, s'en tint à l'attitude prudente qui était bien dans sa manière, n'offrant jamais de livrer des Juifs, sans donner pour autant des instructions ordonnant d'en sauver le plus grand nombre, comme l'ont affirmé ses thuriféraires. Au total, on retiendra que, quelles qu'aient pu être ses arrière-pensées, la ligne qu'il adopta se révéla favorable à ceux auxquels Hitler avait promis un complet anéantissement.

L'art du rebond

Mais la mesure de son talent politique, Franco devait la donner immédiatement après la fin de la guerre. À ce moment-là, l'Espagne était, sur le plan international, en position difficile. Alors que l'Allemagne nazie et l'Italie fasciste viennent de s'écrouler, la dictature franquiste fait figure d'exception choquante. D'autant plus qu'au début des années 1940 le Caudillo avait incontestablement calqué l'organisation gouvernementale de son pays sur celle de ses alliés du moment. À la conférence de Potsdam en juillet 1945, Franco se retrouve dans une position d'accusé. Le travailliste

Attlee a remplacé Churchill, plus compréhensif envers l'Espagne. De ce fait, les portes des Nations unies qui venaient de naître se referment devant le régime espagnol. Fragilisé à l'extérieur, le Caudillo l'est aussi sur le plan interne. Fils d'Alphonse XIII et prétendant au trône, don Juan de Bourbon, comte de Barcelone, publie un texte, dit « Manifeste de Lausanne », dans lequel il demande l'effacement du dictateur et l'avènement d'une monarchie libérale.

À cette double offensive, Franco répond de la meilleure manière : par l'attaque. Il fustige devant les Cortes la IIe République dont il dresse un bilan terrible. Mais, pour répondre au manifeste du comte de Barcelone, il propose aussi l'instauration d'une démocratie « catholique et organique » et, à un horizon lointain non fixé, l'avènement d'une monarchie.

En s'appuyant à ce moment-là sur les catholiques, Franco, sans conteste, vise juste. Il en reçoit la preuve le 9 décembre 1946 quand, à la veille d'un vote de l'ONU prétendant imposer la démocratie en Espagne, une manifestation organisée par ses partisans place d'Orient, devant l'ancien palais royal de Madrid, réunit une foule impressionnante – sans doute plus d'un demi-million de personnes. Soigneusement entretenu, le réflexe nationaliste joue à plein en faveur de l'État franquiste. Le Caudillo juge donc le moment venu de donner à son régime l'onction populaire qui lui manque. Un texte constitutionnel, dit « Loi de succession », est immédiatement rédigé. Il en ressort que « l'Espagne, État catholique, social et représentatif, en accord avec sa tradition, se constitue en royaume ». Il s'agit, de l'aveu même de Franco, d'une instauration et non d'une restauration. Le monarque à venir tiendra ses pouvoirs du Caudillo, qui décidera de passer la main quand bon lui semblera, assurant jusque-là les fonctions d'une sorte de régent. Soumise au référendum en juillet, la loi est massivement approuvée par près de 80 % des inscrits. La régularité du scrutin sera discutée, mais il n'est pas douteux que Franco bénéficie alors d'un réel soutien.

Napoléon demandait toujours, lorsqu'il avait à nommer un général, si le personnage pressenti avait de la chance, sans laquelle on ne peut rien. Franco, incontestablement, a de la chance et sait en profiter. Bientôt, la guerre froide commence et la nécessité s'impose aux Occidentaux de rallier l'un des principaux bastions de l'anticommunisme. La victoire de Mao en Chine et le blocus de Berlin en Europe contribuent, à la fin des années 1940, à accélérer le processus d'intégration. Élu président des États-Unis en 1952, Eisenhower se montre très conscient de l'importance stratégique de l'Espagne et obtient l'installation sur son territoire de bases américaines. Trois ans plus tard, Franco se voit concéder la consécration attendue : le royaume sans roi instauré par lui est admis à l'ONU.

Reste à faire sortir le pays de la pénurie, de la pauvreté et du déclassement. Sur ce plan, Franco, dépourvu de toute compétence économique ou financière, est beaucoup plus indécis. Naïvement, il pense que l'autarcie est possible. À cette fin, un Institut national d'industrie a été créé, une politique sociale mise en œuvre, mais les résultats se font attendre. La rentabilité des réalisations dirigées par l'État est médiocre et implique le maintien de bas salaires, donc une baisse de la demande.

Le revenu espagnol par tête est, au début des années 1950, le plus faible d'Europe. En 1956, l'échec est patent : un hiver très rigoureux provoque une pénurie de denrées alimentaires. Du coup, le mécontentement gronde et même une certaine agitation.

Confronté à l'obstacle, Franco réagit avec le pragmatisme dont il a fait preuve en d'autres circonstances. Devant la misère qui menace, il comprend qu'il lui faut changer de cap. Tel est justement l'objet du remaniement capital qui intervient en février 1957. Au sein de la nouvelle équipe, les phalangistes se trouvent réduits à la portion congrue, tandis que font leur entrée des techniciens de l'économie proches de l'Opus Dei comme Mariano Navarro Rubio, ministre des Finances, ou Alberto Ullastres, en charge du Commerce. Sous l'impulsion de ces derniers, rejoints plus tard par Gregorio Lopez Bravo, qui se voit confier le ministère de l'Industrie, une politique d'inspiration libérale est mise en œuvre. Franco, au début, s'y montre réticent puis, impressionné par l'essor économique obtenu, finit par s'y rallier.

Grâce à cette ligne, l'Espagne des années 1960 change profondément. Elle s'ouvre au tourisme, le niveau de vie augmente. Sur le plan politique, en revanche, on constate peu d'évolution et même certaines tentatives de régression parfois. En 1959, l'inauguration de l'immense basilique de Valle de los Caidos aurait pu donner le signal de la réconciliation. Il n'en sera rien. Alors que l'édifice a été bâti en partie grâce au travail forcé de prisonniers politiques, le Caudillo décrète que seuls les morts catholiques des deux camps seront honorés. Pour Franco, la guerre continue et la nécessité de la répression s'impose toujours. Il le démontre en 1963 en refusant la grâce de Julian Grimau, dirigeant du parti communiste, ancien fonctionnaire du gouvernement républicain, accusé d'avoir été jadis responsable d'exécutions sommaires. Parfois, Franco évoque en privé la possibilité d'une libéralisation. La loi sur la presse, inspirée en 1965 par un ministre moderniste, Manuel Fraga Iribarne, va dans ce sens, mais le même responsable n'arrive pas à obtenir du dictateur l'élection des Cortes au suffrage universel.

Le crépuscule

Ce qui change au fil des ans, c'est Franco. Maintenant septuagénaire, il commence à voir les affaires de plus loin. Les Conseils des ministres, qui duraient jadis souvent vingt-quatre heures, se font plus courts et plus diurnes. Le chef de l'État passe beaucoup de temps désormais dans sa propriété de Pazo de Meiras, près de sa ville natale du Ferrol. Il chasse, il pêche, joue au golf, devient un peintre du dimanche. L'amiral Carrero Blanco, l'homme lige du Caudillo, gère d'une poigne de fer les affaires courantes. Mais le problème de la succession se pose, même si on se garde de l'évoquer publiquement. Franco en est conscient, il veut seulement rester « maître des horloges ». En 1969, il se décide à révéler ses intentions : puisque le comte de Barcelone n'a jamais caché ses réserves à l'encontre du régime, ce sera son fils, Juan Carlos, qui montera sur le trône le moment venu. Le prince, depuis des années déjà, vit en Espagne, il y a fait ses études, a servi dans l'armée. Et rien ne laisse alors supposer qu'il cultive les mêmes idées que son père. Pour plus de sûreté, en juin 1973, Franco nomme Carrero Blanco chef du gouvernement – fonction qui se confondait jusqu'alors avec celle de chef de l'État. Pour ce dernier, « tout est lié », le futur roi ne pourra s'écarter des principes du Mouvement né en 1936.

L'assassinat de Carrero Blanco par l'ETA (organisation terroriste basque d'inspiration marxiste) six mois plus tard, le 20 décembre 1973, change soudain la donne. Très ébranlé par le meurtre de son homme

Une des dernières images de Franco
avec Juan Carlos Ier, en 1974.

de confiance, Franco ne cache pas son désarroi. On le voit pleurer lors des obsèques de l'amiral et les atteintes de la maladie de Parkinson dont il souffre sont de plus en plus manifestes. Très affaibli, il se trouve dépendant désormais d'un clan familial puissant que l'on surnomme le « Bunker ». Les figures principales en sont l'épouse du Caudillo, Carmen, sa fille, et surtout son gendre, le marquis de Villaverde, un chirurgien mondain affairiste qui compte bien profiter de sa position pour arrondir sa fortune. Pour le « Bunker », toute évolution vers la démocratie est exclue. Rien ne doit changer. Il importe même de resserrer les boulons afin que, le jour venu, le futur roi d'Espagne se trouve privé de liberté d'action. À cette fin est nommé rapidement le successeur de Carrero Blanco : Carlos Arias Navarro, un apparatchik franquiste sans relief ni imagination, dont l'incompétence finira par inquiéter le Caudillo.

La fin de Franco approche. L'état de santé du généralissime se dégrade à vue d'œil. En juillet 1974, victime d'une thrombophlébite, il doit se résoudre à remettre ses pouvoirs à Juan Carlos. Rétabli, il reprend ses fonctions le 2 septembre. On le voit même jouer au golf et s'offrir une partie de chasse. Pourtant, il ne suit plus les affaires que de loin. Au palais du Pardo, son bureau encombré de piles de dossiers donne aux visiteurs l'illusion qu'il travaille encore. D'évidence, une telle situation à la tête de l'État ne peut durer longtemps. D'autant plus que le pays est alors en proie à des troubles graves. L'ETA assassine 26 personnes en 1975. La répression, comme on pouvait s'y attendre, est sans pitié. De nouveau, des condamnations à mort sont prononcées. Et alors que, quelques années plus tôt, la pression internationale et l'action de ministres « libéraux » avaient obtenu la grâce de ceux qui étaient promis au garrot, cette fois les peines sont exécutées. À l'étranger, l'indignation monte. Mais le « Bunker » s'en moque. Début octobre 1975 est organisée place d'Orient une gigantesque manifestation de soutien au vieux dictateur. Entouré de sa famille et du prince Juan Carlos dont on remarque le visage fermé, le Caudillo se montre au balcon du palais royal et, d'une voix chevrotante, dénonce une fois de plus la conspiration maçonnique qui veut abattre l'Espagne.

Quelques jours plus tard, Franco tombe gravement malade. Il ne se relèvera plus. Cardiopathie, ulcère digestif, péritonite, insuffisance rénale, bronchopneumonie : toutes les maladies l'assaillent. Conscient presque jusqu'au bout, il se montre courageux. À l'un de ses médecins qui lui enlève de la gorge un énorme caillot de sang, il dit simplement : « Il est dur de mourir. » Il s'éteint le 20 novembre, prolongé au-delà de toute raison par son entourage qui aurait souhaité le voir renouveler, le 26, le Conseil du royaume et le président des Cortes afin d'ôter toute marge de manœuvre à Juan Carlos.

Étrange personnage. Ce qu'il faut bien appeler son génie aura été de durer par une maîtrise exceptionnelle du court terme. À l'inverse d'autres dictateurs, il n'a jamais versé dans une véritable démesure et a su deviner la nécessité de certaines concessions. D'où son exceptionnelle longévité au pouvoir. Il n'en a pas moins fait preuve jusqu'à la fin d'une dureté inouïe.

Sans doute ne peut-on lui imputer des meurtres de masse. Mais, des années après la fin de la guerre civile et sans nécessité évidente, même de son point de vue, il a montré vis-à-vis de ses adversaires un manque total de pitié. Et son machiavélisme se manifesta plusieurs fois par son aptitude à faire en sorte que les grâces qu'il lui arrivait d'accorder arrivent trop tard, après l'exécution de la sentence. Le catholique qu'il prétendait être soulageait ainsi sa conscience par le plus ignoble des artifices. « Je n'ai eu d'autres ennemis que ceux de l'Espagne », écrivit-il dans son testament. Sans doute avait-il fini par le croire, ce qui justifiait à ses yeux le pouvoir sans partage qu'il exerça si longtemps.

Bibliographie sélective

Sur Franco, l'ouvrage fondamental est celui de Paul PRESTON, *Franco a Biography*, publié en 1993 par Harpers and Collins. Il n'a malheureusement pas été traduit en français.

En français, on dispose des ouvrages suivants :

Max GALLO, *Histoire de l'Espagne franquiste*, Robert Laffont, 1969.

Guy HERMET, *L'Espagne au XXe siècle*, PUF, 1986.

Philippe NOURRY, *Franco, la conquête du pouvoir*, Denoël, 1975.

L'œuvre la plus profonde est celle du grand hispanisant Bartolomé BENNASSAR : *Franco*, Perrin, coll. « Tempus », 2002.

Le témoignage du cousin de Franco (qui fut aussi son collaborateur), Francisco Franco Salgado Araujo, est fondamental. Il a été traduit en français et publié par Gallimard dans la collection « Témoins » en 1978, sous le titre *Franco au jour le jour*.

6

Philippe Pétain, *dictator est qui dictat*

par Bénédicte VERGEZ-CHAIGNON

Une photographie célèbre de l'Histoire. Une poignée de main, objet de propagande, de célébration, d'indignation, de scandale et de controverses, pièce à conviction d'un procès : la poignée de main entre Adolf Hitler et Philippe Pétain le 24 octobre 1940 à Montoire. La scène ainsi immortalisée est devenue l'emblème même de la collaboration entre la France et l'Allemagne nazie.

Une poignée de main entre un dictateur, donc, et un autre dictateur ? L'un incarne le IIIe Reich à son zénith, régnant sur les trois quarts de l'Europe continentale, par conquêtes, vassaux et alliés interposés. L'autre administre le peu qu'il reste d'un pays récemment laminé, écartelé et soumis par une fulgurante défaite.

Alors, peut-on être dictateur d'un pays vaincu et qui n'a la maîtrise ni de son devenir ni même de son

Philippe Pétain (1856-1951)
lors de sa rencontre avec Hitler à Montoire
le 24 octobre 1940.

quotidien dans un monde en guerre ? Peut-on être dictateur si on ne décide pas de tout ? Et peut-on être dictateur, de surcroît, quand on a été considéré pendant deux décennies au moins comme un authentique républicain, le contraire même du général factieux ? Peut-on, enfin, devenir dictateur à quatre-vingt-quatre ans, et le rester ?

Le Maréchal

Philippe Pétain n'est pas né sous la République, mais sous le Second Empire. À quatorze ans, il est le spectateur bouleversé de la défaite de 1870 et de l'occupation prussienne. De là naît sa vocation pour le métier des armes, dominée par l'espoir de la revanche. Il attendra presque cinquante ans pour accomplir le rêve de son adolescence. Mais, le 19 novembre 1918, il entrera dans Metz, maréchal de France, commandant en chef des armées victorieuses. De sa vie, il n'aura été plus ému.

Entre-temps s'est déroulée une longue carrière d'officier marquée par le goût de l'étude et la pratique d'un enseignement novateur, qui lui donnent son originalité. Colonel sur le point de prendre sa retraite à l'été 1914, promu général dans les premières semaines de la guerre pour avoir su maîtriser une retraite périlleuse et conduit ses hommes à participer à la victoire de la Marne, Pétain est le premier à réussir en 1915 – fugacement – la percée du front statique tant recherchée par les états-majors. C'est l'année suivante que, du jour au lendemain, il fait irruption dans l'actualité et dans l'Histoire en devenant le général commandant à Verdun. Il y acquiert, en même temps qu'une notoriété internationale, la reconnaissance unanime des Français et, accessoirement, l'habitude de travailler avec les hommes de gouvernement.

Les bienfaits de la providence semblent se répéter lorsqu'en 1917 il est nommé commandant en chef des armées françaises sur le front occidental, au moment où les mutineries inspirées par la révolution russe semblent pouvoir entraîner le délitement, voire la disparition, de l'armée. Il avait été appelé le « défenseur » puis le « sauveur » de Verdun. Il en est *a posteriori* désigné comme le « vainqueur », lorsque la République l'honore de la remise de la médaille militaire pour avoir sauvé l'armée d'une crise mortelle, certes en réprimant les mutins, mais aussi en restaurant le respect dû aux sacrifices immenses des combattants. Il est celui qui a amélioré leur vie quotidienne, systématisé l'alternance des temps au front et au repos, organisé la logistique des permissions. Il manie l'offensive avec circonspection et non sans l'avoir préparée méticuleusement. « J'attends les chars et les Américains », tranche-t-il. Il y gagne la réputation d'un chef humain, même si son calcul est en l'occurrence plus économique que philanthropique : il n'y aura pas de victoire s'il n'y a plus d'armée, et il n'y aura plus d'armée s'il n'y a plus de combattants vivants ou valides. Estimant avoir rendu là son plus grand service à la France, il se forge la conviction, mi-orgueilleuse mi-pessimiste, que c'est toujours à lui qu'on fait appel lorsque surviennent des catastrophes.

Après la guerre, le désormais maréchal Pétain reste à la tête de l'état-major jusqu'en 1931, dans une concertation quotidienne avec les différents ministres. Après sa retraite longtemps retardée, il demeure une figure de référence unanimement respectée, sorte de représentant de prestige de la République dont l'existence est recrue d'honneurs. D'autant qu'en 1929 disparaît le maréchal Foch auquel il succède à l'Académie française. Pour cette « élection de maréchal », il écrit – ou plutôt fait écrire – *La Bataille de Verdun*. Quant à rédiger ses Mémoires, il s'y refuse ostensiblement, au motif qu'on ne fait que s'y justifier de ses erreurs et critiquer autrui. On le presse à deux reprises de sortir de ce rôle honorifique : pour devenir ministre de la Guerre après la crise du 6 février 1934 et pour devenir l'ambassadeur de la réconciliation avec l'Espagne, après la victoire des franquistes. Sa position d'ultime recours s'en trouve renforcée, y compris à ses propres yeux.

À quatre-vingts ans, servi par une forme physique remarquable, il en impose plus que jamais par sa prestance, son maintien, sa dignité innée… et ses yeux bleus. Il a fait chavirer bien des cœurs par le passé et continue de plus belle en entretenant, malgré son mariage tardif, de nombreuses liaisons, platoniques ou pas. Il en impose aux hommes aussi bien qu'aux femmes et ce, quel que soit leur bord politique. En novembre 1935, Pierre Cot, un des artisans du Front populaire, suggère dans l'hebdomadaire de gauche *Vu* que le président de la République, pour surmonter la crise institutionnelle, fasse appel à un homme dont le courage, le loyalisme et la droiture soient indiscutés : « L'homme existe, c'est le maréchal Pétain. C'est lui le véritable chef moral de l'armée. Il n'est pas un ancien combattant qui ne lui garde une reconnaissance émue, moins peut-être parce qu'il fut le plus grand chef de la guerre, que parce qu'il fut le plus humain et le plus près de notre misère. Avec lui, aucun trouble à craindre. Un mot aux anciens combattants, un geste d'énergie et l'ordre est assuré et le calme renaît. […] Il ne s'agit pas de lui confier le gouvernement ou la France. Il s'agit de faire régner l'ordre. […] Certains trouveront mon idée étrange ou dangereuse. Je pense être approuvé par tous ceux qui ont déjà vu cette chose étonnante, le regard du maréchal Pétain. » Il incarne un type français idéal et rassurant. Sa réserve, qui n'exclut ni la froideur ni le calcul, passe pour une sérénité teintée de naturel.

À partir de la déclaration de guerre de 1939, il ronge son frein en Espagne, espérant se voir confier une mission d'animateur du « moral français », persuadé que c'est sur ce terrain que se gagnera une guerre qu'il imagine longue et principalement économique. Or, dès le déclenchement de l'offensive allemande et la percée de Sedan, en mai 1940, il juge l'affaire perdue. Appelé au gouvernement par Paul Reynaud, comme ministre sans portefeuille, pour incarner la volonté de tenir et la foi dans la victoire finale, il y entre animé en réalité d'un pessimisme total et de la certitude qu'il faut au plus tôt arrêter les frais. Son obsession est de sauver ce qui peut l'être avant qu'une complète victoire allemande ne fasse littéralement disparaître la France, y compris physiquement. Aussi les partisans d'un armistice trouvent-ils en lui leur alibi et leur porte-parole.

Objet de fantasmes et de campagnes visant à le porter au pouvoir depuis les années 1930, le maréchal Pétain n'y a jamais prêté la main, refusant d'être utilisé par quiconque et d'autant plus de participer à une conspiration contraire à sa dignité. Mais l'orgueil n'exclut pas l'ambition d'être amené à la tête du pays par sa déliquescence. Aussi est-il très disposé à assumer le pouvoir, le 16 juin 1940, lorsque la division entre partisans d'une demande d'armistice et partisans d'une poursuite de la guerre donne la majorité aux premiers au sein du Conseil des ministres.

Son accession à la présidence du Conseil résulte d'autant moins d'un coup de force qu'il est soutenu par de nombreux parlementaires qui voient en lui, comme l'immense majorité des Français, l'évident garant des intérêts nationaux et de l'honneur au milieu de la débâcle. C'est ainsi que s'interprète aussi le vote massif qui, le 10 juillet 1940, lui donne carte blanche pour préparer de nouvelles institutions.

L'ambiguïté qui va dominer tout son gouvernement est déjà à l'œuvre. Choisi par facilité par un personnel politique en perdition, mais choisi pour un mandat implicitement temporaire en attendant une paix très prochaine et une nouvelle Constitution qui ne saurait tarder, Philippe Pétain s'installe pour sa part au pouvoir sans se fixer de terme et avec l'idée bien arrêtée de réformer profondément la France sans attendre la paix et ce, quel qu'en soit le prix à payer. Ayant fait à la France le don de sa personne, il estimera bientôt n'avoir de comptes à rendre qu'à l'Histoire.

Un régime de rencontre

Le régime qui se met en place sous son égide doit tout – ou presque – à cette conjoncture tragique.

La convention d'armistice, entrée en vigueur le 25 juin, entérine l'occupation des deux tiers du territoire national scindé par une infranchissable ligne de démarcation, par la réduction drastique de l'armée française, la cession d'importants matériels, le paiement de frais d'occupation exorbitants et la coopération de l'administration avec les autorités militaires allemandes pour faire régner l'ordre.

Reste tout de même un État souverain, doté d'un gouvernement légal à sa tête, ce qui est plus que ce dont peuvent se prévaloir la plupart des pays de l'Europe continentale dorénavant sous domination allemande. Chassé de Bordeaux occupée, le gouvernement s'installe à Vichy à titre provisoire, comptant que la guerre ne durera plus que quelques semaines. C'est là que sont convoqués les parlementaires de la IIIe République pour approuver le principe d'une révision de la Constitution. Ce vote ne porte pas exclusivement sur son objet explicite. Il entérine aussi l'armistice, c'est-à-dire le choix de se retirer de la guerre plutôt que de la poursuivre depuis les colonies, le choix de se séparer de l'allié anglais, d'imputer la responsabilité de la défaite aux dirigeants de la IIIe République. Il manque enfin une adhésion à la personne du Maréchal, qui, pour des raisons nombreuses et parfois contradictoires, semble le seul qualifié pour franchir le cap dramatique auquel est confronté le pays.

Il est un soldat. Et il fut un soldat vainqueur. Vainqueur des Allemands lors de la Grande Guerre et, plus particulièrement, « vainqueur de Verdun », *la* bataille de l'armée française accrochée à la défense du territoire national. Il est donc évident que ce patriote irréprochable aura à cœur de sauvegarder tout ce qui pourra l'être face aux Allemands auxquels il ne peut manquer d'en imposer, tout nazis qu'ils soient. Chef réputé respectueux de la vie de ses hommes, glorieux et sage, âgé de quatre-vingt-quatre ans mais portant beau, il joue avec habileté sur les différentes facettes de sa personnalité pour se placer dans le registre de l'autorité en même temps que dans celui de la bienveillance. « Je vous ai tenu jusqu'ici le langage d'un père. Je vous tiens aujourd'hui le langage du chef », déclare-t-il lors de l'une de ses premières allocutions radiodiffusées durant lesquelles les Français découvrent sa voix brisée par l'âge.

Le « sauveur » est paré de toutes les qualités de sagesse, de clairvoyance, de bonté et d'autorité naturelle. Il paraît se situer intrinsèquement en dehors des affrontements politiques ou, pour mieux dire, au-dessus de la mêlée. Au nom du « bon sens », il propose un mode de gouvernement efficace, inspiré du commandement militaire dont il étendra le principe à tout le fonctionnement social. « De tout temps, un chef n'a pu commander à plus de cinq sous-ordres. Cela commence au caporal et finit au sommet de la hiérarchie. » Il entend remplacer par cette méthode la cacophonie, la gabegie et la nullité d'une démocratie parlementaire qui vient de faire la preuve de ses carences mortifères, en accouchant de la pire défaite de l'histoire nationale. « L'autorité ne vient pas d'en bas. Elle est proprement celle que je confère ou que je délègue. »

Doté d'une légitimité personnelle exceptionnelle et d'une légalité toute neuve, le maréchal Pétain se charge d'installer sa prééminence dès le 11 juillet 1940 en passant la République par pertes et profits. Il s'arroge, par une série d'actes constitutionnels, le titre nouveau de chef de l'État français en plus de ses fonctions de chef du gouvernement, et s'octroie le pouvoir exécutif, législatif, financier puis judiciaire, en sus du pouvoir constituant que lui avait accordé le vote. Alors qu'un certain nombre de ses soutiens ne voyaient en lui que le gérant transitoire – et bien pratique – de la catastrophe, il se pose non seulement en recours, mais en guide pour un avenir indéterminé. Sans révolution, sans coup de force, en « surinterprétant » les pouvoirs qui lui ont été conférés, avec le consentement d'élites aux abois et d'une opinion publique désemparée, il se confère tous les pouvoirs et devient le dépositaire de toute légitimité. Un seul homme, parce qu'il est le sauveur providentiel, choisit la direction, décide et tranche de tout, sans contrepartie ni contrôle. À tel point que, pendant plusieurs mois, ce régime nouveau n'a même pas de nom. Il adoptera, au début de 1941, la dénomination d'« État français », plus tautologique que normative. D'ailleurs, la Constitution prévue, serpent de mer d'une vie politique atrophiée, ne verra jamais le jour, preuve que le régime ne réside que dans la personne même de son chef. C'est ce que démontre plus qu'abondamment l'utilisation en boucle de son image, de ses paroles, de son aura, à grand renfort des relais de la radio, de la presse censurée et encadrée et de massives campagnes d'affichage. Tout procède de la volonté éclairée et puissante du « Maréchal ».

« Il confond, il absorbe dans sa personne tous les pouvoirs à la fois, le constituant, l'exécutif, le législatif et le judiciaire [...]. De l'exception, il a tiré la règle, d'une magistrature temporaire, une souveraineté permanente, d'une autorité définie, une omnipotence infinie. » Ces quelques lignes proviennent d'une biographie qu'en 1931 le latiniste Jérôme Carcopino consacrait au dictateur romain Sylla. Dix ans plus tard, il sera devenu le ministre du Maréchal, dont la position peut être décrite dans ces mêmes termes avec une troublante pertinence.

Dictator est qui dictat. « Le dictateur est celui qui commande. »

Du moins est-il celui dont on dit qu'il commande.

Dès le début, les belles promesses sont démenties. Le gouvernement est remanié onze fois la première année. Autant pour la stabilité. Philippe Pétain soupire en vain après le cabinet pyramidal qui doit assurer en cascade le gouvernement du pays. « Chacun sait-il que je me suis trouvé, que je me trouve encore devant le néant ? » Les ministres peinent à établir leur autorité sur des administrations qui sont accusées d'être gangrenées par les créatures de l'ancien régime. Une vigoureuse épuration et l'imposition du serment au chef de l'État sont supposées remédier aux mauvaises volontés. Les rappels à l'ordre répétés démontrent à loisir que le système patine.

« J'ai multiplié les appels au bon sens, à la raison, à la notion de l'intérêt public. J'ai réclamé avec insistance le concours et la bonne volonté de tous les Français. Aujourd'hui, le temps des équivoques est passé. Il reste peut-être encore des insensés qui rêvent de je ne sais quel retour au régime dont ils étaient les profiteurs. Je suis sûr que la Révolution nationale triomphera pour le plus grand bien de la France, de l'Europe et du Monde. Quoi qu'il en soit, il faut se prononcer. On est avec moi ou contre moi », décrète-t-il par exemple en août 1941.

À cela bien des raisons, en réalité. Tout d'abord, le nombre toujours croissant des contraintes qui pèsent sur la vie politique, l'économie et la société. La guerre qui devait être courte se prolonge jusqu'à ne plus

Le Maréchal à son bureau
au début des années 1940.

laisser entrevoir son issue, et avec elle le régime de l'armistice : le territoire corseté par les zones créées par le Reich, l'économie sucée jusqu'à la moelle, les communications entravées, l'ingérence allemande dans la gestion du pays. À cela s'ajoute le choix délibéré, revendiqué comme la stratégie la meilleure et la plus raisonnable, de la collaboration avec l'Allemagne, au risque de flirter avec la cobelligérance. Ce choix fatidique engage le régime dans un engrenage sans issue qui lie son sort au devenir militaire du IIIe Reich et finira par susciter la guerre civile. De fait, ce régime autoritaire est lui-même soumis à une autorité supérieure qui n'hésite jamais à faire sentir son emprise, qu'il s'agisse de censurer les textes de loi ou de choisir et de renvoyer hauts fonctionnaires et même ministres.

La figure tutélaire du Maréchal est de surcroît le seul élément fédérateur d'un agrégat disparate et contradictoire. Le culte qui lui est voué, pour partie spontané et sentimental, pour partie organisé et martelé, fait tant bien que mal tenir ensemble les éléments de cette « dictature pluraliste », aussi difficile à définir qu'à faire fonctionner. L'État français, en effet, n'est pas né seulement en réaction à la tragédie de la défaite. Il s'enracine dans une tradition contre-révolutionnaire ancienne, sur laquelle se greffent nationaux, jeune droite, néo-socialistes, monarchistes, catholiques sociaux, syndicalistes anticommunistes ou fascistes anciens et nouveaux, sans compter des clans aux opportunismes divers et rivaux, à la recherche de débouchés et de places. Venus d'un large spectre politique cohabitent ainsi au gouvernement, dans les instances et dans les organisations de Vichy, des profils plus contradictoires que complémentaires, ralliés à l'autoritarisme, à un nationalisme défensif, à un européisme et à un pacifisme de sincérité variable conjugués à un antilibéralisme qui fourre dans le même sac la démocratie, le communisme et la République honnis. Ce qui n'empêche pas tout ce monde de se réclamer du Maréchal dont l'exceptionnel talent pour donner l'impression à ses interlocuteurs qu'il les comprend et les approuve se retourne ici contre lui. Jusqu'à la caricature à Paris, où les collaborationnistes se placent sans vergogne sous son patronage, en particulier en abusant de la phrase qu'il prononça en août 1940 : « La vie n'est pas neutre. Elle consiste à prendre parti hardiment. » Ce qui permet à chacun de l'interpréter à sa guise.

La réaction se réclame d'un « ordre nouveau » dont les valeurs, envahissantes dans le discours, gardent toutefois des contours indistincts. Le maréchal Pétain, incapable de penser les fondements juridiques d'une Constitution, ne cesse de rappeler les « principes » qui devront la gouverner. « L'homme tient de la nature ses droits fondamentaux. Mais ils ne lui sont garantis que par les communautés qui l'entourent : la famille qui l'élève, la profession qui le nourrit, la nation qui le protège. » Ce n'est pourtant pas lui, mais l'atmosphère vichyssoise de l'été 1940 qui a dicté le terme de Révolution nationale, devenu le synonyme de sa politique. Il aurait préféré rénovation ou redressement. Il se retrouve ainsi avec, sur les bras, ce mot de « révolution » peu compatible avec son programme de réaction conservatrice, mais bien dans l'air du temps. Tout aussi bien, on s'efforce de singer les apparences, les symboles et les gimmicks des totalitarismes et autres régimes « forts » qui font florès en Europe depuis les années 1920 : culte du chef infaillible qui ne dort jamais, salut martial, serments, uniformes, embrigadement de la jeunesse, unanimisme de la pensée et du discours baptisé « union nationale »… Mais la France ne se dotera pas d'un parti unique, dont les Allemands ne voudraient pas et que les conservateurs bon teint, général Weygand en tête, trouvent dangereux. « Aucun groupement ne peut être toléré qui oppose les citoyens les uns aux autres et tend à ruiner l'autorité de l'État », a posé le Maréchal dans ses *Principes de la communauté*. Ce qui ne l'empêche pas de chercher à se créer des relais : la Légion française des combattants, qui remplace les associations d'anciens combattants, le Conseil national, les Amis du Maréchal et jusqu'à la francisque, décoration qui distingue en principe les meilleurs soutiens de la Révolution nationale.

Pour autant, le Maréchal, qui revendique la direction de la politique et la fermeté de son commandement sur une France disciplinée et hiérarchisée, se trouve évidemment aux prises avec un processus de décision plus délicat que prévu. Non seulement parce que les rouages de la gouvernance sont complexes et échappent à son manque d'expérience des affaires publiques, mais encore parce que, au milieu de la cacophonie ambiante, il est souvent réduit au rôle d'arbitre, quand il ne l'est pas à celui de façade. C'est d'autant plus vrai que son âge avancé, ses capacités de travail limitées et les lents progrès d'un déficit cognitif pathologique tendent à creuser le temps de retard qu'il a sur ses interlocuteurs. Chacun d'entre eux peut alors accuser les autres de détournement de vieillard, sans toujours se priver lui-même de chercher à le manipuler… Les faux pas de Philippe Pétain dans sa volonté de conserver la réalité du pouvoir, et non pas seulement ses apparences, joints aux immixtions croissantes et toujours plus impérieuses des Allemands à partir de 1943 achèvent de le priver d'emprise sur les décisions. La dictature se joue ailleurs que dans son bureau, dont la nudité et l'ordre méticuleux présentés comme la marque d'un esprit clair témoignent surtout de son manque de travail. Il devient une chambre d'enregistrement, de retardement ou de soupirs. Car, en dépit de la sincérité avec laquelle il s'est offert en sacrifice au pays, le Maréchal ne se départit jamais de tendances à se plaindre et à se trouver des excuses. C'est l'autoritarisme en mode plaintif.

Mais est-ce vraiment une dictature ?

Le régime fait l'apologie des communautés éternelles telles que la famille, la profession, la région. Ce sont autant de contrepoints souhaitables à l'individualisme haïssable qui est identifié comme une des principales causes des maux français. Contrepoints, mais non contre-pouvoirs, dont l'idée même est étrangère à Philippe Pétain. Toute l'idéologie issue de la Révolution française et de la tradition républicaine lui fait horreur, et avec elle le libéralisme, la démocratie, le vote. Au long de ses errances et de ses palinodies constitutionnelles, le Maréchal prendra toujours soin d'éviter la République et le suffrage universel.

« Il faut une représentation nationale. Je le sais. Je le sais mieux qu'eux, explique-t-il dans une interview de novembre 1940. Mais le temps est venu des élites. Il ne s'agit plus d'une émulation de promesses. Il s'agit de vivre dans la droiture et dans la loyauté. Le peuple, certes, aura voix au chapitre. Mais le travail dira son mot et les véritables serviteurs de l'État se feront entendre. Il ne faut penser qu'à l'ordre et l'ordre, c'est la conscience de tous. »

Le refus du libéralisme politique implique une suppression de droits qui ne sont plus considérés comme fondamentaux. Ainsi, le chef de l'État détient le pouvoir judiciaire, au même titre que les autres. Des juridictions d'exception sont créées au fil des années : Cour suprême de justice, sections spéciales, Tribunal d'État, cours martiales. Quand elles ne jugent pas assez vite, le Maréchal s'octroie le pouvoir de condamner directement les inculpés, au besoin en ne tenant pas compte des instances de conseil qu'il a lui-même constituées. Sans attendre un procès devant la Cour suprême, il condamne donc Léon Blum, Édouard Daladier et le général Gamelin, accusés d'être responsables de la défaite, à la détention dans une enceinte fortifiée. La loi peut également être rétroactive : les sections spéciales se dispensent d'instruction avant de juger, prononcent des condamnations pour l'exemple prévues d'avance, y compris contre des détenus déjà condamnés, et appliquent la peine de mort à des faits relevant habituellement de la correctionnelle. Déjà fortement mis à mal, l'État de droit est nié, en 1944, par l'institutionnalisation de la violence exercée par la Milice, créée en janvier 1943 auprès du chef du gouvernement comme force de maintien de l'ordre et comme aile marchante de la Révolution nationale. Son chef, Joseph Darnand, par ailleurs lieutenant dans la Waffen-SS, est nommé en décembre 1943 secrétaire général au Maintien de l'ordre dans le gouvernement, avec autorité sur les forces de l'ordre et l'administration pénitentiaire. Des cours martiales, anonymes, sévissent dans les prisons. Lors de procédures à huis clos, elles prononcent des sentences de mort sans appel ni recours et font procéder à des exécutions immédiates. Il n'y a ni acquittement ni peine intermédiaire possibles. Deux cents personnes sont ainsi exécutées en six mois, sans qu'on puisse toujours les identifier, tant les procédures sont expéditives et secrètes.

C'est un paroxysme, mais le régime a été d'emblée répressif. Dès l'été 1940, il a inculpé et incarcéré ceux qu'il désignait comme coupables de la défaite, il a fait juger par contumace les Français qui avaient quitté la France et continuaient la guerre aux côtés des Britanniques. De sa propre initiative, il a adopté des mesures discriminatoires contre des Français d'origine étrangère puis juive, en jonglant avec des critères juridiques douteux. Il n'a cessé de désigner des catégories de « mauvais Français », voués à l'épuration, à la ségrégation, à l'exclusion, à l'internement, à l'emprisonnement, voire à l'exécution. L'État français choisit et frappe ses ennemis, qu'il appelle tour à tour « mauvais Français », « dissidents » puis « terroristes ». Or, en étant ce qu'il est et en raison des actions qu'il mène, il suscite naturellement des oppositions qui vont aller crescendo.

Elles ont la particularité de mêler, à des degrés divers, une contestation politique et une protestation patriotique. Entre 1940 et 1942, les opposants se trouvant en zone occupée cherchent difficilement des moyens de contrecarrer la présence écrasante du vainqueur, tandis que ceux de zone libre s'efforcent de surmonter la censure de la presse et la manipulation de l'opinion pour dénoncer les atteintes portées aux libertés ou pour mettre en garde contre les dangers dont est porteuse la politique de collaboration avec l'Allemagne. Dans l'un et l'autre cas, l'hostilité dominante contre le vainqueur, la focalisation sur les événements de la guerre et un respect persistant pour Pétain laissent relativement au second plan des critiques la question du régime. Le fossé se creuse à mesure que se révèle la soumission aux exigences allemandes, avec le retour à la tête du gouvernement de Pierre Laval jugé prêt à toutes les concessions envers l'Allemagne (avril 1942), l'occupation totale du territoire par la Wehrmacht après le débarquement anglo-américain en Afrique du Nord (novembre 1942) puis l'entrée au gouvernement de partisans jusqu'au-boutistes de la Collaboration paraissant téléguidés par les Allemands (décembre 1943-janvier 1944). L'État français, de plus en plus ligoté par l'occupant, réagit, non sans soubresauts, par des concessions et des initiatives, malencontreuses, dangereuses ou criminelles, paradoxalement chargées de démontrer sa souveraineté alors qu'elles soulignent sa vassalisation. C'est ainsi, par exemple, qu'à l'été 1942 l'arrestation de 20 000 Juifs par la police française pour être remis aux Allemands est conçue comme le moyen d'affirmer son autorité. L'avènement du Service du travail obligatoire, en février 1943, consomme la rupture entre le régime et la population indignée de voir la jeunesse contrainte à aller travailler en Allemagne. Or, quand elle en appelle au Maréchal, il répond qu'il est normal que chacun se soumette au devoir que lui assigne l'État.

Le régime connaît donc un durcissement par étapes jusqu'à s'engager dans la lutte armée contre ses opposants, devenus résistants, et à développer une forme de terrorisme d'État. Le monopole de la violence légale, que détiennent les pouvoirs publics, est en outre détourné par la Milice française, qui se proclame l'avant-garde d'un mouvement révolutionnaire. Le « maintien de l'ordre », promu à un rang quasi ministériel, devient la justification d'une violence physique extrême, allant jusqu'à la torture et au meurtre, au nom de la sécurité et de la raison d'État. La peur est consacrée comme moyen de gouvernement d'une société brimée. Les exactions s'accompagnent de vols, d'extorsions, de pillages qui impriment à ces actions la marque d'une pratique mafieuse. Cet usage crapuleux de la force est d'ailleurs encouragé par les Allemands, qui rémunèrent par ce moyen leurs auxiliaires. L'impunité dont jouissent ces bandes, souvent dotées de titres et de fonctions, crée une véritable confusion entre les institutions et la délinquance et achève le discrédit d'un régime supplanté par des légitimités alternatives. Sa fin se joue d'ailleurs, à l'été 1944, dans les désordres et les violences, sur fond de reconquête territoriale et de guerre civile. Les Allemands et les miliciens ne se gênent même plus pour arrêter certains des collaborateurs du chef de l'État jusque dans leurs bureaux, sans qu'il n'émette plus que des protestations platoniques.

Pendant tous ces derniers mois, Philippe Pétain a navigué à l'aveugle, mêlant l'acceptation contrainte à une crispation têtue sur la légitimité dont il estime demeurer l'unique détenteur, tout en faisant montre d'un singulier manque de suite dans les idées.

C'est moi seul que l'Histoire jugera

En août 1944, le maréchal Pétain est entraîné par les Allemands hors de Vichy, de toute façon vidé depuis des semaines de ses organes gouvernementaux. Le chef de l'État y était en réalité presque seul et sans pouvoir. Retenu en Allemagne au château de Sigmaringen, il s'obstine à regagner son pays pour se soumettre à la procédure judiciaire ouverte contre lui. Mais c'est un homme diminué intellectuellement qui rentre en France en mai 1945 et dont le procès s'ouvre le 23 juillet devant la Haute Cour de justice.

Que va-t-on y juger en sa personne ? La trahison ? La dictature ? L'acte d'accusation fait allusion, comme en passant, à un « régime autoritaire », à un « régime sur le modèle de Franco ». Le procès s'attarde longuement sur le complot au terme duquel un maréchal vaniteux, ambitieux et défaitiste aurait livré son pays à l'ennemi en échange de son accession au pouvoir. La démonstration fait long feu. Même si les accusations de persécution contre les Juifs, de répression contre les résistants sont évoquées, c'est plutôt à titre d'exemples que d'inculpations. Dans son réquisitoire, le procureur énumère « l'abus de confiance, l'attentat contre le régime, l'attentat contre la nation » et conclut : « Les détenteurs d'un pouvoir instauré sur de telles bases ne peuvent se maintenir que par la force. » Mais c'est finalement pour intelligence avec l'ennemi que Philippe Pétain est condamné, le 15 août 1945, à la peine de mort et à l'indignité nationale. La justice a entendu désigner à la postérité un traître plutôt qu'un dictateur. Le général de Gaulle le gracie.

Pourtant, les générations suivantes tendront à délaisser de plus en plus ce point de vue presque militaire pour se focaliser sur la ségrégation, la persécution, la répression décrétées, aidées ou acceptées sous son égide.

Philippe Pétain a-t-il été vraiment un dictateur ? Sans doute pas, pour des raisons qui, paradoxalement, tiennent pour une part à la haute idée qu'il avait de sa dignité, mais surtout à la situation de son gouvernement entravé, puis soumis.

A-t-il cautionné une forme de dictature ? L'a-t-il rendue possible par ses décisions, ses choix et son aura ? Probablement, si la dictature est un régime qui finit de toute façon par retourner sa violence contre ceux-là mêmes auxquels il avait promis sauvetage, protection puis renaissance, dès que les « mauvais » auraient été séparés des « bons ».

« Je savais qu'une défaite avait des conséquences désastreuses, écrivit Philippe Pétain à une amie en janvier 1944. Mais je ne me doutais pas que le malheur qui en résulte aurait un tel prolongement. »

Bibliographie sélective

Michèle COINTET, *Nouvelle Histoire de Vichy*, Fayard, 2011.

Laurent GERVEREAU et Denis PESCHANSKI (dir.), *La Propagande sous Vichy*, BDIC, 1990.

Renaud MELTZ, *Pierre Laval, un mystère français*, Perrin, 2018.

Henry DU MOULIN DE LABARTHÈTE, *Le Temps des illusions*, À l'enseigne du cheval ailé, 1946.

Bénédicte VERGEZ-CHAIGNON, *Pétain*, Perrin, 2014 (coll. « Tempus », 2018).

—, *Les Secrets de Vichy*, Perrin, 2015.

7

Tôjô Hideki, dictateur ou bouc émissaire ?

par Pierre François Souyri

Le 6 février 1943, au journaliste du quotidien *Asahi shinbun* qui lui demande s'il est un dictateur, Tôjô Hideki[1] répond : « L'homme qui a pour nom Tôjô n'est rien de plus qu'un simple sujet de Sa Majesté, tout à fait pareil à vous. La seule différence est que j'ai reçu la responsabilité d'être Premier ministre. Dans cette mesure, je suis différent. C'est seulement quand je suis exposé à la lumière de Sa Majesté que je brille. Sans cela, je ne serais qu'un pauvre caillou sur le bord de la route. »

Tôjô un dictateur ? Allons donc. Un sujet « loyal et fidèle » de l'empereur, plus certainement. Nommé

1. Pour les noms japonais, nous suivons l'habitude japonaise, d'ailleurs générale en Extrême-Orient. Le nom de famille vient en premier, le nom personnel en second.

Premier ministre du Japon le 18 octobre 1941 après plusieurs journées de tergiversations de la part de ses pairs, alors que d'autres noms que le sien circulent.

Sitôt à la tête du gouvernement, il décide de cumuler sa nouvelle fonction avec celle de ministre de l'Armée de terre puis se fait nommer en février 1944 chef suprême de l'État-Major général. Il contrôle ainsi directement l'administration de l'État et l'ensemble des opérations militaires du pays, réunissant sur ses épaules la quasi-totalité du pouvoir. Alors, dictateur ? Un peu quand même… Il démissionne de sa charge le 18 juillet 1944. Quelques jours auparavant, un vieux marchand de fripes à Hokkaïdo s'était écrié dans la rue à qui voulait l'entendre : « L'empereur est un aveugle imbécile, sinon il n'aurait pas nommé Tôjô Premier ministre ! » Arrêté par la police, l'homme écopa de quelques jours de prison pour outrage à l'empereur. On n'ose imaginer le sort réservé, en Allemagne, à celui qui s'en serait pris à Hitler dans ces termes.

Considéré par le Tribunal international de Tokyo (le pendant de celui de Nuremberg) comme un criminel de guerre, Tôjô est exécuté en décembre 1948.

À dire vrai, administrateur, travailleur et plutôt bon organisateur, Tôjô n'avait pas l'étoffe d'un despote. Le système qu'il dirigea, en revanche, était bel et bien une dictature aux relents totalitaires.

Un officier ordinaire aux plus hautes fonctions

Tôjô Hideki est né en 1884 à Tôkyô dans une famille de notables ruraux issue de la classe moyenne. Le père était un officier de l'armée de terre. Le jeune Hideki accomplit sa scolarité à l'école des cadets militaires – en fait, au cours de sa vie, il ne connut jamais autre chose que l'armée. Après deux échecs, il intègre l'École de guerre de l'armée de terre en 1912 et en sort diplômé en 1915 avec le grade de capitaine. Nommé attaché militaire en Suisse en 1919, il séjourne aussi en Allemagne. De retour au Japon en 1922, il gravit les échelons de la hiérarchie et entre au ministère de l'Armée de terre en 1928 avec le grade de colonel. Il est enfin nommé général de brigade en 1933 et inspecteur de l'armement. Jusqu'alors Tôjô n'est qu'un anonyme, dont on apprécie les capacités administratives, ce qui favorise sa promotion régulière dans la hiérarchie. Sa carrière est en effet liée à ses qualités de travail : on dit qu'il rangeait ses documents jusque tard dans la nuit, lisait tous les rapports et faisait montre de détermination dans ses décisions. Petit homme au crâne chauve et aux lunettes de myope, Tôjô pouvait paraître alors comme un officier standard, un bureaucrate de l'appareil militaire sans charisme particulier. Mais l'expansionnisme du Japon, affirmé notamment par l'invasion de la Mandchourie en 1931 avant celle de la Chine en 1937, allait bouleverser une carrière ordinaire et faire de lui à la fois un militaire partisan de la guerre et un chef à poigne.

À partir de 1935, il est contraint d'assumer des fonctions de nature plus politique au sein des instances militaires où il est nommé. En septembre 1935, il devient en effet le patron de la *kempeitai* de l'armée du Kwantoung (l'armée stationnée en Mandchourie), c'est-à-dire responsable de la gendarmerie. La *kempeitai* fut souvent comparée à la Gestapo durant les années de guerre, une sorte de police politique dépendante de l'armée et chargée de la surveillance des opposants potentiels ainsi que des basses œuvres du régime. Tôjô s'y distingue en particulier lors de la tentative de coup d'État du 26 février 1936 manigancée par des officiers ultra-nationalistes : il impose le ralliement de l'armée du Kwantoung au gouvernement légal et réprime les factions putschistes en arrêtant plusieurs dizaines d'officiers mutins. Actions énergiques qui lui valent d'être nommé général de corps d'armée à cinquante-deux ans et chef d'état-major de l'armée stationnée en Manchourie et dans la région. Durant l'automne 1937, c'est à ce titre qu'il supervise les combats en Chine du Nord lors de l'opération « Chahar » qui permet au Japon de s'emparer d'une partie de la région au nord-est de Pékin. Pour la première et seule fois de sa vie, Tôjô dirige des opérations militaires sur le terrain. Il sort facilement vainqueur des combats face à un ennemi dont les troupes sont très mal équipées.

L'année suivante, il continue son ascension et devient chef d'état-major des forces aériennes de l'armée de terre. Il acquiert dès lors peu à peu une réputation de va-t-en-guerre dont il saura jouer. Le 22 juillet 1940, il accède à la fonction de ministre de l'Armée de terre dans le cabinet du Premier ministre Konoe Fumimaro. Ce dernier, descendant de l'ancienne aristocratie de cour et proche des idées fascistes, est convaincu de la nécessité de la guerre en Chine mais reste prudent devant l'idée d'un affrontement avec les puissances anglo-saxonnes. Le Pacte tripartite scellant une alliance avec l'Allemagne et l'Italie dirigée contre les États-Unis est pourtant signé. Face à ce qu'il estime être une forme d'atermoiement, Tôjô organise donc la « mobilisation totale de la nation » en vue de la victoire. Et, pour mieux préparer les soldats à la guerre, il fait publier en janvier 1941 un manuel, le *senjinkun*. Cet ouvrage de morale militaire de triste mémoire doit désormais faire partie du paquetage de chaque combattant. Il y est notamment écrit que ce dernier ne doit « jamais ressentir la honte d'être fait prisonnier et de tomber aux mains de l'ennemi » et que « mieux vaut mourir que de laisser derrière soi son nom souillé par la honte… ». Il s'agit d'implanter dans l'armée, alors embourbée sur le front chinois, cette conviction que le soldat doit faire le choix de mourir ou de se suicider plutôt que de se rendre. Que le combattant doit se transcender, en quelque sorte, devenir une bête de guerre – à l'entraînement on apprend aux soldats à se suicider avec la dernière balle de leur fusil… Dans l'imaginaire de Tôjô et de ses proches, la détermination du combattant doit être capable d'impressionner l'ennemi et de le démoraliser, ce qui explique la tactique jusqu'au-boutiste qui sera utilisée lors des charges à la mort pendant la guerre du Pacifique[1] ou les attaques de pilotes kamikazes en 1944-1945.

Des négociations américano-japonaises sont certes engagées en avril 1941, mais elles butent sur un point essentiel : les États-Unis exigent le retrait des forces japonaises en Chine et le retour pur et simple au *statu quo ante* 1931. Les militaires forgent alors une théorie des dominos ainsi formulée par Tôjô : « Si nous obéissons aux Américains et nous retirons de Chine, alors non seulement nous aurons fait cette guerre pour rien, mais, en plus, la Mandchourie sera en danger et la Corée également. Et comment expliquerons-nous aux familles dont les fils ont été tués au combat que ces derniers sont morts pour rien ? » L'antagonisme entre le Japon et les Anglo-Saxons est de plus en plus évident et, dans les cercles militaires de Tôkyô, on veut désormais en découdre avec Washington dont l'arrogance est jugée insupportable. Pour l'état-major japonais, le raisonnement est simple, pour ne pas dire simpliste : si le Japon attaque les Anglais et les Américains en Extrême-Orient, la résistance chinoise s'effondrera. L'embargo sur le pétrole d'une part et les « exigences inacceptables » des Américains de l'autre offrent alors

1. Il s'agit de charges à la mort dans les situations désespérées que les Américains qualifieront de *banzai charges*. Plutôt que de se rendre, les officiers poussent les soldats à se jeter sur les lignes américaines. L'idée naïve est que si le ratio des pertes est de 100 Japonais tués pour 70 Américains mis hors de combat, ces derniers perdront confiance et leur moral s'effondrera. Calcul mortifère et infondé qui permettra toutefois à la propagande de guerre japonaise d'embellir le sacrifice inutile de ses soldats en les qualifiant d'« éclats de diamant ».

aux militaires japonais le prétexte rêvé pour « bouter les colonialistes blancs hors d'Asie ».

Tôjô, chef de guerre ?

En octobre 1941, l'heure est donc venue pour Tôjô et les militaires bellicistes de faire la guerre aux Américains. Sous la pression de l'armée, le Premier ministre Konoe démissionne. Tôjô est alors pressenti mais son attitude jusqu'au-boutiste en choque quelques-uns dont l'empereur Hirohito lui-même, semble-t-il. Pourtant nommé, Tôjô aurait alors reçu l'ordre de tout faire pour arrêter la marche à la guerre. On rapporte qu'il aurait déclaré : « La paix, la paix ! Le fils du Ciel a parlé. » Et en effet, pendant quelques jours, le nouvel homme fort semble avoir changé de position. En « vassal fidèle », il se serait efforcé d'aller dans le sens voulu par l'empereur, mais l'intransigeance réitérée des Américains l'aurait convaincu qu'accepter l'ultimatum de Washington revenait à demander au Japon de se suicider. Le 26 novembre 1941, Tôjô prend donc la décision de faire la guerre et la présente à l'empereur, qui l'accepte. Il se serait alors excusé, en larmes, auprès de Hirohito de ne pas avoir pu empêcher le processus qui conduisait à l'inéluctable… Quelques jours plus tard est lancée l'attaque contre Pearl Harbor.

Le passage qui précède requiert le conditionnel. En effet, les discussions qui eurent lieu au plus haut sommet de l'État en octobre-novembre 1941 avant Pearl Harbor n'ont jamais été rendues publiques, et nous n'avons pour seules sources que quelques témoignages rédigés après guerre, celui de Tôjô bien sûr, mais aussi celui de Kido Kôichi, gardien du sceau privé de l'empereur et le plus proche conseiller de ce dernier. Tôjô souhaitait montrer qu'il avait été contraint au déclenchement des hostilités par Roosevelt, le « vrai responsable de la guerre » ; Kido, lui, voulait dédouaner l'empereur de toute responsabilité en montrant qu'il avait jusqu'au bout essayé d'éviter le conflit.

Premier ministre d'un pays en guerre, Tôjô fait preuve d'innovation dans sa manière de gouverner. On le voit très souvent intervenir à la radio où sont retransmis ses discours, et il se met volontiers en scène dans les actualités cinématographiques de l'époque. Il a compris certainement avant les autres le rôle fondamental des médias modernes. Bourreau de travail, obsédé par le sens du détail, sa connaissance des dossiers le rend indispensable. Mais son omniprésence ne lui attire pas que des sympathies.

Après la prise par les Américains de la base japonaise installée sur l'atoll de Truck, Tôjô décide le 21 février 1944 de cumuler ses fonctions de Premier ministre avec celles de chef de l'état-major. La situation militaire de plus en plus difficile et la nécessité de centraliser les pouvoirs l'exigent, justifie-t-il. Il existe évidemment des groupes dans l'appareil d'État qui s'opposent à sa mainmise : parmi ceux-ci, l'état-major mais aussi les proches de l'empereur. Car, si Tôjô dirige bel et bien, il prend toujours le soin de présenter ses décisions comme celles de son souverain. Il est vrai qu'il est toujours habile à convaincre Hirohito d'aller dans son sens.

Le 8 décembre 1942, le général Tôjô Hideki prononce un discours pour le premier anniversaire du début de l'offensive japonaise en Asie du Sud-Est.

Considéré comme le principal responsable des terribles défaites japonaises des Mariannes (juin 1944) et de Saïpan (juillet 1944), le Premier ministre et chef de guerre perd le soutien de l'entourage impérial et de la Marine et présente la démission de son cabinet le 18 juillet 1944. Après l'avoir appuyé en 1941, tous finissent par l'abandonner et en faire le bouc émissaire de la défaite. Tôjô se retire chez lui et ne réapparaît brièvement que lorsqu'il est appelé par l'empereur en février 1945 à un conseil spécial composé des anciens Premiers ministres consacré à l'engagement possible de négociations de paix avec les Américains. À cette occasion, il parle en faveur de la continuation de la guerre ; un discours suffisamment éloquent semble-t-il pour persuader une nouvelle fois l'empereur de continuer les opérations. Il rédige peu après un rapport dans lequel il explique que les Américains sont au bord de la rupture et que l'URSS n'interviendra pas. Rarement un dirigeant se sera aussi lourdement trompé.

En septembre 1945, quelques jours après l'arrivée des forces américaines à Tôkyô, Tôjô, sachant qu'il allait être arrêté, tente en vain de se suicider. L'opinion publique japonaise se montre alors sévère à son égard : lui qui avait demandé à ses soldats de mourir plutôt que de tomber vivant aux mains de l'ennemi se retrouve prisonnier des forces d'occupation. Incarcéré à la prison de Sugamo, il y attend son procès, puis son exécution après la sentence de mort qui a été rendue à son encontre le 12 novembre 1948, notamment pour crimes contre la paix. Tôjô est finalement exécuté par pendaison à soixante-quatre ans le 23 décembre avec sept de ses coaccusés.

Par la suite, les débats furent vifs au Japon et aux États-Unis. Tôjo était-il vraiment ce dictateur manipulateur que les autorités américaines se plurent à décrire au lendemain de la guerre ? Ou fut-il un bouc émissaire condamné en lieu et place de l'empereur lui-même par la justice des vainqueurs ? Fut-il un médiocre chef de guerre, ivre d'idéologie, responsable direct d'un conflit effroyable, ou la victime expiatoire d'un système qu'il avait lui-même contribué à mettre en place ?

Pour saisir le personnage dans toute sa complexité, et jusque dans ses contradictions, il convient de rappeler d'une part ce qu'était vraiment l'armée avant et pendant la guerre, et d'autre part ce que le philosophe Tosaka Jun appelait en 1935 l'« idéologie japonaise ».

Une armée traversée par d'innombrables luttes de factions

L'armée japonaise est récente. Quand le jeune Tôjô intègre l'École de guerre, elle n'a pas un demi-siècle d'existence. Car, aussi paradoxal que cela puisse paraître, le Japon des shôgun Tokugawa (1603-1867) dominé par les guerriers samouraïs ne disposait pas vraiment d'une armée. L'armée de terre, en effet, s'est pour l'essentiel constituée autour des samouraïs de la principauté de Chôshû qui jouèrent un rôle central dans le mouvement qui renversa l'ancien régime du shôgun. Ce sont ces guerriers ou leurs fils qui constituèrent les cadres militaires dirigeants à la fin du XIXe siècle. Tous les ministres de l'Armée sont issus de ce groupe régional qui contrôle toujours une partie de l'État à l'orée du XXe siècle. C'est l'armée encadrée par ces officiers issus de Chôshû qui gagna la guerre contre la Chine en 1895, point de départ de l'expansionnisme japonais ; c'est cette même armée qui souffrit face aux Russes en 1904-1905, notamment lors du siège de Port-Arthur, mais qui sortit finalement victorieuse du conflit.

Il existe aussi une Marine impériale contrôlée quant à elle par d'anciens samouraïs de la principauté de Satsuma, fief situé à l'extrême sud de l'île de Kyushû.

Elle joua un rôle essentiel en 1905 en coulant par le fond la flotte russe lors de la bataille navale de Tsushima. Sa rivalité avec l'armée de terre était telle que chacune disposait de son ministère au sein du gouvernement, et les militaires avaient obtenu que « leur » ministre soit toujours l'un des leurs. D'une manière générale, les marins méprisaient leurs collègues de l'armée de terre.

Jeune officier, Tôjô Hideki fut envoyé en Europe : au lendemain de la Première Guerre mondiale, le Japon avait à cœur de tirer les enseignements de ce gigantesque conflit européen. De jeunes officiers de l'armée de terre autour de Nagata Tetsuzan (1884-1935) en poste en Allemagne tirèrent des conclusions radicales du premier conflit mondial. Le prochain conflit nécessiterait selon eux une mise à disposition de toutes les forces vives du pays, y compris les forces économiques, pour une « guerre totale ». Dans ce contexte, il faudrait une force d'envergure nationale capable de mobiliser la nation entière derrière elle. Nagata pensait que la faction Chôshû, qui continuait de fournir à l'armée ses officiers supérieurs, devait disparaître, et il faisait le constat amer que l'armée japonaise n'avait guère évolué depuis la guerre contre la Russie. Des réformes radicales s'imposaient donc afin de la moderniser. Tôjô Hideki fit la connaissance de Nagata Tetsuzan et se rallia vite à ses positions, à l'instar d'autres jeunes officiers que celui-ci avait réunis à Baden-Baden en 1921 pour former un « pacte secret ». Plus tard, de retour au Japon, Nagata et ses proches créèrent des « groupes de recherche » – de fait une nouvelle faction – dont Tôjô faisait partie, et dont l'objectif était double : accélérer la modernisation en évinçant les restes de la faction Chôshû de l'armée et en promouvant de jeunes talents, quelle que soit leur origine régionale ; régler la question de la Mandchourie en préparant l'invasion de la Chine du Nord-Est afin d'assurer l'hégémonie politique sur la région et d'être en mesure de défier l'URSS.

Le renouvellement générationnel progressif des cadres de l'armée et la crise économique qui frappa violemment le Japon après 1930 poussèrent ces officiers à accélérer leur radicalisation. Impatients, ils se sentaient alors portés par le vent de l'Histoire. La Mandchourie était partout présentée comme un eldorado à conquérir, riche en matières premières avec de nombreuses terres libres à cultiver. Et, dans ces années 1930, la paysannerie japonaise, acculée par la crise, s'était mise à voir dans l'armée un moteur pour l'ascension sociale de ses enfants, et dans l'impérialisme sur le continent une solution à l'exiguïté des terres dans l'archipel.

La prudence des autorités politiques à relancer alors une politique expansionniste exaspérait les ultras pour qui l'expansion était la solution à la crise. L'armée devint ainsi le terreau de la propagande de l'extrême droite qui dénonçait la corruption, les traîtres, le laxisme démocratique et agitait le chiffon rouge de la montée du communisme.

Vers 1933, les milieux nationalistes se divisèrent au sein de l'armée en deux tendances. La première, dite « faction de contrôle » (*tôseiha*), était composée d'officiers pragmatiques et légalistes qui cherchaient à mettre en place un État prêt à faire la guerre et capable d'augmenter sensiblement le niveau pourtant déjà très élevé des budgets militaires. Leur méthode pour atteindre cet objectif consistait à placer des hommes aux postes clés de manière à « contrôler » au mieux l'appareil militaire. Tous, Tôjô y compris, étaient mus par la même obsession : que le Japon soit un pays « de premier rang » (*ittô koku*). Leur nationalisme ne pouvait supporter les diverses humiliations que le pays avait dû subir en vertu des traités inégaux du XIXe siècle ou de celui de Washington de 1922 qui tendait à figer la supériorité militaire anglo-américaine dans le Pacifique[1]. Il fallait donc bâtir un empire en Asie pour tenir tête aux puissances occidentales et à l'URSS. Cette faction « modérée » était conduite par Nagata Tetsuzan, mais ce dernier fut assassiné en 1935. Dès lors, Tôjô devint l'un des leaders de la « faction de contrôle ».

La faction adverse, dite « de la voie impériale » (*kôdôha*), plus radicale, voulait la fin des institutions qui structuraient l'État impérial : le Conseil des Anciens qui entourait l'empereur, la nouvelle noblesse impériale, les cliques militaires et financières, enfin, les partis parlementaires[2] conçus pêle-mêle comme responsables des désordres, et dont il était juste

1. Lors de la conférence de Washington, les Anglo-Américains firent accepter aux Japonais le principe dit 5-5-3 : pour cinq navires de guerre américains dans le Pacifique, la Grande-Bretagne pourrait entretenir cinq navires de la même classe dans la région et le Japon trois seulement. Pour la Marine japonaise, ce fut une grave désillusion et le début de la montée d'un sentiment nettement antiaméricain.

2. Depuis 1913 et plus encore depuis 1918, les partis représentés au Parlement sont désormais au cœur du système politique. Les Premiers ministres sont issus de leurs rangs. Les factions nationalistes sont opposées au jeu parlementaire, jugé stérile.

d'assassiner les personnalités les plus marquantes. L'officier d'état-major Ishiwara Kanji, le « cerveau » de l'invasion de la Mandchourie en 1931, était l'un de leurs chefs. Leur moyen d'action privilégié était le coup d'État militaire. Entre 1931 et 1937, plusieurs tentatives de putsch échouèrent mais parvinrent à distiller l'affolement au sein des gouvernements et de l'état-major, qui prirent des mesures qui allaient dans le sens des plus ultras. On assista ainsi à une série de glissements progressifs vers la dictature, antichambre de la guerre espérée.

À partir de 1935, cette faction devint de plus en plus agressive. Le 26 février 1936, elle prit la direction d'un soulèvement de 1 500 officiers et soldats qui quadrillèrent Tôkyô pendant quatre jours et occupèrent la résidence du Premier ministre et le siège de la police. Plusieurs ministres furent assassinés ou blessés. Le pouvoir reprit cependant le contrôle de la situation et Tôjô parvint notamment à maintenir l'armée du Kwantoung, noyautée par les putschistes, dans le camp « loyaliste ». À la suite de ce coup d'État manqué, la « faction de la voie impériale », considérée comme irresponsable, fut éliminée et plusieurs de ses dirigeants exécutés pour trahison.

À qui faire la guerre ?

La « faction de contrôle » domine désormais l'armée de terre mais le gouvernement, apeuré, se lance une fois de plus dans une politique qui va dans le sens des ultras : l'alliance avec Hitler, une hausse massive des budgets militaires, une diplomatie plus agressive qui mène droit à la guerre.

Toutefois, le factionnalisme perdure dans une armée qui hésite entre plusieurs ennemis et se divise donc sur les grandes options stratégiques. Faut-il s'en prendre à l'Union soviétique par anticommunisme, mais aussi parce que l'URSS est l'héritière de l'ancien empire des tsars ? C'est l'« option nord » choisie notamment par l'armée du Kwantoung en 1938-1939. Des affrontements ont lieu à plusieurs reprises dans la région, mais l'Armée rouge inflige une défaite aux Japonais durant l'été 1939, lors de la bataille de Nomonhan. L'option nord est dès lors abandonnée et Ishiwara Kanji, l'un de ses principaux promoteurs, mis sur la touche par Tôjô.

Ne faut-il pas plutôt redouter le nationalisme chinois, capable de dresser le pays contre les intérêts japonais sur le continent ? Dans ce cas, il faut détruire le Guomindang, le parti de Tchang Kaï-chek, pour mettre en place en Chine un gouvernement projaponais – Tôjô y est favorable. C'est ce qui est tenté à partir de l'été 1937, mais, passé les premières victoires, l'armée japonaise s'enlise dans un véritable bourbier[1].

---

1. À partir du printemps 1938, il devient évident que la guerre sera longue. Les campagnes lancées par les Japonais avec pour objectif l'encerclement des forces chinoises échouent. Les troupes sont incapables de progresser et sont attaquées sur leurs arrières par des groupes de partisans. Désormais, elles se contentent d'occuper les villes et de garder le contrôle des voies ferrées, tout en lançant une politique de terreur contre la population qui en l'occurrence ne fait que dresser un peu plus le peuple chinois contre l'envahisseur.

Ou faut-il attaquer en Asie du Sud-Est pour s'emparer des anciennes colonies occidentales (Indochine française, Malaisie et Birmanie britanniques, Indes néerlandaises, Philippines américaines), mettre la main sur les matières premières et déclencher une guerre préventive contre les États-Unis ? C'est l'« option sud » que prônent à partir de 1940 une partie des cadres militaires de l'armée de terre, dont Tôjô lui-même, et surtout ceux de la Marine.

Celle-ci, qui n'avait jusqu'alors joué qu'un rôle secondaire dans les conflits menés par Tôkyô, gardait une puissance intacte. Son heure arrivait. Les préparatifs pour attaquer la flotte américaine dans le Pacifique s'accélérèrent à l'automne 1941 : le 26 octobre, Tôjô donna le feu vert pour le déclenchement des opérations militaires. Il ignorait toutefois dans le détail les plans de l'état-major. Il avait beau être Premier ministre et militaire de carrière, il resta à l'écart des plans secrets du haut commandement. Car ce dernier n'était pas sous la coupe du gouvernement et s'en méfiait. *A fortiori* si la bataille devait être menée par la Marine puisque Tôjô était un général de l'armée de terre… Finalement, celui-ci fut prévenu de l'attaque sur Pearl Harbor alors qu'elle avait déjà commencé ! Par la suite, au cours de l'année 1943, l'état-major continua de n'informer le gouvernement et son Premier ministre qu'avec parcimonie alors même que les mauvaises nouvelles s'accumulaient.

C'est pourquoi, exaspéré, Tôjô organisa le mini-coup d'État du 21 février 1944 afin de cumuler le poste de Premier ministre et celui de chef de l'état-major. L'empereur laissa faire. L'autonomie de l'armée par rapport au gouvernement était réelle et Tôjô ne le supportait plus. Les pouvoirs concentrés dans sa main étaient désormais formidables… du moins sur le papier. Tôjô n'était en effet qu'un bureaucrate efficace, incapable de penser les choses en dehors de l'appareil d'État. En cumulant ses pouvoirs sur le plan légal, il pensait que les ordres seraient désormais exécutés et que les choses suivraient leur juste cours. Il n'essaya jamais, même de manière démagogique, de susciter un élan populaire en sa faveur pour réunir les différentes coteries qui existaient toujours au sein de l'appareil de l'État et de l'armée. Pour lui, il s'agissait d'une mesure extraordinaire rendue nécessaire par des circonstances extraordinaires. Sa « dictature » ne dura de fait que quelques mois, car il fut vite rendu responsable de tous les déboires de l'armée japonaise qui s'accumulèrent au printemps 1944 et précipitèrent sa chute le 18 juillet. Son éviction peut aussi être comprise comme la revanche d'un état-major qui cherchait à reconquérir sa liberté par rapport au gouvernement.

Quand Robert Guillain, alors correspondant de l'Agence France Presse à Tôkyô, percevait le Japon de ce temps comme un pays où « règne la pagaille » et où la sphère dirigeante n'était qu'une « pétaudière », il voyait manifestement juste. Chaque organe de décision fonctionnait selon sa propre logique mais devait tenir compte des autres centres de pouvoir en permanence. Dans pareil contexte, le gouvernement ne disposait pas véritablement d'une autorité déterminante parce qu'il était lui-même un enjeu entre plusieurs centres de décision. Chaque ministre engageait sa responsabilité devant l'empereur et le Premier ministre n'était pas le véritable chef des armées. L'état-major et le Conseil privé apparaissaient comme des lieux concurrentiels de pouvoir mais ne l'emportaient pas non plus sur le gouvernement. Hirohito aurait pu alors apparaître comme le chef incontesté du système – il en aurait eu les moyens légaux –, mais il ne le souhaitait pas, parce qu'il n'était pas dans l'esprit de la fonction impériale de se conduire en despote absolu. En conséquence, le système avançait sans véritable ligne directrice, tout en glissant imperceptiblement sur la pente d'une dictature dont on peine à identifier les responsables.

La monarchie et la question de la responsabilité

Quel fut le rôle exact joué par l'empereur dans pareil contexte ?

Présentée au début des années 1870 comme le symbole de l'unité nationale, de la détermination du pays à avancer à marche forcée vers la modernité tout en s'assurant une place parmi les nations les plus avancées, la monarchie s'appuyait sur la religion shintô pour laquelle la dynastie régnait sur le pays depuis la nuit des temps et était issue d'ancêtres divins. Le monarque assurait ainsi un continuum entre le passé et le futur. À partir de la promulgation de la Constitution de 1889, la souveraineté s'exerça à travers la personne impériale, décrétée sacrée et inviolable. L'ensemble reposait sur la notion de *kokutai*, terme vague qui renvoie à une vision mystique de l'essence nationalc. L'article premier de la Constitution donne le ton : « L'Empire du Grand Japon est placé sous le gouvernement de l'empereur dont la lignée règne sur notre pays depuis la nuit des temps. » Ladite Constitution accordait au souverain le privilège de convoquer le Parlement, de le suspendre ou de le dissoudre, de prendre des mesures d'urgence pour rétablir l'ordre, de promulguer des rescrits, de mobiliser l'armée, de déclarer la guerre ou de signer la paix, etc. Tous les signes d'un despotisme impérial étaient présents, et pourtant les dirigeants manipulaient le souverain et lui dictaient sa conduite en même temps qu'ils sacralisaient sa personne. Tant que les contre-pouvoirs existaient, le Parlement, la presse et les partis, les mouvements sociaux, le système pouvait fonctionner à peu près comme une démocratie à géométrie réduite, mais à la rupture des digues démocratiques – vers 1937-1938 – l'appareil d'État seul se mit alors à fonctionner selon une logique dictatoriale sous la houlette d'une clique de militaires bellicistes.

Ainsi manipulé par les ministres ou les conseillers, l'empereur était doté d'un pouvoir symbolique, et son autorité personnelle était superficielle. Le pouvoir impérial pouvait donc paraître purement nominal. Il l'était d'autant plus que le souverain ne présidait pas le Conseil des ministres. Il y avait donc une réelle ambiguïté de la fonction suprême : l'empereur comme institution disposait d'un pouvoir quasi absolu, touchant tous les domaines, et comme individu d'un pouvoir réduit à presque rien. Hirohito, cependant, monarque depuis 1926, exerçait bien plus activement sa fonction que ses prédécesseurs : il était très bien informé et ne signait les ordres qu'en étant lui-même persuadé de leur nécessité. Personne n'aurait osé s'opposer à lui et le contredire. Selon que l'on interprète la Constitution dans un sens ou dans l'autre, le pouvoir impérial est absolu ou quasi nul. Pour les uns, il se situe au cœur du système de responsabilité, pour les autres il demeure irresponsable par nature.

En 1945, MacArthur décida que Hirohito était irresponsable et qu'il pouvait continuer à vaquer à ses occupations. Pour lui, l'empereur avait été prisonnier de Tôjô et des militaires, qui l'auraient instrumentalisé. Une décision qui posa alors une question essentielle : à moins de croire vraiment que les coupables de la guerre étaient la vingtaine de dirigeants jugés au tribunal de Tôkyô, comment les Japonais ordinaires pouvaient-ils se considérer responsables de quoi que ce soit si l'empereur lui-même était irresponsable ?

Cette irresponsabilité générale interroge à juste titre. Tout le système est construit pour pousser au conformisme et à l'obéissance passive : loyauté aux supérieurs, respect des anciens, obstination, abnégation, courage physique (et, dans les années 1940, esprit de sacrifice poussé jusqu'au sacrifice suprême). Mais alors qui, dans le Japon en guerre, donnait les ordres ? La machinerie militaire et l'administration de l'État, certes, mais personne, individuellement, ne s'estimait responsable. Pas les officiers qui étaient censés obéir à leur hiérarchie qui, elle-même, n'agissait qu'avec l'assentiment impérial. Pas les soldats qui ne faisaient qu'obéir aux ordres donnés au nom de l'empereur. Pas même Hirohito dont MacArthur, avec toute l'autorité du vainqueur, affirma qu'il avait été manipulé par les militaires et ne devait pas être jugé. Alors qui ? Tôjô seul, avec une poignée de hauts dirigeants qui seront condamnés à mort ? Telle est, on l'a vu, l'interprétation qui continue à prévaloir et contribue à faire de lui le bouc émissaire idéal.

On touche là du doigt toute l'ambiguïté du système politique japonais de cette époque que l'historien des idées Maruyama Masao avait qualifié dès 1946, dans un article fameux, de système d'irresponsabilité générale[1]. D'ailleurs, Tôjô finit par se faire prendre à son propre piège quand il rédigea en prison sa déposition après avoir été interrogé par le procureur américain Keenan. Le 31 décembre 1947, il expliqua en effet qu'il aurait été inconcevable qu'il ait pu prendre une décision contre l'avis impérial. Ce faisant, il accusait indirectement Hirohito d'être, en définitive, celui qui donnait les ordres. Il s'était enfermé lui-même dans l'idéologie dans laquelle il baignait – « Sans l'empereur, je ne suis rien ». Prévenu par les Américains qui flairaient le scandale, Kido Kôichi alla s'entretenir avec Tôjô dans sa cellule pour le faire revenir sur sa déposition. Loyal jusqu'au sacrifice, ce dernier revint sur ses déclarations et s'exécuta le 6 janvier 1948, ce qui exonérait bien sûr Hirohito de la responsabilité suprême.

---

1. Publié pour la première fois en mai 1946 dans la revue *Sekai*, l'article de Maruyama a fait l'objet d'une traduction anglaise dans Masao Maruyama, *Thought and Behavior in Modern Japanese Politics*, Oxford University Press, 1963, puis en français seulement en 1982 (voir la bibliographie sélective).

Tôjô devint donc le méchant de l'histoire avec la complicité des autorités américaines et de l'entourage impérial. On laissa penser qu'il avait imposé sa dictature sur le pays, bernant Hirohito et tous les Japonais par la même occasion. Il fut aussi présenté comme le principal responsable de la défaite puisqu'il avait été longtemps à la tête des armées finalement vaincues. Il symbolisait l'échec et c'est d'ailleurs la raison principale de sa démission en juillet 1944. Après la terrible année 1941, Staline a-t-il démissionné ? Et Hitler a-t-il pris sa retraite après Stalingrad ? En fait, à ses proches qui lui conseillaient de dénoncer les manœuvres dont il était victime, Tôjô aurait répliqué que, de toute façon, il avait perdu la confiance de l'empereur. Après la défaite, il se retrouva sur le banc des accusés et défia à plusieurs reprises le procureur américain en affirmant la responsabilité américaine dans le déclenchement de la guerre. Pour les révisionnistes japonais, il devint par la suite (avec la complicité de sa propre petite-fille Tôjô Yûko, qui travailla pour sa mémoire) celui qui s'était battu jusqu'au bout contre l'idée que le Japon avait mené une guerre d'agression. Comme Tôjô le soutint lui-même, son pays n'avait alors fait que se défendre. L'idée reste aujourd'hui répandue au Japon dans les cercles de droite.

Après 1868, la dissolution de la cour impériale de Kyôto au milieu de laquelle le jeune souverain Meiji avait grandi, son arrachement à l'ancienne capitale pour venir s'installer dans l'ancien palais du shôgun à Edo devenue Tôkyô, l'obligation qui lui fut faite de s'habiller en public comme un roi européen, tout cela concourut à développer l'idée dans le peuple que le monarque vivait seul, isolé, malheureux. On aima croire qu'il souffrait en silence, comme son peuple, devant la modernisation du pays. Ce sentiment contribua au dispositif de croyance selon lequel le souverain était fondamentalement bon mais souvent mal conseillé. Cette idée réapparut en force au lendemain de la défaite de 1945. L'empereur voulait la paix, mais Tôjô l'avait obligé à faire la guerre. Hirohito n'était donc pour rien dans ce qui s'est passé, comme la plupart des soldats japonais d'ailleurs. Ce discours, entériné par les autorités américaines qui ne poursuivirent pas Hirohito pour crimes de guerre, a contribué à faire de MacArthur un héros local (le « shôgun aux yeux bleus »), mais aussi à instiller dans la nation japonaise un sentiment d'irresponsabilité, volontiers assimilé à de l'amnésie, qui pèse encore sur les relations internationales aujourd'hui.

En janvier 1948, Tôjô devant le tribunal militaire international de Tokyo où il assure sa propre défense.

Bibliographie sélective

Bruno Birolli, *Ishiwara, l'homme qui déclencha la guerre,* Armand Colin, 2012.

Herbert Bix, *Hirohito and the Making of Modern Japan,* HarperCollins Publishers, 2000.

John W. Dower, *Embracing Defeat, Japan in the Wake of World War II*, New York, Norton/New Press, 1999.

Eguchi Keiichi, *Futatsu no taisen* (Les deux grandes guerres), Shôgakkan, 1989.

Ienaga Saburô (dir.), *Nihon heiwaron taikei* (Grande série sur les discours pacifistes au Japon), Nihon tosho sentaa, 1993-1994, 20 vol.

Michael Lucken, *Les Japonais et la guerre 1937-1952*, Fayard, 2013.

Maruyama Masao, « Théorie et psychologie de l'ultranationalisme », *Le Débat* n° 21, septembre 1982.

Ôuchi Tsutomu, *Fashizumu he no michi* (Vers le fascisme), Chûkôbunko, 1974.

Constance Sereni et Pierre François Souyri, *Kamikazes*, Flammarion, 2015.

Pierre François Souyri, *Nouvelle Histoire du Japon*, Perrin, 2010.

—, *Moderne sans être occidental, aux origines du Japon d'aujourd'hui*, Gallimard, 2016.

Takahashi Tetsuya, *Sengo sekinin ron* (Les discours d'après-guerre sur les responsabilités de la guerre), Kôdansha gakujutsu bunko, 2005.

TSUTSUI Kiyotada (dir.), *Shôwashi kôgi, Gunjin hen* (Sur l'histoire de la période Shôwa, volume sur les militaires), Chikuma shinsho, 2018.

YOSHIDA Yutaka, *Ajia Taiheiyô sensô* (La guerre d'Asie-Pacifique), Iwanami shinsho, 2007.

8

Tito ou le grand bluff

par Jean-Christophe Buisson

Parce qu'il avait héroïquement combattu le nazisme et s'était rebellé contre Staline en 1948, Tito fut toute sa vie (1892-1980) considéré par l'Occident comme un chef d'État fréquentable. Naïveté ? Ignorance ? Cécité volontaire ? Il y avait pourtant loin du mythe à la réalité. Formé en partie à Moscou, le révolutionnaire professionnel croato-slovène n'hésita pas à envoyer à la mort ses camarades du Parti communiste yougoslave pour en prendre la tête. Après une entrée en résistance tardive contre l'occupant nazi, il mit autant d'ardeur à combattre les tchetniks serbes parrainés par les Alliés que les troupes allemandes. Et, après guerre, il imposa un régime de terreur à la Yougoslavie pour asseoir un pouvoir qu'il savait fragile dans un pays artificiel où tensions sociales et nationales continuaient à sourdre dangereusement. Paranoïaque, mégalomane, dictateur aux manières de satrape oriental aimant le luxe, les femmes et l'argent, soutenu par les États-Unis alors qu'il finançait les mouvements révolutionnaires anti-impérialistes du tiers monde dont il était le héraut, il maintint jusqu'à sa mort l'illusion que la Yougoslavie lui survivrait.

« C'est moi qui ai envoyé ton camarade à la mort en Espagne. » Le déjeuner à Zagreb au cours duquel, en 1939, la militante croate communiste Anka Butorac entendit cette phrase prononcée à son intention par Tito parlant du « camarade » Blagoje Parović, tué le 6 juin 1937 près de Madrid, est l'une des rares fois où celui qui allait régner d'une main de fer sur la Yougoslavie entre 1945 et 1980 évoqua son engagement durant la guerre d'Espagne. Chargé par le Komintern d'organiser l'envoi sur place des 1 650 volontaires yougoslaves des Brigades internationales, il passa sans doute là-bas plus de temps à liquider les trotskistes du POUM[1] qu'à combattre les phalangistes et les franquistes. Conformément aux ordres de Staline qui allait bientôt lui confier la tête du Parti communiste yougoslave (PCY) à la place de Milan Gorkić, convoqué à Moscou, puis arrêté et fusillé en novembre 1937. Motif ? Espionnage au profit des Anglais. Une accusation s'ajoutant à celles

1. Parti ouvrier d'unification marxiste. Organisation révolutionnaire espagnole dirigée par Andreu Nin et hostile à l'orientation stalinienne du mouvement communiste international. Bien que participant aux combats contre les troupes franquistes, elle fut décapitée par les envoyés spéciaux de la police secrète soviétique (le NKVD) qui élimina ou força à l'exil ses principaux responsables dès 1937.

qui pleuvaient sur lui en provenance de Yougoslavie depuis des années. Des rapports réguliers lui reprochaient d'être inconnu des masses du pays en raison de ses fréquents séjours à Paris et à Vienne, de bloquer l'ascension dans le parti des camarades issus de la classe ouvrière, voire de collaborer avec le régime royal anticommuniste de Belgrade. Tous ces rapports provenaient de la même source : son rival au sein du PCY, Tito.

Même si, dans sa biographie officielle diffusée après 1945, on ne trouverait trace chez celui-ci de violence qu'à l'encontre des forces réactionnaires, royales, fascistes ou nazies, la vérité est autre : dès les années 1930, Josip Broz n'a eu de cesse d'user de tous les moyens pour devenir le maître du mouvement communiste yougoslave. En faisant éliminer d'autres camarades. Avant guerre déjà, le dictateur sans pitié perçait sous le militant héroïque.

Voyages, voyages

Josip Broz est né le 7 mai 1892, dans l'Empire austro-hongrois, à Kumrovec, dans la région croate de Zagorje. Son père, alcoolique notoire, est croate ; sa mère, pieuse femme qui mettra au monde 14 enfants dont 8 mourront à la naissance ou en bas âge, est slovène. Pour lui faire plaisir, il se rend à la messe (catholique) et fait l'enfant de chœur, mais il nourrit une haine farouche contre l'Église depuis que le prêtre de sa paroisse l'a frappé après une énième maladresse de sa part. Il faut dire que le petit Josip est un enfant agité. Au point que ses maîtres le dissuadent de se lancer dans une formation de tailleur qui exige de rester assis toute la journée. Il devient apprenti mécanicien-serrurier, activité qui apaise sa frénétique bougeotte. Entre seize et dix-neuf ans, il voyage dans tout l'Empire (Croatie, Slovénie, Bohême), mais aussi en Bavière et dans la Ruhr. À Trieste, il découvre le marxisme : désœuvré, sans le sou, il est pris en charge par les militants sociaux-démocrates locaux. De retour à Zagreb en 1911, il adhère à l'Union de la jeunesse socialiste.

L'année suivante, il est appelé sous les drapeaux. Il n'en éprouve ni gêne ni honte : quoique trop peu sociale à ses yeux, la monarchie habsbourgeoise lui inspire du respect pour son administration solide et sa structure mi-fédérale mi-confédérale. Pas question, donc, de se soustraire à ses obligations militaires. Bon sportif, il excelle en escrime, en équitation et en gymnastique. Excellent meneur d'hommes, il est rapidement nommé sergent-major. C'est à ce grade de sous-officier qu'il entame la guerre, en 1914, sur le front serbe de la Drina, au sein du 25e régiment d'infanterie, avant d'être envoyé dans les Carpates face aux troupes russes. Grièvement blessé par la lance d'un cavalier tcherkesse de la Division sauvage en Bukovine, il est capturé le jour de Pâques 1915.

Débutent trois années de pérégrinations en Russie, de camp de prisonniers en camp de prisonniers : près de Kazan, dans les montagnes de l'Oural, à Ekaterinbourg, à Perm… Au printemps 1917, il profite du chaos régnant dans le pays après la révolution de Février pour s'enfuir du chantier ferroviaire où il travaillait pour gagner Petrograd. Il assiste à un discours de Lénine et croise Maxime Gorki : le voilà converti au bolchevisme, même s'il se garde bien de participer aux émeutes de juillet qui font des centaines de victimes au sein du mouvement léniniste. Et, s'il est arrêté durant l'été, c'est toujours en tant que soldat des armées austro-hongroises et non comme révolutionnaire. Renvoyé dans un camp de l'Oural, il s'échappe à nouveau et rejoint la Garde rouge d'Omsk, alors que la révolution bolchevique vient de triompher. Il y rencontre une adolescente de quatorze ans, Pelagija Belousova, dont il fait sa femme, avant de revenir avec elle à Petrograd puis dans sa région natale qui appartient désormais à un nouveau pays : le royaume des Serbes, Croates et Slovènes, né en décembre 1918 sur les décombres de l'Empire austro-hongrois. À sa tête : Alexandre Ier Karađorđević. Fils du roi Pierre Ier de Serbie qui lui a cédé sa couronne durant la guerre, il a conduit les armées serbes, épaulées par les poilus d'Orient du général Franchet d'Espèrey, dans la reconquête des régions occupées par les Autrichiens, les Allemands et les Bulgares. Punies par le traité de Versailles (juin 1919), Vienne et Sofia ont vu des morceaux de leurs territoires d'avant 1914 (dont la région natale de Tito) rattachés à ce pays[1] regroupant, entre Ljubljana et Skopje, la majorité des Slaves des Balkans sous l'autorité d'une dynastie serbe que la minorité croate ne tardera pas à contester.

1. Le royaume des Serbes, Croates et Slovènes prendra le nom de Yougoslavie (« Slaves du Sud ») en 1929.

En cette année 1920, la deuxième vie de Josip Broz commence : celle d'un révolutionnaire professionnel. Sans plus aucune attache familiale (sa mère est morte de la grippe espagnole), enthousiasmé par ce qu'il a vu en Russie, conscient que la violence, la détermination et la foi sont les moteurs indispensables à la victoire politique, il s'engage dans la lutte en adhérant au tout nouveau Parti communiste yougoslave (PCY), créé après une scission du parti social-démocrate… et interdit par le pouvoir royal dès le mois de décembre de la même année. Qu'à cela ne tienne : il en sera un membre puis un cadre clandestin. Secrétaire général de l'Union des ouvriers métallos et tanneurs croates, responsable de la cellule du PCY de Zagreb (180 adhérents), le camarade Georgijevitch (un de ses trente pseudonymes) est arrêté plusieurs fois pour activisme. Sa haine du roi Alexandre n'a d'égal que son mépris pour les socialistes : le 1er mai 1928, il est celui qui scande le plus fort dans les rues de la capitale croate « À bas les sociaux-patriotes, à bas les larbins des capitalistes ! ».

Son agitation agace le pouvoir. La police en a assez de l'activisme de cet homme qu'un rapport décrit avec précision : « 1 m 70, yeux gris, portant des lunettes, dentition incomplète. » Sous la ligne « profession » est écrit « criminelle : communiste ». À l'été 1928, une perquisition à son domicile permet de mettre la main sur des tracts marxistes, un pistolet et des munitions. Son compte est bon. On le torture pour qu'il dénonce ses camarades ; il reste courageusement muet. En novembre, un tribunal le condamne à cinq ans de prison pour « propagande communiste ». Une aubaine : il partage son sort avec d'autres jeunes militants avec qui il noue des liens étroits : Moša Pijade, Andrija Hebrang, Aleksandar Ranković, Milovan Đilas, Edvard Kardelj. Ils deviendront ses plus fidèles compagnons durant la Seconde Guerre mondiale.

Il quitte les geôles yougoslaves en 1934 avec la ferme intention de ne plus y retourner. Sa femme Pelagija est rentrée à Moscou avec leur fils Žarko[1]. Désormais, il s'agit de prendre la tête du mouvement, de l'organiser, de le préparer à la révolution, favorisée par l'assassinat d'Alexandre Ier à Marseille le 9 octobre 1934, sur ordre des oustachis croates, qui fragilise un peu plus le jeune royaume. Toujours dans la clandestinité, il arbore une moustache et se fait teindre en roux pour échapper à la surveillance de la police royale. Et adopte un nouveau pseudonyme qui, au contraire de celui sous lequel on le connaît au sein du Komintern – Walter –, restera : Tito. Un prénom relativement répandu dans sa région natale. C'est notamment celui du père d'un de ses écrivains préférés, Ksaver Šandor Gjalski[2].

1. Il ne reviendra en Yougoslavie qu'après la guerre, non sans causer des problèmes à son père en raison de son alcoolisme et de sa vie de débauché. Pelagija, elle, sera dès son retour à Moscou accusée de « trotskisme » et envoyée en exil pour plusieurs années sans que Tito n'intervienne pour la défendre…

2. Romancier et nouvelliste croate (1854-1935) rattaché au courant réaliste, auteur d'une œuvre inspirée notamment de celle de Tourgueniev.

Après quelques séjours à Moscou, où il s'est formé notamment à la guérilla et à l'espionnage[1], et où il a pu exposer en détail les manquements du secrétaire général du PCY Milan Gorkić avec les conséquences que l'on sait, auréolé de son activité à la tête des combattants yougoslaves membres des Brigades internationales, il est enfin propulsé à la tête du parti. Pour y demeurer, deux conditions : le diriger d'une « main de fer » et obéir aveuglément à Staline. Ainsi fait-il exclure du PCY en mars 1939 des dizaines d'« agents trotskistes » signalés par le Komintern. Certains lui étaient proches, mais son argumentation est implacable : « Il faut inciser dans la chair saine pour crever totalement un abcès. » Il ne lui reste plus qu'à s'emparer du pouvoir. Avec un handicap : le PCY ne compte que 1 500 membres. À peine moins que le parti bolchevique en Russie en 1914, donc. À celui-ci il avait fallu une guerre pour s'imposer dans le pays. L'Histoire va se répéter.

Une histoire de pactes

En août 1939, Hitler et Staline signent le pacte de non-agression faustien qui plonge certains communistes européens dans le désarroi, l'incompréhension ou la colère. Ils sont minoritaires. Fidèlement attachés

1. Il a également rencontré une Allemande du Komintern avec qui il s'est marié en octobre 1936 : Elza Johanna König (pseudonyme : Lucia Bauer). Idylle de courte durée : en septembre 1937, le NKVD l'arrêtera et la fera exécuter pour espionnage au profit de la Gestapo. Accusation que Tito ne manquera pas de confirmer…

au dogme de l'infaillibilité moscoutaire, la plupart acceptent cette alliance contre nature entre régimes idéologiquement opposés mais que réunissent le même caractère totalitaire et la même soif de conquêtes. Ainsi Tito et le PCY, dont la propagande visera désormais les « puissances colonialistes » et la « politique criminelle des agitateurs anglais et français », quand elle ne chantera pas les louanges de l'Armée rouge « libérant du joug capitaliste les vingt millions de personnes qui constituaient les peuples de la Biélorussie, l'Ukraine occidentale, la Bessarabie et la Bucovine, sans oublier la Lituanie, la Lettonie et l'Estonie ». Quant à la guerre éclair de la Wehrmacht aux Pays-Bas, en Belgique et en France en mai-juin 1940, elle ne lui inspire aucun commentaire privé ou public. Qui ne dit mot consent.

Jusqu'au printemps 1941, la Yougoslavie parvient non seulement à rester en dehors du conflit, mais à conserver une forme de neutralité géopolitique. Malgré l'insistance de Berlin et la présence à ses frontières de régimes fascistes ou autoritaires, tous alliés à l'Allemagne nazie, le régent Paul[1] s'obstine à refuser l'adhésion du royaume au Pacte tripartite[2]. En mars 1941, il est convoqué au Berghof où les menaces de Hitler[3] ne lui laissent plus le choix : il ordonne à son Premier

1. Pierre (futur Pierre II), fils du roi Alexandre Ier tué à Marseille en 1934 et héritier légitime du trône, n'est pas encore majeur.

2. Élaboré le 27 septembre 1940 par l'Allemagne, l'Italie et le Japon, il est placé sous le signe de l'« ascension des jeunes peuples d'Europe et d'Asie ». La Hongrie, la Roumanie et la Bulgarie y ont déjà adhéré.

3. En pleine préparation de l'invasion de la Russie soviétique, le dirigeant nazi a besoin de toutes ses armées. Pas question d'en

ministre d'apposer le 25 mars sa signature au bas du texte faisant basculer sa nation du côté de l'Allemagne nazie. Deux jours après, c'est l'émeute à Belgrade. L'armée déclenche un putsch au cri de « *Bolje rat nego pakt, bolje grob nego rob !* » (« Plutôt la guerre que le pacte, plutôt la tombe que l'esclavage »). Le « traître » Paul est contraint de fuir, Pierre II proclamé roi à dix-sept ans, le pacte déchiré. L'initiative des officiers de l'armée yougoslave est aussi héroïque que suicidaire. Fou de rage, Hitler envoie ses avions bombarder Belgrade le dimanche des Rameaux, le 6 avril, à l'heure de la sortie des églises. Ils feront 17 000 victimes, presque exclusivement civiles.

Dans les jours qui suivent, les armées allemandes, hongroises, bulgares et italiennes envahissent la Yougoslavie, qui capitule le 17 avril. Pierre II gagne l'Angleterre où il instaure un gouvernement royal en exil. Plusieurs régions frontalières sont occupées par les pays voisins. La Serbie se dote d'un gouvernement de type vichyssois avec le vieux général Nedić à sa tête. La Croatie proclame son indépendance en se donnant un régime pronazi et génocidaire dirigé par le « Führer croate » Ante Pavelić[1]. Autant de bouleversements que refuse un homme, le colonel Draža Mihailović. Avec une poignée d'officiers et de soldats, il plante le drapeau de la résistance armée au sommet de la montagne de Ravna Gora et, au nom de Pierre II qui le nomme

laisser une seule affectée à la surveillance d'un pays qui pourrait représenter une menace.

1. Juifs, Serbes et Roms sont les principales victimes (par centaines de milliers) du régime oustachi.

bientôt général, commence, à la tête de ses tchetniks[1], des opérations de guérilla contre l'occupant.

Et Tito dans tout cela ? Il attend le feu vert ou plutôt le feu rouge de Moscou. Tant que Hitler et Staline demeurent liés par le pacte d'août 1939, pas question de combattre les envahisseurs ou leurs alliés oustachis. Sa priorité : renforcer le parti et sa situation. En novembre 1940, lors d'une réunion à Zagreb, il s'est octroyé un triplement de son salaire de président du Politburo qui, en outre, a voté pour lui offrir un petit vignoble dans la région. De quoi accroître ses revenus et renforcer sa couverture de riche ingénieur des usines Škoda du nom de Slavko Babić se déplaçant dans une voiture avec chauffeur et portant les costumes les plus élégants… Le 15 avril, en pleine invasion du pays, il publie une « Déclaration aux peuples yougoslaves ». Pour dénoncer l'occupation ? Non : pour condamner la « trahison du gouvernement royal, opposé au peuple » et la « montée du chauvinisme ». Dans les jours qui suivent, il relit le texte qu'il a écrit à l'occasion d'une conférence à l'École du Parti, « Technique et stratégie de l'insurrection armée », fruit de ses lectures de Clausewitz, des récits de la campagne de Napoléon en Espagne, du combat des communistes en Chine dans les années 1920 et du déroulement de la révolution d'Octobre, sans oublier ses propres notes sur la guerre d'Espagne. Tito en est sûr : une guerre entre Hitler et Staline est inévitable, et le Parti devra être prêt pour profiter de l'occasion et s'emparer du pouvoir.

---

1. Dérivé du mot *četa* (« unité combattante »), nom que se donnent les résistants serbes en référence à leurs ancêtres ayant guerroyé contre l'occupant ottoman entre le XIVe et le XIXe siècle.

Le 23 mai 1941, se sentant menacé dans un État croate indépendant engagé dans une politique d'extermination effroyable, Tito quitte Zagreb où il laisse provisoirement sa troisième femme, Herta Haas[1]. À Belgrade, il s'installe dans une belle maison, à deux pas de celle du général Schröder, commandant des troupes de la Wehrmacht stationnées dans la capitale serbe. Il dort habillé, un pistolet sous son oreiller.

Entrée en résistance

Un mois plus tard débute l'opération « Barbarossa » : l'invasion de l'URSS par Hitler. Le moment tant attendu est arrivé. L'occupant nazi est devenu officiellement un ennemi. Immédiatement, Tito ordonne aux membres du PCY de se jeter dans la résistance. Il quitte Belgrade, où la chasse aux communistes est ouverte. Accompagné d'un faux pope orthodoxe, d'un Allemand de Voïvodine et de sa maîtresse-secrétaire (Davorjanka Paunović, dite Zdenka[2]), il rejoint en train le centre-ouest de la Serbie, près de la frontière

---

1. Étudiante slovène, fille d'un riche avocat autrichien, elle est considérée comme « bourgeoise » par les camarades du parti. Elle n'en sera pas moins capturée par les Allemands puis libérée en 1943 dans le cadre d'un échange de prisonniers. Elle rejoindra Tito dans le maquis où elle découvrira l'existence d'une maîtresse quasi officielle.

2. Elle passera toute la guerre aux côtés de Tito, même si son tempérament hystérique et ses fréquents caprices susciteront un profond agacement au sein de l'état-major des Partisans. Tuberculeuse, elle mourra dans un sanatorium en 1946.

Josip Broz, dit Tito (1892-1980),
signant des documents à son QG,
vers 1944.

bosniaque. Dans un village près de Krupanj, le secrétaire général réunit ses cadres pour annoncer la naissance du mouvement des Partisans aux ordres d'un commandement militaire suprême qu'il dirige : le voilà doté des pleins pouvoirs, chef politique et militaire du mouvement communiste yougoslave. Il décrète que chaque zone libérée sera régie par un conseil de libération nationale et adoptera comme symbole celui qui figure sur le drapeau de l'URSS : une étoile rouge à cinq branches (la pointe du sommet représente le Parti, les quatre autres les soldats, les ouvriers, les paysans et les intellectuels). Et on se saluera désormais avec le poing fermé levé, adopté par les mouvements communistes européens depuis les années 1920, en réaction au salut fasciste (bras tendu). Rapidement, les volontaires affluent. Surtout après l'entrée victorieuse de ses troupes, le 23 septembre 1941, dans la grande ville d'Užice (un million d'habitants), propulsée capitale d'une « république soviétique[1] ».

Quelle attitude adopter vis-à-vis des tchetniks de Mihailović ? Après deux rencontres avec le général monarchiste, Tito a tranché : ce sera la guerre à outrance. Une guerre civile qui se superposera à celle contre l'occupant italien ou allemand. Face à eux, les deux chefs de la Résistance yougoslave optent pour deux stratégies distinctes. Pour Mihailović, qui s'appuie dans son combat sur les civils serbes, pas question de se lancer dans des opérations spectaculaires mais coûteuses en vies (pour chaque Allemand tué, 100 otages seront exécutés, a décrété l'occupant). En lien avec Londres, le leader tchetnik privilégie les offensives handicapant les déplacements des troupes ennemies (notamment les trains de matériels traversant le pays pour Athènes, à destination de l'Égypte et de la Libye). Les services britanniques et américains lui ont surtout demandé de se tenir prêt à les épauler en cas d'ouverture d'un front dans les Balkans. Cette stratégie n'est pas celle, frontale, de Tito, qui préconise les assassinats ciblés d'officiers allemands ou les attentats collectifs

1. Deux mois plus tard, les chars allemands mettent fin à l'expérience en écrasant au sens propre les centaines de Partisans auxquels Tito avait ordonné de tenir la ville jusqu'à la mort.

impliquant des représailles sanglantes qui, selon lui, pousseront les populations meurtries dans les bras des Partisans. Aidé par les espions communistes qui pullulent au sein du SOE[1] et convainquent Churchill qu'il est le seul résistant efficace en Yougoslavie tout en jetant l'opprobre sur son rival, accusé même de collaboration avec les Allemands et les Italiens, le chef communiste obtient à partir de 1943 le soutien logistique, médiatique et politique des Alliés.

Désormais, ses Brigades prolétariennes nées en Bosnie gagnent du terrain en Serbie. Après avoir échappé miraculeusement à des attaques massives de la Wehrmacht (opérations « Weiss » et « Schwarz »), il profite de la capitulation de l'Italie en septembre 1943 pour renforcer ses positions. Après s'être fait nommer maréchal, il accepte de rencontrer des émissaires anglais sur une île dalmate (Vis) en juin 1944. Pour ne pas les effrayer et mieux les leurrer, il interdit à ses adjoints de porter étoile ou bande rouge sur leurs vêtements et ne fait jamais mention du contenu révolutionnaire de son programme politique dans ses conversations. Attitude qu'il répétera quelques semaines plus tard à Naples en présence, cette fois, de Churchill en personne. Charmé, celui-ci lui redit son soutien et lui confirme l'abandon, en accord avec le roi Pierre II, du chef de la résistance royaliste. Satisfait, Tito en profite pour filer… à l'anglaise dans un avion piloté par des

1. *Special Operations Executive*. Structure des services secrets britanniques créée en juillet 1940, elle a pour objectif d'apporter son soutien logistique et militaire aux mouvements de résistance en Europe occupée.

Russes. Direction Moscou où il règle avec Staline les détails de l'entrée en Yougoslavie de l'Armée rouge en soutien des Partisans. Et surtout la présence de ceux-ci, sur les T-34 soviétiques, lors de la libération de Belgrade en octobre 1944.

Terrifier pour régner

Tandis que Soviétiques et Américains poursuivent leurs combats dantesques contre les armées allemandes et japonaises en Europe et en Asie, Tito en profite, loin des regards, pour asseoir son pouvoir en Yougoslavie par la terreur. Seul le chaos qui suit le départ des occupants et la désorganisation des régimes collaborateurs en Serbie, en Croatie ou au Kosovo (rattaché, durant la guerre, à l'Albanie « italienne ») peut lui permettre, s'il agit vite et fort, d'imposer un régime communiste à un pays aux structures politiques, sociales et mentales encore très traditionnelles. Il faut marquer les esprits. Sidérer. Épouvanter. Fin 1944, Tito ordonne aux hommes de l'OZNA[1] de « nettoyer » les zones « suspectes ». Dans le nord du pays, le Banat et la Voïvodine, où vivent des minorités allemandes et hongroises, sont le lieu de massacres ou d'arrestations précédant des déportations en Russie soviétique de milliers d'hommes, de femmes et d'enfants. C'est

1. Acronyme de *Odjeljenje za Zaštitu Naroda* (« Département pour la protection du peuple »), service de sécurité des Partisans créé et dirigé par Aleksandar Ranković qui deviendra la police politique de la Yougoslavie communiste en 1946.

ensuite à Belgrade que sont poursuivis, emprisonnés, torturés et liquidés collaborateurs réels ou supposés des Allemands. Autant d'actes d'une extrême violence mais relevant d'une forme d'épuration « acceptable » pour la majorité de la population.

Ce qui l'est moins et qui annonce la nature dictatoriale de la deuxième Yougoslavie, c'est la décision de Tito d'envoyer sur le dernier front de guerre, en Syrmie, face aux dernières troupes allemandes, des centaines de milliers de jeunes Serbes inexpérimentés – 37 000 périront. Signé du nouveau maître croato-slovène du pays, le message est limpide : majoritairement engagés dans le mouvement de Mihailović[1] durant la guerre, les Serbes doivent comprendre que la Yougoslavie bourgeoise où ils se taillaient la meilleure part est morte et enterrée. Celle de demain sera socialiste et fédérale. Et en aucun cas démocratique, comme en témoigne l'organisation des élections à la Constituante du 11 novembre 1945 : une seule liste par circonscription, un seul candidat par liste, membre du Front populaire, paravent du PCY. Les jours précédents, des milliers d'opposants ont été arrêtés pour les empêcher de voter blanc ou privés de leurs droits civiques (donc de vote) pour faits de collaboration – le terme de collaboration étant compris dans son sens le plus vaste, allant de l'appartenance à une profession libérale jusqu'à des faits avérés d'intelligence

1. Après avoir, fin 1944, repris le maquis en Serbie occidentale, près de la frontière avec la Bosnie, le chef tchetnik tiendra tête aux communistes jusqu'en mars 1946, date à laquelle il sera capturé avant d'être jugé lors d'une parodie de procès et fusillé, en juillet, à Belgrade, dans un lieu secret.

avec l'ennemi. Le résultat est sans surprise : 99,57 % des voix vont au Front populaire dont les élus abolissent immédiatement la monarchie et proposent l'instauration d'une république populaire fédérative.

Le nouveau régime dévoile sans tarder son nouveau visage. Sous la houlette du ministre de l'Agitation et de la Propagande, Milovan Đilas[1], d'un sectarisme frisant la folie, l'Église est violemment attaquée. Elle est notamment victime de la réforme agraire qui la prive de sa principale richesse. L'Église catholique croate – celle qui traumatisa Tito dans son enfance – subit en outre les procès de ses dirigeants ayant collaboré avec le régime oustachi pronazi (à commencer par l'archevêque de Zagreb, Mgr Stepinac). L'ennemi intérieur est traqué partout, l'influence du PCY imposée dans tous les secteurs politiques, économiques, sociaux et culturels. Un plan quinquennal de type soviétique est voté, qui prévoit une industrialisation massive disproportionnée par rapport à l'espace yougoslave : il conduira le pays à la famine en 1947.

Des airs de satrape oriental

C'est depuis le Palais royal et le Palais blanc[2] construits sur la colline de Dedinje, au sud-ouest de

1. Devenu dissident dans les années 1950, il sera la coqueluche intellectuelle de l'Occident pour ses critiques antitotalitaires du système communiste yougoslave et international.

2. Dans le Palais royal, Tito fera gratter les armoiries royales des murs, de la vaisselle et du linge de table pour leur substituer

Belgrade, que Tito observe la Yougoslavie se socialiser comme il en rêvait depuis un quart de siècle. C'est là qu'il vit, dans les mois d'après-guerre, en attendant de réquisitionner toutes les autres résidences royales dans le pays – notamment celles proches des terrains de chasse, activité qu'il pratiquera à haute dose jusqu'à la fin de sa vie. À Brioni, une île d'Istrie où il a résidé dans l'ancienne maison du duc de Spoleto, il se fait bâtir une demeure gigantesque afin de pouvoir organiser des réceptions de 500 personnes (on y croisera notamment Gina Lollobrigida, Burt Lancaster, Orson Welles, Sophia Loren, Liz Taylor et Joséphine Baker). À certains de ses proches gênés que la construction des lieux ait été confiée à des prisonniers, il répond tout à trac : « Tout ce qu'il y a de grand dans l'Histoire a été construit par des esclaves. » Aimant ce luxe qu'il proscrit chez ses concitoyens, il n'hésite pas à garder pour lui l'argent et l'or découverts dans les coffres royaux. Il ordonne à ses fidèles de faire main basse sur les tableaux et les œuvres d'art confisqués (ainsi, ceux de la collection Šlomović, héritée du grand marchand d'art français Ambroise Vollard) pour les accrocher sur les murs de ses salons ou de ses ministères. Il collectionne les voitures de luxe (celles offertes par Staline, mais aussi la Mercedes de Pavelić et une Rolls-Royce reçue de la reine Élisabeth). Dans cette lignée, il s'offre un yacht (le *Galeb*) et un voilier qui avait appartenu

des étoiles rouges qu'on peut toujours voir. Dans la petite église Saint-André attenante au bâtiment principal, un de ses gardes du corps fera, d'un tir bien ajusté, un trou dans le front du Christ Pantocrator peint sur la coupole intérieure.

au roi Alexandre. À l'unisson, sa vie privée jure avec l'ascétisme prôné chez le parfait bolchevik ; Tito multiplie les conquêtes féminines : un jour une chanteuse d'opéra comme la célèbre Zinka Kunc-Milanov, le lendemain une actrice de cinéma soviétique comme Tatania Okunevskaya[1] (la « Greta Garbo russe »).

Son train de vie devient celui d'un satrape oriental, évoquant le train de vie d'un Goering, le dauphin de Hitler auquel il ressemble étrangement. La cour qu'il a instituée autour de lui est digne de celle du shah d'Iran – à qui il rendra visite à Persépolis. Ses manies n'ont rien à envier à celles des dictateurs sud-américains (bronzage permanent aux rayons ultraviolets, port quotidien de son uniforme de maréchal et d'une bague ornée d'un gros diamant, coupe de cheveux ondulante, dentition totalement refaite). Au fond, Tito dirige son pays comme un roi médiéval. À ses lieutenants, il a offert la gestion de régions comme autant de fiefs : à Kardelj la Slovénie, à Ranković et Đilas la Serbie et le Monténégro, et à leurs propres vassaux la Macédoine et la Bosnie-Herzégovine, républiques de moindre importance.

Avec Staline, le combat des chefs

En 1948 éclate la première grande scission au sein du bloc communiste. Mécontent que Moscou négocie dans son dos avec les Occidentaux le statut de

1. Staline lui fera payer très cher sa liaison avec Tito après la rupture de 1948 : elle sera envoyée dans un goulag de Sibérie pour plusieurs années.

Trieste[1], intoxiqué par sa propre propagande établissant que les Partisans yougoslaves ont libéré seuls le pays de l'occupation fasciste et nazie, hostile au contrôle économique (*via* les « sociétés mixtes ») que Staline veut imposer à son pays comme aux autres démocraties populaires, faisant de lui un vassal au service de Moscou, favorable à une alliance diplomatique avec la Bulgarie dans une fédération balkanique dont le Kremlin ne veut pas entendre parler, Tito multiplie les phrases (« le socialisme en URSS n'est plus révolutionnaire et la Yougoslavie est la seule à porter réellement le socialisme révolutionnaire ») et les gestes de défiance vis-à-vis de l'URSS. Au point que Staline rappelle début 1948 ses conseillers civils et militaires présents à Belgrade. Avertissement sans frais dont Tito ne tient pas compte. Au contraire. Aux ministres qui lui demandent de calmer le jeu, il répond avec violence : Andrija Hebrang et Sreten Žujović sont arrêtés. Le premier est qualifié de « traître », d'« ennemi de classe » et de « tchetnik » ; le second d'« ennemi du Parti comme du pays » et d'« oustachi ». Refusant de reconnaître ses fautes, Hebrang sera retrouvé suicidé dans sa cellule. Après avoir confessé ses péchés, Žujović sera libéré deux ans plus tard et réhabilité. Entre-temps, la Yougoslavie aura été exclue de toutes les instances

1. En mai 1945, Partisans yougoslaves et troupes alliées ont libéré la ville occupée par les Allemands depuis la capitulation italienne. Depuis, elle est coupée en deux zones : l'une, peuplée par une majorité d'Italiens, est administrée par les Anglo-Américains ; l'autre, où vivent principalement des Croates et des Slovènes, est sous autorité yougoslave.

politiques et économiques du bloc de l'Est après la réunion du Kominform à Bucarest, le 28 juin 1948.

Les semaines qui suivent la rupture entre Moscou et Belgrade donnent lieu à une épuration du Parti qui jette la Yougoslavie au bord de la guerre civile. Des ministres en exercice, des cadres haut placés, des militants de la première heure, de grands soldats (on estime qu'un tiers des officiers de l'armée yougoslave sont pro-Staline) et des héros de la Résistance sont, du jour au lendemain, arrêtés, emprisonnés, torturés, déportés ou exécutés parce qu'ils sont soupçonnés d'être des affidés du Kremlin. L'accusation ne repose parfois que sur un voyage, une correspondance écrite, une déclaration datant de vingt ans. Peu importe : comme lorsqu'il s'agissait de nettoyer le PCY de ses « éléments trotskistes » dans les années 1930, Tito épure la Yougoslavie communiste de ses « déviants staliniens ». Ce, avec le soutien de l'Occident, persuadé d'avoir vu naître un Martin Luther ou un Henri VIII du monde rouge. Trop content d'assister au premier coup d'arrêt de l'expansion communiste en Europe avec cette première sécession. Et rempli de l'espoir de voir la Yougoslavie « se décommuniser ».

Ministre de l'Intérieur, Aleksandar Ranković est chargé d'organiser la répression, mais Tito en est le véritable maître d'œuvre. C'est sans consulter son Politburo qu'il ordonne par exemple de faire interner les « Russes » dans des camps : Sveti Grgur, Bileća, Gradiška. Et surtout sur l'« île Chauve » (Goli Otok), dans le golfe du Kvarner, en Adriatique. Dans ce camp de travail où passeront plus de 30 000 prisonniers, tout est fait pour que ceux-ci perdent dignité et raison.

Privés régulièrement d'eau et de nourriture, battus à leur arrivée par leurs futurs compagnons d'infortune, interdits de communication avec leurs familles, ils doivent casser des pierres du matin au soir en obéissant aux ordres… d'autres prisonniers. Sur ce caillou entouré d'eau dont on ne peut pas s'échapper est institué pour la première fois l'autogestion.

L'ambiance paranoïaque qui règne désormais dans le pays – Tito s'attend à tout moment à son invasion par les troupes du pacte de Varsovie, hypothèse en effet envisagée fin 1949 – est une aubaine pour renforcer les structures totalitaires du régime. Tandis que Paris, Londres et Washington imaginent la Yougoslavie s'éloigner de la folie communiste par opposition à un pays où l'adjectif « hitléro-trotskiste » devient la plus mortelle des accusations, c'est le contraire qui arrive. Puisque l'URSS a trahi l'idéal de la révolution d'Octobre en redevenant, comme la Russie tsariste, impérialiste et bureaucratique, la Yougoslavie reviendra aux sources les plus pures du message socialiste : Marx et Engels. Ainsi le PCY sera-t-il rebaptisé Ligue des communistes de Yougoslavie en référence au *Manifeste du parti communiste* de 1848. C'est aussi à cette période que la propriété privée est totalement abolie, que toutes les industries (y compris les plus modestes) sont nationalisées et que l'entreprise de collectivisation des terres est déclenchée avec une violence digne de la dékoulakisation soviétique des années 1930. La « socialisation des villages », qui consiste notamment à multiplier le nombre des coopératives collectives (quelques centaines en 1947 ; 6 500 fin 1949), provoque de véritables chouanneries en Bosnie et en Vieille Serbie.

Le maréchal Tito,
au couchant de son « règne »,
vers 1980.

© Hulton-Deutsch Collection/Corbis/
Corbis via Getty Images

À nouveau, le pays se retrouve en situation de famine, obligeant l'État à interrompre définitivement en 1953 le processus de collectivisation, initiative qui coïncide avec la disparition de Staline[1], ce qui permet une nor-

1. Dans les derniers mois de sa vie, le maître du Kremlin envoya plusieurs tueurs à Belgrade pour tenter d'assassiner le félon.

malisation des rapports entre les deux pays. Le *Vojd* mort, bientôt remplacé par Khrouchtchev, le « Vieux » n'a plus de rival de son aura sur la scène européenne. Mais considérait-il vraiment Staline comme tel ? C'est à en douter, si on se réfère à sa réaction à l'annonce de son décès : « J'ai reçu la nouvelle en même temps que la dépêche m'annonçant que mon chien Tiger était grièvement malade. J'étais désolé pour Tiger. C'était un chien merveilleux. » Le 9 mars 1953, Tito n'assistera pas bien entendu aux obsèques de son ennemi à Moscou, préférant se rendre, tout un symbole, à une invitation de… la reine d'Angleterre.

Héraut du tiers monde

Les affaires intérieures réglées[1], Tito se fixe un nouveau défi : devenir le champion de tous les pays refusant d'appartenir au bloc occidental ou au bloc soviétique, le porte-parole des pays du tiers monde refusant de se soumettre aux diktats des deux Grands. Rapidement, l'Indien Nehru et l'Égyptien Nasser le suivent dans son initiative. De même que les leaders des mouvements anticolonialistes (notamment algériens, tunisiens et marocains) auxquels Belgrade livre clandestinement des armes. L'Occident fait le dos rond, tout comme il fait mine d'ignorer que la Yougoslavie approuve l'intervention de l'Armée rouge lors de l'insurrection

1. En 1954, Đilas est exclu des structures dirigeantes pour avoir dénoncé la dérive monarchique et bureaucratique du régime titiste. La purge de la LCY qui suit est de faible intensité.

de Budapest à l'automne 1956 : surtout ne pas risquer de renvoyer dans les bras de Moscou celui qui incarne la rupture au sein du bloc de l'Est.

Le leurre est total. Pendant trois décennies, tout en voyageant dans des dizaines de pays se levant contre l'« impérialisme occidental[1] » – du Ghana à l'Indonésie, du Vietnam à Cuba, du Sri Lanka au Congo, de l'Éthiopie à l'Égypte –, Tito recevra des centaines de millions de dollars des États-Unis, convaincus que le caillou yougoslave finira par faire trébucher le Satan rouge et séduits par son discours hétérodoxe (la fameuse « autogestion », le « non-alignement »). En 1970, Nixon se déplace même jusqu'à Belgrade pour témoigner à la Yougoslavie son amitié naïve. Mieux : pour encourager ce mouvement de « dissidence » supposé, 44 pays occidentaux autorisent les citoyens yougoslaves à voyager sans visa et on encourage les Européens de l'Ouest à se rendre en vacances sur la côte dalmate où se déploie un socialisme à visage apparemment humain. À Paris, par ignorance ou cécité volontaire, le PSU de Michel Rocard célèbre l'expérience économique yougoslave et les mouvements gauchistes antistaliniens saluent l'œuvre de celui qui a dit non à Staline et soutient les mouvements anticolonialistes asiatiques et africains qu'il arme ou finance.

1. On peut voir à Belgrade, sur les murs du Musée de la Yougoslavie entourant le mausolée de Tito, toutes les photos et les comptes rendus de ces voyages.

Une fin qui annonce des lendemains tragiques

Les intellectuels français, dans les années 1970, n'ont pas de mots assez élogieux pour dire leur respect et leur admiration pour ce titan dont le mode de vie faussement dandy les impressionne. Tito, c'est chic : homme à femmes[1], fumeur invétéré (120 cigarettes par jour), portant d'énigmatiques lunettes noires (qui cachent en fait ses problèmes de vue) et un seyant uniforme blanc où pendent quelques dizaines des 16 breloques yougoslaves et 99 étrangères qu'il a reçues, il parvient à faire illusion et à masquer la réalité d'une dictature broyant l'économie et asservissant les hommes.

Ce qu'est la Yougoslavie de Tito ?

Un pays où essaiment les prisons emplies d'opposants, les assassinats ciblés de dirigeants devenus gênants (ainsi le fidèle Slobodan Penezić[2], victime d'un opportun et mortel accident de voiture après avoir annoncé publiquement que le pays s'effondrerait le jour où Serbes et Croates ne s'entendraient plus…), les évictions soudaines de proches (Edvard Kardelj contraint à l'exil à Londres en 1961 ou Aleksandar Ranković, tombé en disgrâce en 1966 pour avoir, à la tête de la police politique, l'UDBA, espionné Tito

---

1. Sa nouvelle épouse depuis 1952, une Serbe née Jovanka Budisavljević, ex-capitaine d'une unité de Partisans, est devenue une grosse matrone irascible que son mari fuit notamment dans les bras de jeunes masseuses, les sœurs Grbić.

2. En mars 1946, il coordonnait les opérations militaires ayant permis la capture de Mihailović.

lui-même et cherché à le pousser vers la sortie pour le remplacer), les camps de travail forcé.

Un pays où se déploient une politique de surveillance généralisée, un marasme économique, des tensions sociales et religieuses (notamment au Kosovo entre albanophones musulmans et Serbes orthodoxes).

Un pays où se développe un culte de la personnalité digne de la Corée du Nord : la photo de Tito trône dans chaque bureau, chaque classe d'école, chaque café ; son nom s'étale en lettres gigantesques sur les montagnes, les murs et les ailes des avions ; chaque réunion publique débute en scandant ou en chantant les quatre lettres de son nom.

Un pays où la moindre voix discordante est éteinte, à l'instar de celle des étudiants dont le mouvement de révolte antibureaucratique est écrasé en mai 1968.

Sourd à toute revendication qui, selon lui, mettrait en danger l'unité du pays, confit dans une paranoïa croissante (« sa méfiance à l'égard de tous et de chacun était dans sa nature, elle avait forgé son caractère », selon Ranković), incapable de voir les injustices régionales s'accroître jusqu'à devenir insupportables, aveugle devant la montée des tensions nationales (en Slovénie, en Croatie, chez les Albanais du Kosovo serbe, chez les musulmans de Bosnie), Tito, par son inaction et sa suffisance, creuse lentement mais sûrement le tombeau de la Yougoslavie.

Le sien l'attend en mai 1980, au terme de plusieurs mois de souffrances dues à une athérosclérose chronique liée à son hypertension et au diabète : elle a engendré une embolie de la jambe gauche à la fin de l'année 1979. Comme un symbole du délitement progressif qui s'emparera de son pays dans la décennie suivante, le corps fossilisé de Tito se décompose chaque jour jusqu'au dimanche 4 mai 1980 où il rend l'âme, à 15 h 15, à quatre-vingt-huit ans. Son décès sera salué dans le monde entier, ses funérailles pharaoniques. Dignes d'un grand homme d'État, qu'il fut. Tout en étant aussi un dictateur qui aura commis ou fait commettre mille violences – y compris contre ses camarades communistes – pour conquérir le pouvoir et s'y maintenir par la terreur durant trente-cinq ans. Laissant une situation explosive qui précipitera les Balkans dans de nouveaux torrents de sang à partir de 1991. Comme l'avait compris son compatriote Miroslav Krleža[1], « le vieux monsieur s'est taillé un costume sur mesure mais il ne se rend pas compte que les coutures lâchent de partout ».

Bibliographie sélective

Neil BARNETT, *Tito*, Londres, Haus Publishers Ltd., 2006.

Dušan T. BATAKOVIĆ, *Yougoslavie*, L'Âge d'homme, 1994.

Jean-Christophe BUISSON, *Mihailović*, Perrin, coll. « Tempus », 2011.

Vladimir DEDIJER, *Tito parle*, Gallimard, 1955.

Milovan DJILAS, *Tito, mon ami, mon ennemi*, Gallimard, 1980.

1. Écrivain et poète croate, auteur notamment du *Retour de Philippe Latinovicz* (Calmann-Lévy, 1957), *Je ne joue plus* (Seuil, 1966) et *Hommes dans de sombres temps* (Gallimard, 1994).

John V. A. FINE, « Strongmen Can Be Benificial : The Exceptionnal Case Of Josip Broz Tito », in *Balkan Strongmen,* Bernd J. Fischer (dir.), Londres, Hurst & Company, 2006.

Émile GUIKOVATY, *Tito*, Hachette Littérature, 1979.

Branko LAZITCH, *Tito et la révolution yougoslave*, Fasquelle, 1957.

Jože PIRJEVEC, *Tito. La biographie*, CNRS Éditions, 2017.

Jasper RIDLEY, *Tito, A Biography*, Londres, Constable, 1996.

Geoffrey SWAIN, *Tito : A Biography*, Londres, I. B. Tauris, 2010.

9

Au pays des trois Kim

par Pascal DAYEZ-BURGEON

La Corée du Nord fascine. Voilà trois quarts de siècle qu'elle vit sous le joug d'une des dictatures les plus féroces de la planète, qui a en outre réussi le tour de force paradoxal de se muer en monarchie absolue, et rien ne semble indiquer que la situation puisse évoluer. Comment est-ce possible ? Les trois Kim qui se sont succédé au pouvoir, aussi déterminés et impitoyables les uns que les autres, fournissent une des clés de l'énigme. Mais c'est aussi le système qu'ils ont bâti, fait d'arbitraire, de violence ciblée et de propagande intense, qui permet à leur tyrannie de fonctionner à plein régime.

Depuis 1945, le monde a bien changé. Les ennemis d'alors ont retroussé leurs manches pour esquisser les bases d'une paix collective, fragile sans doute, mais dont chacun se réclame. L'économie de marché a fini par supplanter le communisme, remisant la guerre froide aux chapitres des livres d'histoire. Après avoir marché sur la Lune, l'homme s'est lancé à la conquête des espaces virtuels. Mais il y a pourtant un pays où tout est resté en l'état : la Corée du Nord. Décennie après décennie, génération après génération, tout s'y résume aux décisions, aux caprices et à l'existence même de la dynastie au pouvoir. Certes, en trois quarts de siècle, l'autocratie a changé de mains. À Kim Il-sung, qui a régné de 1945 à 1994, a succédé son fils Kim Jong-il, de 1994 à 2011, puis son petit-fils Kim Jong-un, au pouvoir depuis sept ans. De satellite stalinien pur et dur, la Corée du Nord s'est transformée en État voyou survivant à coups de trafics et de chantage nucléaire. Mais la dynastie, elle, perdure, immuable et figée, comme si le temps n'avait pas de prise sur elle. La propagande nord-coréenne le souligne d'ailleurs à l'envi : « Kim Jong-il, c'est Kim Il-sung » et « Kim Jong-un, c'est Kim Jong-il ».

Kim Il-sung Auguste

Il faut dire que les trois Kim ont tout fait pour en arriver là. Chacun d'eux a sa personnalité, son caractère et ses obsessions. Mais tous partagent une même soif inextinguible de pouvoir. Tout a commencé avec Kim Il-sung. La propagande nord-coréenne en a fait l'alpha et l'oméga de la saga nationale, le triple avatar du Bouddha, du Christ et de Tan'gun, l'ancêtre mythique du peuple coréen. C'est à lui et à lui seul que son peuple devrait la liberté, le progrès et le bonheur auquel il aspire depuis des millénaires. La réalité est tout autre. Issu de la paysannerie enrichie mâtinée de bourgeoisie protestante, Kim Song-ju, qui prendra plus tard le surnom plus glorieux de Il-sung (« le Soleil »), était promis à un avenir anonyme. Dans la Corée d'alors, passée sous le joug japonais depuis 1910, il fallait appartenir à l'aristocratie collaborationniste pour espérer réussir.

Comme tant d'autres jeunes Coréens dans son cas, Kim Il-sung va donc tenter sa chance dans ce Far East chinois qu'est devenue la Mandchourie depuis que l'Empire du Milieu s'est effondré en 1908. Après s'être essayé sans succès à la contrebande, il se découvre des talents de meneur d'hommes. Même si on a beaucoup exagéré ses exploits, il fait à l'occasion le coup de feu, comme Staline dans sa jeunesse. Mais c'est avant tout un tacticien. Il n'a pas son pareil pour monter des opérations, animer des réseaux et susciter les fidélités qui cimentent son autorité. Recruté par les communistes chinois qui organisent la résistance antijaponaise dans le Nord, il en gravit les échelons quatre à quatre, quitte à faire trébucher discrètement ceux qui pourraient lui faire de l'ombre.

En 1941, le Japon ayant repris l'avantage, Kim Il-sung se replie en URSS où, à défaut de combattre, il manœuvre. Intégré dans l'Armée rouge, il y noue les contacts nécessaires pour que son nom parvienne jusqu'à Moscou. Bonne pioche. À Yalta (février 1945), les Alliés ont promis à la Corée qu'elle recouvrerait son indépendance. Mais, comme ils se méfient de son élite qui s'est beaucoup compromise avec l'occupant, ils décident de l'administrer conjointement. On songe donc à Kim Il-sung pour la zone soviétique constituée en août 1945, au lendemain de la défaite du Japon. Staline le méprise mais ne dispose d'aucune alternative crédible. Après tout, il est fringant, il ne manque pas de bagout et a su donner des gages de souplesse. Fin septembre 1945, l'URSS le bombarde à la tête d'un « Comité provisoire du Peuple » sous l'étroite surveillance d'un apparatchik soviétique. À trente-trois ans, le voilà au pouvoir. Il ne le lâchera plus.

Pour cela, tous les moyens sont bons. Il commence par montrer patte blanche en obéissant scrupuleusement à Staline, qui, en septembre 1948, a fait du Nord une république satellite, puis en faisant les yeux doux à Pékin, où Mao a fini par prendre le pouvoir en octobre 1949. Mais il ronge son frein. En sous-main, il a réussi à équiper ses partisans pour en faire une armée digne de ce nom. En juin 1950, le moment lui paraît venu de prendre son envol. Ayant persuadé ses mentors qu'il ne ferait qu'une bouchée de la république bananière que Washington a laissé pourrir au Sud, il se lance dans une guerre de réunification. L'opération tourne au fiasco. Les États-Unis et leurs alliés repoussent l'offensive, la Chine entre dans la danse et on est à deux doigts de la troisième guerre mondiale. Après trois années de combats meurtriers mais indécis, lorsqu'il faut en revenir au *statu quo* d'une Corée coupée en deux (juillet 1953), le conflit a ravagé la péninsule et fait 3 millions de morts.

Qu'à cela ne tienne. Loin de l'affaiblir, cette tragédie renforce Kim Il-sung, qui peut s'enorgueillir d'avoir fait plier la première puissance mondiale. Jouant à nouveau les résistants, il entend désormais faire du Nord un parangon de progrès. Les résultats sont impressionnants. À grands coups de campagnes stakhanovistes, le pays s'industrialise au pas de charge. L'accès à l'alimentation, à l'éducation, à la santé cessent d'être des privilèges réservés à l'élite. Mais à quel prix ? Kim et son clan s'emparent de tous les leviers de commande. Ses opposants sont emprisonnés puis disparaissent, victimes de procès truqués. À partir de l'été 1956 où il survit à une tentative de coup d'État, ses partisans eux-mêmes font l'objet de purges régulières qui mettent un terme à la moindre velléité de critiques. C'est à cette époque que Kim Il-sung lance le *juche*, un vieux concept confucéen glorifiant la « maîtrise de soi », recyclé pour souligner l'originalité et le succès du modèle nord-coréen. En fait, la dictature Kim n'est ni plus ni moins qu'un régime de terreur.

Arrivé au faîte du pouvoir, Kim Il-sung n'a plus qu'un objectif : tenir. Pour se donner une stature internationale, il courtise Mao, invite les grands leaders révolutionnaires à Pyongyang – Che Guevara par exemple –, soutient les mouvements de décolonisation et flirte avec le non-alignement. Il fait même des appels du pied au régime de Séoul pour l'inciter pacifiquement à la réunification. Mais, en fait, son régime dépend de l'URSS et de la Chine qu'il joue l'une contre l'autre au gré de ses intérêts. Il en a besoin pour écouler sa production et obtenir les équipements militaires et le pétrole essentiels à la survie du régime. Comme la guerre du Vietnam polarise toutes les attentions, on n'en prend pas la mesure, mais le Nord s'ankylose inexorablement. À compter de 1975, les résultats économiques du régime de Séoul dépassent ceux de Pyongyang. Le rapport ne s'inversera plus. Cette suprématie s'accroît à mesure que le bloc socialiste se lézarde. Après la Chine que la mort de Mao (1976) a convertie à l'économie de marché, l'URSS elle-même se lance sur la voie du changement avant de sombrer corps et biens (1991). Pékin et Moscou ont désormais d'autres urgences que soutenir Pyongyang.

Kim Il-sung se contente pourtant de faire le dos rond sans rien changer. La soixantaine passée, son énergie s'est émoussée. À l'exercice éreintant du pouvoir, qu'il délègue à son fils, il préfère ses pompes : défilés militaires, tournées en province et grandes manifestations à sa gloire, comme le festival de la Jeunesse de juillet 1989, organisé pour contrer les Jeux olympiques de Séoul qui, l'année précédente, ont souligné les progrès accomplis au Sud. Dernier succès en juin 1994 lorsque Kim Il-sung, qui a toujours rêvé de dialoguer avec Washington, accueille à Pyongyang l'ancien président Carter venu négocier, déjà, l'abandon du programme nucléaire nord-coréen. Moins d'un mois plus tard, une crise cardiaque a raison de lui. Ses funérailles plongent le pays dans une hystérie collective qui abasourdit tous les observateurs. Quand les Nord-Coréens vont-ils se réveiller de ce cauchemar ?

À Pyongyang cependant, il en va comme à Versailles sous l'Ancien Régime. Kim est mort ? Vive Kim ! Le pouvoir passe aux mains de Kim Jong-il. L'« avènement » du dauphin stupéfie l'étranger. Une succession héréditaire dans un pays qui se prétend encore communiste n'est tout simplement pas crédible. En outre, Kim Jong-il n'a rien de son père. Il ne s'est jamais battu, il s'est contenté d'hériter. Contrairement à Kim Il-sung,

Kim Il-sung (1912-1994)
et son fils Kim Jong-il (1941/1942-2011)
vers 1980 lors de la soirée
du VIe congrès des travailleurs coréens.

qui, excepté une vilaine tumeur sur le cou, portait beau même au soir de sa vie, il est petit, chafouin, complexé et libidineux. À l'issue des funérailles, il a d'ailleurs annoncé qu'il n'exercerait pleinement le pouvoir qu'à la fin du deuil confucéen de trois ans. N'était-ce pas avouer qu'il n'effectuerait qu'une transition et que le pays passerait bientôt à autre chose ? C'était mal le connaître.

Car Kim Jong-il est aussi avide de pouvoir que son père. N'est-il pas né aux marches du trône ? Selon la propagande, il aurait vu le jour en 1942 sur les flancs du mont Paektu, un volcan éteint de 2 700 mètres situé à la frontière chinoise, là où Kim Il-sung dirigeait la guérilla antijaponaise. En fait, il serait né en URSS et aurait rejoint la Corée en novembre 1945, dans les fourgons soviétiques. Mais qu'importe. D'emblée, c'est un enfant à part. Non seulement son père préside aux destinées du pays, mais sa mère, également résistante, est devenue une héroïne nationale depuis qu'elle est morte prématurément, sans doute de tuberculose. On le traite donc en petit prince rouge promis aux plus hautes destinées, Kim Il-sung ayant songé très tôt à la solution monarchique pour cimenter son régime.

Mais, au sortir de l'adolescence, tout est remis en question. Kim Il-sung, qui est un homme à femmes, tombe sous le charme d'une intrigante. Elle lui donne deux fils qu'elle pousse en toute occasion, notamment l'aîné, Pyong-il, qui porte beau et cultive sa ressemblance avec le Kim Il-sung de la Résistance. Et si c'était lui, finalement, qui recueillait l'héritage ? Mais Kim Jong-il a hérité le génie tactique de son géniteur. Faisant profil bas, il joue la carte de la piété filiale.

Kim Jong-il passe devant son fils et successeur Kim Jong-un (né en 1984) lors d'une parade militaire marquant le 65e anniversaire de la fondation du parti des travailleurs coréens à Pyongyang, en octobre 2010.

Secrétaire particulier, majordome et à l'occasion homme de main, il se rend progressivement indispensable. Surtout, nommé à la tête du service de la propagande (1969), c'est lui qui jette les bases d'un culte de la personnalité permanent qui devient la marque de fabrique du régime. Statues, fresques, spectacles gymniques, opéras, films, tout est bon pour célébrer l'apothéose du père de la patrie qui est aussi son père. Cette abnégation de tous les instants porte ses fruits.

Après une décennie d'hésitations, en octobre 1980, à l'occasion du VIe congrès du Parti des travailleurs, Kim Jong-il devient officiellement l'héritier de Kim Il-sung.

L'homme de l'ombre révèle alors sa vraie nature : absolue, cruelle, implacable. Plaçant ses fidèles aux postes clés de l'armée, du parti et de l'État, il n'entend plus se contenter de gérer les acquis. La dégradation de la situation commande de changer de cap. Puisqu'on ne peut plus compter sur la Chine ou l'URSS, le Nord va se débrouiller seul. Pour qu'on le prenne au sérieux, Kim Jong-il commande une série d'attentats qui visent à déstabiliser le Sud (Rangoon en octobre 1983, Boeing de la Korean Air en novembre 1988). Et, pour sanctuariser son pays, il parvient à corrompre les responsables d'anciens satellites de l'URSS ou encore le sulfureux Abdul Khan, père de la bombe atomique pakistanaise, pour entreprendre ce dont son père avait toujours rêvé : doter le régime de la force atomique.

L'épouvantable famine qui frappe le pays de 1995 à 1997 et cause plus de 2 millions de morts ne le déstabilise pas. La propagande impute ce drame aux ennemis de la Corée du Nord soutenus par Washington et, comme son père durant la guerre de Corée, Kim Jong-il prend la tête d'une nouvelle forme de résistance : celle d'une population en lutte pour sa survie, guidée par son glorieux timonier. Durant la crise, il serre les boulons. En octobre 1998, l'autorité passe aux mains de l'armée, proclamée fer de lance du régime. Les émeutes de la faim qui éclatent ici et là sont réprimées dans le sang. Mais dès que la situation s'améliore, grâce à l'aide internationale, il faut lâcher du lest. En juin 2000, lors du premier sommet intercoréen, Kim Jong-il accepte l'aide économique que lui propose le Sud. Et, à compter de 2002, le pays s'entrouvre timidement à l'économie de marché, permettant à la croissance de repartir, au moins à Pyongyang et dans les villes portuaires.

Pour autant, Kim Jong-il ne renonce pas à l'atome. En octobre 2006, le régime procède à son premier essai nucléaire. Comme depuis une décennie il maîtrise la technologie balistique, on prend soudainement au sérieux la menace nord-coréenne. Alors que le Kim Il-sung des dernières années passait pour le dinosaure exotique d'un âge révolu, Kim Jong-il devient un croquemitaine planétaire. On lui impute tous les trafics : contrebande, fausse monnaie, drogue. Les rumeurs les plus folles circulent à son sujet : orgies, gabegies, paranoïa. Elles ne sont pas toutes fondées, mais on ne prête qu'aux riches. Le fait est que, de plus en plus isolé par l'exercice solitaire du pouvoir, il travaille sans cesse et multiplie les excès, notamment l'alcool. Et c'est un homme prématurément usé qui s'éteint en décembre 2011, sans avoir vraiment préparé son héritier. Mais, cette fois, nul n'en doute : le pouvoir ne peut revenir qu'à un membre de son clan.

Kim Jong-un le bluffeur

De fait, contrairement à la succession de Kim Il sung qui a pris trois ans, celle de Kim Jong-il est immédiate. Du jour au lendemain, c'est son benjamin Kim Jong-un qui recueille l'héritage. Comme il n'a pas trente ans, son père a mis en place une régence qui ne dit pas son nom, où sa sœur Kim Kyong-hui et surtout Jang Song-taek, le mari de cette dernière, jouent un rôle clé. Fidèles de Kim Jong-il, ces Thénardier coréens ont une réputation peu flatteuse d'affairisme et de corruption. Mais, comme ils sont proches de Pékin, on espère qu'ils vont initier une ouverture du régime à la chinoise, d'autant que Kim Jong-un lui-même multiplie les gestes d'ouverture : messages d'apaisement, bains de foule, rencontres tout sourires avec la presse internationale. Nombre d'observateurs imprudents pronostiquent alors un dégel, voire un printemps nord-coréen. Ils ne tarderont pas à déchanter.

En fait, comme son père avant lui, Kim Jong-un a dû se battre pour s'imposer. À l'origine, Kim Jong-il n'en avait que pour son aîné, Kim Jong-nam, né en 1971 de sa liaison avec Song Hye-rim, une des actrices les plus en vogue du moment. Rien n'était trop beau pour ce premier fils à qui il aurait même promis de « donner la Corée ». Et la naissance, une décennie plus tard, des deux fils que lui donne Ko Young-hee, qui a remplacé Song, devenue dépressive, ne change rien à ses intentions. La sœur de Kim Jong-il et son mari l'ont si bien compris qu'ils entourent Jong-nam de leurs soins, comptant sur lui pour protéger leurs manigances. N'étant pas destinés au trône, Kim Jong-un et son aîné Kim Jong-chol restent dans l'ombre. Pour les préparer à la carrière diplomatique qui attend les cadets de la dynastie, on les envoie d'ailleurs étudier en Suisse entre 1992 et 2000.

Mais le scénario ne se déroule pas comme prévu. Kim Jong-nam n'a ni la prestance de son grand-père ni le machiavélisme de son père. C'est un enfant gâté, replet et brouillon qui fait trop facilement confiance et accumule les frasques. En mai 2001, il essaye d'entrer au Japon avec un faux passeport pour visiter Disneyland, ridiculisant le régime. Mais il y a pire. Puisqu'on lui promet le pouvoir, il affiche ses désaccords avec Kim Jong-il et se prononce en faveur d'un aggiornamento libéral, au grand scandale de l'armée, farouchement attachée au *statu quo*. À compter de 2003, la coupe est pleine. Il part s'installer à Macao où il vivote sans succès ni conviction de trafics équivoques. C'est à partir de ce moment que Kim Jong-il envisage de pousser ses deux autres fils, mais sans renoncer tout à fait à convaincre l'enfant prodigue de rentrer au bercail.

Cette incertitude profite à Kim Jong-un. Comme ce n'est pas un expansif, on ne s'en est pas rendu compte, mais il a de l'ambition à revendre. Même s'il n'est que le cadet de la branche cadette, il ne manque pas d'atouts. Sous ses dehors mafflus, c'est un sportif qui adore crapahuter avec ses hommes. L'armée l'adore, d'autant qu'il ressemble à son grand-père. Le prétendant est aussi un homme d'action qui n'hésite pas à frapper quand c'est nécessaire. En juin 2009, il tente de faire assassiner Kim Jong-nam. En novembre 2010, il fait bombarder l'île sudiste de Yeongpyeong. Cette provocation ne sert pas à grand-chose, si ce n'est à prouver qu'il n'a pas froid aux yeux. Son frère aîné Jong-chol, lui, n'a pas cette trempe. Il n'a aucun atome crochu avec l'armée et tient à sa vie privilégiée de prince rouge. Kim Jong-il n'a donc plus le choix. Une série de promotions le prouve : Kim Jong-un sera le prochain dirigeant suprême.

Rien n'est encore joué pour autant. Contrairement à son père qui a eu vingt ans pour se préparer, Kim Jong-un doit s'imposer. Son entourage le laisse régner, mais lui veut gouverner. Pour prouver qu'il en a l'étoffe, il n'y va pas par quatre chemins. Tous ceux qui le gênent sont éliminés. Des centaines de cadres et d'officiers sont démis, déportés ou éliminés, à commencer par le plus gradé d'entre eux, le maréchal Ri Yong-ho, en qui Kim Jong-il plaçait toute sa confiance. Pour montrer que personne n'est à l'abri, Kim Jong-un frappe jusqu'à sa propre famille. En décembre 2013, son oncle Jang Song-taek est fusillé à l'issue d'un procès expéditif. Et, en février 2017, c'est Kim Jong-nam lui-même, l'héritier déchu, qui est assassiné à l'aéroport de Kuala Lumpur. Le message est clair. Le nouveau timonier est le seul maître à bord.

À l'étranger, où c'est surtout son obésité et sa coupe de cheveu ridicule qui frappent, on se l'imagine volontiers en tyranneau capricieux, menant une vie de pacha entre ses courtisans et son épouse, la mièvre Ri Sol-ju, qu'il a épousée en juillet 2012 et qu'il vient récemment de proclamer Première Dame de Corée. Mais, en fait, Kim Jong-un est aussi intransigeant que ses prédécesseurs. Dur à la tâche, très obstiné, encore plus méfiant, il est avant tout inflexible. Loin du dégel espéré lors de son avènement, l'ordre moral règne et la répression bat son plein, à Pyongyang comme en province où même des délits mineurs sont punis de mort. Il en va de même sur la scène internationale. Après les essais balistiques qui se multiplient, il accélère la cadence nucléaire, avec 4 essais en trois ans (février 2013, janvier et septembre 2016, septembre 2017), en dépit des condamnations virulentes de l'ONU qui affectent l'économie nord-coréenne. En décembre 2014, il s'affirme également en parrain du cyberterrorisme en s'attaquant au groupe Sony qui distribue une pochade qui le tourne en ridicule. Quatre ans plus tard, il se livre à une véritable *battle* d'insultes avec le président Donald Trump qui le traite de « *little rocket man* ». Il n'aura pas fallu dix ans pour que Kim Jong-un succède à Kim Jong-il dans le rôle du super-vilain à la James Bond qu'on adore détester.

Mais, en tacticien digne de ses ancêtres, Kim Jong-un sait aussi surprendre. Malgré la vétusté de l'appareil productif et la sévérité du boycott international, l'économie nord-coréenne se redresse. À Pyongyang, confirment tous ceux qui s'y rendent, on construit à tout va, les magasins prospèrent et le trafic routier s'intensifie. Comment le régime s'y prend-il ? Certes, depuis mars 2013, Kim Jong-un a lancé sa « Stratégie jumelle » conjuguant force nucléaire et développement économique. Mais il n'a pas les moyens de ses ambitions. D'où le spectaculaire revirement de janvier 2018. Kim Jong-un se dit prêt à revoir sa politique nucléaire et balistique pour peu que les États-Unis et l'ONU acceptent de réduire le blocus économique. Et, pour témoigner de ces nouvelles dispositions bienveillantes, il multiplie les sommets avec la Chine, la Corée du Sud et même les États-Unis (Singapour, juin 2018 ; Hanoï, février 2019). Bluffe-t-il ? Obtiendra-t-il gain de cause ? L'avenir nous le dira. Mais, de la démocratie et des droits de l'homme, il n'est plus guère question. En d'autres termes, qu'il s'en tienne au chantage nucléaire ou qu'il s'entrouvre à l'économie de marché, son régime semble avoir encore de beaux jours devant lui.

Le système Kim

« La dictature est la chose du monde la mieux partagée », serait-on tenté de dire en parodiant Descartes, si le sujet prêtait à rire. Les despotes cruels, les tyrans sanglants, les autocrates fanatiques n'ont jamais fait défaut. Aucune époque, aucun continent, aucune idéologie ne sont épargnés. Mais les Kim sont hors catégorie. Une telle constance, une telle obstination, une telle intensité dans l'absolutisme repoussent les limites du genre. Comment les Nord-Coréens ont-ils pu consentir, comment peuvent-ils tenir, comment pourront-ils continuer ? L'habileté manœuvrière des trois Kim, leur absence de scrupules, leur opportunisme assumé expliquent leur réussite. Mais pas seulement. Leur pouvoir repose aussi sur un système complexe qui combine fondamentalement trois logiques : l'exaltation de la résistance nationale, le culte de l'histoire coréenne et la sophistication de l'appareil répressif.

L'histoire de la Corée est une épopée. Embarcadère chinois puis russe pour les mers chaudes, débarcadère japonais puis américain vers l'immensité asiatique, la péninsule n'a jamais cessé d'aiguiser l'appétit de ses puissants voisins. Toujours envahis, souvent annexés, parfois libérés, les Coréens ont intériorisé cette menace jusqu'à en faire leur raison d'être. En somme, leur destin serait d'être à la fois victimes et résistants.

Et, de fait, le XXe siècle s'est appliqué à leur donner raison. Ils ont été brutalement ouverts à l'impérialisme occidental, colonisés par le Japon (1910-1945), brisés par la guerre froide (1950-1953). Mais ils ne s'en sont pas moins redressés, au Nord comme au Sud, quitte à bâtir deux systèmes antinomiques. Ils n'en sont pas peu fiers, et c'est ce qui confère son originalité au nationalisme coréen. Il est avant tout résilient.

Les Kim l'ont bien compris qui se sont érigés une fois pour toutes en héros de la cause nationale. Kim Il-sung bien sûr : ayant pris part à la lutte antijaponaise avant de s'en arroger tout le mérite, il a fondé tout son règne sur sa légitimité résistante et son droit éternel à la reconnaissance populaire. Pour ancrer cette légitimité, sa propagande est allée jusqu'à prétendre qu'elle serait héréditaire. Ce serait à ses ancêtres qu'on devrait l'incendie du *Général Sherman*, un vapeur américain qui, à l'été 1866, avait tenté de forcer le port fluvial de Pyongyang. Kim Jong-il et Kim Jong-un n'ont pas changé de stratégie. Tout en continuant à stigmatiser le Japon, l'ancienne puissance coloniale, ils ont élargi le spectre de la résistance. L'ennemi à combattre, désormais, c'est l'étranger. Les États-Unis bien sûr, avec qui le Nord demeure techniquement en guerre puisque seul un armistice a été signé en juillet 1953, mais aussi tous ceux qui, aux Nations unies, dénoncent le régime de Pyongyang et lui imposent un boycott économique de plus en plus dur. De leur paranoïa, ils ont fait un ferment collectif.

C'est ainsi qu'il faut comprendre l'ambition atomique du régime. Nous n'y voyons qu'un caprice de despote, doublé d'une menace pour la paix régionale.

Les Nord-Coréens, eux, considèrent que les héritiers de Kim Il-sung ont repris glorieusement le flambeau patriotique. Dans un pays aussi cadenassé, le thème fait mouche. Le régime Kim est despotique, la situation se dégrade, la famine guette ? Sans doute. Mais c'est le prix à payer pour rester indépendant. Comment comprendre sinon qu'à chaque tir de missile, à chaque essai nucléaire, des centaines de milliers de Nord-Coréens sortent dans les rues pour acclamer leur dirigeant ? On les y forcerait ? C'est difficile à croire : ils sont trop nombreux. C'est bien leur orgueil national qui les pousse. Les Kim en profitent. Voilà trois quarts de siècle que le nationalisme engraisse leur absolutisme.

La Corée éternelle

S'ils vivent intensément leur appartenance nationale, les Coréens n'en sont pas moins divisés. Paysans, artisans et plus tard ouvriers, aristocrates et lettrés, commerçants et entrepreneurs, civils et militaires, habitants du Nord montagneux et céréalier contre riziculteurs du Sud tempéré, tous ont leurs intérêts et leurs ambitions qui s'opposent ou se combinent. Au gré des alliances, la Corée est ainsi passée par des phases combattantes où les militaires tenaient le haut du pavé, par des âges mercantiles où ses artisans rayonnaient en Asie et par une longue période agrarienne dominée par une aristocratie terrienne pétrie de morale confucianiste. À chaque changement, une nouvelle dynastie s'empare du pouvoir pour guider le pays dans la nouvelle direction. Au Kim de Shilla (Ier millénaire) ont ainsi succédé les Wang de Koryo (du Xe au XIVe siècle), puis les Lee de Choseon, de 1392 à l'annexion japonaise.

Kim Il-sung s'inscrit dans cette filiation. À sa naissance, la Corée a cessé d'exister. Incapable de s'adapter aux changements, chahutée entre jacqueries et ingérences étrangères, la dynastie Lee a perdu tout crédit. Le Japon en a profité pour faire main basse sur le pays. En s'emparant du pouvoir, il a donc renoué avec la tradition : changer de dynastie pour initier une ère nouvelle. Modernité oblige, il a adopté la rhétorique du temps. La Corée du Nord s'est ralliée à la république et au socialisme révolutionnaire. Mais cette révolution a tout d'une restauration puisque Kim Il-sung rétablit la monarchie héréditaire, remplace l'aristocratie foncière par une élite d'officiers et de technocrates et renvoie le peuple à son obéissance séculaire. Les Nord-Coréens se sont ralliés à ce nouveau régime qui ressemblait à l'ancien avec d'autant plus de facilité qu'ils n'en avaient jamais connu d'autres. Pour que les choses soient claires, contrairement au Sud qui, en 1948, a choisi de porter un nouveau nom, celui de Hanguk, le « Pays des Han », Pyongyang a tenu à conserver l'antique appellation de Choseon, le « Pays du matin clair », qu'arborait la royauté. La Corée éternelle, c'est la Corée du Nord.

Pour prouver que le régime est le dernier avatar, la métamorphose ultime, la mue la plus aboutie de toute l'histoire coréenne, Kim Jong-il n'a pas hésité à proclamer une ère nouvelle en juillet 1997. Conçue en l'honneur de Kim Il-sung, elle porte le nom de « *juché* », sa version du socialisme, et débute naturellement en 1912, l'année de sa naissance. Il y aurait donc deux périodes dans l'histoire de la Corée. Celle d'avant Kim Il-sung et celle d'après. Et il n'y en aura pas d'autres. Pour sceller ce lien entre le passé et l'avenir, le régime multiplie les références au mont Paektu. D'après la légende, c'est là que serait né Tangun, l'ancêtre de tous les Coréens. Pour la propagande, dans les veines de Kim Il-sung qui s'y est battu, de Kim Jong-il qui y serait né et de Kim Jong-un qui vient s'y ressourcer, coule le « sang glorieux du Paektu ». En 2012, le régime a achevé la construction de la tour Ryugyong, un édifice pyramidal de 323 mètres qui imite le caractère chinois signifiant « montagne » et domine tout Pyongyang de sa masse. Symboliquement, les Kim ont érigé un nouveau mont Paektu. Ils sont la réincarnation de Tangun. La boucle est bouclée.

La dictature machine

Mais, pour régner, endoctriner les consciences ne suffit pas, il faut aussi contrôler les corps et les esprits. La dictature Kim est un modèle du genre. Ses moyens de contrôle sont protéiformes. Il y a d'abord l'armée populaire, 2 millions d'hommes pour une population de 25 millions d'habitants, qui maintient l'ordre tout en veillant jalousement sur ses privilèges ; la police et ses réseaux parallèles, qui surveillent tout et tout le monde ; les camps de concentration où 150 000 à 200 000 personnes, délinquants, criminels ou agents disgraciés, croupissent dans la terreur et l'infamie. Il y a ensuite l'État et surtout le Parti du travail et ses 3 millions d'adhérents, inextricables labyrinthes bureaucratiques où la faveur, la corruption et la chance sont les seuls sésames. Viennent enfin les services de la propagande qui gèrent les médias, radio, télévision et cinéma, organisent les défilés et les spectacles chorégraphiques auxquels la population participe de gré ou de force, et administrent les studios Mansudae qui lancent slogans et campagnes, peignent les fresques à la gloire du régime et sculptent les innombrables statues du clan Kim – il y en aurait plus de 30 000.

Entièrement voué au service de la dynastie, cet appareil dictatorial profite d'un savoir-faire séculaire. Réputée depuis des siècles pour ses papetiers, ses orfèvres et ses potiers, la Corée a su très tôt organiser ses circuits d'approvisionnement, de production et de distribution et former ses artisans, ses ouvriers et ses ingénieurs. Au XVe siècle, Sejong, le Henri IV coréen, a même doté son pays d'un alphabet, unique en son genre dans l'océan idéogrammatique chinois, pour faciliter la diffusion des innovations techniques. C'est ce qui explique que, le moment venu, la Corée se soit facilement industrialisée, les capitaux japonais ayant accéléré le mouvement durant la période coloniale, surtout au Nord d'ailleurs, riche en charbon et en minerais. En arrivant au pouvoir, les Kim ont détourné le système à leur profit pour instaurer une véritable dictature industrielle, menant de front, et avec les mêmes méthodes, contrôle de la production et contrôle idéologique. Certes, en privilégiant l'industrie lourde, Kim Il-sung a mené son pays dans l'impasse. Mais ses successeurs ont su s'en sortir en montant en gamme et en développant l'agro-alimentaire, la chimie, l'aéronautique, le numérique et bien sûr le nucléaire. En d'autres termes, la bombe atomique n'est pas qu'une arme de chantage qui menace la paix régionale, elle constitue aussi un moyen de consolider la machine dictatoriale en interne.

C'est également à cette logique industrielle que le régime de Pyongyang doit sa plasticité. La péninsule coréenne a toujours été un creuset. Morale confucéenne, inventions chinoises, sciences occidentales, technologie japonaise ont été accueillies avec curiosité, décortiquées avec précision et adaptées aux savoir-faire locaux. Les conglomérats sud-coréens en administrent constamment la preuve, à commencer par Samsung qui, en moins de dix ans, a inondé le monde de ses smartphones. Les Kim n'ont pas agi différemment. Leur dictature tient à la fois du militarisme japonais, du stalinisme soviétique, de l'autocratie maoïste et des satrapies orientales, et combine hardiment toutes ces composantes. Quant à Kim Jong-un, quittant la tour d'ivoire de ses prédécesseurs, il s'accommode avec succès de cette tyrannie *new look* qu'exercent désormais les médias numériques.

En somme, la dictature tourne à plein régime. Est-elle à l'abri d'une panne généralisée ? Non : aucune machine ne l'est, aussi sophistiquée soit-elle. De fait, Kim Jong-un doit se préparer à piloter par gros temps. Le blocus de l'ONU étrangle l'économie nord-coréenne. L'ouverture au Sud patine. Les négociations avec Washington semblent dans l'impasse. Mais le régime en a vu d'autres. Il est rodé pour tenir et n'a pas d'adversaire interne à redouter. Même l'obscur groupuscule qui s'est récemment autoproclamé « gouvernement nord-coréen en exil », se réclamant d'un neveu de Kim Jong-un, comme s'il n'y avait d'alternance possible qu'au sein de la famille, ne représente pas une menace. Il y a déjà plusieurs décennies que les Nord-Coréens ont pris l'habitude de dire qu'ils habitent le « pays de Kim Il-sung ». Tant qu'ils en seront persuadés, la dynastie rouge restera sur son trône.

Bibliographie sélective

Antoine BONDAZ, *Corée du Nord : Plongée au cœur d'un État totalitaire*, Chêne, 2016.

Pascal DAYEZ-BURGEON, *La Dynastie rouge*, Perrin, 2015, rééd. 2017.

Bradley K. MARTIN, *Under the Loving Care of the Fatherly Leader : North Korea and the Kim Dynasty*, New York, Thomas Dunne Books, 2004.

Patrick MAURUS, *La Corée dans ses fables : essai*, Actes Sud, 2011.

Bryan REYNOLDS MYERS, *La Race des purs : comment les Nord-Coréens se voient*, Saint-Simon, 2011.

Philippe PONS, *Corée du Nord. Un État-guérilla en mutation*, Gallimard, 2017.

10

Mao, la tyrannie de la déraison

par Rémi KAUFFER

« De très loin, le sifflet de la locomotive retentit, plus assourdi. L'un des nouveaux arrivés, couché sur le ventre, crispa ses mains sur ses oreilles et hurla. Les autres ne criaient pas, mais de nouveau, la terreur était là, au ras du sol [...]. » « Ne fusillent pas, ils les foutent vivants dans la chaudière de la locomotive [...] » ; « Brûlé, dit-il, être brûlé vif. Les yeux aussi, tu comprends, les yeux ».

Le poids des mots, le choc de l'imagination : ces quelques lignes du roman d'André Malraux *La Condition humaine*, prix Goncourt 1933, ont beaucoup compté dans l'appréhension des « événements de Chine » par une partie du public français, voire international. Toute malrucienne, la fiction des communistes de Shanghai jetés vifs dans la chaudière de locomotives contribua de fait à coller aux nationalistes chinois l'étiquette de bourreaux, et aux révolutionnaires le double label de héros et de victimes.

Ce que nous savons aujourd'hui de la grande tragédie chinoise du XXe siècle oblige à plus de mesure et d'équilibre. Tchang Kaï-chek et ses partisans martyrisèrent à coup sûr quantité de leurs compatriotes. Mais force est de reconnaître qu'en un quart de siècle d'existence la dictature de Mao allait s'avérer plus assassine que la leur encore. Et de loin ! Troubles, massacres, répression, destructions, ruines, déchirements, souffrances : telle fut la sombre réalité de l'ère maoïste, portée aux nues en France dans les années 1960-1970, mais passée depuis sous un silence pudique comme si elle avait à peine existé.

Tout commence donc en avril 1927, à l'heure où Tchang se retourne par surprise contre les communistes, ses alliés d'hier. Un drame qui va servir de toile de fond à *La Condition humaine*. Or, plus que sur le plan littéraire, c'est sur le plan politico-idéologique qu'il va se révéler décisif. Le massacre des communistes à Shanghai d'abord, puis à Canton, Guilin, Ningbo, Xiamen et bien d'autres cités cause la mort de 10 000 d'entre eux. Mais, paradoxalement, c'est cette hécatombe qui va offrir à Mao l'espace géographique indispensable pour imposer ses vues. En Chine, commence-t-il à hasarder, l'insurrection urbaine calquée sur le modèle d'octobre 1917 n'a aucun avenir ? Le salut passe par l'« encerclement des villes par les campagnes ».

Conception hérétique ? Oui, à première vue, le dogme marxiste-léniniste conférant une priorité de principe au soulèvement urbain de la classe ouvrière structurée par le parti communiste. Mais, au final, Mao, marxiste innovant, va faire la preuve que peu importent les forces sociales mises en branle – monde ouvrier, paysan ou autre – pourvu que la révolution demeure l'apanage exclusif de l'« avant-garde » communiste. En quoi la tyrannie maoïste, bien qu'originale en raison de l'étrange personnalité du dictateur, restera dans le droit fil de l'enseignement de Lénine et de Staline.

L'émergence du « Président Mao »

Né le 26 décembre 1893 dans la province sudiste du Hunan, Mao Zedong n'a joué qu'un rôle mineur dans les suites du « Double Dix », la révolution du 10 octobre 1911 qui instaura la république en mettant fin au régime impérial millénaire ; aucun dans le mouvement du 4 mai 1919 qui vit la jeunesse intellectuelle pékinoise se dresser face aux puissances étrangères ; un peu plus déjà dans les journées décisives de juillet 1921 à Shanghai, où, auditeur attentif mais muet, cet instituteur de métier figure parmi la poignée de délégués au congrès de fondation du Parti communiste chinois[1].

1. Le dimanche 4 mai 1919, les étudiants venus de treize collèges et universités se rassemblent à Pékin pour protester contre une disposition annexe du traité de Versailles qui confie au Japon la tutelle de la province du Shandong. S'ensuit une grève générale universitaire contre la mainmise étrangère sur la Chine. Les délégués au congrès de fondation du Parti communiste chinois ne sont que quinze, dont deux émissaires de Moscou.

Mao Zedong
(1893-1976) jeune,
vers 1915.

Une alliance stratégique unit bientôt le PCC au Guomindang, le parti nationaliste fondé en 1912 et où se distingue déjà un jeune officier formé au Japon : Tchang Kaï-chek. Alliance si étroite qu'au titre d'une double appartenance autorisée aux militants communistes, Mao deviendra, en 1926 à Canton, directeur de l'Institut de formation du mouvement paysan du Guomindang. Sans faire preuve, notons-le, d'un radicalisme particulier à cette époque de « lune de miel » entre deux formations issues de matrices dictatoriales jumelles, ultra-centralisées, ultra-hiérarchisées, ultra-répressives, et, pour le Guomindang, ultra-militarisée.

Le pouvoir étant « au bout du fusil », la mise du PCC sur pied de guerre interviendra sous peu, grâce à Mao notamment. C'est en mars 1927 avec son *Rapport sur l'enquête menée dans le Hunan à propos du mouvement paysan* que ce bientôt trentenaire commence à sortir du rang. L'effondrement du communisme urbain, en butte à la répression nationaliste, en fait bientôt un chef de maquis dans le Jiangxi rural jouxtant sa province d'origine ; puis, le 7 novembre 1931, jour anniversaire de la révolution d'Octobre, le président de la République soviétique chinoise[1]. Un leader qui va fonder d'emblée son pouvoir sur la terreur rouge : 7 000 soi-disant « agents du Guomindang infiltrés » mis à mort lors d'une première purge sanglante appelée à servir de modèle à ses nombreuses héritières.

Même menacés par la stratégie d'étranglement des troupes de ladite « Campagne d'extermination des bandits communistes », les « soviets » ruraux constituent un refuge au moins relatif pour les chefs du PCC, contraints de fuir Shanghai, Canton et les grandes villes. Parmi ces dignitaires, le futur Premier ministre Zhou Enlai. À l'automne 1934, le « Président Mao »,

1. Tissu discontinu de zones contrôlées par les communistes dans sept provinces différentes, cette République soviétique chinoise ne sera reconnue par aucun État étranger, URSS comprise. Mao en commandait personnellement la « zone de la base centrale », à cheval sur les provinces orientales du Jiangxi et du Fujian.

jugé incontrôlable, se trouve toutefois à deux doigts du limogeage. Seule une humiliante autocritique parviendra à lui procurer son billet pour la Longue Marche (octobre 1934-octobre 1935). Or, sans cette transhumance désespérée vers le nord d'un appareil militaire et politique aux abois, ni le PCC ni Mao lui-même n'auraient survécu.

Dans l'intervalle, ce fin manœuvrier parvient à se saisir à nouveau des leviers de commande pour ne plus jamais les lâcher. Et, de fait, multipliant les détours, les changements de pied et les changements de cap, il mènera au pouvoir les communistes au milieu de l'agression japonaise, puis de la guerre civile[1]. Un parcours sinueux qui va passer par la « Campagne de rectification du style de travail ». Au sein de Yan'an, la « base rouge » acquise à la faveur d'un accord temporaire avec Tchang Kaï-chek contre les envahisseurs japonais, un vaste processus de formatage idéologique s'enclenche dès mars 1942. En deux ans, cette chasse aux sorcières débouchera sur l'exclusion du Parti de 40 000 militants, suivie de l'élimination physique de centaines d'entre eux. Autant dire que la mise en place des traits permanents de la tyrannie a précédé sa prise de pouvoir à Pékin. Le Mao quinquagénaire qui, le 1er octobre 1949 à 14 heures, proclame place

1. Commencée en 1931 avec la prise d'une partie de la Mandchourie, l'invasion japonaise de la Chine se transformera en guerre à grande échelle entre 1937 et 1945. La guerre civile entre le parti communiste et le Guomindang dure deux ans (1947-1949) pour se terminer par la proclamation de la République populaire de Chine le 1er octobre 1949.

Tian'anmen la naissance de la République populaire de Chine est bien décidé à appliquer son programme : l'élimination des « couches parasitaires », prélude à la naissance du communisme intégral. Si la « dictature du prolétariat » reste inséparable de la mainmise totalitaire du PCC sur l'ensemble de la société chinoise, elle dépend aussi de sa poigne de fer personnelle. Le président Mao est là pour longtemps, qu'on se le dise, et pas pour inaugurer les chrysanthèmes.

Fumeur compulsif, sujet de longue date à de sérieux troubles du sommeil, ce grand gaillard est affublé d'une voix de fausset. Comme toute la nomenklatura du nouveau régime, il s'installe à Zhongnanhai, un vaste domaine du centre de Pékin en bordure ouest de l'ancienne Cité interdite. Ce qui ne l'empêche pas, enclin à la bougeotte, de nomadiser volontiers entre plusieurs résidences affectées à son usage personnel. Grand consommateur de femmes (quatre officiellement sans compter toutes les autres), certains signes d'impuissance sexuelle apparus dans les années 1950 l'inciteront à se rassurer en partageant sa couche avec des filles de plus en plus jeunes. Doté d'une robuste constitution, Mao adore nager au point de monopoliser progressivement à son usage personnel la piscine en principe collective de Zhongnanhai. La gestion quotidienne de l'État l'ennuie, car, au contraire de Staline, ce n'est pas un gros travailleur. Excellent praticien du weiqi, ce jeu de stratégie que les Japonais appellent le gö, il prépare ses coups politiques très longtemps à l'avance, et toujours dans le plus grand secret. Avant d'avaler de fortes doses de somnifères et de s'écrouler, Mao peut passer des nuits entières à méditer ces brusques changements de cap qui ont le don de surprendre tout le monde, les autres dignitaires du régime en particulier. Sa manière toute personnelle de transposer les tactiques de la guérilla dans la sphère du pouvoir. Imprévisible, il est aussi impitoyable, royalement indifférent à la douleur de ses compatriotes, comme l'avenir de la Chine va le démontrer…

Le pouvoir est au bout de la terreur

Œuvre de Kang Sheng, l'homme de la police secrète et des services secrets, la « Campagne de rectification du style de travail » a donné le ton : on cloue au pilori, puis on assassine[1]. À Yan'an, les exécutions se comptaient par centaines. Désormais, c'est de centaines de milliers de cadavres qu'il faudra parler pour un pays de 450 à 480 millions d'âmes que les maoïstes s'apprêtent à décerveler pour mieux le soumettre. Dès 1949-1951, une première vague de terreur conduit à l'exécution d'un million de « contre-révolutionnaires » : propriétaires terriens, petits patrons, industriels et commerçants, anciens du Guomindang, « réactionnaires » de toute sorte. Commence la phase de « dictature démocratique populaire » ainsi nommée par Mao.

Créé le 19 octobre 1949, le Gonganbu (ministère de la Sécurité publique, c'est-à-dire le KGB maoïste) quadrille bientôt tout le pays. Ses objectifs sont : susciter

1. Kang Sheng (1898-1975) sera le chef de la police secrète et des services secrets de Mao, metteur en scène de l'ombre de la Révolution culturelle.

la répression, la conduire, la rationnaliser. Sous la férule de son directeur pour les dix prochaines années, Luo Ruiqing, ancien de la République soviétique du Jianxi, il s'emploie à organiser meeting « d'accusation publique » sur meeting « d'accusation publique ». Les suspects (autrement dit les coupables désignés d'avance à la vindicte des « masses » comme autant de criminels à châtier) y sont « jugés » sous les clameurs, et bien souvent condamnés à la peine capitale avec application immédiate. D'autres connaîtront l'enfer concentrationnaire du Laogai, la version sinisée du goulag.

« Camarades, que devons-nous faire de tous ces criminels, ces bandits, ces agents secrets, ces mauvais propriétaires, ces chefs et organisateurs de sectes taoïstes réactionnaires ? » beugle par exemple le 25 mars 1951 Peng Zhen, le maire de la capitale.

« Les fusiller ! » clame la foule, encadrée et chauffée à blanc.

« Devons-nous avoir pitié d'eux ?

— Non ! Non ! »

En avril, le Gonganbu, pédagogue, met en circulation un vade-mecum à l'usage des cadres communistes : « Comment tenir un meeting d'accusation ». Ces défouloirs haineux sous étroit contrôle policier sont omniprésents. Impossible d'y échapper, qu'on vive à la campagne ou à la ville : en neuf mois, rien qu'à Pékin, 30 000 rassemblements de ce genre vont agiter la population rue par rue, quartier par quartier.

Évoquant cette période de ses débuts au pouvoir, Mao avancera, sans complexe ni remords, le chiffre de 800 000 victimes. Rien d'étonnant pour celui qui prévenait un quart de siècle plus tôt dans le *Rapport sur l'enquête menée dans le Hunan* : « La révolution n'est ni un dîner de gala ni une œuvre littéraire, ni un dessin ni une broderie [...]. La révolution, c'est un soulèvement, un acte de violence par lequel une classe en renverse une autre. »

La mise en condition se poursuit à travers le mouvement des « Trois Antis » (contre la corruption, le gaspillage et le « comportement bureaucratique »), puis celui des « Cinq Antis » (contre les pots-de-vin, la fraude sous toutes ses formes, l'évaporation fiscale, les détournements de fonds et la révélation des secrets d'État, partout présents dans cette société du bourrage de crâne, du mystère et du soupçon). Mobiliser les « masses » dans la veine maoïste implique en effet de ne jamais les laisser face à elles-mêmes, fût-ce un seul instant : le parti communiste et son dirigeant suprême, « Grand Timonier » de la République populaire, ne sont-ils pas là pour penser en lieu et place des Chinois ?

Que cents fleurs se couvrent de sang

Le bureaucratisme lié à l'exercice quotidien du pouvoir ennuie vite Mao. Bougiste obsessionnel, seul le communisme intégral susceptible de changer en profondeur la nature humaine le motive. Comme ses maîtres Lénine et Staline, dont il a su s'émanciper tout en conservant l'essentiel de leur héritage, il prône désormais la collectivisation totale de la Chine. Sa manière de se démarquer de l'URSS qui, après le discours de Nikita Khrouchtchev au XXe congrès du PC soviétique de février 1956, opte, à l'intérieur, pour une « déstalinisation » destinée à pérenniser le régime et, à l'extérieur, pour une « coexistence pacifique » propre à conjurer la guerre nucléaire avec les États-Unis.

Pour Mao, en répudiant Staline, Moscou renonce au communisme alors qu'on doit au contraire en accélérer l'avènement. Devant cette trahison, c'est à Pékin qu'il incombe de relever le drapeau rouge de la révolution mondiale, et ce, d'autant qu'après quelques années de pouvoir du PCC le Président croit le régime suffisamment populaire pour supporter les critiques. Pourvu qu'il s'agisse de contradictions « à l'intérieur du peuple » et non de contradictions « entre le peuple et ses ennemis » comme celles qu'il a résolues de la façon qu'on sait dès sa prise de pouvoir, de telles plaintes sont admissibles et même souhaitables.

C'est cette « petite démocratie », dialogue sous contrôle avec les éléments « sains » de la société, que le dictateur décrète en 1957. « Que cent fleurs éclosent, que cent écoles rivalisent » : son programme-slogan est bien entendu signé Mao. Or, si les bouches se délient bel et bien, c'est pour déverser un flot de récriminations. Des lettrés, des scientifiques, des enseignants, des journalistes mettent en cause la dictature du parti, appelant de leurs vœux une véritable démocratie. Il en va de même chez les ouvriers : on s'indigne d'un syndicalisme factice, simple courroie de transmission du PCC, tandis qu'en milieu rural les paysans rechignent de plus en plus aux réquisitions qui s'intensifient depuis deux ans.

En première instance, le numéro 1 se frotte les mains de cette flambée contestataire. Bousculant les structures

« légales » de l'appareil du PCC, ne coïncide-t-elle pas avec sa vision d'un peuple méfiant envers la bureaucratie de l'État-Parti mais vénérant son Grand Timonier ? Contrairement à Staline, Mao se conçoit en effet sans la moindre inhibition comme l'héritier légitime des empereurs de Chine.

Le problème, c'est qu'au fur et à mesure que la parole se libère, le ton se durcit. Devant le Président, certes, nul n'oserait. Mais, dans les assemblées de discussion convoquées par le Parti, beaucoup s'y risquent. Tant et si bien que lui aussi en vient à s'inquiéter. « Les génies malfaisants ont fait leur apparition aux côtés des génies favorables », observe-t-il en mai 1957 dans une circulaire interne du PCC. Une manière de siffler la fin de la récréation qui, selon lui, aura au moins eu le mérite de faire émerger des cibles nouvelles…

Quand Mao s'exprime en pareils termes en effet, le bâton n'est jamais très loin. Il commence d'ailleurs à désigner les contestataires sous le nom générique de « droitiers », étiquette infamante susceptible de leur valoir la déportation au Laogai, voire la peine de mort.

La responsabilité principale de la « campagne anti-droitiers », lancée le 8 juin 1957, incombe à un trio d'hommes liges : Kang Sheng, maître d'œuvre de la « Campagne de rectification du style de travail » à l'époque de Yan'an, Deng Xiaoping, secrétaire général du Comité central d'où il contrôle l'appareil du PCC, et Luo Ruiqing, toujours patron du Gonganbu. À ces hauts dignitaires incombe la tâche de vérifier que les cadres locaux du Parti organisent le nombre requis de séances de dénonciation calquées sur le modèle des meetings d'accusation publique des années 1951-1952.

Désignés par les responsables et hués sur commande par les « masses populaires », les « éléments de droite » doivent recommencer une fois, deux fois, dix fois leur autocritique jusqu'à ce que cette dernière soit jugée suffisante. Des châtiments corporels, voire d'atroces tortures, parachèvent l'humiliation publique. Pour beaucoup, c'est la mort, laquelle n'émeut guère Mao, celui-ci vouant une haine tenace aux lettrés, coupables de l'avoir snobé quarante ans plus tôt, quand il n'était qu'un modeste assistant bibliothécaire à l'université de Pékin.

Comme la vengeance du Grand Timonier reste un plat qui se mange glacé, le voilà qui décrète que « 10 % » des intellectuels appartiendraient à l'espèce droitière honnie. Un quota si bien appliqué par l'appareil du Parti et par le Gonganbu que la purge sanglante va s'étendre à un lettré sur dix. Dix pour cent, soit plus d'un demi-million d'êtres humains à éliminer…

Mao peut-il avoir tort ? Non, bien sûr. En foi de quoi, il ne tarde pas à retourner à son avantage l'échec de la campagne de libération de la parole. Dans un pays suridéologisé comme la Chine, il lui suffit d'arguer contre toute évidence que les « Cent Fleurs » n'auraient été, dès l'origine, qu'une ruse de guerre sociale, un stratagème destiné à « faire sortir les serpents de leurs trous ».

Au maréchal Lin Biao qui, une fois n'est pas coutume chez ce courtisan-né, a l'imprudence de rappeler, le 8 mai 1958, comment l'empereur Qin Shi Huangdi, fondateur au IIIe siècle av. J.-C. de la dynastie Qin, a brûlé les livres et assassiné de nombreux intellectuels, Mao réplique sans mâcher ses mots : « L'empereur Qin, ce n'est rien ! Il a tout juste enterré vivants quatre cent soixante lettrés, nous en avons enterré quarante-six mille. Quand nous réprimions les contre-révolutionnaires, n'avons-nous pas tué quelques intellectuels ? J'en ai discuté avec des démocrates, je leur ai dit : vous nous reprochez de faire comme l'empereur Qin, mais nous en avons fait cent fois plus ! On nous accuse d'être une dictature comme l'empereur Qin, mais, nous le reconnaissons, c'est parfaitement exact… »

S'il assume ainsi pleinement la dictature et les assassinats en masse de lettrés qui en découlent, il en ira tout autrement des millions de victimes de sa nouvelle utopie…

L'utopie assassine

Décidé en Bureau politique le 23 mai 1958, le « Grand Bond » n'est rien d'autre qu'un projet démentiel de communisme intégral à imposer en quelques années. L'épicentre en est les « communes populaires », vastes ensembles où tout sera collectivisé : productions agricole et industrielle aussi bien qu'alimentation et éducation des enfants. Une entreprise sans précédent de désagrégation de la société rurale, largement majoritaire en Chine. Fi des lopins de terre individuels, fi de la vie privée, fi des réunions familiales, des repas pris dans l'intimité du foyer. Désormais, les Chinois mangeront dans d'immenses cantines auxquelles ils auront tout sacrifié, même les chaises et les tables de leurs maisons, réquisitionnées et repeintes d'une seule couleur par souci maniaque d'uniformité. Dans ce magma collectif, personne ne pourra distinguer ses maigres biens d'autrefois : c'est l'effet recherché. Quant aux gamins des deux sexes, logés la nuit dans d'immenses dortoirs, ils apprendront la vie en psalmodiant des chansons à la gloire du numéro 1…

Ce décervelage n'est que la première phase du « Grand Bond en avant », censé propulser le pays vers des sommets économiques jamais atteints. La sidérurgie constituant le front le plus brûlant du combat entre la Chine et l'URSS pour la suprématie sur le marxisme-léninisme mondial, chacune des communes populaires devra se doter de son haut-fourneau. Au diable l'efficacité industrielle, préjugé « capitaliste » ou « révisionniste », seule compte la mobilisation totalitaire des campagnes chinoises. Les biens familiaux les plus précieux, bijoux, couverts, outils, objets métalliques de toute sorte, viendront se fondre (au propre comme au figuré) dans cette forme aberrante de quête alchimique.

Mille lumières aussi rougeoyantes qu'économiquement dérisoires illuminent à présent les nuits. Pis, soucieux de plaire en haut lieu et certains que la nourriture ne manquera pas d'arriver en quantité d'autres provinces mieux loties que la leur, les cadres locaux ouvrent tout grands les greniers de riz, de céréales et de viande. À ce jeu destructeur, quelques mois suffiront pour que le pays sombre dans la famine. Partout, on meurt dans d'atroces souffrances. Et, quand on survit, le destin est parfois plus cruel encore : épuisées, les jeunes mères ne parviennent plus à enfanter faute de forces physiques. C'est pourtant à ce moment précis que la Mao-complaisance occidentale balbutiante commence à vanter les mérites du grand chef révolutionnaire qui, assurent ses thuriféraires, aurait « donné son bol de riz à chaque Chinois »…

Sur le terrain, on l'a déjà compris, c'est tout le contraire. Destinées à nourrir les citadins, les réquisitions privent leurs compatriotes ruraux d'une grande partie de la nourriture de subsistance. Tout doit aller à la collectivité : interdiction aux paysans de quitter leur commune populaire, de faire du feu chez eux, de cueillir des légumes ou des fruits sauvages. Des brigades d'inspection fouillent demeures et entrepôts. N'importe quelle nourriture de substitution devient acceptable : la paille de riz destinée au bétail ou aux toits des habitations qu'on hache menu, voire les fientes d'oiseaux.

Les oiseaux, justement. La situation s'aggrave du fait des mesures absurdes prônées par le Grand Timonier, connaisseur supposé des problèmes paysans, pour protéger les cultures. Au mépris de la sagesse traditionnelle, donc « réactionnaire », qui rappelle que les volatiles détruisent beaucoup d'insectes nuisibles aux cultures, on les extermine en masse, tâche souvent dévolue aux enfants. Résultat : les insectes qui prolifèrent dévorent les grains et les graines dans les silos, quand ce n'est pas dans les champs ; les ventres s'arrondissent, les jambes s'affaiblissent, conséquences les plus flagrantes de la dénutrition. Ramasser des cadavres le long des routes et des chemins devient chose banale.

Dans d'autres systèmes politiques, ce processus mortifère serait freiné par des contre-mesures. Pas sous le maoïsme, synonyme d'abolition du sens critique. À tous les niveaux de la hiérarchie, on trafique donc les statistiques, parlant de « succès prodigieux », de « bond de la production », de rendements agricoles « sans précédent ». Satisfait de constater que ses prévisions se réalisent, Mao se repaît de ces fausses informations.

Face à ces millions de morts que le Grand Timonier n'a pas voulues mais que son fanatisme idéologique a provoquées, l'évidence du fiasco finit enfin par s'imposer. De peur d'être rendu responsable de ce désastre, Mao convoque alors une réunion élargie du Bureau politique du 2 juillet au 2 août 1959 à Guling, dans la région du mont Lu. Sa tactique est déjà arrêtée : abattre le premier contestataire pour lui faire porter à sa place le chapeau de la grande famine. Justement, le ministre de la Défense, le maréchal Peng Dehuai, se porte candidat à ce rôle périlleux. C'est en toute ingénuité que, le 3 juillet et les jours suivants, ce vieux camarade de lutte hunanais du grand leader fait ouvertement part de ses objections. Des critiques partagées par Liu Shaoqi, président de la République populaire de Chine depuis le 27 avril à la demande de Mao – lequel n'a démissionné de ce poste honorifique que pour fuir ses responsabilités tout en conservant la présidence du Parti et celle de la toute-puissante Commission des affaires militaires –, mais aussi par Zhou Enlai, le Premier ministre et ministre des Affaires étrangères, et enfin par la toute nouvelle recrue du clan des réalistes, Deng Xiaoping, toujours secrétaire du Comité central, qui, absent pour cause de jambe cassée, n'aura toutefois pas à exprimer son avis (tant mieux pour lui sans doute, Deng ayant tendance à parler sans détour).

Expiant leur coupable identité de vues avec le ministre de la Défense, Liu et Zhou doivent se dédouaner coûte que coûte. À eux de porter les premiers coups au maréchal : c'est la logique du système. Le 23 juillet, Mao amorce sa propre contre-offensive. Alors que Peng proteste de sa fidélité, il l'écarte d'un geste dédaigneux. Le 16 août, le maréchal se voit démis de ses fonctions de ministre de la Défense. Signe des temps, l'ex-ministre de la Police, Luo Ruiqing, est nommé chef d'état-major de l'armée.

Toujours prêt à repartir de l'avant, le Grand Timonier va profiter du limogeage de Peng Dehuai pour lancer une nouvelle purge antidroitière qui, d'après les aveux ultérieurs de Deng Xiaoping, aurait concerné au moins 10 millions de Chinois, et sans doute beaucoup plus. En foi de quoi la tentative de collectivisme intégral se poursuivra jusqu'en 1961 causant 35 à 40 millions de morts.

On dit bien 35 à 40 millions…

Un « grand chaos » sous le ciel

Ce carnage mené à son terme, le clan des réalistes, Liu Shaoqi en tête, parvient à écarter Mao des responsabilités économiques et, dans une certaine mesure, politiques. Liu – crime impardonnable – met en effet à profit la « Conférence des Sept Mille » cadres dirigeants rassemblés à Pékin en janvier 1962 pour contredire publiquement le numéro 1. Tirant le vrai bilan, forcément négatif, du « Grand Bond en avant », ce bureaucrate de style plus classique contraint non sans habileté Mao à la défensive. Mais, incorrigible, le Grand

Timonier médite déjà son retour en majesté pour en conclure, après mûre réflexion, qu'une telle renaissance ne saurait intervenir qu'à la faveur d'une redistribution générale des cartes. Ce « grand chaos sous le ciel », selon sa propre formule, ce sera la Révolution culturelle. Amorcé en 1965 sous un prétexte apparemment anodin – *La Destitution de Hai Rui*, pièce de théâtre dont l'auteur est un protégé du maire de Pékin Peng Zhen, pilier avec Liu Shaoqi du clan des réalistes –, ce gigantesque chambardement monte dans un premier temps une foule d'adolescents fanatisés et idolâtres, les gardes rouges, contre l'état-major du Parti.

Le faux-nez de Mao sera en l'occurrence la « Bande des Quatre », où sévit, parmi trois comparses, sa dernière épouse en date, Jiang Qing, dont il vit pourtant séparé. Roi souterrain du « grand chaos sous le ciel », Kang Sheng œuvre à nouveau derrière cette façade. Glacés de terreur, ses compatriotes le surnommeront « le Maître des ténèbres ».

Tandis que Zhou Enlai, tremblant à l'idée de tomber en disgrâce, avale couleuvre sur couleuvre, Mao s'assure de la fidélité de l'armée par l'entremise du maréchal Lin Biao, monté en grade à l'occasion du limogeage de Peng Dehuai. Lin, qui vient précisément de se débarrasser de l'ancien ministre du Gonganbu puis chef d'état-major Luo Ruiqing, accusé, crime épouvantable, de préférer une troupe militairement efficace à une troupe maoïstement correcte ! Rationnel dans sa déraison, Mao sait qu'il peut ébranler à son profit un des piliers du régime, le Parti, mais qu'il doit garder intacts les deux autres : police et armée. Faute de quoi, ce serait l'effondrement.

Mao vers 1970, probablement au balcon
de la porte de la Paix céleste.

Promu en octobre 1966 chef nominal du Groupe central de la Révolution culturelle, l'ancien secrétaire particulier du numéro 1, Chen Boda, a imaginé le support le plus efficace de catéchisation des gardes rouges et de l'ensemble de la société. C'est le petit livre rouge des *Citations du Président Mao*, recueil de formules du Grand Timonier qu'il convient d'ânonner en toute occasion :

« Tout ce que nous faisons est au service du peuple. »

« Qu'est-ce que travailler ? Travailler, c'est lutter. »

« Chaque communiste doit s'assimiler cette vérité que "le pouvoir est au bout du fusil". »

Soumis à d'incessantes séances d'autocritique – en fait des humiliations publiques à répétition assorties de sévices corporels –, les dignitaires limogés chutent de leur piédestal : Liu Shaoqi, le « Khrouchtchev chinois » ; Luo Ruijing, à peine rescapé d'une tentative de suicide pour échapper aux gardes rouges ; Peng Zhen, encore en place à la mairie de Pékin mais pas pour longtemps ; Bo Yibo, responsable des affaires économiques ; Li Lisan, décrit autrefois comme le « Lénine chinois ». Deng Xiaoping aussi tombe dans la trappe maoïste, relégué en province comme simple ouvrier d'usine mais épargné, car Mao l'aime bien et préfère le garder en réserve au cas où.

En ces circonstances tragiques, une différence de style entre la tyrannie de Mao et celle de feu Staline se profile. Dans la Chine de la Révolution culturelle, les dirigeants déchus vont, tel Liu Shaoqi, être soumis à des traitements cruels propres à les tuer à petit feu, mais ils ne seront ni condamnés à mort par quelque tribunal de complaisance, ni exécutés de manière officielle. Sans doute la contradiction avec les mythes fondateurs du régime serait-elle apparue trop criante. Dans le culte démesuré du grand leader, les deux totalitarismes, le soviétique et le chinois, sont en revanche très proches l'un de l'autre.

Tandis que le pays sombre à nouveau dans la terreur, les destructions matérielles qui anéantissent une grande partie du patrimoine chinois millénaire, les conflits meurtriers entre pro- et anti-gardes rouges comme à Wuhan à l'été 1967 entre la milice des « Trois Aciers trempés » et celle du « Million de Héros », l'anarchie économique, et même l'affrontement militaire ouvert avec l'URSS en mars 1969 sur le fleuve Oussouri, la famine refait son apparition[1]. Dans certaines provinces, elle va s'accompagner d'actes de cannibalisme. Inutile de préciser qu'au même moment le culte du grand-leader-qui-guide-les-masses-chinoises-au-milieu-des-tempêtes atteint des sommets en Occident…

Cette première partie du « grand chaos » est menée à bien : dans sa *Blitzkrieg* contre l'appareil du Parti, le dictateur peut crier victoire. Reste tout de même à initier la deuxième partie : le rétablissement de l'ordre communiste. Après le IXe congrès du PCC d'avril 1969 qui voit Lin Biao promu « plus proche compagnon d'armes » de Mao, cette tâche va incomber à l'armée. Contraints et forcés après l'exécution de

1. À l'été 1967, la Chine semble plonger dans ce que Mao appellera plus tard la « guerre civile générale ». En juillet, Zhou Enlai se voit contraint d'organiser par voie aérienne l'exfiltration du Grand Timonier de Wuhan, capitale de la province du Hubei, où Mao risquait de faire les frais de l'affrontement armé entre milices ennemies.

quelques fortes têtes, les gardes rouges ne tardent pas à se soumettre. Sur ce, le torchon se met à brûler entre Mao et Lin Biao, qui, moins indispensable à l'heure de la reconstruction du Parti sous égide cent pour cent maoïste, craint à présent pour sa vie. Selon toute vraisemblance, le maréchal tentait désespérément de fuir en URSS quand son avion s'écrase opportunément au sol le 13 septembre 1971.

Mao a repris en main une Chine exsangue. Assez pour jouer la carte américaine face à la menace soviétique. En février 1972, c'est chose faite avec la visite à Pékin du président des États-Unis, Richard Nixon, visite dont le point d'orgue sera sa rencontre avec le Grand Timonier. Un homme de bientôt quatre-vingts ans en proie aux premières attaques de la maladie de Charcot, affection neuro-dégénérative qui s'attaque à ses muscles, respiratoires notamment, et rend de plus en plus compliquées ses prises de parole. Le 8 janvier 1976, Zhou Enlai s'éteint. S'ensuivent à Pékin des manifestations populaires montrant à quel point les Chinois ont la dictature maoïste en horreur. Alors, une fois encore, la répression s'abat. Deng Xiaoping, qui avait refait surface, est obligé de se réfugier à Canton chez un ami général. Il n'empêche, les échéances approchent.

Suivie de l'arrestation de Jiang Qing et de la « Bande des Quatre » par l'Unité 8341, la garde prétorienne du régime, la mort de Mao le 9 septembre 1976 clôt le cycle meurtrier de la Révolution culturelle, responsable de la mort de 3 millions de Chinois.

Douze fois moins que le « Grand Bond en avant », mais tout de même. Le Grand Timonier avait raison : la révolution n'est pas un dîner de gala.

Du Petit Timonier au nouvel empereur de Chine

Après le court intermède du « président clairvoyant » Hua Guofeng, le sphinx Deng Xiaoping, trois fois laissé pour mort sur le champ de bataille idéologique et trois fois ressuscité, prend pour vingt ans les commandes de la République populaire de Chine. Un État délabré qu'il entend reconstruire en tant que puissance de rang mondial par une bonne dose de libéralisme économique sous étroit contrôle du PCC. Coqueluche des milieux d'affaires occidentaux, celui qu'on surnomme le « Petit Timonier » n'en reste pas moins un communiste authentique doublé d'un nationaliste de choc. Desserrer l'étau qui pèse sur une économie chinoise peu productive car bureaucratisée à l'extrême, d'accord. Desserrer dans une proportion déjà moindre l'étau répressif qui paralyse l'élan créatif du pays, oui là encore. Mais pas au point de céder aux inconscients qui demandent cette « cinquième modernisation » : la démocratie ; et surtout pas d'attenter au monopole du parti unique, pilier du régime, ni de s'en prendre à l'armée, cette autre colonne vertébrale (Deng s'attribuera d'ailleurs comme seul titre officiel la présidence de la Commission des affaires militaires[1]).

De fait, le « grand chaos sous le ciel » a traumatisé non seulement le peuple chinois, mais ses dirigeants

1. Seules reconnues officiellement, les « Quatre Modernisations » concernent l'agriculture, l'industrie, la défense et la science. La démocratie et les droits de l'homme ne font pas partie du schéma.

aussi tant ils en ont souvent été victimes. Tout pour que les troubles ne réapparaissent jamais ! D'où la réaction brutale de Deng Xiaoping écrasant le printemps de Pékin de 1989 au prix de 2 500 morts : s'il n'a rien d'un buveur de sang comme Mao, le Petit Timonier n'entend en aucun cas se laisser déborder.

Deng meurt le 19 février 1997. Pour autant, la Chine nouvelle qu'il a contribué à enfanter lui survit, mélange de libéralisme économique (de plus en plus relatif d'ailleurs, car un nouveau processus d'étatisation est en cours) et d'État policier ultra-centralisé en voie d'ultra-numérisation aujourd'hui sous la forme d'un super-Big Brother : le « Système de crédit social », méga-fichier national où chaque Chinois doit être noté et fiché en fonction de son comportement avec des bons et des mauvais points.

Une Chine sûre d'elle-même et dominatrice malgré ses faiblesses : inquiétant fléchissement du taux de croissance, bras de fer avec les États-Unis, équilibrisme financier à très hauts risques, désastre écologique, effondrement démographique. Cette Chine dont le président Xi Jinping, héritier parfois infidèle de Deng mais nationaliste encore plus résolu que lui, entend faire la première puissance mondiale à l'horizon 2049, pour le centenaire de la prise de pouvoir par Mao et les communistes.

Conscient de l'impossibilité de remettre en cause l'aura de Mao sauf à se fragiliser lui-même en sapant les bases de la dictature, le régime fait tout pour maintenir l'image du père fondateur. À Pékin, la démaoïsation est moins que jamais à l'ordre du jour…

Bibliographie sélective

Jean-Luc DOMENACH, *Chine : l'archipel oublié*, Fayard, 1992.

—, *Mao, sa cour et ses complots. Derrière les murs rouges*, Fayard, 2012.

Roger FALIGOT et Rémi KAUFFER, *Kang Sheng, le maître espion de Mao*, Perrin, coll. « Tempus », 2014.

Chang JUNG et Jon HALLIDAY, *Mao,* Gallimard, 2005.

Rémi KAUFFER, *Le Siècle des quatre empereurs, Sun Yat-sen, Chiang Kai-shek, Mao Zedong et Deng Xiaoping*, Perrin, 2014.

Roderick MACFARQUAHR et Michael SCHOENHALS, *La Dernière Révolution de Mao, histoire de la Révolution culturelle*, Gallimard, 2009.

Yang JISHENG, *Stèles, la Grande Famine en Chine, 1958-1961,* Seuil, 2012.

11

Enver Hodja, le dernier des staliniens

par François-Guillaume LORRAIN

Comme le pays sur lequel il régna sans partage pendant près de quarante ans, de 1944 à 1985, le dictateur albanais (1908-1985) demeure un mystère qui nous a obligé à solliciter divers témoignages. La très grande rareté des sources sur son véritable parcours que ce dictateur-écrivain a par ailleurs largement réécrit n'aide guère à percer l'énigme de ce croque-mitaine des Balkans qui, au fil des ruptures avec ses voisins et alliés, yougoslave, russe, chinois, s'est transformé en dinosaure d'un marxisme-léninisme dont il prétendait incarner la pureté. Opportuniste, slalomant entre divers écueils extérieurs, Hodja a fini par inventer un national-communisme où l'Albanie devenait l'alpha et l'oméga de toutes considérations. Francophile, dandy engagé dans la politique, apparatchik doué d'un pragmatisme meurtrier, Hodja a imposé à son peuple l'image d'une figure à la fois familière et insaisissable, sur le modèle de son maître Staline. Un paradoxe conforté par l'étrange alliage d'un charme s'accompagnant d'une redoutable capacité à faire le vide autour de lui. Dictateur méthodique, il a à la fois figé, terrorisé et métamorphosé sa patrie, qui s'est empressée de l'oublier par une amnésie foudroyante, au risque de devoir un jour se confronter avec son fantôme.

Sur la couverture de sa biographie française, il affiche l'allure d'un vieil acteur de cinéma de Hollywood. Tempes argentées, bronzage étincelant, large sourire, chemise blanche impeccable, costume de flanelle gris… Ses yeux séducteurs respirent la bonté et la santé. Magie de l'image : la photo date du VIIe congrès du PC albanais du 1er novembre 1981, où Enver Hodja, trop affaibli par le diabète et les crises cardiaques pour prendre la parole, ne fit même pas semblant de lire assis son discours-fleuve tandis que sa voix enregistrée débitait en play-back d'énièmes louanges à l'Albanie, terminus paradisiaque du marxisme-léninisme. À ce congrès n'avait été invitée qu'une délégation du Vietnam, dernier pays ami. Hodja avait rompu avec Deng Xiaoping, qualifié d'« immonde fasciste », et les Chinois vendus à l'Occident. La harangue interminable fut diffusée *urbi et orbi* en Albanie. Tout se déroula sans anicroche hormis quelques interruptions dues à des piles défaillantes. Malgré l'absence de journalistes non albanais, les textes d'Enver étaient déjà fin prêts pour de pléthoriques traductions aux Éditions des Langues étrangères, rédigées par une armada d'interprètes, pour la plupart des intellectuels extraits des camps de répression de Burrel ou de Spaç. Ces réflexions indispensables s'en iraient grossir les 70 volumes de l'œuvre hodjienne, nouveau matériau bienvenu pour une conférence scientifique qui se préparait, consacrée à la « pensée théorique du camarade Enver ». Ce jour-là, la performance muette du mourant fut saluée par dix minutes d'applaudissements nourris. Le fidèle second, Mehmet Shehu, inamovible président du Conseil, participa à ce concert. Il ignorait encore qu'il serait mort avant Noël, suicidé par le clan de son vieux compagnon de lutte qui l'accuserait de travailler depuis 1945 pour le KGB, la CIA, l'OZNA yougoslave et l'Intelligence Service, après avoir eu des contacts avec la Gestapo et le Sim mussolinien ! Ainsi s'en irait l'unique survivant avec Hodja du premier Bureau politique de 1944 – les autres avaient déjà été liquidés –, permettant à l'autocrate momifié sous son bronzage et dans son idéologie nationale-communiste de terminer seul la folle course centrifuge où il avait entraîné son pays, joliment rebaptisé la « Corée du Nord de l'Europe » ou le « Tibet de l'Occident », hommage à la perfection de son isolement.

Au nom de Robespierre

Si la France ne peut se targuer d'un dictateur incontestable, avec Hodja, nous tenons le plus français des dictateurs. « Je pense, je rêve en français », avait-il confié peu avant sa mort au docteur Paul Milliez, son médecin attitré et accessoirement son petit télégraphiste, dépositaire de paroles si modestes qu'on ne peut résister à la tentation de les citer : « Je ne suis que membre du Parti du travail et je ne fais que rendre service à mon peuple. Les ennemis de l'Albanie disent que je suis un dictateur. » Mais ces ennemis, on le sait, étaient légion. S'il est permis de douter de bien des propos d'Hodja, sa francophilie, elle, fut indubitable. « Les classiques du marxisme, il les avait lus en français », rappelle Jean-Paul Champseix, qui enseigna notre littérature à l'université de Tirana dans les années 1980. « Vigny, Hugo, Saint-Simon, Michelet, Montesquieu, Diderot, Voltaire… les rares documentaires qui lui furent consacrés montraient ses lectures françaises. Il était important de montrer qu'il était très cultivé, cette culture passant par la France. » Antisoviétique, antichinois, anti-tout, Hodja ne fut jamais antifrançais. Il dut cet amour constant aux lycées français de Gjirokaster, sa ville natale, et de Korça, vestiges pédagogiques d'un front d'Orient qui, après 1918, fit souche dans ce sud de l'Albanie où les lycéens ressemblaient souvent à des Méditerranéens. Né en 1908, Hodja baigna dans un milieu autorisé à recevoir les lumières du pays de la Révolution. Il était un Tosque musulman, originaire de cette partie méridionale du pays qui regardait vers la Grèce et l'Italie. Rien à voir avec l'un de ces Guègues du Nord, l'autre ethnie de l'Albanie, population plus montagnarde, rude, catholique parfois, comme à Shkodra, encore attachée aux traditions claniques. Était-il ce fils d'ouvrier comme il voulut le faire accroire et comme le guide devant sa belle maison natale transformée en musée de son vivant cherchait au mépris de toutes les apparences à en convaincre naguère Jean-Paul Champseix ? « Il y avait de l'argent. Son père était allé commercer aux États-Unis. Son oncle avait des responsabilités municipales. Ismaïl Kadaré, le grand auteur albanais, qui était originaire du même quartier, parle d'une famille aisée, mais un peu "plouc" car elle n'appartenait pas au groupe des familles ancestrales de la ville. » C'est dans ces lycées français qu'Hodja fut initié à l'audace de Danton et à l'habileté de Robespierre, son grand homme, qu'il décrirait ainsi dans une sorte d'autoportrait idéalisé : « Intègre, attaché à sa patrie, intransigeant contre la monarchie et la féodalité, rigoureux contre les factions réactionnaires de la bourgeoisie montante, maître dans l'art de mettre sur pied une armée révolutionnaire et une politique révolutionnaire aussi bien à l'intérieur que contre la coalition des monarques qui encerclaient la France. » Tout y est : le socialisme nationaliste, la paranoïa, la fièvre obsidionale et, entre les lignes, un goût certain pour les purges.

La vie d'Hodja est un long chemin jalonné de mensonges qu'il forgea lui-même dans ses pléthoriques *Mémoires*. On y découvre un lycéen qui aurait eu ses premiers contacts avec la vulgate marxiste à Korça. C'est un peu tôt. Comment devint-il, une décennie plus tard, le coordinateur des organisations du PC albanais, fondé le 8 décembre 1941 dans une maison isolée de la banlieue de Tirana ? L'itinéraire fut pour le moins chaotique. La France y a sa part encore, où il arriva à Montpellier en 1930 comme boursier en sciences naturelles. N'ayant obtenu aucun diplôme au bout de trois ans, sa bourse fut supprimée. Il aurait dû la rembourser, ce qu'il ne fit jamais. En revanche, Hodja ne manqua pas de faire mourir en prison Mirash Ivanaj, le ministre de l'Éducation nationale qui avait signé sa suspension de bourse ! Le séjour en France ne fut pas, à l'en croire, tout à fait inutile. Comme d'autres futurs leaders du monde asiatique – Zhou Enlai, Hô Chi Minh, Pol Pot –, il aurait été initié dans l'Hexagone aux luttes ouvrières, un certain Marcel, membre du PC local, faisant office en l'occurrence de déniaiseur marxiste. Toutefois, les affirmations d'Hodja touchant son militantisme communiste à cette époque n'ont jamais pu être avérées… Dans la capitale, il croisa aussi quelques Albanais, qui connaîtront tous, après guerre, bizarrement, la même fin violente, témoins encombrants d'un jeune homme qui ressemblait à un dandy occidentalisé aimant la sape, la bouteille et les bons petits plats. Une rumeur date de cette époque : il aurait été gigolo pour hommes à Paris, où il mit le cap en 1933, locataire d'un petit hôtel miteux rue Monsieur-le-Prince, près de la Sorbonne. « C'était la rumeur suprême en Albanie, explique Jean-Paul Champseix. Lorsqu'un critique albanais en exil aux USA prétendit qu'un personnage homosexuel d'un ouvrage de Kadaré, *Chroniques de Pierre*, était une allusion à Hodja, l'écrivain éprouva "une paralysie complète". Il était passible de vingt ans de prison au minimum… Et pourtant, la ville de Gjirokastër avait une réputation d'homosexualité en Albanie. On évoquait aussi sa grande statue à Tirana, où il est représenté les cheveux au vent, une main derrière le dos, source d'inépuisables plaisanteries qu'il ne fallait cependant raconter que dans un cercle très restreint de gens de confiance. »

Entre exilés, la solidarité était de mise : c'est ainsi qu'il décrocha, par piston, le poste de secrétaire d'un futur consulat albanais qui devait ouvrir ses portes à Bruxelles grâce à un homme politique connu qu'il contraindra à l'exil en 1944. Hodja affirme qu'il eut le temps d'être présenté à Paul Vaillant-Couturier, le rédacteur en chef de *L'Humanité*, à qui il aurait déclaré sa flamme communiste. À voir. Dans la capitale belge, il aurait envoyé des billets au quotidien, bien sûr non signés, car sa nouvelle fonction l'obligeait à faire allégeance à la monarchie du roi Zog qu'il exécrait. On n'en a pourtant jamais retrouvé la moindre trace… Une double vie qui aurait volé en éclats le jour où,

Enver Hodja
(1908-1985),
en 1944.

raconte Hodja, l'attaché de presse de la légation albanaise à Paris, débarquant sans prévenir, le surprit en flagrant délit de lectures léninistes. Circonstances rocambolesques qui l'obligèrent à démissionner et à rentrer au pays en 1936. La réalité est moins flatteuse : Hodja fut remercié parce que la caisse du consulat, dont il avait la responsabilité, fut volée, ce dont il fut soupçonné… Le futur dictateur avait déjà vingt-huit ans, aucun diplôme, mais au forcing il décrocha un poste de professeur vacataire au lycée français de Korça où il avait été élève. Matière enseignée : la morale ! Quand était-il devenu marxiste ? Hodja data complaisamment sa conversion de ses années de lycée, car il fallait effacer son « emploi » dans un consulat royaliste, mais il semble que c'est après 1936, à Korça, où il retrouva d'anciens camarades qui avaient formé un embryon de groupe communiste que les choses devinrent sérieuses. « Le voilà agitateur, écrit Thomas Schreiber dans sa biographie d'Hodja, mais l'agitateur le mieux vêtu du mouvement. »

L'ascension par défaut

Pour l'Albanie, la Seconde Guerre mondiale débuta le 7 avril 1939, lorsque l'Italie de Mussolini mit fin à l'hypocrisie de son protectorat en envahissant ce pays grand comme la Bretagne. Hodja affirme que, six mois plus tard, le 28 novembre, jour de la fête de l'Indépendance, débuta aussi sa vie politique officielle, avec une manifestation antifasciste qu'il mena à Korça.

La sanction fut immédiate, dit-il : il perdit son poste. Il affirme qu'obligé de se faire oublier à Tirana, il trouva une couverture légale lui permettant de poursuivre ses activités : le bistrot Flora dont il devint le patron ! De là dateraient son goût du secret et sa propension à se méfier de tout, en premier lieu de ses amis. La paranoïa a toujours d'excellentes raisons. Une photo le montre posant avantageusement devant la rangée de bouteilles de son comptoir, sourire goguenard, tiré à quatre épingles, mâchonnant une cigarette – celle-ci fut supprimée après son accession au pouvoir. À la suite de l'invasion de la Grèce et de la Yougoslavie par les Allemands au printemps 1941, une autre manifestation, antinazie, à laquelle il participa manqua de précipiter sa fin. Échappant de peu à l'arrestation, il trouva son salut dans la clandestinité où il devint l'un des dirigeants du nouveau PC albanais fondé le 8 novembre 1941. C'est semble-t-il à ce moment qu'il s'engage vraiment, sans doute en subissant l'ascendant de Koça Tashko, un envoyé du Komintern qui faisait alors la pluie et le beau temps dans les partis communistes étrangers. Tashko aida Hodja à grimper dans la hiérarchie des groupes communistes qui tentaient de s'unifier. Ainsi allait-il finir par s'imposer à la tête d'un Comité antifasciste qui sera expurgé par les communistes des éléments qui ne l'étaient pas. Mais certains mystères demeurent : comment cet homme qui n'avait même pas effectué son service militaire réussit-il l'exploit de se faire nommer général alors que le vrai stratège était Mehmet Shehu, soldat de fer, formé à l'Académie militaire de Naples et qui avait fait ses classes dans les Brigades internationales de la guerre d'Espagne ?

En réalité, il fut choisi pour prendre la tête du parti par les deux envoyés yougoslaves, délégués par Staline et Tito pour unifier les groupuscules. Il était le seul musulman parmi les cinq représentants du groupe de Korça, l'un des trois groupes à l'origine du PC albanais. Peu impliqué dans la politique, il n'avait pas participé aux multiples querelles intestines qui opposaient les factions communistes. Jugé inoffensif par les Yougoslaves et facilement manipulable, Hodja était considéré comme une figure provisoire de compromis. Beaucoup pensent qu'il n'a pas tiré un seul coup de feu pendant toute la guerre. Il semble également que son vernis occidental, cette culture française qui impressionnait, sa facilité d'élocution facilitèrent sa fulgurante promotion.

C'était à l'évidence un politique prudent, pragmatique, qui avait le sens des équilibres et des rapports de force. Il ménagea les Britanniques pour obtenir leur soutien logistique. Il convoqua opportunément des réunions qui transformèrent le Comité en futur gouvernement à la tête duquel il fut nommé le 22 octobre 1944 à Berat. Les Albanais l'ignoraient, mais ils venaient d'en prendre pour quarante ans. Un mois plus tard, tel un de Gaulle communiste, il entrait en triomphateur dans Tirana libérée, fier d'une Albanie qui, pour se débarrasser de la Wehrmacht, n'avait eu recours à aucune force militaire étrangère, à la différence du voisin yougoslave.

La Yougoslavie : l'amie rivale d'autant plus dangereuse que le grand chef à Moscou, Staline, avait donné à Tito le permis d'avaler la petite Albanie, truffée selon lui de « gens arriérés et primitifs ». Hodja allait-il laisser son pays de rustres devenir la septième république de la Fédération yougoslave ? Selon la tactique éprouvée de la dictature révolutionnaire, il commença par faire le ménage chez lui. Les résistants non communistes éliminés, il organisa des élections avec une liste unique où les votants, majoritairement analphabètes, se trouvaient confrontés à un choix assez pervers. Les boules des « oui » tombaient silencieusement dans un sac, celles des « non » venaient frapper une boîte en fer-blanc. Qui oserait faire du bruit ? Ils ne furent que 7 % en 1945. Ils ne seraient que 0,02 % lors des élections suivantes. Plus tard, on ne comptabilisa plus que deux voix contre, dont les Albanais prétendaient qu'elles étaient celles d'Hodja lui-même et de son épouse. Mais un dernier danger le menaçait : Djodje, ministre de la Défense et de l'Intérieur, donc chef de la police secrète, la Sigurimi, titiste prolétarien, l'homme de Belgrade. Jusqu'au printemps 1948, Hodja fut obligé de composer avec ce « traître », forcé même de procéder à son autocritique – dans laquelle il reconnut lui-même sa tiédeur politique avant guerre –, mis sur la sellette par l'ogre soviétique qui jouait les arbitres en sa défaveur. Mais, prenant ombrage de l'ambition balkanique de Tito, le Petit Père des peuples abaissa son pouce fin juin 1948. L'occasion inespérée pour Hodja de liquider Djodje et, en cette année orwellienne, de pratiquer un geste digne de l'auteur de *1984* : tous les portraits de Tito disparurent d'Albanie du jour au lendemain, son nom étant supprimé des manuels scolaires. Année décisive que 1948 : pour le premier congrès du PC albanais, il succomba à l'une des tentations de tout dictateur qui se respecte, le discours-fleuve. Le sien,

Hodja à la tribune
avec des officiels du parti
des travailleurs albanais lors
de la fête nationale de 1973.

relu amoureusement par son épouse, Nexmije, ne dura pas moins de seize heures. Il y clouait au pilori les révisionnistes et leur « roi-traître de Belgrade » dont il racontera dans l'un de ses indispensables pensums, *Les Titistes*, qu'en 1946 le gros chien du maréchal, en bondissant sur un canot, avait éclaboussé son beau costume. Décidément, le « Goering croate » n'était pas fréquentable. Avec la purge des titistes débuta la seconde tranche de la « tactique du salami » mise au point par le Hongrois Rakosi pour édifier une bonne dictature révolutionnaire : la liquidation des adversaires politiques. Au fil des décennies, Hodja ne manqua pas d'ajouter la troisième tranche, l'élimination des dirigeants de son propre parti communiste. 1948 vit apparaître aussi les premiers symptômes de la maladie qui l'emportera, le diabète.

Staline, pourtant, devait nourrir quelques réserves. Si Hodja avait bien éliminé les « titistes », il fut d'emblée jugé et méprisé par le maître du Kremlin : « Petit-bourgeois, trop enclin au nationalisme. » Il n'empêche : la disgrâce de Tito avait sauvé Hodja que Djodje aurait sinon liquidé et permis de préserver *in extremis* l'indépendance de l'Albanie qui allait devenir l'« enfant terrible » du communisme.

Le stalinien

Sur le plan intérieur, ces années 1950 marquèrent la consolidation du régime par un code pénal qui n'avait rien à envier au code soviétique : l'âge de la responsabilité fut abaissé à quatorze ans, à douze pour les crimes contre l'État et le sabotage. La répression s'appuyait sur une structure créée pendant la guerre, la Sigurimi, baptisée la « Maison des feuilles » en raison du feuillage qui recouvrait son QG. Sa visite, possible depuis 2017, dévoile les vieilles tables d'écoute téléphonique qui permettaient de procéder à 40 écoutes simultanées. Un chiffre considérable quand on sait que seulement 1 500 foyers étaient équipés du téléphone à Tirana dans les années 1970. Mais les vrais micros d'Hodja étaient ces 15 000 hommes de la Sigurimi, souvent recrutés parmi les « déclassés », anciens bourgeois ou militants déchus, sans oublier tous ceux à qui l'on pouvait reprocher quelque chose… Souvent, ces persécutés ou leurs proches préféraient collaborer plutôt que de croupir en prison. Quinze mille hommes sur une population de 1,5 million d'habitants : le chiffre est considérable, surtout dans un pays minuscule où tout se savait – « un communisme de village », résume Champseix. « Dans chaque district, les officiers de la Sigurimi avaient des quotas d'arrestations. Si le chiffre n'était pas atteint à la fin de l'année, on raflait de manière arbitraire », ajoute-t-il. À la moindre déviance, la direction était connue : les camps de détention, à Burrel, Spaç ou ailleurs, voyages dont le retour était rarement assuré. « Du bord de la route, il nous arrivait de voir les détenus en robe de bure ; paradoxalement, ils étaient mieux habillés que beaucoup de paysans albanais », se souvient toujours Champseix. La Sigurimi avait pour mission principale de contrôler la fidélité idéologique des citoyens, des membres du Parti et du Bureau politique du Parti. Hodja parcourait quotidiennement leurs rapports qu'il recevait dans sa maison du Blok, au centre de Tirana, attenant au Parlement et aux ministères, construits dans le style mussolinien. Le Blok était un quartier sécurisé, isolé, avec écoles, magasins, souterrains, où les clans dominants avaient obligation de s'installer. Avant de s'étendre au pays, le huis clos commença au sommet du pouvoir, à l'image du Kremlin des débuts du stalinisme. Comme pour les membres du SED est-allemand à Wandlitz ou les dirigeants chinois de la Cité interdite, le dictateur avait sous la main son Bureau politique qu'il recevait en fin de journée dans son bureau-bibliothèque ou bien au « club » du Parti, situé de l'autre côté de la rue. On y devisait autour d'un verre, d'un billard ou devant un film importé d'Occident. Hodja était un homme d'habitudes. Un dictateur studieux. Le reste de la journée, il dépouillait la presse albanaise et française, rédigeait les éditoriaux anonymes de *Zeri I Popullit* qui donnaient la ligne générale. Sur le modèle stalinien, rien ne filtrait de la vie privée d'Enver, que les citoyens appelaient « l'Oncle » (*Djadji*). Dans la société albanaise clanique, l'oncle maternel jouait un rôle essentiel. Il était le sage qu'on vénérait. La population, qui affichait sa photo dans les maisons, laquelle trônait sur les étagères près d'un digest de son œuvre, savait seulement que l'Oncle avait trois enfants joliment baptisés Ilir (en hommage aux Illyriens, ancêtres des Albanais), Sokol (héros du Moyen Âge) et Pranvera (Printemps). Si l'invisibilité, l'éloignement et la peur furent sa marque, cela n'excluait pas, tant que sa santé le lui permit, des tournées dans le pays, l'occasion de célébrations aussi formatées que les discours qui les accompagnaient. À la fin de sa vie, il continuait parfois à être promené très lentement dans la capitale, à l'arrière d'une Mercedes, tout de même.

Sur le plan extérieur, le tournant majeur intervint en 1960. Cinq ans plus tôt, Hodja avait mal encaissé la visite de Khrouchtchev à Tito, puis l'année suivante la révélation du rapport sur les crimes staliniens lors du XXe congrès du Parti communiste de l'URSS auquel il avait assisté. Il n'en crut pas un mot : « Comment est-il possible que Staline ait commis de tels crimes ? se serait-il étonné auprès du leader soviétique, qui confirma. Comment ne lui avez-vous pas évité ces erreurs que vous lui imputez ? » « Staline vous coupait la tête aussi facilement que le jardinier coupe ça », lui aurait répondu Khrouchtchev en frappant de sa canne un chou, car la conversation se déroulait dans un parc planté. Hodja n'insista pas, mais il avait commencé à regarder du côté de la Chine, qui prenait elle-même ses distances avec Moscou. En 1959, le voyage de Khrouchtchev, qui rêva tout haut devant le golfe de Vlora aux fusées qu'il pourrait lancer sur la Méditerranée, ne réchauffa qu'en façade les relations, Hodja ne cessant de faire l'éloge de Staline qu'il avait rencontré quelquefois et dont il gardait un excellent souvenir : « Un grand marxiste-léniniste, clairvoyant, bon, capable, affable, juste, plein de sollicitude pour les hommes. » Saint Joseph, priez pour nous, pauvres Albanais ! De plus, le lourd Nikita mécontenta fortement Hodja en affirmant que l'Albanie devait devenir « un jardin-modèle » pour les pays… arabes. Hodja, qui en bon stalinien voulait doter son pays d'une industrie lourde, se sentit offensé. Face à une telle obstination, les Soviétiques prirent les classiques mesures de rétorsion : plus de céréales, plus de crédits pour le plan quinquennal, rappel de leurs experts et annulation des bourses des étudiants albanais formés à Moscou. Piqué au vif, Hodja traita Khrouchtchev de « charlatan maître chanteur », assuré déjà que les Chinois seraient ravis de se porter à son secours.

Le 16 novembre 1960, l'escalade et la surenchère atteignirent des sommets. À Moscou, chez le maître Khrouchtchev, Hodja, devant 80 partis communistes réunis, attaqua bille en tête en saluant l'idole déboulonnée : « Nous devons tous défendre l'œuvre féconde et impérissable de Staline. Qui ne la défend pas est un opportuniste et un lâche. » À bon entendeur, salut ! Dans *Le Grand Hiver* (1973), Ismaïl Kadaré a superbement retranscrit ce schisme perpétré dans la nuit moscovite : « Ce n'est pas un hasard si j'ai évoqué Eschyle tout à l'heure, dit Enver Hodja en saisissant sa tasse… Le monde est plein de tragédies, mais nous croyions que le communisme n'en connaîtrait pas. Or, il ne devait en être ainsi. » « Kadaré, à qui on reprochait de ne pas aborder la période contemporaine, était allé voir Hodja avant l'écriture de cet ouvrage afin d'avoir accès aux archives, raconte Jean-Paul Champseix. Hodja lui a fait un grand numéro de séduction, ne parlant pas du marxisme mais de sa nostalgie pour leur ville natale, Gjirokastër, et du mépris dans lequel il tenait les grossiers Soviétiques… Le tout dans un vocabulaire "quasi érotique". Il en est résulté un ouvrage fascinant et déconcertant, où rien ne va en Albanie, hormis son dirigeant, Hodja, figure romantique et hautaine qui s'interroge, perplexe, sur l'avenir du communisme ! Il domine souverainement un pays fou, plongé dans un crépuscule désespéré. » Ce jour-là, à Moscou, les dirigeants d'autres pays, Hô Chi Minh, un Africain, un Scandinave, le rubicond Maurice

Thorez même, défilèrent devant Hodja pour essayer de trouver un terrain d'entente ; rien n'y fit, il avait donné son premier grand tour de vis qui isolait son pays du reste de l'Europe de l'Est. Comme nous le rapporte Pierre Cabanes, qui dirigea longtemps des chantiers de fouilles à Apollonia, tous les étrangers durent quitter l'Albanie. Or, les mariages d'Albanais partis étudier à Moscou, Sofia, Berlin-Est avaient été nombreux. Les épouses furent expulsées avec les filles, les garçons issus de ces unions assignés à demeure et les fautifs invités à se remarier : la source d'innombrables drames familiaux dont les séquelles affectent encore les cœurs et les esprits. Sur le plan international, Hodja remporta une victoire de prestige en mettant la main sur les quatre sous-marins soviétiques qui stationnaient dans la baie de Vlora et que l'URSS entendait récupérer. Les accords prévoyaient cependant que celle-ci devait à terme céder ses bâtiments. Bloquant la baie avec de vieux rafiots, le dictateur menaça de les bombarder et obtint gain de cause : les marins soviétiques rentrèrent au pays orphelins de leur petite flotte.

Des bras russes, Hodja passa sans transition dans ceux des Chinois, Mao venant rejoindre Staline dans le panthéon albanais. S'il n'adhéra pas complètement aux slogans maoïstes – Hodja n'appréciait guère les attaques récurrentes contre le Parti –, il ne fut pas insensible aux sirènes de la Révolution culturelle que le Grand Timonier avait lancée en 1966. L'année suivante, il entama la « révolutionarisation » du pays. Elle passait par un athéisme intégral, la pratique religieuse étant considérée comme « un crime contre l'État » – un comble pour un homme dont le nom signifiait

« religieux ». Églises et mosquées, où il ne voulait plus voir que la main d'envahisseurs étrangers, furent détruites ou fermées pour être converties en cinémas, entrepôts, magasins ou maisons de la culture. En s'opposant aux traditions et coutumes, à l'artisanat, au port des vêtements traditionnels et aux rites « superstitieux », la « révolutionarisation » fut un moyen d'accélérer, sans le dire, l'occidentalisation du pays, à la manière d'Atatürk, très présent dans la culture politique d'Hodja, à l'instar de son meilleur ennemi, Tito. Ces éradications s'accompagnèrent d'une bunkérisation du pays – dans tous les sens du terme – qui devait permettre de défendre, pied à pied, le territoire contre toute attaque. « Que cent fleurs s'épanouissent, que cent écoles rivalisent », avait naguère déclaré le camarade Mao. En Albanie, ce furent les bunkers qui s'épanouirent, tels des champignons après l'ondée. Il y en aurait eu 700 000 ! Les cimenteries livrées par les Soviétiques et les Chinois, à Elbassan et ailleurs, qui crachaient des fumées de diverses couleurs, furent mises à contribution. « Il y en eut de trois types, selon la taille, préfabriqués dans les usines. Parfois sur un champ, vous en aviez une douzaine. Ils servaient pour les manœuvres, le peuple étant obligé d'accomplir des périodes militaires. Ils servaient aussi aux amoureux, ou bien de commodités », résume Champseix. Selon les spécialistes, cette bunkérisation a coûté deux fois plus que la ligne Maginot et consommé trois fois plus de béton ! À lui seul, Hodja disposait d'une demi-douzaine de ces casemates, à Tirana, dans ses environs, et dans ses villas situées en bord de mer, à Vlora, Pogradec, Dürres, où il passait parfois des mois, enfermé avec sa famille. C'était l'autre Hodja, inconnu des Albanais, le patriarche prévenant, sentimental, ému par les chants révolutionnaires ou les poèmes déclamés en albanais ou en français par la noria de ses petits-enfants. Les maisons s'agrandissaient au rythme de sa famille, gendres et belles-filles étant priés de rejoindre le foyer, afin d'éviter tout contact inapproprié avec la population. Cette posture du patriarche balkanique reclus s'expliquait aussi par une santé qui se dégrada à partir de 1966. Il n'avait pu être du grand voyage en Chine en 1967, qui scellait la nouvelle amitié avec Pékin. En 1969, il ne fut plus en état de descendre de sa maison de Vlora jusqu'à l'Adriatique. Qu'à cela ne tienne, ses comparses du Bureau politique prirent l'initiative, fort délicate, de lui creuser une piscine remplie avec de l'eau de mer : lorsqu'il découvrit son cadeau-surprise, Hodja, selon Thomas Schreiber, se serait écrié : « Vive le Parti ! »

L'enfermement

Ce repli sur soi généralisé se traduisit aussi par une albanisation de la culture. Hodja exploita le parallèle entre Skanderbeg, ce héros albanais qui avait réussi l'exploit au XVe siècle de repousser pendant près d'un quart de siècle la redoutable armée de l'Empire ottoman, et lui-même qui avait rompu avec l'ogre soviétique. Un musée et des statues furent érigés à la gloire de cette figure tutélaire, célébrée jadis par Ronsard ou Vivaldi, à laquelle seul pouvait être comparé Hodja lui-même. Le dictateur lança aussi un vaste programme d'études et de fouilles pour justifier l'origine illyrienne des Albanais, dans ces Balkans où « antériorité vaut primauté ». « Des populations illyriennes étaient bien mentionnées dans des textes grecs, constate Pierre Cabanes, mais l'ennui, c'est que, les Illyriens eux-mêmes n'écrivant pas, la démonstration d'une continuité entre langue illyrienne et langue albanaise devenait problématique. » Une difficulté qui n'arrêta pas le sauveur de la patrie dont la mégalomanie marchait de pair avec la paranoïa. Dans un tel contexte, il n'est guère surprenant d'entendre Odile Daniel, qui enseignait la civilisation albanaise à l'Inalco, se souvenir d'un changement net au couchant des années 1960 : « En 1965, j'étais boursière et je pouvais encore circuler assez librement. Trois ans plus tard, logée à l'Hôtel des Étrangers, j'avais constamment deux ou trois guides attachés à mes pas. » Dans la filiation kémaliste, Hodja entreprit aussi de mettre à bas les traditions claniques qui structuraient le pays, surtout dans le Nord. La vendetta fut proscrite, les petites filles envoyées à l'école. On ne s'étonnera pas non plus d'apprendre qu'Hodja fulminait à chaque négociation impliquant Soviétiques ou Chinois. Déjà, les conversations entre Kossyguine et Mao n'avaient pas été de son goût. Mais la visite de Nixon à Pékin en 1972 lui arracha des cris d'orfraie. Quant à la conférence multilatérale d'Helsinki sur la paix et le désarmement (1975), elle lui parut scandaleusement incongrue. Enfin survint l'inacceptable : en 1977, l'incarnation du mal, Tito, fut accueilli en grande pompe en Chine, laquelle se réconciliait avec la Yougoslavie non alignée sur le dos de la petite Albanie tenue pour quantité négligeable. Ayant rompu avec la Chine en 1978, Hodja se retrouva seul face au monde communiste-révisionniste et au monde capitaliste.

C'est pourquoi il chercha à renouer des liens avec certains pays européens. La France, qu'il n'avait pas oubliée, l'Italie, qui à Bari n'était qu'à 50 kilomètres des côtes albanaises, l'Allemagne, qui historiquement n'avait soutenu ni la Serbie ni la Grèce, eurent ses préférences avec la Roumanie, où le national-communisme radical du génie des Carpates ne pouvait le laisser indifférent. Toutefois, sans l'aide massive des Chinois, le pays du lek, la monnaie locale, s'enfonça dans une misère inouïe pour l'Europe, malgré l'alphabétisation, l'industrialisation à marche forcée et la construction de nombreuses routes et barres d'immeubles. L'idéologie obsidionale redoubla, de même que la terreur entretenue par la Sigurimi.

Dans la dernière décennie de son règne, Hodja fut à la fois partout et nulle part. Partout, sur les murs voire les montagnes où, à leurs sommets, ses pensées insurpassables, sous forme d'immenses inscriptions de cailloux blancs, trônaient entre ciel et terre ; dans les manuels, même de langue étrangère, où ses textes servaient de supports pour apprendre le français ou l'italien. Mais, à mesure que ses forces faiblissaient, l'Albanie, sur ses directives, se recroquevillait elle aussi. Vue de l'étranger, elle semblait entrée dans une période de glaciation. Derrière ses frontières, des transferts secrets de population l'agitaient pourtant, résultats des purges des employés et des fonctionnaires expédiés à la campagne et dans des colonies de travail. « Il y avait les condamnés, mais aussi leurs femmes et leurs enfants, envoyés dans des villages de relégation, au milieu des paysans qui les regardaient d'un mauvais œil et leur réservaient les travaux les plus ingrats », précise Pierre Cabanes. C'étaient bien les seuls mouvements de population. Pour circuler, il fallait un passeport intérieur, à chaque pont étaient installés des contrôles et les voitures étaient réservées aux membres du Parti. Quant aux dépôts d'essence, ils étaient surveillés par l'armée. « Quand on se rendait dans le nord du pays, se souvient Champseix, les étudiants septentrionaux nous demandaient : "C'est comment le Sud ?" Et quand on visitait le Sud, les méridionaux interrogeaient : "C'est comment le Nord ?" » Au centre, à Tirana, régnait un paradoxe « vivant ». Ce dictateur tout-puissant qui avait ouvert un musée à sa gloire dans sa maison natale de Gjirokastër, statufié de son vivant sur la grande place de Tirana, était devenu de plus en plus invisible, voire innommable. « Il régnait un mystère autour de lui, se souvient Odile Daniel, son nom était tabou, on ne le mentionnait pas, on ne l'évoquait pas, chaque propos le concernant pouvant être mal interprété. » L'invisible devenait aussi l'aveugle : miné par le diabète, Hodja ne pouvait plus lire, malgré les loupes d'horloger et autres rétroprojecteurs dont il s'entourait. Fidèle compagne de lutte depuis la guerre, son épouse se mua en lectrice. Mais la haute silhouette de l'Oncle s'était avachie, affaiblie par des crises cardiaques à répétition. Le fringant dandy dont le pouvoir de séduction avait agi sur tous ses compatriotes n'était plus que l'ombre de lui-même. Le Spectre continua cependant à frapper, ses coups demeurant précis. En 1981, Shehu, inamovible second, apprit que rien n'était immuable au pays des Aigles sinon Hodja qui semblait vouloir repousser la mort en faisant le vide. Symptôme du dictateur agonisant qui tente de figer le temps, de s'identifier lui-même au temps et tel Chronos de manger ses enfants. Jusqu'au bout, Hodja-Chronos réunit les membres du Bureau politique dans sa chambre alors qu'en URSS il observe les grands changements qui se préparent et ne manquent pas de l'inquiéter. Son crépuscule coïncide avec l'aurore d'une ère nouvelle au pays berceau du communisme. Comme un symbole, Mikhaïl Gorbatchev est nommé secrétaire général du PC soviétique un mois avant la dernière crise cardiaque qui terrasse Hodja le 9 avril 1985, entouré de toute sa famille. Deux jours plus tard, on annonce que « le cœur du dirigeant bien-aimé et glorieux de notre Parti et de notre peuple, le camarade Enver Hodja, a cessé de battre ». À cette occasion, le « peuple » apprend que le camarade Hodja était malade depuis de longues années.

Les mois d'avril sont meurtriers en Albanie, prétendait une vieille légende du pays, reprise par Ismaïl Kadaré dans *Avril brisé*. Combien d'Albanais défilèrent devant sa dépouille exposée dans une salle du Parlement ? On évoque un cortège organisé de près de deux kilomètres. « On pleurait beaucoup sur les grandes artères, l'Albanie n'est pas pour rien le pays des pleureuses, mais dans les ruelles, l'atmosphère était plus désinvolte », se souvient Champseix. Au passage de la caméra, on plaque hâtivement le mouchoir sur les yeux. Interdiction avait été faite de s'arrêter devant son corps, comme si l'on redoutait un geste inconsidéré. Ces gestes surviendront plus tard, après la chute du Mur. En 1990, sa statue géante fut déboulonnée sur la place Skanderbeg de Tirana. Les bunkers servirent de logement aux prisonniers libérés, avant d'être convertis pour certains en buvettes ou en support de fresques. Sept ans après sa mort, en 1992, sa dépouille fut exhumée de la nécropole des Martyrs de la Nation pour rejoindre les corps de ses victimes au cimetière de Sharra. Destin finalement attendu pour l'Oncle dont la majorité des Albanais ne veulent plus entendre parler. Le nombre de victimes, de détenus reste encore très flou. Selon Blendi Fevziu, 5 037 hommes et 450 femmes auraient été exécutés ; 16 788 hommes et 7 367 femmes condamnés à des peines de prison ; 70 000 personnes reléguées. Des chiffres à rapporter à la population albanaise, environ 2 millions d'habitants. La plupart des archives ont été détruites ou emportées par d'anciens dignitaires qui n'ont pas été jugés. Les témoignages sont rarissimes dans un pays où la délation était obligatoire. Chacun, sans doute, a mauvaise conscience, comme en témoigne l'indispensable Champseix : « Quand notre livre, *57, boulevard Staline*, a été traduit en Albanie et que nous avons été invités par les télés et radios albanaises, les journalistes s'étonnaient : elle ressemblait donc à cela, l'Albanie d'Hodja ? » Il serait inexact de dire que la page Hodja, auteur diluvien, est tournée. Elle n'a jamais été lue.

Bibliographie sélective

Pierre CABANES, *Albanie, le pays des Aigles*, Edisud, 1994.

Élisabeth et Jean-Paul CHAMPSEIX, *57 boulevard Staline, chroniques albanaises*, La Découverte, 1990.

Jean-Paul CHAMPSEIX, *Kadaré, une dissidence littéraire*, Honoré Champion, 2019.

Blendi FEVZIU, *Enver Hoxha : The Iron Fist of Albania*, Tauris, 2016.

Ismaïl KADARÉ, *Le Grand Hiver*, Fayard, 1973.

—, *La Niche de la honte*, Fayard, 1984.

—, *Spiritus,* Fayard, 1996.

Thomas SCHREIBER, *Hodja, le sultan rouge*, JC Lattès, 1996.

Alexandre ZOTOS, *De Skanderbeg à Kadaré*, université de Saint-Étienne, 1997.

12

Alfredo Stroessner, le patriarche autarcique

par Emmanuel H*ECHT*

Le « leader suprême » a mis en coupe réglée le Paraguay pendant trente-cinq ans (1954-1989) et réprimé sans relâche toute contestation politique. Il a exploité son pays, base de tous les trafics du continent, comme une hacienda. Il a suborné les militaires, qui auraient pu avoir la mauvaise idée de le renverser, en leur laissant le contrôle de pans entiers de cette économie illégale. Et il a gagné la confiance et l'indulgence des États-Unis en étant l'élève zélé de la lutte anticommuniste.

Le général Stroessner (1912-2006) aurait-il inspiré le général Tapioca de *Tintin et les Picaros* ? Les « Tintinologues » l'affirment. Peut-être retrouve-t-on, en effet, chez le personnage de BD l'ovale du visage du dictateur qui a régné sur le Paraguay pendant trente-quatre ans, cinq mois et dix-neuf jours. Pour le reste… Le modèle virait sur le roux, héritage de ses origines bavaroises – son père était brasseur – qui lui valurent l'un de ses nombreux surnoms : *El Rubio* (« le Blond »). Et puis, il était beaucoup plus grand (1,90 m) que Tapioca, et surtout que les Indiens Guaranis, petits et râblés, et les métis, majoritaires dans le seul pays du continent à s'être « servi », faute de femmes espagnoles, dans le vivier des Indiennes destinées à la main-d'œuvre afin d'assurer leur descendance. Ainsi, la propre mère de Stroessner était-elle fille de métis, et lui-même maîtrisait parfaitement le guarani, seconde langue officielle, parlée par plus de 90 % de la population. Quoi qu'il en soit, si la fatuité et la maladresse du *caudillo* sud-américain à la mode Hergé font rire les lecteurs de 7 à 77 ans, l'original fait encore pleurer ou enrager, treize ans après sa mort, de très nombreux Paraguayens.

El Condor

Martin Almada (quatre-vingt-deux ans) est de ceux-là. Cet enseignant et avocat avait le grand tort d'être un militant syndicaliste. Arrêté en 1974 pour « terrorisme intellectuel », il a été soumis à la torture par des militaires argentins et chiliens venus épauler la dictature sœur. Comble de sadisme, ses cris étaient enregistrés et diffusés au téléphone à son épouse Celestine Perez. Lorsque celle-ci découvrira le contenu d'un colis envoyé par les geôliers – les habits de son mari maculés de sang –, elle mourra d'une attaque cardiaque. Almada était pourtant en vie. Emprisonné, il sera libéré en septembre 1977 grâce à la mobilisation d'organisations humanitaires, en particulier Amnesty International. Commence pour lui un exil de quinze ans, au Panama, puis en France.

Les années 1970 sont les plus répressives du Paraguay. Stroessner, aux côtés du Chilien Augusto Pinochet, de l'Argentin Rafael Videla, de l'Uruguayen Juan Bordaberry, du Bolivien Hugo Banzer et du Brésilien Ernesto Geisel, met la touche finale à la création d'une internationale anticommuniste continentale, encouragée par les États-Unis. Officialisée en novembre 1975 sous le nom d'« Opération Condor » – en hommage au Chili, pays hôte de la cérémonie, dont le vautour est l'emblème –, elle se donne pour objectif d'échanger les renseignements des différents services de sécurité. De coordonner leurs actions, afin de détruire les foyers de guérilla allumés avec la bénédiction des frères Castro. Et traquer, puis éliminer, les opposants.

Les dirigeants paraguayens ont hâte de liquider les groupes armés, dont l'un a tenté quelque temps plus tôt d'éliminer le dictateur. Ils craignent en particulier la Junte de coordination révolutionnaire, agrégation des mouvements d'extrême gauche d'Amérique du Sud. Et puis Stroessner veut rendre la pareille au général Pinochet, son soutien indéfectible, à l'origine de cette initiative. La première opération combinée entre polices de l'« Opération Condor » sera d'ailleurs menée au Paraguay, débouchant sur l'arrestation d'un révolutionnaire du cru et d'un Chilien, jamais réapparu après le transfert clandestin dans son pays.

Almada fut l'une des premières victimes du zèle des hommes de main de la police d'Asunción. Il ne l'oubliera pas et ne renoncera jamais. Au printemps 1989, juste après la destitution de Stroessner par un coup d'État – similaire, ironie de l'Histoire, à celui qui l'avait porté au pouvoir en 1954 –, il dépose plainte contre ses tortionnaires et leur « leader suprême ». Dix-huit mois plus tard, la justice du Paraguay reconnaît le vieux dictateur coupable de complicité de meurtre et demande au Brésil, où il a trouvé refuge, son extradition. En vain. Martin Almada y voit malgré tout un signe encourageant. Lorsqu'il rentre d'exil en 1992, une nouvelle Constitution vient de métamorphoser son pays natal en démocratie. Juriste avisé, il excipe d'un article de la nouvelle Constitution (« Le génocide et la torture ainsi que la disparition forcée de personnes, l'enlèvement et l'homicide pour raisons politiques, sont imprescriptibles ») pour présenter un nouveau recours sur sa propre privation de liberté. La justice lui réclame son registre de détention, et, comme par hasard, la police ne le trouve pas. C'est là qu'intervient un petit miracle. Un informateur anonyme, sans doute policier, lui recommande de se rendre à un dépôt d'archives dans la banlieue d'Asunción, à Lambaré. Il y va le 22 décembre 1992, accompagné de ses avocats, de journalistes et d'un juge. Quelle n'est pas la stupéfaction des visiteurs de découvrir 700 000 documents et archives pesant au total deux tonnes, soigneusement rangés dans des armoires. Entre autres preuves accablantes des crimes des dictatures du continent, ils mettent au jour la liste de 50 000 personnes assassinées, 30 000 disparues et 400 000 emprisonnées ; près de 2 000 papiers d'identité et 10 000 photos[1] ; les registres d'entrée et de sortie de détenus, les échanges entre les différentes polices, les rapports sur la répression d'organisations syndicales, les activités des prêtres, etc. Mais aussi le mode d'emploi de la *pileta* : une torture en vogue au Paraguay, où les opposants sont plongés dans une baignoire remplie d'excréments.

Au total, pour ce seul pays, on estime à environ 3 000 le nombre d'exécutions et de disparitions[2] et à 1,8 million le nombre de Paraguayens qui ont choisi l'exil tout au long de la dictature. Un chiffre astronomique, sachant que la population totale du pays atteignait 1,6 million d'habitants en 1954 et 4 millions en 1989[3]. Tous ces documents sont entrés dans le langage commun sous le nom d'« Archives de la Terreur[4] ». Ils suffisent, à eux seuls, à définir la véritable nature du régime d'Alfredo Stroessner, qui sera d'ailleurs condamné par contumace.

---

1. Voir le site des archives : www.unesco.org/webworld/paraguay/documentos.htlm. Une partie de ces documents, rapportés en France en mai 2000 par le sociologue Alain Touraine, se trouve à la bibliothèque La Contemporaine, ex-Bibliothèque de documentation internationale contemporaine (BDIC), à Nanterre.

2. Par comparaison, selon plusieurs rapports d'associations de défense des droits de l'homme, on estime à 3 200 le nombre de tués et disparus au Chili et à 30 000 en Argentine.

3. Elle est aujourd'hui d'environ 7 millions d'habitants.

4. C'est en puisant dans cette véritable mine que le juge espagnol Baltasar Garzón établira une grande part du dossier d'accusation contre le général Pinochet.

Circonstance aggravante, le *Presidente* est responsable d'un autre crime, méconnu, la liquidation systématique, à partir de 1967, des Indiens Aché[1], tribus de chasseurs-cueilleurs évoluant dans la forêt tropicale, dans l'est du pays. Les hommes ont été pourchassés à la chasse à courre, les femmes soumises à l'esclavage sexuel et les enfants volés pour devenir domestiques, tandis que les colons brésiliens appelés en renfort par le gouvernement ont accaparé leurs terres. Les 500 survivants Aché ont été forcés à la sédentarisation, éparpillés entre sept hameaux et une réserve, la Colonia Nacional Guayaki.

Le grand enfermement

Pinochet, Videla, Bordaberry, Banzer, Geisel, Stroessner, mêmes combats, mêmes exactions ? Les *caudillos* du Cône Sud ont un air de famille, mais celui du Paraguay a des poussées de fièvre obsidionale inconnues de tous les autres[2]. Comme si la géographie de cette enclave de 400 000 km² au beau milieu du sous-continent américain, bordée au sud par l'Argentine, au nord-ouest par la Bolivie, au nord et à l'est par le Brésil, avait déteint sur le psychisme des dirigeants. Les premiers à avoir éprouvé puis théorisé l'encerclement sont les jésuites, après leur arrivée en 1609.

1. Encore appelés Guayakis, bien que ce terme soit parfois considéré comme péjoratif. Ces tribus ont été étudiées par le grand anthropologue Pierre Clastres.

2. À l'exception de la Bolivie, autre État enclavé.

Du repli, ils ont voulu faire une force qui mènerait à l'autosuffisance. À la tête d'une trentaine de missions (*reducciones*) de 2 000 à 8 000 individus chacune, ils ont fait vivre 150 000 Indiens Guaranis, libres et égaux en droit après leur conversion au christianisme, au sein d'une république théocratique et « communiste », puisque le fruit de leur travail était partagé entre tous. « Un chef-d'œuvre de la raison et de la justice », s'exclame Cacambo, le serviteur puis l'ami du Candide de Voltaire. Mais, bloqué entre la vice-royauté du Pérou et celle du Rio de la Plata, cet étrange État devient vite un contre-modèle pour des colons assoiffés de richesses et de main-d'œuvre servile[1], comme pour la Couronne. Le rappel de la Compagnie par le roi en 1767 et l'autorisation accordée aux colons de liquider dans le sang les *reducciones* sonnent le glas de cette Utopie unique dans l'Histoire. Mais pas de ses promesses.

Le père fondateur du Paraguay indépendant, Rodriguez de Francia, au pouvoir de 1814 à 1840, « dictateur temporaire » à la romaine puis « dictateur à vie », ferme de manière étanche le pays, faisant du Paraguay le seul État du continent à choisir le protectionnisme. Il lance une réforme agraire, cédant des terres aux paysans. S'il interdit les importations, il encourage l'exportation du bétail et du maté[2]. Le grand

1. Le modèle était l'*encomienda*, concession attribuée par le roi à un *encomiendero* : le colon qui en assurait la sécurité, en échange de laquelle il exigeait des Indiens soumission et travail.

2. Variété de houx, également appelé « thé des jésuites », dont les feuilles torréfiées sont infusées dans l'eau. On prête à cette plante des qualités énergisantes et drainantes.

romancier Augusto Roa Bastos (1907-2005) a consacré un livre à ce personnage séduit par Rousseau et Robespierre : *Moi, le Suprême* (*Yo el Supremo*). Son successeur direct, Carlos Antonio López, plus éclairé et moins maniaque, apporte sa pierre à l'édifice en mettant la priorité sur le développement d'une industrie nationale – chemins de fer, textile, matériaux de construction –, là encore pour parvenir à l'autosuffisance.

Stroessner, lui aussi, pourra s'enorgueillir de bons résultats économiques : une croissance de 3 à 4 % par an, avec un pic entre 1976 et 1981 à plus de 10 %. Sur le papier. Car les inégalités sont criantes. Le dictateur et ses obligés considèrent le pays comme leur hacienda. Ils s'approprient les biens de la collectivité et utilisent les finances publiques pour leur trésorerie personnelle, dans un État où le trafic s'est substitué à l'initiative individuelle. Le « Conducteur génial » n'a plus en commun avec ses prédécesseurs que la volonté de maintenir clos son petit royaume. Mais les temps ont changé. Les voisins du Paraguay ne sont plus ses adversaires. L'ennemi est le communisme, et la guerre froide, mondiale. Il est impossible de refuser, au début des années 1960, les fonds de l'Alliance pour le progrès de J. F. Kennedy qui financeront le désenclavement du pays avec de grandes routes vers l'Argentine, le Brésil et la Bolivie. Stroessner signera ensuite avec Brasilia l'accord de la construction du barrage d'Itaipu, le plus grand ouvrage de ce type. Enfin, le traité du bassin du Rio de la Plata (1973), signé avec ses voisins, encourage les échanges et les projets de coopération et règle, une fois pour toutes, les différends frontaliers.

L'héritage de la violence

Le général Stroessner, en signant le traité, sait mieux que ses homologues le prix d'une conflagration. La guerre de la Triple Alliance (1864-1870), puis celle du Chaco (1932-1935), à laquelle il a participé comme sous-lieutenant, ont façonné sa vision du monde, empreinte de force et de violence.

Contrairement à ses prédécesseurs, le général Francisco Solano López, nouveau maître du pays en 1862, se mit à étouffer dans sa *reduccion* et à rêver d'un débouché sur la mer, à l'est, dans le delta du Rio de la Plata, entre l'Argentine et l'Uruguay. Il constitua une armée de 80 000 hommes et prit prétexte de l'intervention du Brésil dans la guerre civile uruguayenne pour capturer un navire brésilien remontant le Rio Paraguay. Cet incident fut le prétexte de l'entrée en guerre du Brésil en 1864, puis, ce que López n'avait pas du tout envisagé, de l'Argentine et de l'Uruguay. Son pays se retrouvait seul face à la Triple Alliance. Il le paya très cher. Selon des estimations difficiles à vérifier, le Paraguay aurait perdu 60 % de sa population (et 80 % des hommes), ne comptant plus que 300 000 habitants à la fin du conflit. Et il dut céder le Chaco méridional et les Misiones à l'Argentine, le sud du Mato Grosso au Brésil. La défaite était totale.

Lorsque la guerre du Chaco éclate en 1932, le sous-lieutenant Stroessner a une dizaine d'années d'active. Ce sera sa première et dernière guerre. Le Chaco est un territoire de 250 000 km² relevant de La Paz, mais où, au fil des années, des Paraguayens ont établi exploitations agricoles, compagnies forestières, missions religieuses et fortins. Si le prétexte à son déclenchement est la perspective de forage de deux compagnies pétrolières, la Standard Oil américaine et la Shell britannique, et leurs futures royalties, la vieille querelle des frontières en est la cause réelle.

Sur le papier, l'armée bolivienne est plus nombreuse (250 000 hommes contre 150 000) et mieux formée. Mais les troupes du général Estigarribia, passé par Saint-Cyr, font des prouesses. Les pertes sont énormes en proportion des effectifs : 100 000 morts au total, à parts égales entre les deux adversaires. En 1938, un traité de paix accordera au Paraguay 120 000 km² du territoire contesté. Cette fois-ci, la victoire est totale.

C'est donc un Alfredo Stroessner rasséréné, doublement décoré de la Cruz del Chaco et de la Cruz del Defensor, qui peut entamer une nouvelle phase de sa vie, sous les auspices de la paix. Soldat courageux au combat, il se montre habile courtisan en temps de paix. Il monte rapidement en grade, protégé du général Higinio Morinigo, chef d'état-major en 1936 et futur président de la République, après la disparition dans un « accident » d'avion du général Estigarribia, le véritable « vainqueur du Chaco », nommé maréchal à titre posthume.

Sur le plan intérieur, cette guerre change tout. Elle confère dignité et légitimité aux officiers pour entrer en politique. Stroessner l'a bien compris. Et elle renforce le courant nationaliste et autoritaire porté par les anciens combattants. Un des grands moments de cette fièvre patriotique aura lieu le 12 octobre 1936 lors du transfert des cendres, en même temps que celui de la dépouille du soldat inconnu, du maréchal López, chef de l'État du Paraguay à la fin de la guerre de la Triple Alliance, abattu par des soldats brésiliens. Dans l'esprit des Paraguayens, et plus encore dans celui des militaires, les deux guerres sont imbriquées, la seconde lavant l'humiliation de la première.

Pourtant, l'unité nationale fait long feu. Les coups d'État vont s'enchaîner dans un Paraguay qui ne trouve pas sa voie. Ainsi, l'éphémère gouvernement populiste et indigéniste du colonel Franco, en 1936 – la « révolution de Février » –, laissera-t-il la place dix ans plus tard à six mois de liberté totale, inconnue jusqu'ici, portés par l'application stricte de la première Constitution de 1870, très libérale, que tout le monde avait oubliée. Mais un nouveau *golpe de estado*[1] perpétré en janvier 1947 par le parti Colorado[2], qui a dominé la scène politique à la fin du XIXe siècle et s'apprête à reprendre l'avantage, sonne la fin de la récréation. Rien n'est résolu pour autant. Le Colorado est l'amalgame de courants inconciliables, allant du nationalisme catholique au populisme. Ses tiraillements internes l'empêchent de gouverner, accentuant une crise qui débouche sur une guerre civile de mars à août 1947. Les « colorados », eux-mêmes divisés, affrontent les libéraux, alliés pour l'occasion à une nouvelle organisation, les

1. Coup d'État en espagnol.

2. Les deux organisations politiques principales du pays sont le parti libéral et le parti Colorado, tous deux fondés en 1887.

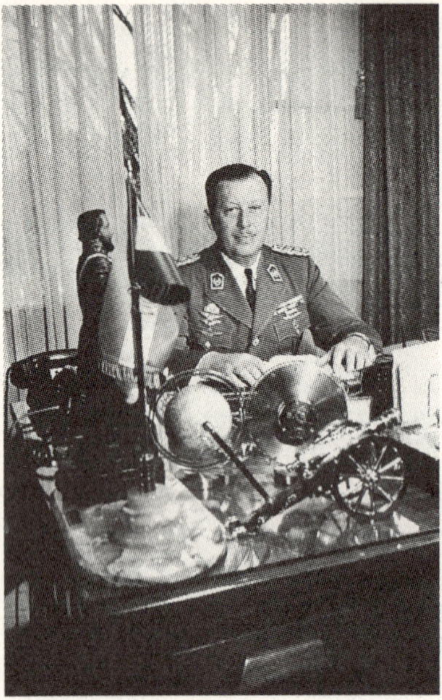

Alfredo Stroessner (1912-2006)
à son bureau,
vers 1959.

« fébréristes[1] », admirateurs du colonel Franco et de la politique sociale du fascisme. Les colorados finissent par l'emporter, mais sitôt la victoire ils sombrent à nouveau dans leurs chikayas. Les militaires, qui avaient fini par prendre leurs distances avec la politique, sont

1. Ce parti, en référence à la « révolution » de février 1936, a été fondé en 1951. D'essence populiste, il est membre de l'Internationale socialiste.

replacés au centre du jeu par l'« anarchie colorada ». Le lieutenant-colonel Stroessner se situe résolument à l'aile la plus droitière de l'armée, celle du général-président Higinio Morinigo, qui mettra fin à la guerre civile. Avec l'appui de Juan Perón, président argentin et généreux fournisseur d'armes.

Le pouvoir discrétionnaire de « don Alfredo »

En 1948, Stroessner est à trente-six ans le plus jeune général d'Amérique du Sud. Il a été et sera de tous les coups d'État. Au fil des ans, il s'est rapproché des colorados, piliers de sa future dictature. Il passe en intrigues les six années qui le séparent de la prise du pouvoir. En 1953, il est nommé commandant en chef des forces armées. Il est enfin aux premières loges et au seuil du pouvoir. *El Rubio* trépigne. Le 4 mai 1954, il renverse Federico Chaves, membre comme lui du parti Colorado et en rien suspect de faciliter l'arrivée des communistes, comme l'argument en sera avancé pour justifier sa destitution. Le nouveau maître d'Asunción a l'habileté de nommer un civil président intérimaire, le temps d'organiser des élections qu'il remporte à… 98 % des voix.

Son mandat doit arriver à échéance quatre ans plus tard : il durera trente-cinq années, scandées par sept autres élections présidentielles tout autant truquées. À chaque nouveau mandat, l'état d'urgence est renouvelé par décret, trimestre après trimestre. C'est la plus longue dictature personnelle d'Amérique du Sud, derrière celle, à la barbe de tous, de Fidel Castro – son antagoniste politique –, champion toutes catégories avec quarante-neuf années de pouvoir absolu.

Stroessner est bien différent de ses homologues. « [Il] ne renversa pas un régime démocratique, ni n'instaura un régime militaire à proprement parler, souligne Benjamin Offroy, premier universitaire français à avoir consulté les "Archives de la Terreur". Bien qu'il fût militaire, [il] n'était pas le porte-parole de l'armée et gouvernait seul. [Il] exerça son pouvoir de façon discrétionnaire, c'est-à-dire selon sa libre appréciation. Le président prenait des décisions unilatérales, transgressant constamment et en toute impunité les normes qui régulaient le fonctionnement des institutions. »

C'est un bourreau de travail. Toutes les décisions passent par son bureau. Il débute sa journée de travail à 4 h 30 du matin et tranche sur tout. Il parle peu et donne ses ordres d'un seul geste ou d'un regard. Il veille particulièrement à la remise des diplômes de fin d'année aux étudiants. Aux étudiantes, devrait-on dire, car ces cérémonies sont l'occasion de sélectionner des candidates à son goût. Les élues se voient assigner de confortables résidences privées où il se rend après ses journées de travail. Ces « concubines » et leurs parents reçoivent un salaire pour services sexuels rendus. Outre ses trois enfants reconnus, *El Rubio* en aurait eu quinze avec une dizaine de maîtresses.

L'« Excellentissime don Alfredo » ne consacre pas tout son temps à la bagatelle. Il débute son mandat par un grand ménage de printemps. Les chefs des factions du parti Colorado, autant de rivaux en puissance, sont congédiés et invités à prendre les chemins de l'exil. Le parti devient son parti. L'affiliation sera obligatoire pour quiconque se destine à être fonctionnaire, ingénieur, médecin, officier. En 1986, lorsque le pays atteindra 3,8 millions d'habitants, on comptera 900 000 encartés, soit plus du quart de la population adulte. Une vaste toile de *pyragues*, « mouchards » en langue guarani, infiltrés dans le moindre pâté de maisons, surveillent les opposants présomptifs. Ensuite, l'armée est anesthésiée afin d'empêcher les militaires d'avoir la mauvaise idée d'organiser à leur tour un *pronunciamiento*. Le « Héros du Chaco » suborne les officiers supérieurs en leur attribuant des monopoles de fait sur des activités lucratives, le plus souvent illégales : cigarettes, alcool, drogue. Au fil des années, le Paraguay s'est transformé en une gigantesque plateforme logistique de redistribution de marchandises illégales dans le bassin du Rio de la Plata et au Brésil. C'est ainsi que l'officier supérieur qui couvrait notamment le trafic des quatre-roues a gagné le surnom de « Général Mercedes ». Parallèlement, le pays devient le plus grand lupanar d'Amérique latine, avec 280 maisons closes déclarées.

Le « Suprême » est présent partout, à l'entrée de chaque village comme sur les timbres-poste. La ville de Puerto Flor de Lis est rebaptisée Porto Stroessner (aujourd'hui Ciudad del Este). L'aéroport international porte son nom (changé depuis en Silvio Pettirossi[1]).

---

1. As de l'aviation au début du XXe siècle.

Au cœur de la capitale, place des Héros, on peut lire : « *Paz, Trabajo, Bienestar* » (« Paix, Travail, Bien-Être »), la devise du régime. Le 3 novembre, jour de son anniversaire, devient fête nationale.

Le « leader suprême » colle avec d'autant plus de zèle à la politique de Washington qu'il ne veut surtout pas que l'ami américain mette le nez dans ses petites affaires. Pendant la guerre froide, son anticommunisme exacerbé lui vaut les louanges de son puissant allié. Nixon voit dans son régime « un modèle de démocratie viable pour l'Amérique latine ». Mais le refuge accordé à plusieurs criminels nazis, parmi lesquels Mengele, l'« Ange de la mort d'Auschwitz », lui vaut une brouille sérieuse avec l'Allemagne, pays d'origine de son père et destination fantasmée par lui. Paria de la scène internationale, il ne disposera bientôt plus que de la bienveillance du Taïwan de Tchang Kaï-chek, de l'Espagne de Franco, du Chili de Pinochet et de l'Afrique du Sud de l'apartheid. Au fond, Stroessner en a-t-il cure ? Isoler son pays sur la scène internationale, n'est-ce pas la meilleure façon de protéger les activités illégales qui y prospèrent ?

« Pas vu, pas pris », telle pourrait être la devise de l'« Étoile lumineuse de la renaissance nationale », qui n'aura de cesse de sauver les apparences. On lui reproche le caractère militaire de son pouvoir ? Il met en avant le parti Colorado, même vidé de sa substance, pour donner l'illusion d'une façade civile. On dénonce un système à parti unique ? Il légalise le Parti libéral radical, héritier des anciens *liberales* de 1887, puis le Parti fébrériste, avant de les associer en 1967 à l'élaboration de la nouvelle Constitution, qui proroge de dix ans la possibilité pour lui de se présenter à l'élection présidentielle… Ironisant sur ces partis à peine tolérés, et parfaitement contrôlés, Stroessner prétend qu'« ils tiendraient dans une petite charrette, et encore… ». Peu importe, puisque dix ans plus tard, faisant fi des faux-semblants, il est consacré « président à vie » par un amendement. Ce qui ne l'empêchera pas, pour la forme, d'organiser une élection tous les cinq ans, huit au total, de 1954 à 1988. Où il sera, à chaque fois, triomphalement plébiscité.

Dernières pirouettes du « Tyrannosaure »

Pourtant, au tournant des années 1980, le « nid du Condor » vacille. L'assassinat au lance-roquettes, en pleine rue dans la capitale, par un commando de guérilleros de son pays du dictateur nicaraguayen réfugié Anastasio Somoza entame la crédibilité de Stroessner. En faisant arrêter, pour toute réponse, le journaliste chilien Rafael Mella Latore qui a le seul tort de se trouver là, et en l'emprisonnant neuf ans, le champion de l'anticommunisme aggrave son cas. Plus préoccupant pour la survie de sa politique, cette décennie va être celle de la chute, les unes après les autres, des dictatures qui firent les beaux jours de l'« Opération Condor », en une réplique inversée de la « théorie des dominos[1] ». Carter (1977-1981), puis

1. Après la chute du camp retranché français de Diên Biên Phu entre les mains des communistes vietnamiens, en 1954, le président américain E. D. Eisenhower évoque le risque de contagion par une

son successeur Reagan (1981-1988) appellent de leurs vœux, avec insistance, un retour à la démocratie en Amérique du Sud. Que recouvrent successivement l'Argentine (1983), le Brésil et l'Uruguay (1985), tandis qu'au Chili Pinochet sera désavoué par référendum le 5 octobre 1988. Ce jour-là, le dernier régime autoritaire d'Amérique latine reste celui d'Alfredo Stroessner, tout juste réélu avec 88,8 % des voix… « J'ai été élu plusieurs fois, confiera-t-il à une journaliste britannique, non pas parce que je le voulais, mais par la volonté du peuple et de Dieu. » Pourtant, la même année, le « serviteur des serviteurs de Dieu », le pape Jean-Paul II, en visite à Asunción, prêche la libéralisation et le respect des droits de l'homme. Stroessner serait-il l'ultime témoin de temps révolus ? Un dinosaure tout droit sorti du *Monde perdu* de Sir Arthur Conan Doyle ? Plus précisément, un tyrannosaure, *El Tiranosaurio*, selon la formule implacable de l'écrivain Augusto Roa Bastos.

Sa fin politique est inéluctable. Le 3 février 1989, il est renversé comme il est venu au pouvoir : par un coup d'État mené par le général Andres Rodriguez Pedotti, numéro 2 du régime. Cet intime – sa fille a épousé le fils cadet du « leader suprême » – commande la 1re division de cavalerie. Les uns le disent soutenu par Washington, les autres affirment qu'il a agi seul, mû par un réflexe de survie alors que les rumeurs se multiplient sur le projet du dictateur de liquider ses

---

métaphore qui fera florès : « Si vous avez une rangée de dominos dressés et si vous faites tomber le premier, il y a une certitude que le dernier sera renversé […]. » La métaphore a ensuite été théorisée.

Le 17 février 2001,
en exil à Brasilia.

collaborateurs les plus proches. Toujours est-il que, le 2 février, une colonne de chars quitte une caserne de la banlieue de la capitale et le lendemain matin, jour de la Saint-Blaise, patron du Paraguay[1], les putschistes gagnent la partie après de durs combats qui feront des centaines de morts. Suprême humiliation, le *caudillo* est arrêté par le général Lino Oviedo, chef des forces armées, qui n'hésite pas à pointer une arme sur lui et à enlever le cran de sécurité d'une grenade pour appuyer son propos.

1. Mais aussi des laryngologistes et des malades de la gorge, depuis qu'il a sauvé un enfant qui avait une arête plantée dans les amygdales. Évêque en Arménie, il est mort au début du IVe siècle.

Après quelques jours en prison, l'ancien homme fort du Paraguay est exilé au Brésil, libre d'emporter avec lui les millions de dollars accumulés en toute malhonnêteté. Son successeur, jusqu'ici réputé pour être un « parrain » de la contrebande, se métamorphose soudain en parangon de la démocratie. Il lève l'état d'urgence, supprime la peine de mort, autorise les partis. Et remporte l'élection présidentielle haut la main trois mois plus tard. Un score, malgré tout, dérisoire comparé à ceux du « Conducteur génial », désormais à Brasilia, logé dans une luxueuse villa proche des berges du lac artificiel Paranoá, villégiature du gratin de la classe politique et du milieu des affaires. Il y vivra encore dix-sept années au rythme routinier d'un paisible retraité. Levé à 6 heures, il distribue des graines aux oiseaux depuis le deuxième étage, avale son petit déjeuner, puis partage le reste de la journée entre deux promenades et la télévision : westerns et matchs de football. Au coucher du soleil, il contemple chaque soir l'horizon depuis une chaise, flanqué de ses gardes du corps. Il décède, à quatre-vingt-treize ans, d'une pneumonie, à la suite d'une intervention chirurgicale pour une hernie alors qu'il ne pèse déjà plus que 45 kilos, affaibli par un cancer de la peau. Il est enterré le 17 août 2006 au cimetière Campamento de la Paz de Brasilia au cours d'une cérémonie privée.

Dans sa longue vie, *El Rubio* aura finalement battu le record de longévité au pouvoir du premier despote paraguayen, José Gaspar Rodriguez de Francia : trente années seulement. D'un « dictateur suprême » à l'autre.

Bibliographie sélective

Gérard BORRAS, Nicolas RICHARD, Isabelle COMBÈS et Capucine BOIDU, in *Guerres et Identités dans les Amériques*, Rennes, PUR, 2010.

Paola DOMINGO, *Naissance d'une société métisse. Aspects socio-économiques du Paraguay de la conquête à travers les dossiers testamentaires*, Montpellier, Presses universitaires de Méditerranée, 2006.

Bruno FULIGNI et Bruno LEANDRI, *Les Guerres stupides de l'histoire*, Les Arènes, 2019.

Olivier GUEZ, *La Disparition de Josef Mengele*, Grasset, 2017.

Axel GYLDEN, « Derniers jours tranquilles pour le "Suprême" Stroessner », in *Les Derniers Jours des dictateurs*, Perrin, 2012.

Benjamin OFFROY, « Le Paraguay, un nid du Condor », *Vingtième siècle*, Presses de Sciences Po, n° 105, janvier-mars 2010.

13

Les Duvalier, la tentation du pire

par Catherine Ève ROUPERT

Le 5 décembre 1492, Christophe Colomb accoste sur l'île d'Haïti. Elle est un paradis peuplé d'Amérindiens que les Espagnols rebaptisent Hispaniola. Quinze ans plus tard, les conquistadors ont exterminé les habitants et dévasté les terres pour en extraire tout l'or qu'elle recelait. Elle abrite un temps les flibustiers à l'île de La Tortue puis devient Saint-Domingue, la plus riche des colonies de la France grâce à la main-d'œuvre des esclaves importés d'Afrique par la traite négrière. En 1791, les esclaves se révoltent, menés par Toussaint-Louverture ; ils arrachent leur liberté à Bonaparte au terme d'une lutte héroïque. L'île reprend son nom d'Haïti et devient, en 1804, la première république noire du monde. Marginalisée par les puissances esclavagistes du moment (États-Unis, France, Angleterre) pour le précédent dangereux qu'elle représente, Haïti sombre dans la misère et la violence. En deux siècles, vingt-cinq Constitutions tenteront d'y mettre bon ordre ; trente-deux coups d'État en saperont toutes les tentatives, et les dictatures y fleuriront. L'une d'elles, par sa longévité, sa férocité, sa cupidité, marquera Haïti au fer rouge : la dynastie des Duvalier.

Papa Doc : itinéraire d'un fauve

Le premier des Duvalier est François. Il est le fruit d'un viol et naît le 14 avril 1907. Sa mère, Ulyssia Abraham, n'est qu'une fillette tandis que Florestal Duvalier, son suborneur, est un vieillard. Il fait adopter l'enfant par son fils bâtard, Duval, qu'il a eu vingt ans plus tôt, et lui promet de le reconnaître comme Duval Duvalier. L'enfant restera fils unique, avec un demi-frère, Duval, pour père officiel, et un grand-père, Florestal, qui est son père de sang. Ulyssia ne survivra pas à l'épreuve. Ils baptisent l'enfant François, en hommage à la France, leur patrie d'origine. Florestal, qui est tailleur, et Duval, qui est instituteur, sont tous deux originaires de Martinique. Ils vivent en Haïti depuis la fin du XIXe siècle et rien n'atteste qu'ils soient devenus haïtiens. Tout porte alors à croire que le petit François, né de père français, était lui-même français. Ceux qui ont tenté plus tard de le prouver ne sont plus là pour en parler ; sitôt élu, il a veillé à éliminer tous les témoins.

Le petit François habite le quartier Bas-Peu-de-Choses à Port-au-Prince, tout à côté du palais national.

Il y est spectateur des atrocités qui marquent son temps : les coups d'État à répétition noyés dans le sang et l'occupation américaine de 1915 à 1934[1]. C'est un enfant chétif, renfermé et sournois, marginalisé de surcroît par la langue qu'il pratique : les Duvalier ne jurent en effet que par le français, alors que le peuple haïtien parle essentiellement créole. Il obtient un bac ès lettres puis un diplôme de médecin en 1934 au prix de lourds sacrifices de son père adoptif. Il peine à s'installer car il est difficile, en étant désargenté et noir, de se constituer une clientèle au sein de l'élite mulâtre. De faible constitution car diabétique et insuffisant cardiaque, il se tourne finalement vers le service public.

Affecté à un centre de santé, il consacre peu de temps à ses patients, leur préférant la rédaction d'articles dans *Les Griots*, une jeune revue qui exhorte à un nationalisme noir et prône un retour aux sources africaines de la culture haïtienne et au « vodou[2] ». François rêve d'intégrer le milieu des intellectuels, afin de se hisser hors de la « chiennaille » dont il est issu. Dans des écrits laborieux, il se pose en ethnologue mettant en avant ses connaissances du vodou. Il est l'auteur d'une dizaine d'ouvrages à caractère politique, rédigés entre 1948 et 1969. Prudent, il n'affiche aucun attachement à un parti ; aussi est-il l'un des rares de sa génération à n'avoir jamais été emprisonné.

---

1. Celle-ci a apporté un retour au calme et de véritables avancées en matière d'infrastructures, mais au prix d'une lutte sans pitié contre toute opposition et l'expression d'un racisme sanguinaire.

2. Vodou est l'orthographe adoptée désormais en lieu et place de vaudou ; elle renvoie aux origines africaines du mot.

Dans l'espoir de sortir du lot, François se met en scène et, pour susciter la crainte, il cultive une ressemblance avec le Baron Samedi, l'esprit vodou gardien des cimetières. Il en épouse la voix sourde qui semble venir d'outre-tombe et le feutre noir qu'il garde vissé sur la tête. Les costumes sombres d'un autre temps que lui a taillés Florestal lui donnent tout l'air d'un croque-mort.

Sa vie personnelle est morne : à trente-deux ans, il est toujours célibataire. Ses amis lui présentent alors Simone Ovide, une infirmière à la naissance obscure, de six ans sa cadette. Elle est belle et a le teint clair des Mulâtres. Elle est grande et mesure une tête de plus que lui mais, à défaut d'être physiquement assortis, ils partagent un même désir de revanche qui les réunit. Leur mariage est célébré le 27 décembre 1939 en l'église de Pétionville. Trois filles et un garçon naîtront de leur union : Marie-Denise, Nicole, Simone et Jean-Claude.

En 1942, la Commission interaméricaine, qui aide les pays des Amériques à développer leurs services de santé, recrute des médecins pour lutter contre les maladies de l'extrême pauvreté : le typhus, la lèpre, la tuberculose, la malaria et surtout le pian[1]. François Duvalier est l'un d'eux. En 1944, il accomplit un stage aux États-Unis, mais il en revient au bout de quelques mois seulement car sa connaissance de l'anglais s'avère insuffisante. Il est de surcroît marqué au fer rouge par

1. Le pian, fléau national, est une maladie tropicale contagieuse qui provoque des lésions cutanées graves, notamment des pieds ; il tuait des milliers de personnes et annihilait les énergies de beaucoup d'autres.

la morgue des étudiants et le racisme des Américains. De retour au pays, il commence à exercer et se taille une légende de médecin de campagne sillonnant l'arrière-pays à dos d'âne, soignant les miséreux en leur administrant un traitement miracle de son invention contre le pian qui n'est autre que la pénicilline et la terramycine. Il se donne alors le surnom de « Bon Papa Doc ».

Les premiers pas d'un tueur

En 1946, alors que le pays se déchire entre Noirs et Mulâtres, il acquiert un semblant de notoriété en soutenant que la lutte des races n'est en Haïti qu'une lutte des classes, celle des Mulâtres des élites aisées contre les Noirs du peuple. Il contribue à la fondation du MOP, le Mouvement des ouvriers et des paysans, qui défend les pauvres des villes et des campagnes. Sa renommée grandit et il met sa couleur au service de son ambition politique en se rapprochant du président noir Dumarsais Estimé dont il a été l'élève au lycée Pétion. Il est nommé directeur de la Santé publique, puis ministre de la Santé et du Travail. Cette embellie est de courte durée : en 1950, le clivage entre Noirs et Mulâtres est tel que la révolution couve. Estimé est évincé lors d'un coup d'État fomenté par Paul Magloire, un militaire soutenu par les élites mulâtres, qui devient le nouveau président. Duvalier, qui a choisi le camp des vaincus de Dumarsais Estimé, est contraint de prendre le maquis pour survivre. Il reste dans la clandestinité dix-huit mois, s'improvise militant et s'allie à l'opposition. En 1956, une amnistie lui permet de se faufiler au milieu d'une cohorte de candidats et il se présente à l'élection à la présidence de la République.

La campagne dure neuf mois. Elle est d'une violence inouïe : trois présidents provisoires disparaissent au gré de grèves à répétition, d'attentats à la bombe et de massacres de masse. Dans ce maelström, Duvalier fait profil bas, parle peu, semble effacé, martelant qu'il a été ministre d'Estimé que tout le monde regrette. Mais, en sous-main, il dirige la subversion et sème le chaos grâce à la petite équipe qu'il s'est constituée : Clément Barbot en exécuteur des basses œuvres, Luckner Cambronne en collecteur de fonds et Clémard Joseph Charles en banquier. À côté des autres candidats portés par la violence, Duvalier se fait malléable et rassure ; aussi est-il facilement élu avec 69 % des voix le 22 septembre 1957. Sa victoire marque la revanche des Noirs, petits paysans et classes moyennes qui l'ont élu ; c'est sur eux qu'il s'appuie pour asseoir un pouvoir personnel absolu. Sitôt président, il rompt brutalement avec son équipe de campagne : Duvalier n'appartient plus à rien ni à personne qu'à lui-même ; le dictateur qui sommeillait en lui se révèle.

Les débuts de son mandat sont à son image : ombrageux, brouillons et maladroits. Pour paraître plus vieux et gagner ainsi en respectabilité, Duvalier décolore ses cheveux en blanc au bay-rum. Au lieu de le laisser s'enferrer jusqu'à la chute, les candidats éconduits lui opposent contestations, grèves et attentats. Il riposte par une répression féroce grâce à des bandes de cagoulards qu'il soudoie. En 1958, une mini-invasion préparée en

Floride par un commando d'opposants manque de peu son coup ; l'affaire tourne au carnage. Duvalier a la peur de sa vie et il comprend que, pour durer, il doit s'entourer de fidèles zélés et parfaitement structurés. Il confie à Clément Barbot, barbare sauvage et pervers qui le suit depuis ses débuts, la tâche de créer la milice des Tontons Macoutes[1]. Ils sont le bras armé du président et lui sont dévoués corps et âme – en contrepartie du statut qu'il leur confère : une garde prétorienne à sa botte, disséminée dans tout le pays.

Dans la graisse des ténèbres[2]

En 1959, Duvalier est fauché à cinquante-deux ans par une première attaque cardiaque. Revenu des lisières de la mort, il semble comme un démon. Il fait exécuter Barbot, son âme damnée, et poursuit jusqu'à la mort les frères Clément et Ducasse Jumelle qui avaient soutenu sa famille lorsqu'il avait pris le maquis. Il s'acharne sur le clergé catholique, rompt toute relation avec le Vatican, les États-Unis, la République dominicaine, et poursuit l'épuration de l'armée en même temps qu'il renforce les Tontons Macoutes. Les fonctionnaires, la bourgeoisie mulâtre et les communistes sont traqués

1. Cette milice fameuse, constituée de bandits et d'assassins, est destinée à contrebalancer la puissance de l'armée. Les Tontons Macoutes reçoivent une arme, un uniforme en bleu de chauffe, mais pas de salaire, qu'on leur laisse le soin d'extorquer par les exactions qu'ils commettent.

2. D'après le documentaire de Charles Nojman, *Une étrange cathédrale dans la graisse des ténèbres* – Frankétienne.

François Duvalier (1907-1971) dans sa voiture officielle à Port-au-Prince, vers 1963.
« Le pouvoir au bout du fusil. »

et contraints de quitter le pays. La sinistre prison de Fort Dimanche se remplit d'étudiants, d'artisans et d'ouvriers. Ils y sont torturés et exécutés, quand ils ne meurent pas des suites de traitements inhumains ou d'inanition. Commerçants, industriels, Noirs, Mulâtres, personne n'est épargné.

En 1963, un attentat vise deux de ses enfants : Jean-Claude et Simone. Il fait quatre morts parmi leurs gardes du corps. Duvalier saisit l'occasion pour accuser le lieutenant Benoit, un jeune officier de sa garde qui lui est hostile, et il ordonne en représailles l'extermination des dix-huit membres de la famille Benoit, des aïeules aux nourrissons. Le 22 mai 1963, un « plébiscite » orchestré par ses fidèles le réinstalle au sommet de l'État ; un préalable à son apothéose un an plus tard, le 22 juin 1964 : sa proclamation comme président à vie. Il songe même à se faire sacrer empereur et s'est choisi un nom : François Ier. Le voilà au sommet de son emprise sur un pays muselé par la terreur.

En 1967, la sédition couve dans la famille Duvalier. Simone, l'épouse de Papa Doc, qui prépare ses arrières depuis qu'elle a cru devenir veuve lors de la première attaque cardiaque de Duvalier, détourne avec l'aide de Luckner Cambronne – ministre de l'Intérieur et accessoirement son valet de cœur – les recettes de la Régie des tabacs et allumettes, sans oublier le produit de la traite des coupeurs de canne haïtiens loués à Cuba et à la République dominicaine. À eux également les magnifiques usines à cash que Luckner fait tourner : Hemo Caribbean qui collecte le sang des plus pauvres et qu'il négocie à prix d'or à des hôpitaux américains ; ou le très lucratif trafic de cadavres subtilisés aux morgues et envoyés dans les facultés de médecine des États-Unis. Quant à son gendre, le lieutenant-colonel Max Dominique, et Marie-Denise, la préférée de ses trois filles, ils fomentent le renversement de Duvalier qu'ils croient devenu fou. Toutefois, rien qui ne puisse échapper au vieux Doc, qui, conscient de la trahison, les expulse vers les États-Unis.

Il est désormais seul aux commandes face à 5 millions d'Haïtiens pris en otage.

En l'an X de la révolution duvaliériste, le pays est tétanisé par la peur. Derrière les murs du palais qu'il ne quitte guère, Papa Doc voit des ennemis partout. Il révoque les ministres qui lui étaient inféodés et fait exécuter les officiers qui étaient pourtant ses fils spirituels.

Les opposants qui travaillaient dans la clandestinité se décident à organiser un front commun et à faire face en choisissant la lutte armée. Les cibles sont les Tontons Macoutes les plus connus. Mme Max Adolphe dite Adolphine, leur chef, est la toute première visée. Chaque manifestation du régime est désormais interrompue par l'explosion de bombes. Début 1969, cette opposition unie est rejointe par la gauche. La loi du 28 avril suivant taxe les activités communistes de crimes contre l'État, punis de mort, mais en vain. Se sentant débordé, Duvalier décide de recourir à l'anticommunisme viscéral de l'administration américaine pour obtenir l'aide et les fonds qui lui font défaut. Après avoir longtemps agité le chiffon rouge sous le nez de son puissant voisin, il multiplie désormais les protestations de fidélité et d'indéfectible amitié. L'effondrement de l'économie d'Haïti, au bord de la ruine, est pour beaucoup dans ce revirement. Incapable de gouverner, Duvalier avance au jour le jour et tape à tous les portefeuilles : il augmente les impôts, multiplie les prélèvements sur les salaires, impose des corvées au bénéfice des Tontons Macoutes, s'approprie les biens des émigrés et paie les fonctionnaires un mois sur deux, voire sur trois. Il invite même la Mafia en lui faisant miroiter, contre ristourne, l'exploitation du Casino international de Port-au-Prince et la concession de l'île de La Tortue comme zone de non-droit propice à tous ses trafics.

Après une nouvelle attaque cardiaque le 12 novembre 1970, Duvalier a un pied dans la tombe. Il lui reste juste assez de force pour pérenniser son petit enfer tropical en régime dynastique en écartant les derniers barons du régime au profit des siens. Il aurait bien choisi Marie-Denise, son aînée et fille préférée : « C'est l'homme de la famille ! » Elle est bâtie en force comme sa mère, avec le caractère trempé de son père. Mais elle est une femme et Haïti est un pays de mâles dominants. Dans ces conditions, Duvalier n'a plus guère que Jean-Claude, son unique fils. Il lui adjoint Simone, son épouse dont il a autorisé le retour. Eux seuls perpétueront sa mémoire et la révolution duvaliériste, prétexte à la prédation économique que sa famille exerce à l'encontre de son pays depuis près de quatorze ans.

Il jette sur le papier les noms de quelques fidèles pour les épauler, bâcle à grands traits un tour de passe-passe constitutionnel qui abaisse l'âge d'éligibilité de quarante à dix-huit ans, et le 2 janvier 1971 Jean-Claude devient son successeur. Sur la photo officielle, le Doc, qui semble un vieux corbeau cachectique, pose la main sur l'épaule de son dauphin, boudiné dans un costume de premier communiant, pour l'introniser. Un référendum de pacotille est organisé à la hâte le 31 janvier 1971 qui donne zéro voix contre… Le « Grand Électrificateur des Âmes » peut disparaître : il s'éteint dans son lit le 21 avril 1971, son cœur s'est enfin arrêté. Jean-Claude Duvalier, qui n'a pas eu voix au chapitre, est livré ficelé à la nation. Dans ce pays qui meurt de faim depuis plus d'une décennie sous la férule d'un vieillard maladif, le peuple haïtien se prend à espérer avec ce président junior à la silhouette d'haltérophile gonflée au beurre de cacahouète, fier qu'il soit le plus jeune chef d'État en exercice au monde.

Baby Doc, le zombi de la République

Jean-Claude Duvalier, que les Haïtiens baptisent affectueusement « Baby Doc », est né le 3 juillet 1951. Il grandit entouré de sa mère et de ses trois sœurs. Il ne voit son père que lors de l'unique repas hebdomadaire que celui-ci accorde à sa famille et ne s'en plaint pas. Papa Doc a la main leste, il frappe sa mère et Jean-Claude en a peur. Il a six ans quand celui-ci devient président. La famille s'installe au palais national qui trône au cœur de Port-au-Prince. Les empoignades de ses parents retentissent jusque dans les jardins, et il monte des sous-sols du palais, qui abritent cérémonies vodou et interrogatoires musclés, des hurlements qui le terrifient. Jean-Claude est pétrifié ; alors, pour se rassurer, il mange, se gave et il grossit démesurément.

Pour son instruction, Papa Doc aurait préféré l'école des Frères de l'Instruction chrétienne, mais Maman Simone impose les méthodistes du prestigieux collège Bird. Jean-Claude s'y rend accompagné de ses trois sœurs et protégé de gardes du corps. En 1961, sur sa première photo officielle, il a le crâne ras et deux joues rebondies sous un regard vide. Personne ne le voit. Personne ne le regarde. Il n'existe pas.

Il n'est pourtant pas sans courage : en 1962, il a onze ans quand il sauve un camarade de classe d'un interrogatoire dans les sous-sols du palais en prenant sa défense dans le bureau présidentiel de son père. Un an plus tard, l'effroyable répression qui suit la tentative d'enlèvement dont il est victime avec sa sœur tétanise Jean-Claude, qui préfère ne pas y penser ; pas plus qu'aux quatre gardes du corps qui ont été tués sous ses yeux. En 1964, pour le second mandat de Papa, il semble ahuri : Marie-Denise, qu'il admire tant, n'est plus là pour le rassurer. Il est désormais seul et il noie ses angoisses dans le bourbon. L'alcool tue son ennui et lui apporte l'assurance qu'il n'a pas.

À quinze ans, il a sa carrure d'adulte : gros et grand comme une armoire. L'adolescent tient désormais tête à son père. Il a même l'audace de l'enfermer dans une chambre, pour protéger Maman Simone des coups dont Duvalier la roue. Les filles qu'on lui amène, comme autant de proies, défilent sans qu'il s'en souvienne et trompent à peine sa mélancolie. Les études l'ennuient : il retient peu et comprend mal. Ses notes seraient médiocres si elles n'étaient revues par ses professeurs à l'aune des attentes du président. Quant au bac qu'il aurait obtenu, Jean-Claude ne s'en souvient même pas. « Tu dois connaître le droit », a décidé Papa ; mais Jean-Claude s'assoupit pendant les cours particuliers que lui donnent, ou plutôt lui infligent, les meilleurs juristes d'Haïti. Les affaires de l'État ne l'intéressent pas ; il croit les connaître puisqu'il baigne dedans depuis qu'il est enfant. Ce qu'il aime, c'est la batterie, les alcools forts, les concours de tir et les voitures rouges italiennes. Il en a plusieurs et, quand l'envie lui en prend, le ministre de l'Intérieur fait dégager les avenues, les Tontons Macoutes dispersent les curieux à coups de revolver et il peut traverser la ville, pied au plancher, sur la route que son père a fait asphalter jusqu'au ranch de la famille.

Le 12 novembre 1970, quand Papa Doc tombe, frappé par sa seconde attaque cardiaque, Jean-Claude a dix-neuf ans. Il n'a ni le corps sec et noueux de son petit teigneux de père, ni la figure de cariatide de sa mère. Il est une grande silhouette bonasse qui a depuis longtemps dépassé le quintal et qui ferait presque peur s'il n'avait cette démarche gauche, cette voix sourde, ces traits mornes où le regard flotte, dégageant une impression de vide.

Ce qui l'attend, c'est un peuple brisé et terrorisé par une milice de gueux. Un pays vidé de ses élites – celles qui n'ont pas été décimées sont en exil –, une économie tenue par les grandes familles de la Mafia américaine. Il est président à vie, mais d'un pays qui sent la sueur des geôles et le sang séché des chambres de torture. Pour Maman Simone et les duvaliéristes, l'enjeu est de taille. Aussi lui promet-elle qu'elle s'occupera de tout avec la vieille garde des fidèles de Papa : « Tu n'auras qu'à faire ce qu'on te dit. »

Jean-Claude Duvalier (1951-2014)
et sa mère Simone devant la cathédrale
de Port-au-Prince, en mai 1978.

Jean-Claude, qui n'a pas la volonté ni le charisme de son père, accepte dans un premier temps de se conformer aux injonctions maternelles. Il ânonne devant les écrans l'envolée lyrique que Papa Doc, mourant, lui a rédigée. La peur du communisme qui a fait recette et permis aux Duvalier de prospérer appartient au passé ; c'est désormais sur la jeunesse que tout doit reposer. L'heure serait-elle à l'ouverture ? « Mon père a fait la révolution politique. Je ferai la révolution économique », promet Baby Doc qui exhorte les exilés à revenir pour construire avec lui la nouvelle Haïti. Il se prend au jeu et signe des réformes économiques et judiciaires. La confiance des pays étrangers revient, l'économie repart, les capitaux affluent, l'aide internationale reprend dans un pays qui semble avoir tourné la page et redevient fréquentable.

Jean-Claude change lui aussi : il maigrit, parade en treillis militaire aux côtés des Léopards, une garde rapprochée formée par les États-Unis. Il s'affirme, gagne en autonomie et crée son propre parti : le Conajec, Conseil national d'action jean-claudiste. « Duvaliérisme » est à éviter au profit de « jean-claudisme ». Sous des dehors benêts, le jeune homme a appris et ne se laisse plus manipuler. Il séduit les libéraux, se rapproche des Mulâtres, qui sont détenteurs de la puissance économique, et ouvre le pays aux investissements étrangers. Plus surprenant encore de la part d'un Duvalier : il interdit les arrestations arbitraires et la censure. Le salaire minimum augmente, la presse a des audaces, l'opposition ose des critiques. Haïti devient le pays au monde à capitaliser le plus d'aides de l'étranger par habitant ; les subsides déversés sont considérables, supérieurs aux recettes propres du budget national. Un décollage s'amorce ; les Haïtiens seraient-ils à l'aube de l'ère nouvelle tant espérée depuis 1804 ?

En 1977, la famine sévit dans le département du Nord-Ouest. La sécheresse a tout brûlé et les aides d'urgence que les bailleurs internationaux ont envoyées semblent s'être volatilisées, détournées sitôt arrivées. Pour Baby Doc, le coup est rude, d'autant que la rapacité de Maman Simone, qui s'acharne toujours à remplir sa cassette privée, a dépassé les limites de l'acceptable. Pour l'écarter, il l'envoie à Paris où elle a déjà investi ses rapines en biens immobiliers notamment. Les difficultés sont toutefois plus profondes : l'impatience des Haïtiens est à la mesure du retard accumulé. Le réveil du pays, si longtemps anesthésié de terreur, donne aux Haïtiens des envies naturelles de démocratie. En regard, Jean-Claude se révèle incapable de coordonner les aides, de donner une cohérence à l'action de son gouvernement et de contenir la corruption. Les pays donateurs dénoncent la faiblesse structurelle de l'État et le désintérêt des élites pour le redressement du pays. Haïti leur semble un puits sans fond. Quant au peuple, il multiplie les grèves et Jean-Claude voit l'opinion lui échapper. Alors, comme son père avant lui, il choisit de privilégier son intérêt particulier appuyé sur la force.

Dès lors, l'aide internationale devient une manne dans laquelle Baby Doc et ses proches puisent en prévision des mauvais jours. Plus du tiers des recettes fiscales prend le chemin des comptes de la famille. Le pillage atteint son comble en 1980, quand 20 millions de dollars prêtés par le FMI s'évaporent en deux jours. C'est la curée : sur fond de famine, Baby Doc garnit ses quelque 300 comptes au Luxembourg, aux États-Unis et en Suisse. Il achète un château en France, un appartement à Paris, un autre à Monaco, sans oublier un yacht ; ce sont ainsi 250 millions de dollars qui sont soustraits du budget national.

Pour reprendre la main, Baby Doc annonce la couleur : « *Pitit tig, sé tig*[1] *!* » – un Duvalier reste un Duvalier. Il continue pour la galerie de clamer sa bonne volonté : « Je voudrais pouvoir me présenter devant le tribunal de l'Histoire comme celui qui a fondé la démocratie en Haïti », mais il poursuit : « Les modèles inspirés du Potomac, de la Tamise et de la Seine n'intéressent pas le pays. » L'ombre de Papa Doc est de retour : Jean-Claude rappelle les Tontons Macoutes et il procède à un remaniement ministériel qui ramène la vieille garde au pouvoir.

Lune de miel

Jean-Claude n'est plus seul : il est tombé amoureux de Michèle Bennett, une ancienne camarade de classe, fille d'un riche homme d'affaires de la bourgeoisie mulâtre qui s'ennuie ferme aux États-Unis comme chargée de communication d'une fabrique de pantoufles. Elle est petite, menue, belle, au teint clair,

1. « Le petit du tigre reste un tigre ! »

mais dénuée de tout scrupule et dotée d'une détermination de fer. Il l'épouse le 27 mai 1980 dans la cathédrale de Port-au-Prince, malgré l'interdiction de Maman Simone. Le mariage est fastueux : 2 millions de dollars, pas moins. Avec cette nouvelle reine aux côtés de son fils, Simone Duvalier et la vieille garde n'ont plus qu'à céder la place au camp mulâtre des Bennett. Michèle soigne pourtant les apparences : elle se fait humble pour accueillir Mère Teresa qui a souhaité la rencontrer. Mais le destin de Baby Doc est scellé pour le pire : Michèle n'a pas quitté le bel Alix Pasquet, son premier mari dont elle a divorcé pour l'épouser, sans l'arrière-pensée des gains que ce remariage doit lui ménager. Le vaudeville côtoie la tragédie, l'obsession du pouvoir la cupidité la plus sordide. Celle de Michèle ne connaît pas de limites, avec une ostentation qui dit l'immunité dont elle sait pouvoir bénéficier.

Le coup de semonce vient de Jean-Paul II qui fait halte à Port-au-Prince en 1983. « Il faut que les choses changent dans ce pays ! » lance le pape durant les quelques heures qu'il passe en Haïti. C'est le signal : de petites communautés s'organisent, grâce au huis clos que le clergé ménage à leurs réunions. Les évêques exigent que Jean-Claude cesse les persécutions et le détournement des aides internationales. Le coup de grâce est porté par les États-Unis, le Canada et la France, qui craignent que sa dictature molle et brouillonne ne fragilise toute la région et qui lui posent un véritable ultimatum. Le 30 janvier 1986, toute aide est suspendue à l'organisation d'élections libres sous contrôle international et son départ en exil flanqué de toute sa famille. Une semaine plus tard, le 7 février, alors que la capitale est encore endormie, un avion en provenance de la base américaine de Guantanamo embarque 21 personnes sur le tarmac de l'aéroport François-Duvalier : Jean-Claude, Michèle, François-Nicolas et Anya, leurs deux enfants, et les membres de leurs familles respectives avec armes, voitures, motos, bagages et surtout des valises de dollars et des mallettes de bijoux. Sitôt les Duvalier envolés, les déchoucages[1] commencent. Le grand-père de Michèle, qu'on a oublié d'exiler, meurt, dit-on, d'une crise cardiaque. Les Tontons Macoutes sont massacrés, les barons du régime, traqués par la foule, se terrent. La folie meurtrière à laquelle la famille a échappé de peu met plusieurs jours à s'épancher dans une débauche de violence et de cruauté.

En France, où l'avion américain se pose, la cavale dorée des Duvalier commence dans un palace en Haute-Savoie, à proximité de la Suisse. Les États-Unis qui devaient les héberger ont oublié leur promesse de revenir les chercher, et Jean-Claude s'installe comme sans-papiers dans une illégalité sur laquelle la France ferme les yeux. Après Talloires, il opte pour Mougins sur la Côte d'Azur, dont le climat lui convient mieux, et emménage avec Michèle, la vieille Simone et les deux enfants dans une belle villa qu'il loue à un homme d'affaires saoudien.

1. Terme haïtien désignant l'action de s'en prendre aux propriétés des notables en disgrâce afin de détruire leurs biens ; leurs sbires et leurs hommes de main ne sont pas épargnés.

Jean-Claude mène enfin la vie de nabab dont il avait toujours rêvé, pendant que Michèle s'ennuie de ne plus régner. Le surprendre en galante compagnie dans la garçonnière qu'il s'est ménagée est un jeu d'enfant pour l'épouse outragée qui joue les victimes. Le périple qui s'ensuit la conduit en République dominicaine où le divorce est prononcé, non sans qu'elle soit préalablement passée par les États-Unis, la Suisse et le Luxembourg pour mettre à son nom les comptes numérotés. Michèle est désormais libre et riche. Jean-Claude, qui n'a plus de quoi payer la maison, doit déménager. Il s'installe avec sa mère dans un petit hôtel du voisinage pour rester près des enfants, car Michèle a trouvé un nouveau Roméo qu'elle effeuille dans la brise du front de mer, à Cannes. Jean-Claude, qui n'a jamais appris à régler des factures, est obligé de filer à l'anglaise avec Maman. Quand celle-ci meurt en 1997, oubliée dans une maison de retraite de la banlieue parisienne, il frôle l'indigence et doit la faire incinérer pour éviter des frais. Il est au bord du gouffre quand il rencontre Véronique Roy, une accorte Française qui paye ses dettes et le loge dans un deux-pièces au nord de Paris. Elle prépare activement son retour en Haïti où la mémoire de plomb des années Duvalier semble s'être dissipée.

Le 12 janvier 2010, Port-au-Prince est secouée par un tremblement de terre de 7,3 sur l'échelle de Richter. La capitale s'effondre d'un bloc et avale 230 000 morts en quelques minutes aux yeux du monde interloqué.

La compassion est universelle et les fonds arrivent de toute la planète. Ces aides qui affluent et les ONG qui se déploient sont une opportunité que Jean-Claude ne peut pas laisser passer.

« Véronique Roy aime tant Haïti », plaide-t-il pour justifier son retour. Surtout, elle n'ignore pas que son compagnon pourrait recouvrer 7 millions de dollars qui sont sous séquestre en Suisse et que des arguties juridiques lui contestent. S'il revenait au pays sans être inquiété, rien ne pourrait s'opposer à ce qu'il en dispose et les mette au profit du peuple haïtien, comme il n'hésite pas à le promettre.

Trop contente de se débarrasser de Jean-Claude, la France ferme les yeux quand, le 16 janvier 2011, celui-ci plie bagage. Il transite par la Martinique, débarque à l'aéroport Toussaint-Louverture en vieil homme chenu, frêle et maladif qu'il est devenu, avant de s'agenouiller dans un élan mélodramatique pour baiser le tarmac. Dans la foule en liesse qui l'accueille, il y a des jeunes sans mémoire et de vieux parangons de l'ordre à la trique, la larme à l'œil. Ils ont même ressuscité le drapeau noir et rouge adopté par François Duvalier et le PUN (Parti Unité nationale) créé en 1957 pour l'élection de François. N'y aura-t-il donc personne pour se souvenir que cette dynastie de dictateurs sanguinaires a dépouillé cette terre et l'a mise en coupe réglée pendant près de trente ans, laissant derrière elle 30 000 à 50 000 morts ?

D'anciennes victimes se manifestent pourtant. L'étau se resserre et Jean-Claude écope d'une interdiction de quitter le pays. Puis il est inculpé de corruption, de détournements de fonds et d'association de malfaiteurs.

Des plaintes sont déposées pour de graves violations contre les droits humains et pour crimes contre l'humanité. Un premier juge se laisse attendrir, mais Amnesty International et Human Rights Watch veillent. La cour d'appel fait du zèle, lambine et se délecte en arcanes de procédure. Jean-Claude est néanmoins assigné à résidence ; il se promène pourtant sans être inquiété, participe à des cérémonies officielles aux côtés du président Michel Martelly et, en janvier 2014, préside même l'inauguration du premier bureau du PUN. La justice menaçant une fois encore de ne pas être rendue, la communauté internationale exhorte le président Martelly, qui à l'évidence protège le retour du vieux dictateur, à ratifier le statut de Rome instaurant la Cour pénale internationale qu'Haïti a omis de signer.

Mi-septembre 2014, Baby Doc, qui semble bien mal en point au fil de ses apparitions en public, est hospitalisé d'urgence après avoir été mordu par une veuve noire, la pire des arachnides. Sa morsure semble mortelle, mais il survit à la surprise générale. Revenu après quelques jours d'hospitalisation dans le quartier huppé où il réside avec Véronique Roy, il tente tant bien que mal de se remettre, mais les luttes incessantes entre sa compagne, son ex-femme et son fils, qui tous le tirent à hue et à dia, l'épuisent et le font fuir. Il est 6 heures le 4 octobre 2014 lorsque le colonel Badigui, chez qui Jean-Claude a trouvé refuge dans la nuit pour échapper à une énième altercation entre ses proches, découvre son corps sans vie sur le carrelage de la cuisine, terrassé, dit-on, par une crise cardiaque. « Jean-Claude Duvalier a transcendé. » La nouvelle fait le tour de la République, puis bientôt du monde entier : Baby Doc est mort.

Piti-pitit Duvalier[1], *fossoyeur des mémoires*

Le 11 octobre 2014, après que des funérailles nationales ont été envisagées, soulevant un tollé, une messe est célébrée dans la chapelle bondée de l'institution Saint-Louis-de-Gonzague dont Jean-Claude a été l'élève. Michèle Bennett ex-Duvalier, décatie et éplorée, est là, avec ses deux enfants trentenaires ; Véronique Roy est présente aussi, de même que des partisans et des anciens membres du gouvernement dont la déférence à l'égard de François-Nicolas Duvalier, le fils de Jean-Claude, n'échappe à personne. Sommé par sa mère de revenir au pays pour prendre la succession de son père qui déclinait, François-Nicolas est arrivé en Haïti en avril 2013. Une entrée doublée d'une irruption dans le cercle des candidats à l'héritage de la funeste dynastie, avec une déclaration fracassante : un éloge de François Duvalier, son grand-père qu'il n'a jamais connu et dont il est manifeste qu'il ne sait rien. Le président Martelly lui aménage un bureau proche du sien, dont François-Nicolas rend les clés à l'arrivée, en février 2017, de Jovenel Moïse, le nouveau président auprès duquel l'héritier n'est pas en odeur de sainteté.

Quel destin pour « *Piti-pitit* Duvalier », troisième de l'extravagante lignée ? Il est né à Port-au-Prince en 1983 et depuis 1986 vit entre la Côte d'Azur et Paris

1. *Piti-pitit* Duvalier : le fils du fils de Duvalier.

des millions de sa mère. Aux obsèques de son père, il est encore un joli jeune homme au teint clair, lisse et sage, dont la bouille ronde et l'élégance enveloppée disent la lignée. Mais en 2019, à entendre depuis six années les prêches de barons nostalgiques qui le regardent comme le Graal du duvaliérisme, il est presque devenu le sosie de son père : un bibendum boudiné au regard de zombi.

De son père, il a hérité l'« art presque perdu de ne rien faire[1] ». Un exercice bien rodé chez les Duvalier : en vingt-cinq ans d'exil, Jean-Claude n'a rien produit. François-Nicolas, son fils de trente-cinq ans, a-t-il fait mieux ? Tout juste une vague école privée qu'il a oublié de terminer.

Pour Michèle Bennett et les duvaliéristes qui désormais ne se cachent plus, la succession de François et Jean-Claude Duvalier reste à prendre. Les quelques sorties publiques de François-Nicolas depuis le début de l'année 2018 marquent-elles les prémices d'un retour de la funeste famille aux commandes d'Haïti ? Le désordre qui croît depuis quelques mois reproduit une mécanique du chaos appelant la dictature. Le drapeau noir et rouge récemment réapparu est un premier signe inquiétant. L'apparition, le 7 avril 2019, en première page du quotidien national de François-Nicolas aux côtés du président Jovenel Moïse, qui ne sait plus à quel diable se vouer pour se dépêtrer de la crise économique et politique, résonne comme une reconnaissance implicite. « Dans ce pays [où] l'impossible

1. Titre de l'ouvrage de Dany Laferrière de l'Académie française paru chez Grasset en 2014.

est possible, et le possible impossible[1] », un retour au pire n'est jamais à écarter.

Bibliographie sélective

Elizabeth ABBOTT, *Haïti : The Duvalier and Their Legacy,* New York, Mac Graw-Hill, 1988, revu pour une nouvelle édition dans *A Shattered Nation,* 2011.

Gérald BLONCOURT, *On ne peut pas tuer la vérité – Le Dossier Jean-Claude Duvalier,* Amnesty International, 2011.

Raphaël CONFIANT, *Les Ténèbres extérieures*, Écriture, 2008.

Bernard DIEDERICH et Al BURT, traduit par Henri Devet, *Papa Doc et les Tontons Macoutes*, Albin Michel, 1971.

Bernard DIEDERICH, *Le Prix du sang,* t. 1 : *François Duvalier (1957-1971). La résistance d'un peuple haïtien face à la tyrannie,* Port-au-Prince, Éditions Antillia, Centre œcuménique des droits humains, 2005.

—, *Le Prix du sang,* t. 2 : *Jean-Claude Duvalier (1971-1986). L'Héritier,* Haïti, Éditions Henri Deschamps, 2011.

Jean FLORIVAL, *Duvalier, la face cachée de Papa Doc,* Mémoire d'encrier, 2007.

1. « Dans ce pays, l'impossible est possible et le possible impossible. Retenez bien cela et vous ne vous étonnerez de rien, ou plutôt vous vous étonnerez qu'on puisse encore s'étonner de quelque chose » (Justin Lhérisson).

Amanda M. KLASING et Reed BRODY, *Haïti : Un rendez-vous avec l'Histoire. Les poursuites contre Jean-Claude Duvalier,* Human Rights Watch, 2011.
John MARQUIS, *Papa Doc : Portrait of a Haïtien Tyrant 1907-1971,* Kingston, LMH, 2007.

14

Fidel Castro : l'obsession du pouvoir

par Élisabeth BURGOS *et Laurence* DEBRAY

Castro écrit en toute hâte une missive à sa compagne Celia Sanchez. Il est alors planqué dans la Sierra Maestra depuis six mois. « En voyant tomber les obus sur la maison de Mario (un paysan qui collaborait avec la guérilla), je me suis juré que les Américains allaient le payer très cher. Quand cette guerre s'achèvera, une autre guerre bien plus longue et importante commencera : la guerre que je vais faire contre eux. Je sais que là sera mon véritable destin. » Voilà jetée la ligne maîtresse de sa politique. Le développement économique de l'île ou le bien-être des Cubains ne constitueront guère sa priorité. Son obsession sera l'état de guerre permanent avec les États-Unis ; sa chasse gardée, la transformation de son île caribéenne en puissance internationale, émancipée du puissant voisin. À sa naissance, en 1926, l'amendement Platt, officialisant un droit d'ingérence de Washington dans les affaires cubaines, est encore en vigueur. Cette blessure dans l'orgueil national reste vive. Comme la blessure personnelle d'être né bâtard. À l'image de son pays, Castro est en quête de vengeance et de réparation.

Cet antiaméricanisme explique en partie l'incroyable popularité, puis la mansuétude dont « Fidel » a bénéficié auprès d'un Occident également fasciné par l'imaginaire du guérillero volubile et jovial, frère d'armes du mythique « Che ». Un imaginaire qui emprunte autant à Cervantès qu'à Robin des Bois. Rarement un dictateur aura réussi un tel écart entre son image et la réalité d'un pouvoir cynique et impitoyable, devant son maintien à la ruine de son économie et à l'élimination de ses rivaux réels ou soupçonnés.

Le révolté

« Juif ! » crie-t-on au jeune Fidel dans son école mariste de La Salle à Santiago. Car, dans la catholique Cuba, un enfant non baptisé est forcément juif. À huit ans, le « mécréant » est enfin accepté au sein de l'Église. Il s'appelle alors Fidel Ruz. Né de père inconnu. Ce n'est qu'à l'âge de quatorze ans qu'il pourra enfin s'appeler Fidel Castro Ruz.

Son père, Angel Castro, fils d'agriculteurs galiciens, est parti à Cuba en 1895 comme conscrit, à la place d'un héritier de la bourgeoisie locale. Il va défendre le dernier joyau de la Couronne espagnole menacé par les indépendantistes cubains, les *mambis*, qui ont appelé les États-Unis à leur secours. En 1898, il ne reste plus rien de l'Empire espagnol où jadis le soleil ne se couchait jamais. Et Cuba, dévastée, est privée de son indépendance. Ignorés par les Américains venus « libérer » l'île, les patriotes cubains ne sont même pas présents à la signature du traité de Paris, le 10 décembre 1898. Celui-ci met fin à la guerre entre les États-Unis et l'Espagne, qui a capitulé sans condition. Washington impose à Cuba, en 1901, l'amendement Platt, un droit d'intervention dans ses affaires intérieures, en vigueur jusqu'en 1934, soit l'officialisation d'une vassalisation. Cuba, frustrée, restera à jamais dépourvue de mythe fondateur. Et n'est même pas aux commandes de son destin. Un traumatisme national sur lequel le dictateur, qui a battu le record de longévité au pouvoir, appuiera son antiaméricanisme.

Endurci par trois ans de combat, Angel Castro retrouve une Espagne humiliée. Sa fiancée ne l'a pas attendu et la misère ravage sa Galice natale. Il repart rapidement à Cuba pour échapper à sa condition. Analphabète mais rusé et vaillant, il profite de l'essor de la canne à sucre dans la région orientale de l'île, impulsé par la toute-puissante United Fruit Company. Grâce au parrainage d'un Espagnol, Fidel Pino Santos, conseiller municipal et cadre du parti conservateur, il loue puis achète méthodiquement des terres. Il se forge vite la réputation de traiter durement les coupeurs de canne haïtiens et d'être intraitable en affaires. En quelques années, il peut se construire une maison en bois sur pilotis, sur le modèle galicien, où le bétail dort au-dessous de la chambre du maître. Et, pour parfaire son nouveau statut de grand propriétaire terrien, il se marie à l'institutrice de l'école américaine, Maria Luisa Argota. Une femme douce, cultivée et bien élevée qui lui donne un vernis social. Mais, selon son fils Fidel, ce n'est pas pour autant qu'Angel Castro apprendra à lire et écrire. Le couple a deux enfants, Pedro Emilio et Linda. Maria Luisa accepte dans son foyer la présence d'une domestique, Lina Ruz, descendante de métis, illettrée et énergique, de l'âge de sa fille, soit quatorze ans. Angel exerce son droit de cuissage. Une première fille illégitime naît, Angela, qui sera élevée chez sa grand-mère, dans un taudis aux abords de la propriété. Puis un deuxième garçon, Ramon. Ne supportant pas la cohabitation avec Lina, la maîtresse de maison part s'installer à Santiago, la capitale régionale, sous prétexte de mettre ses enfants dans un collège prestigieux. Lina s'impose alors comme la nouvelle patronne.

Fidel naît le 13 août 1926, à Biran. « Ce n'était pas un village, même pas un hameau, juste quelques maisons », raconte-t-il. Il porte le prénom du meilleur ami de son père et futur parrain, Fidel Pino Santos, devenu entre-temps député. Un autre fils, Raul, suivra cinq and plus tard. Le petit frère que Fidel protégera toujours. Deux filles compléteront le clan : Juanita et la cadette Agustina. Maria Luisa entame une procédure de divorce qui pourrait mettre en péril la *finca*. Cette procédure, rare à l'époque, provoque un scandale dans la région. Angel Castro organise volontairement sa faillite et place ses enfants illégitimes à Santiago, chez Luis Hibbert, consul d'Haïti et négrier pour les planteurs de canne à sucre. Fidel, âgé de quatre ans, se sent abandonné. La vie chez son tuteur est aride. Trois ans plus tard, il est envoyé à l'internat où il devient un élève insolent et bagarreur qui évacue son énergie débordante dans le sport. Il rentre à Biran pour les grandes vacances, mais la maison paternelle lui est encore fermée. Il habite chez sa grand-mère où il retrouve un peu de chaleur maternelle. Il voit passer son père sur son cheval, au loin. Ce n'est qu'à dix ans, une fois la procédure de divorce achevée, que le jeune Fidel va voir ses parents ensemble pour la première fois. Ce n'est pas pour autant qu'il se rapproche de son père, un homme froid et ombrageux, plus préoccupé par sa propriété et son bétail que par sa progéniture. Quatre ans plus tard, grâce à la nouvelle Constitution de 1940 promulguée lors de la première présidence du général Fulgencio Batista, la plus avant-gardiste du continent latino-américain qui reconnaît notamment le divorce, l'opprobre ne pèse plus sur la famille Castro. Fidel n'est plus un bâtard.

Il est scolarisé dans le prestigieux collège jésuite de Belén de La Havane où il se soumet facilement à l'atmosphère austère et studieuse. Il se forme à la dialectique, aux retraites spirituelles, aux longues marches en montagne. Les frères jésuites sont tous espagnols et franquistes, comme son père qui admire Franco, un Galicien comme lui. Ils suivent malgré la distance les événements de la guerre civile espagnole. Fidel est fasciné. Il aime d'emblée la guerre et l'Histoire : « Après l'école, au lieu de jouer, je laissais mon imagination vagabonder. J'imaginais des guerres. J'étais passionné de récits historiques. » Il n'hésite pas non plus à s'adresser aux puissants : « À douze ans, il envoie une étrange missive, dans un anglais sommaire, […] au président Roosevelt, dans laquelle il lui réclame dix dollars contre les plans d'une mine de nickel », rapporte son biographe Serge Raffy. Une demande qui restera vaine… L'élève studieux poursuit ses études brillamment avec une soif de réussite difficile à assouvir, même au basket où il se révèle très mauvais perdant. Il est repéré par Rafael Diaz Balart, responsable des Jeunesses de Batista. Et Fidel, lui, a repéré la sœur du jeune politique, Mirta. Rafael lui propose de le rejoindre dans son mouvement, mais Fidel hésite. Ce Batista, militaire, fils de métis d'origine modeste, natif de la même région que lui, lui semble trop démocrate et consensuel. Le Parti communiste cubain fait même partie de son premier gouvernement (1940-1944).

Fidel s'inscrit en droit à l'université de La Havane, en pleine ébullition. Des guerres de bandes déchirent les étudiants. Il papillonne parmi les différentes organisations politiques, s'affichant autant avec *Le Capital* que *Mein Kampf* sous le bras. Et surtout la *Technique du coup d'État* de Malaparte. Il cherche à se faire remarquer et se fait vite des ennemis. On l'accuse d'avoir tenté d'assassiner un rival. Son ami Diaz Balart le planque en attendant que l'affaire se tasse. Toujours en quête d'aventure et de notoriété, il se joint en 1947 au projet d'invasion de Saint-Domingue visant à chasser le dictateur Trujillo. Mille deux cents Cubains, Dominicains et Portoricains embarquent sur quatre bateaux où ils reçoivent une instruction militaire sommaire en attendant l'attaque. Repérée par la CIA, la petite troupe doit fuir sur des canots ou à la nage. Fidel racontera qu'il aurait survécu aux requins, édifiant déjà sa légende. Il tire les conséquences de ce fiasco : impossible de prendre le pouvoir sans leader charismatique ni préparation méticuleuse. Il retourne à La Havane alors que le président Ramon Grau San Martin[1] laisse le pays s'enfoncer dans la corruption et l'agitation. Fidel Castro s'est trouvé un mentor : le sénateur Eddy Chivas, qui captive les foules le dimanche soir dans son émission de radio. À la tête d'un nouveau mouvement, le Parti orthodoxe, ce dernier est donné favori à la présidentielle. Dans l'impossibilité de fournir les preuves de corruption dont il avait accusé un ministre du gouvernement, il se donnera la mort, en direct, à la radio, se tirant un coup de revolver après un discours tonitruant.

Fidel apprend à fomenter des coups d'éclat, toujours en quête de célébrité. Il s'obstine à déplacer la cloche de bronze, la « *demajagua* » comme on l'appelle communément, symbole de l'indépendance de l'île, lourde de 140 kilos, de la ville reculée de Manzanillo à La Havane, soit un parcours de 1 000 kilomètres. L'occasion d'appeler à l'insurrection générale. Avec quelques complices, Fidel arrive à ses fins : devant des milliers d'étudiants médusés, il fait son entrée dans la capitale, le 3 novembre 1947, à bord d'une décapotable où trône la fameuse cloche. Du haut de ses vingt et un ans, il exhorte la foule, mais sans résultat. Le Parti orthodoxe ne le soutient pas. Persuadé de gagner les prochaines élections, ce dernier ne tient pas à semer le trouble dans le pays. Mais l'agitateur a du mal à contenir son ambition démesurée et persiste

1. Président de Cuba entre 1944 et 1948, il succède à Batista.

dans son activisme. Il se rend à Bogota où se tient la conférence de l'Organisation des États américains et le congrès des étudiants anti-impérialistes d'Amérique du Sud. Alors qu'il déambule dans les rues de la capitale colombienne, le populaire chef de l'opposition Jorge Eliécer Gaitán, qu'il avait rencontré la veille, est assassiné. Fidel Castro jubile : il se retrouve au cœur d'une insurrection. Mais elle est réprimée dans le sang. Il rentre vite à Cuba où il ne manque pas d'enjoliver son rôle dans ce qu'on connaît comme le « Bogotazo ».

L'affaire de meurtre est classée sans suite, mais son père lui coupe les vivres. Fidel se raccroche alors à son ami Rafael Diaz Balart, et à sa jolie sœur Mirta, inscrite en cours de philosophie. Le mariage est célébré, contre le gré du père de la mariée, ami intime de l'ancien président Batista qui participe très largement à la dot. Les tourtereaux s'envolent pour Miami et New York en voyage de noces. De retour, Fidel fuit le foyer conjugal pour replonger dans le combat politique. Même la naissance de son fils Fidelito ne le retient pas. En 1949, il passe trois mois dans la clandestinité à New York. Les trois mois les plus secrets de son existence. Après cet exil nord-américain, il travaille nuit et jour pour passer ses examens de droit. Il envisage même de demander une bourse pour poursuivre ses études dans un *college* américain, mais échoue dans une matière, ce qui l'empêche de partir. Avec deux confrères, il ouvre entre 1950 et 1952 un cabinet d'avocats où il défend les plus désargentés. Ce qui ne lui donne pas de quoi subvenir aux besoins de Mirta et Fidelito, en pleine détresse. Ce détail domestique ne le soucie guère.

Le rebelle

Grâce à l'entremise de son beau-frère Diaz Balart, Fidel, vingt-six ans, au teint pâle de Galicien, à l'allure raide et à la carrure massive et sportive, rencontre pour la première fois le général Batista, quinquagénaire rondouillard, métis et jouisseur. L'ancien président fait miroiter au jeune avocat une place dans son futur gouvernement en échange de son appui. Mais Fidel lui déclare qu'il s'opposera à lui s'il tente un coup d'État. Le 10 mars 1952, en plein carnaval, Fulgencio Batista prend le pouvoir sans déclencher de réaction des Cubains, las de l'anarchie et de la violence des gangs politiques. Le président Carlos Prio Socarras s'envole pour le Mexique. Aucun bain de sang ni règlement de comptes. Même le PC ne réagit pas. Batista a certes bafoué la légalité constitutionnelle, mais il n'a pas pour autant instauré un régime tyrannique. Il n'aspire qu'à favoriser le développement économique de l'île, avec le soutien des États-Unis. Fidel s'attelle alors à constituer un mouvement « d'action directe » avec les déçus des partis traditionnels, « tous corrompus », qui souhaitent en découdre avec l'« usurpateur ». Alors que son beau-frère est nommé vice-ministre de l'Intérieur, ils s'entraînent au maniement des armes dans les sous-sols de l'université.

Fidel prépare sa révolution dont le programme se limite à quelques formules empruntées à José Marti, fondateur en 1892 du parti révolutionnaire cubain, qui aspirait « à la fondation d'un nouveau peuple et à l'équilibre des forces sociales ». Comme il n'a pas les moyens d'acheter des armes, il va tenter de les voler en attaquant la caserne de la Moncada, à Santiago, le 26 juillet 1953. L'épopée glorieuse tourne à la débandade. Le bilan est terrible : 60 assaillants meurent, victimes de leur impréparation, et 30 sont emprisonnés. Mais Fidel se retrouve, ravi, au centre de l'actualité. Et protégé par Mirta, son épouse délaissée, qui contacte Batista et fait appel à sa clémence. Malgré sa plaidoirie époustouflante de deux heures, Castro est condamné à quinze ans d'emprisonnement sur l'île des Pins[1] où il jouit d'excellentes conditions de détention. En quelques mois, il cumule une bibliothèque de 500 volumes et écrit son manifeste *L'Histoire m'acquittera*. Sous la pression de sa femme et de sa mère, une amie des parents de Batista, Fidel est amnistié dès le 15 mai 1955. Selon un expert de la CIA : « Castro est le meilleur rempart contre le péril rouge à Cuba. » En d'autres termes, il ne faut pas en faire un martyr mais un opposant présentable qui mettrait hors jeu le PC.

À peine sorti après vingt-deux mois de détention, le rebelle officialise son mouvement, « M26 », en référence à l'attaque de la Moncada. Cuba est à nouveau en proie à ses démons : attentats, assassinats, corruption, anarchie. Castro attise la situation en espérant que Batista suspende les libertés constitutionnelles, une justification à un soulèvement. La police ayant l'ordre de l'arrêter, il s'envole cette fois pour le Mexique où il fait une rencontre déterminante : le médecin argentin Ernesto Guevara deviendra

1. Située à une centaine de kilomètres au sud-ouest de Cuba ; elle est aujourd'hui nommée île de la Jeunesse.

son indispensable complice. Puis il part aux États-Unis lever de l'argent auprès d'exilés cubains auxquels il déclare être à la tête d'une « armée de libération ». Il peut tout juste compter sur 80 hommes, dont le plus zélé, son frère cadet Raul, et un yacht de 14 mètres, le *Granma.*

L'épopée

Le 2 décembre 1956, Fidel débarque à Cuba avec ses insurgés, après avoir survécu à sept jours de tempête. Ils sont cueillis par l'armée. Castro s'enfonce dans la Sierra Maestra avec la vingtaine de survivants. Grâce à l'arrivée de renforts et à l'évangélisation des paysans du coin, le *Comandante* peut compter sur des centaines de dévots qui occupent la « zone libre ». Une microsociété se sédentarise, avec ses règles hiérarchiques. Un tribunal révolutionnaire règle les contentieux de manière expéditive, souvent impitoyable. « Ce sont des Robespierre qu'il faut à Cuba, beaucoup de Robespierre ! » s'exclame Castro, qui ne cache pas le caractère radical de son entreprise.

Il a déjà compris la puissance des médias, n'hésitant pas, quand l'un des fameux éditorialistes du *New York Times*, Herbert L. Matthews, débarque, à assurer la mise en scène. Il demande à ses hommes de se déplacer sans cesse pour faire nombre, d'avoir l'air débordé alors qu'ils n'ont rien à faire, ou d'être porteurs de nouvelles importantes en provenance de différents fronts. Matthews est persuadé que Castro commande des dizaines de colonnes armées établies

Fidel Castro
et Ernesto Che Guevara,
souriants, en 1960.

sur un large territoire. Il en fera le Robin des Bois de Batista, incarnant les espérances d'un peuple cubain martyr. Les autres médias américains suivront. Et grâce à sa Radio Rebelde, Castro distille sa propagande et commence à parler de l'Homme nouveau[1] dans la lignée de Lénine.

Mirta, ouvertement trompée et lasse du caractère de plus en plus colérique de son époux, a demandé le divorce.

1. Che Guevara théorisa le concept dans *Le Socialisme et l'Homme à Cuba* (1965).

Qu'importe ! La dévouée et fortunée Naty Revuelta, femme d'un éminent cardiologue de La Havane et militante du Parti orthodoxe, a succombé aux charmes de Castro, déjà flanqué de son légendaire treillis. Elle n'est pas la seule : Celia Sanchez, efficace organisatrice et stratège austère, devient incontournable. Elle occupe une place à part parmi les innombrables conquêtes féminines de Fidel. On lui connaîtra une dizaine d'enfants. Mais il est avant tout marié à sa Révolution. Et il ne doute jamais de son destin alors que l'aviation bombarde ses positions et que l'armée progresse grâce à des embuscades. Son père est décédé, mais sa mère continue à implorer l'indulgence de Batista à l'égard de ses deux fils. Bizarrement, ce dernier se montre longtemps clément et ordonne des cessez-le-feu épisodiques.

Malgré l'armement envoyé par les Américains, le régime n'arrive pas à pacifier l'île. Attentats, sabotages, assassinats persistent. Et Batista perd ses nerfs, répondant à la violence par la terreur. Washington commence à le lâcher. D'autant plus qu'il a osé autoriser les Cubains à ouvrir leurs propres moulins à farine, remettant en question le monopole américain. Il a même attribué à une entreprise française, la Société des grands travaux de Marseille, la construction du plus long tunnel de La Havane. Il avait pourtant transformé la capitale en un « Las Vegas tropical », immortalisé dans le film de Coppola *Le Parrain*, et souvent cédé aux desiderata américains, propriétaires de la moitié des terres cubaines, au point d'être surnommé « Mister Yes ».

Fidel Castro n'a pas le monopole de l'opposition au régime dictatorial. Des leaders étudiants ont fondé le Directoire révolutionnaire (DRE) et s'attellent à la résistance urbaine. À la suite de l'échec de la grève générale du 9 avril 1958, Fidel Castro, isolé dans sa montagne depuis seize mois, réussit la gageure de placer toutes les organisations de l'opposition sous l'égide du M26. Le pacte de Caracas, qui renforce le Manifeste de la Sierra Maestra déjà signé avec le Parti orthodoxe le 12 juillet 1957, scelle l'alliance de la résistance à Batista. Seul le parti communiste en est exclu. Les signataires s'engagent à rétablir les normes constitutionnelles (gouvernement civil, élections, retour à la Constitution de 1940), à l'issue d'une « insurrection armée » menée par Castro, désigné « commandant en chef des Forces armées de la Révolution ». Ils s'imaginent renouer avec la démocratie *via* la lutte armée… sans savoir que Fidel, le mal nommé, mène parallèlement des pourparlers secrets avec le parti communiste qui aboutiront à un pacte confidentiel d'unité. Le jovial guerrier cache déjà un maître dans la manipulation.

On dit qu'il aurait tenté de voir Batista avant son départ imminent alors que les troupes rebelles poursuivent leur avancée sur Santiago. À Noël 1958, les colonnes de Camilo Cienfuegos[1] et du Che ont rallié la moitié de l'île. Le 31 décembre, peu après minuit, Batista fuit et Castro compte bien profiter sans attendre du vide du pouvoir. Le 2 janvier 1959, il entre en triomphateur dans Santiago tandis que ses lieutenants marchent vers La Havane. L'enfant du pays, qu'on a traité de bâtard et de juif, tient sa revanche. Le libérateur est adulé et le

1. Un des plus célèbres *barbudos* qui débarquèrent sur le *Granma*. Il mourut mystérieusement dans un accident d'avion le 28 octobre 1959.

pays s'offre à lui sans résistance… Une armée improvisée de 3 000 hommes, dont la moitié recrutée dans les trois derniers mois, vient de soumettre 7 millions d'habitants. À son arrivée à La Havane, Castro entame son premier discours-fleuve dont il fera sa marque de fabrique. Sa voix grêle de soprano envoûte la foule. Deux colombes blanches arrivent opportunément sur son épaule. Une intervention divine ? Une mise en scène orchestrée à merveille plutôt. Le leader providentiel ne néglige aucun détail de la scénographie.

L'emprise

Le Directoire révolutionnaire s'est emparé du palais présidentiel et s'imagine encore pouvoir négocier un partage du pouvoir. Or Castro, qui a le monopole de la force, décrète que « la révolution est source de droit ». Il réorganise l'armée, qui sera mise sous la coupe de son frère dévoué Raul, nomme un gouvernement parallèle, dissout l'Assemblée nationale, rétablit la peine de mort, confisque des biens, et demande : « Des élections, pour quoi faire ? » Il régnera désormais en maître absolu. En un mois, il a abrogé tout contre-pouvoir. Une justice expéditive supprime un millier de Cubains pour « délits antirévolutionnaires » ; 250 000 autres prennent les routes de l'exil. Au sein du M26, tout responsable qui pourrait lui faire de l'ombre ou être en désaccord est évincé de la direction. Le *barbudo* Camilo Cienfuegos, sûrement trop populaire, meurt dans des conditions obscures. La révolution dévore ses propres enfants. La liste sera longue.

Premier discours-fleuve en janvier 1959,
à La Havane.
L'art de la propagande.

Castro continue à brouiller les pistes comme si le pouvoir absolu n'était pas un but mais un art, une partie d'échecs entre lui et le monde. Il se rend à Washington en avril 1959 où il rassure l'opinion publique. Il joue au révolutionnaire tranquille et répète qu'il n'est pas communiste. Pendant ce temps, il envoie 400 militants cubains à Moscou pour suivre une formation accélérée en contre-espionnage. Et, à son retour des États-Unis, il impose au pas de charge une réforme agraire qui prend les allures d'une collectivisation forcée. Les paysans, qui espéraient la propriété de leurs lopins de terre, deviennent des fonctionnaires de coopératives d'État. L'INRA (Institut national de la réforme agraire), qu'il préside, se dote d'une « armée rurale » en charge de veiller à l'implantation de sa réforme. Dans les villes, des milices surveillent chaque centre de production et des CDR (comités de défense de la Révolution) chaque pâté de maisons. Purger le pays de ses *gusanos* (« vers de terre »), c'est-à-dire les exilés ou candidats à l'exil, les dissidents, les traîtres, mais aussi les homosexuels, devient le principe organisateur de la société castriste. Et le système répressif cubain, l'un des plus sophistiqués et cruels du monde.

El Comandante évite soigneusement d'évoquer la guerre civile qui enflamme les six provinces de l'île. Dès 1959, des paysans déçus par la réforme agraire, des catholiques et des démocrates s'organisent en guérilla rurale, qu'on appellera plus tard la guerre de l'Escambray. Elle aurait fait 3 000 morts du côté des insurgés et mobilisé plus de 100 000 hommes durant quatre ans. À ce contexte insurrectionnel intérieur s'ajoute le débarquement, en avril 1961, dans la baie des Cochons, de 1 500 Cubains exilés aux États-Unis, armés grâce à la CIA. Cette troupe avait l'intention de soutenir l'opposition interne au régime. Vite neutralisée, elle sera l'occasion pour Castro d'accélérer la mise au pas du pays – 100 000 personnes seront arrêtées lors de rafles – et surtout de demander la protection de l'URSS pour se mettre à l'abri du menaçant voisin. Eisenhower réduit le quota de sucre acheté habituellement à un prix supérieur à celui du marché. Castro rétorque en nationalisant les entreprises et les banques américaines. L'embargo commercial sur les exportations de biens américains, à l'exception des médicaments, est décrété en rétorsion, et les relations diplomatiques rompues dès janvier 1961. Cet embargo servira de légitimation à un régime désormais en guerre permanente contre l'impérialisme *yankee*. Même si ses « dirigeants "anti-impérialistes" [étaient] pétris de culture impériale, habitués à l'*American way of life*, férus de base-ball, d'ice-creams, de *comics strips*, retournant en haine un amour déçu (pas plus américanomaniaque et américanophile que Fidel Castro) [...] des enfants de Bolivar s'entraînant à ne jurer que par Marx, lequel détestait Bolivar », explique Régis Debray.

Trois mois après sa victoire de la baie des Cochons, Castro déclare opportunément le caractère socialiste de sa révolution. L'URSS de Khrouchtchev s'engage alors à acheter à Cuba 425 000 tonnes de sucre, à lui livrer du pétrole et à lui fournir une assistance technique industrielle. L'idéologie marxiste est vendue au prix fort. Cuba occupe désormais une place de choix dans la guerre froide. De satellite américain, elle devient kolkhoze tropical. Moscou envoie à sa nouvelle protégée des missiles nucléaires, à 200 kilomètres des côtes américaines. La crise des missiles, en octobre 1962, met le monde au seuil d'une guerre nucléaire. Cuba en est l'épicentre, mais Fidel Castro est furieux de ne pas faire partie des négociations entre Washington et Moscou. L'accord se fera à ses dépens. Or lui veut faire partie des Grands.

Le conquistador rouge

Cuba est un pré carré trop petit pour ses ambitions galopantes. L'exportation de « sa » révolution deviendra son obsession. Comme un roi qui tient à étendre son royaume, dès le 23 janvier 1959, soit deux semaines seulement après avoir conquis le pouvoir, Castro se rend à Caracas pour exhorter les Vénézuéliens à faire de même. Alors que le Venezuela vient de renouer avec la démocratie. Cuba enverra des armes et des hommes pour fomenter un foyer insurrectionnel (*foco*) non seulement au Venezuela, mais aussi au Pérou, au Guatemala, en Colombie, en Argentine, en République dominicaine, en Bolivie, au Brésil. Castro met en application le foquisme – la théorie castro-guévariste de la lutte armée qui met en avant le rôle d'une avant-garde révolutionnaire soutenue par la paysannerie, sans relais nécessaire d'un parti communiste ou du prolétariat –, qui va à l'encontre du dogme marxiste de Moscou. Cherchant toujours à tenir le premier rôle international, il devient le leader des non-alignés, en organisant à La Havane, en janvier 1966, le sommet de la

Tricontinentale où il réunit sous son aile un tiers monde en quête d'indépendance et de représentation politique. Malgré les échecs successifs des foyers insurrectionnels latino-américains (à l'exception du Nicaragua avec la révolution sandiniste[1]), financés et organisés par Cuba, Castro persiste et ne limite plus son ambition à son seul continent. Il soutiendra le FLN algérien et enverra des unités en Afrique : Congo, Éthiopie, Somalie, Yémen, Guinée-Bissau, Angola surtout où 300 000 « volontaires » sont expédiés entre 1975 et 1989. L'URSS fournit l'équipement militaire tandis que Cuba paie le prix fort en hommes, des combattants noirs pour la plupart : 3 400 morts, 10 000 blessés, sans compter les milliers qui reviennent malades du sida.

Pour ces activités clandestines, Castro forme une armée redoutable d'agents. Les meilleurs du monde, dit-on, avec les services israéliens et américains. Des centres d'entraînement sont semés partout, dont le plus célèbre est « Punto Cero » à Cuba. Le vice-ministre de l'Intérieur, Manuel Piñero, dit Barberousse, dirige la logistique (faux papiers, achats d'armes, etc.) au sein de l'incontournable « département Amérique » qui parvient à infiltrer des agents dans les plus hautes sphères internationales. Le cas le plus notoire est l'Américaine d'origine portoricaine Ana Belén Montes, chargée du dossier cubain au sein même du Pentagone, qui transmettra des informations classifiées secret défense à La Havane durant seize ans (elle sera arrêtée en 2001 et condamnée à vingt-cinq ans de prison).

---

1. Le Front sandiniste de libération nationale (FSLN) arrivera au pouvoir en 1979.

La politique internationaliste de Castro va évoluer, passant du guérillero héroïque au bon samaritain, de la kalachnikov aux vaccins. À partir des années 2000, s'inspirant du modèle des ONG, Cuba envoie des médecins et des professeurs aux « pays frères », en particulier au Venezuela de Chavez et au Brésil de Lula. Partie visible de l'iceberg, ils vont assister le « peuple », soigner les « pauvres », et intervenir politiquement dans les affaires intérieures grâce aux conseillers qui les accompagnent. Ce « service humanitaire » est payé en devises étrangères, des revenus indispensables au régime depuis la chute du mur de Berlin. Car, avec l'effondrement de l'URSS – selon Castro, Gorbatchev a trahi la révolution en initiant la perestroïka sous l'influence de la CIA –, Cuba ne peut plus compter sur les subsides russes et est condamné à la faillite.

Le fiasco

En 1958, à la veille de la chute de Batista, le PIB cubain était le troisième d'Amérique latine, après le Venezuela et l'Uruguay. Le budget attribué à l'éducation atteignait 23 %, soit le plus important du continent, dédié notamment à la lutte contre l'analphabétisme qui concernait 18 % de la population (contre 33 % au Mexique à la même époque). Et l'espérance de vie était l'une des plus élevées du continent. La propagande castriste s'est ensuite chargée d'établir la version officielle d'un Cuba pauvre, insalubre et illettré, que la révolution aurait réussi à guérir et éduquer. Si on ne peut pas nier la généralisation d'une médecine et d'une éducation gratuites, on ne peut davantage passer sous silence le rationnement imposé depuis 1961 et l'échec du décollage économique, consécutif à l'interdiction de la propriété privée et des petits commerces, et au fiasco de la fameuse *zafra de los diez millones* (la « récolte des dix millions »). En 1970, tous les moyens de production sont mobilisés pour réussir la plus grande récolte de sucre, en vain. Cuba en est aujourd'hui réduite à importer du sucre alors qu'elle en était dans les années 1950 le principal exportateur mondial. Castro impose ses lubies à une économie exsangue. En 1967, il souhaite transformer l'île en une puissance productrice de lait. Il vient alors de vendre ses Mémoires, qu'il n'écrira jamais, à l'éditeur italien Feltrinelli. Avec son à-valoir d'un million de dollars, il achète au Canada un taureau de la race Holstein, le « dieu du sperme » dit-on, nommé Rosafé. Il souhaite inséminer des vaches Cebu, seule race à supporter le climat tropical, afin d'obtenir une race hybride capable, selon Castro devenu expert, de produire au moins 60 litres de lait par jour. *El Comandante* demande à l'un des meilleurs généticiens anglais de se charger de cette expérimentation loufoque. Ce dernier explique à son commanditaire que son projet est voué à l'échec. Il est accusé d'être un agent de la CIA et expulsé de Cuba sur-le-champ. Le « visionnaire » rêve toujours à grande échelle : Cuba doit produire plus de lait que la Hollande, plus de fromages que la France et plus de viande que l'Argentine. L'île passe alors de 6 millions de vaches laitières à… 2 millions. Niant ce désastre, Castro érige une statue grandeur nature de Rosafé, déclaré père du bétail cubain. Auparavant, il avait voulu produire massivement des fraises dont il raffolait, inspiré par la femme de l'ambassadeur de France qui en cultivait dans son potager, ou encore faire planter par des enfants des graines de caféier autour de La Havane, au détriment de leur scolarité et du bon sens paysan.

« Le pays est sa châtellenerie, l'État son patrimoine. Il l'administre comme un latifundiste son hacienda. [...] Le budget national, sans discussion ni contrôle publics, ni même comptabilité, est sa cassette personnelle ; la Cour, son parti communiste ; le commandant en second, son frère cadet, Raul. Ni vie privée, ni vie de famille ; ni maison, ni petites fêtes. Le Chef n'est ni un mari, ni un père, ni un fils. Il est Chef à temps plein », résume Régis Debray. Castro sillonne le pays à cheval, au point qu'on l'appelle *el caballo*, sans programme ni emploi du temps, entouré d'une escorte en treillis d'une dizaine de *guajiros* et de son médecin personnel, René Vallejo. Fidel n'a pas de bureau. Il n'a pas de maison non plus. Il se repose au onzième étage d'un immeuble de l'élégant quartier résidentiel d'El Vedado où il a laissé quelques livres et effets personnels. Sa chambre est monacale : un lit étroit, une table de chevet et une lampe. Sur le balcon, des machines de musculation trônent pour son entraînement quotidien. Nul ne sait quand il va y passer. Il disparaît et apparaît sans prévenir, savamment imponctuel. Un rapide entretien peut durer seize heures ou une visite officielle être écourtée sans explication. « Dans les sphères de décision, l'initiative la plus anodine dépendant d'un ordre exprès du

Jefe, tout le monde déréglait sa montre sur ses allées et venues totalement imprévisibles, en sorte que ses retards légendaires, amplifiés par ceux des intermédiaires, se répercutaient du haut en bas de la chaîne », ironise le même témoin. Tout prend donc beaucoup de temps à Cuba… et la logorrhée du *líder máximo* s'accorde à la temporalité de l'oralité, des anecdotes, des diatribes enflammées, qui peuvent durer dix heures d'affilée, avec toujours l'identique épilogue : « *Patria o muerte, venceremos.* »

Le soir, Fidel Castro rend visite à ses « invités spéciaux » avec lesquels il parle politique jusqu'à l'aube. Vers 6 heures du matin, il disparaît pour aller se coucher. Mais à 11 heures il est déjà de retour avec un rouleau de dépêches d'agences de presse sous le bras, au courant de l'actualité mondiale, aussi bien en France qu'au Chili, au Vietnam, au Mozambique ou – ce qui compte le plus à ses yeux – aux États-Unis. Infatigable et minutieux, il supervise tous les détails sur tous les sujets : en combien de temps remplit-on une gourde, la résistance d'une montre à quartz japonaise, le fonctionnement de l'air conditionné d'un hôtel, la qualité d'un vin de Bordeaux, l'avancement d'une opération. Il est sur tous les fronts et rien ne lui échappe. Peu ont résisté au pouvoir séducteur de cette force de la nature, à sa faconde et à sa légendaire cordialité. Aux yeux des Cubains, il réussit la gageure d'incarner aussi bien l'État que la protestation contre l'État et ses défaillances : « Si Fidel était au courant, ça ne se passerait pas comme ça ! » entend-on dans les rues. Lorsqu'on ose le critiquer, par précaution on porte deux doigts sur le menton pour esquisser une barbe, ou à l'épaule pour suggérer l'étoile d'argent sur l'épaulette. Castro fait régner à Cuba la loi du silence. Deux cents prisons quadrillent le territoire (il y en avait 14 en 1959) – dans lesquelles croupissent en moyenne 120 prisonniers politiques –, sans compter les centaines de camps de redressement : 30 000 jeunes y ont été internés entre 1963 et 1967 pour « attitudes contre-révolutionnaires ». Aujourd'hui, ils seraient environ 8 500. En soixante ans de régime, 2,5 millions de Cubains sont partis en exil (sur une population de 11 millions d'habitants) et 5 775 ont été exécutés (la majorité dans les années 1960) lors de simulacres de procès.

Après avoir passé quarante ans en treillis vert olive, bottes, ceinturon, pistolet, le *lider maximo* s'affiche à partir des années 1990 en costume deux-pièces cravate. Puis, en fin de règne, il apparaît amaigri en jogging bleu. Il a troqué le cheval pour la voiture blindée, trois Mercedes noires identiques pour qu'on ne sache jamais dans laquelle il se trouve. De plus en plus paranoïaque, il ne se déplace plus sans des centaines de gardes du corps, un goûteur, une ambulance, protégé par un gilet pare-balles. Ses intimes ont accès à son bureau après être passés par un portique de sécurité dissimulé dans un long corridor, jusqu'à une porte coulissante que seul Castro, prévenu par microphone, peut ouvrir de l'intérieur grâce à une télécommande. Il lutte contre la sénilité qui vient, passant d'un abri antichimique et antiatomique à un autre, et lisant des livres d'histoire. La plus grande opacité règne sur la fin de sa vie. Il apparaît de moins en moins dans les rues de La Havane, mais il continue à faire salle comble à l'international où il suscite une bienveillance teintée d'un brin d'admiration. Au cinquantième anniversaire des Nations unies, en 1995, il est le chef d'État le plus applaudi. « Le champion des humiliés électrisait le tiers monde (et suscitait l'admiration des autres). Zorro faisait encore de l'effet » (Régis Debray).

Le vendredi 25 novembre 2016, le décès de Castro est rendu public. À quatre-vingt-dix ans, il meurt dans son lit. Il aura survécu à une dizaine de tentatives d'assassinat, et même à l'écroulement de son protecteur et fournisseur. Dix ans plus tôt, il avait délégué ses pleins pouvoirs à son frère cadet Raul. Comme une dynastie royale, le pouvoir reste donc entre les mains de la famille. Un deuil national de neuf jours est décrété. Son urne funéraire traverse le pays durant quatre jours, jusqu'à Santiago, le berceau de la révolution. Son mausolée est situé à quelques mètres de celui de José Marti, père de l'indépendance, et de celui des victimes de l'attaque de la caserne de la Moncada. Un retour voulu aux origines. Raul Castro a déclaré qu'aucun lieu ni monument ne porterait à Cuba le nom de Fidel Castro pour « éviter toute manifestation du culte de la personnalité ». Après avoir modelé le pays à sa démesure durant cinquante-sept ans, Castro n'en a pas besoin. « Cuba est Fidel », titrait *Granma* le jour de sa disparition.

Bibliographie sélective

Juanita CASTRO, avec María A. COLLINS, *Fidel et Raúl, mes frères*, Plon, 2009.

Jean-Pierre CLERC, *Fidel de Cuba*, Ramsay, 1988.

Régis Debray, *Loués soient nos seigneurs*, Gallimard, 1996.

Alina Fernández, *Alina, Memorias de la hija rebelde de Fidel Castro*, Barcelone, Plaza y Janés, 1996.

Jean-François Fogel, Bertrand Rosenthal, *Fin de siècle à La Havane : les secrets du pouvoir cubain*, Seuil, 1993.

Carlos Franqui, *Journal de la Révolution cubaine*, Seuil, 1976.

—, *Retrato de familia con Fidel,* Barcelone, Seix Barral, 1981.

Brian Latell, *After Fidel*, Palgrave Macmillan, 2002.

—, *Castro's Secrets, The CIA and Cuba's Intelligence Machine*, Basingstoke, Palgrave Macmillan, 2012.

Serge Raffy, *Castro l'infidèle*, Fayard, 2003.

Ignacio Ramonet, *Fidel Castro, Biografía a dos voces*, Barcelone, Debate, 2006.

Tad Szulc, *Castro, 30 ans de pouvoir absolu*, Payot, 1987.

Jeannine Verdès-Leroux, *La Lune et le Caudillo. Le rêve des intellectuels et le régime cubain (1959-1971)*, Gallimard, 1989.

15

Joseph-Désiré Mobutu, le prédateur du Zaïre

par Jean-Pierre LANGELLIER

Pendant près de trente-deux ans, de 1965 à 1997, Joseph-Désiré Mobutu règne d'une main de fer sur l'ancien Congo belge, rebaptisé Zaïre (aujourd'hui RDC). Il impose une dictature féroce alliant crimes de sang, corruption et pillage éhonté des richesses nationales. L'homme à la toque de léopard joue pendant la guerre froide un rôle stratégique en promouvant son pays comme « rempart du communisme » en Afrique. Lâché par l'Occident après la chute du mur de Berlin, l'allié devenu gêneur est contraint de fuir son pays en catastrophe avant de mourir en exil.

En 1940, au cœur de l'Afrique, le jeune Joseph-Désiré marche en forêt à côté de son grand-père lorsque surgit un léopard, prêt à l'attaque. Âgé de dix ans, l'enfant se réfugie, effrayé, dans les bras de l'aïeul, qui maugrée : « Tu n'es pas un homme ! » Vexé, le garçonnet se ressaisit, jette sa lance au front du fauve qui recule, gravement blessé. Il scelle ensuite son triomphe en allant récupérer l'arme plantée dans l'animal et ajoute à l'adresse du vieux, ravi de l'audace : « Je crois que maintenant, je n'aurai plus peur de rien ! »

Ce glorieux exploit de jeunesse, sans doute apocryphe, est le premier temps fort d'une biographie illustrée fort immodeste que le dictateur fera diffuser massivement dans les villages du Zaïre, en 1977, à l'apogée de son règne. Cette longue bande dessinée égrène ses exploits guerriers, ses intuitions politiques et ses vertus morales. Intelligence, puissance, courage : les attributs prêtés au meneur d'hommes sont aussi ceux du léopard, auquel Mobutu n'aura de cesse de s'identifier. Pendant trente ans, il s'affichera en public coiffé de la peau du fauve. Manière de signifier à chacun, comme le dit un proverbe d'Afrique, que, « sur (ou sous) la peau du léopard, il n'y a pas place pour deux chefs ». Adversaires et victimes du despote ajouteront que le félin tacheté survit surtout grâce à ses ruses, trahisons et cruautés.

Né de père inconnu

Le futur « Grand Léopard » voit le jour le 14 octobre 1930, à Lisala, bourgade blottie dans la courbe du fleuve Congo. Ses parents appartiennent à l'ethnie des Ngbandi, l'une des plus petites parmi les quelque 250 du Congo belge d'alors. La mère, Marie-Madeleine Yemo, dite « Mama Yemo », indigente et enceinte, épouse un cuisinier, Albéric Gbémani, deux mois avant la naissance de Mobutu. L'enfant est élevé par son grand-père et son grand-oncle, qui lui donne son nom, *Mobutu* : « poussière », en langue ngbandi. Un tel patronyme remémorera sans cesse à celui qui le porte l'humilité de ses origines. Devenu président tout-puissant, Mobutu prolongera son nom de deux syllabes plus louangeuses : « Sese Seko », « l'Éternel ». Ce vaniteux ajout ne suffira pas à cicatriser la blessure initiale : être né de père inconnu.

Très tôt, dans ces années 1930, la vie offre au petit Joseph-Désiré sa première chance. La femme du juge belge qui emploie son père, Mme Delcourt, sans enfants, se prend d'affection pour lui. Elle lui apprend à compter, parler, écrire et lire en bon français. Pour le garçon, cette femme est une providence, et le lien qu'elle noue avec lui, déterminant pour son éducation. Lorsque son père meurt, Joseph-Désiré n'a pas huit ans. Mama Yemo, sans ressources, se réfugie avec ses quatre gamins à Kawele, son village natal, à deux pas de la Centrafrique et à quelques kilomètres de Gbado-Lite, petite localité où était né son mari et où Mobutu se fera construire, trente ans plus tard, au faîte de sa gloire, deux luxueux palais. La petite famille vivra des années d'errance dans la région.

Hâbleur, bagarreur et fugueur, Mobutu découvre les rigueurs de l'internat chez les missionnaires. Renvoyé de l'école chrétienne de Coquilhatville (future Mbandaka), on l'enrôle d'office en février 1950 dans l'armée coloniale pour sept ans. Admis à l'École centrale de Luluabourg (aujourd'hui Kananga), il suit avec succès des cours par correspondance. En janvier 1953, il quitte l'école deuxième de sa promotion, avec en poche son diplôme de secrétaire-comptable-dactylo. À Léopoldville, la capitale, il se montre travailleur et compétent. Promu sergent, grade suprême accessible aux indigènes, il se marie civilement – avec Marie-Antoinette Gbiaténé, quatorze ans, et de onze ans sa cadette – et rêve de journalisme.

Pendant trois ans, d'avril 1956 à mars 1959, le futur dictateur va vivre de sa plume. Le quotidien *L'Avenir*, laïque et libéral, lance un supplément hebdomadaire, *Actualités africaines*, entièrement rédigé par des Congolais. Il recrute le jeune homme, qui, très bien informé, raconte, souvent avec humour, les mille petits faits divers de la vie quotidienne à « Léo », dans une chronique hebdomadaire dont il a la charge : « La cité sans voile ». Puis il s'élève d'un cran en publiant des « papiers nobles », articles de fond et éditoriaux, au fil desquels il pose en nationaliste et en démocrate. En juin 1958, il découvre la Belgique, comme journaliste, à l'occasion de l'Exposition universelle. À son retour au pays, il est promu rédacteur en chef de son journal. Homme d'influence dans sa profession, Mobutu fréquente les leaders du nationalisme congolais. Le plus brillant d'entre eux devient son ami : Patrice Lumumba.

Les deux hommes ont brièvement lié connaissance en 1956 dans les locaux d'*Actualités africaines*. Employé des Postes locales à Stanleyville (future Kisangani), Lumumba est, peu après, incarcéré pour détournement de fonds et faux en écriture. Transféré à « Léo », il lit en prison les articles de Mobutu, qu'il apprécie. Lumumba et son nouvel ami partagent certaines idées : n'appartenant ni l'un ni l'autre à une ethnie dominante, ils souhaitent un Congo fort, uni, à même de résister aux ingérences étrangères. Le 28 décembre 1958, lors d'un meeting, Lumumba, avec sa haute taille, ses longs bras maigres et son magnétisme, enfièvre la foule, qui, pour la première fois, scande le mot magique : « *Dipenda ! Dipenda !* » – une déformation en lingala du mot « indépendance ». Ce jour-là, Mobutu adhère au Mouvement national congolais (MNC) fondé par Lumumba. À la suite d'une grave émeute à Léopoldville, le 4 janvier 1959, l'Histoire s'accélère. Le roi Baudouin prend de vitesse le gouvernement et promet l'indépendance au Congo. Des négociations s'annoncent. Grâce à une bourse, Mobutu s'installe à Bruxelles comme représentant officiel d'*Actualités africaines* et dit au revoir à ses « chers amis lecteurs ».

Pendant des mois, le pouvoir belge tergiverse, paralysé par ses propres divisions et par l'hostilité des Blancs du Congo à une émancipation rapide de la colonie. Puis l'Histoire galope à nouveau. En janvier 1960, une table ronde se tient à Bruxelles en présence de tous les ténors congolais. Politiquement, la Belgique

« lâche tout » : l'indépendance est fixée au 30 juin. Lumumba et Mobutu ont noué une relation amicale complexe, faite d'intérêts mutuels et d'idéaux partagés. Lumumba a confiance en Mobutu, tout en sachant que l'ancien journaliste a aussi exercé le métier accessoire d'« indic » pour la police coloniale. En retour, Mobutu admire Lumumba, qui l'a initié à la politique active. Ce dernier rentre au Congo pour préparer les élections. Mobutu reste à Bruxelles pour représenter le MNC lors d'une nouvelle table ronde, économique et financière. Sous ses manières affables, derrière son regard souriant, encadré d'épaisses lunettes, perce déjà un Rastignac des tropiques. Les élections donnent une nette victoire aux partis nationalistes. Le MNC et ses alliés arrivent en tête. Tout gouvernement sera forcément une coalition. Chef de l'ethnie des Bakongo, majoritaire dans la capitale, et principal leader politique d'alors, Joseph Kasa-Vubu devient président, Lumumba Premier ministre. Mobutu est nommé secrétaire d'État à la présidence du Conseil. Ce poste fait de lui un proche conseiller et confident de Lumumba. Pour l'heureux promu, une nouvelle vie commence.

Très vite, entre Lumumba et Mobutu, la défiance s'installe. Le Premier ministre a déçu son ami en prononçant, le jour de l'indépendance, un discours antibelge, délibérément provocateur, devant le roi Baudouin, hôte d'honneur des cérémonies. Lumumba, de son côté, a pris ses distances avec son encombrant adjoint. Mais le tandem se serre les coudes dans l'urgence face à une mutinerie qui secoue l'armée : les soldats sous-payés en veulent autant à Lumumba, également ministre de la Défense, qu'aux officiers blancs restés en fonction,

Joseph-Désiré Mobutu (1930-1997),
en octobre 1960.

et qui les maltraitent. Le 8 juillet, Lumumba lance à Mobutu : « Joseph, tu as été militaire. Débrouille-toi, tu vas chercher l'uniforme d'un colonel, on va te nommer chef d'état-major. » Voilà le réserviste Mobutu, seul ministre pourvu d'une petite expérience de soldat, propulsé numéro 2 de l'armée. Il se dépensera sans compter pour tenter d'apaiser les soldats.

Lumumba, mort sans sépulture

Le 11 juillet survient un événement capital. Moïse Tshombe, président du gouvernement provincial, proclame l'indépendance du riche Katanga, avec l'appui d'officiers et de conseillers belges. L'ONU choisit d'intervenir. Elle déploiera jusqu'à 20 000 Casques bleus au Congo et y restera jusqu'au 30 juin 1964. Le 9 août, le sud du Kasaï, la province du diamant, fait à son tour sécession. Bien que leurs relations s'aigrissent toujours plus, Lumumba et Mobutu, agissant une dernière fois ensemble, décident de mater les deux sécessions. Exploitant la rivalité naissante entre Kasa-Vubu et Lumumba, qui lui ordonnent tour à tour d'arrêter leur rival, Mobutu réussit, le 14 septembre, son premier coup d'État en « neutralisant » les deux leaders, placés en résidence surveillée. Il donne quarante-huit heures à l'ambassadeur soviétique pour quitter le pays. Le lendemain, le nom de l'ancien sergent apparaît pour la première fois dans les journaux étrangers. En lettres capitales. Il fait ainsi son entrée sur la scène mondiale. Il ne la quittera plus pendant trente-sept ans.

L'opération de Mobutu n'est pas improvisée. Il l'a froidement mûrie avec la complicité de la CIA. Il installe un gouvernement de jeunes universitaires qu'il contrôle à sa guise et s'échine à reprendre l'armée en main. Au fil de l'été et de l'automne 1960, Lumumba est devenu successivement l'homme à neutraliser, puis à écarter, enfin à abattre. Trop d'acteurs de la scène congolaise veulent d'autant plus en finir avec lui qu'il reste légitime aux yeux de la majorité des parlementaires et adulé d'une large partie du peuple. Ses ennemis, nombreux et épars, sont ses rivaux à Léopoldville, rebaptisée Kinshasa, ses adversaires au Kasaï et au Katanga, l'Église, enfin la CIA et les Belges omniprésents en coulisse. Chacun a ses raisons de vouloir la chute de Lumumba. Mais, à cette époque d'intense guerre froide, tous portent sur lui le même regard manichéen : ils voient dans ce nationaliste sincère et exalté au mieux un instrument, au pis un allié du communisme international impatient de s'implanter en Afrique.

Rattrapé, le 2 décembre, après une tentative d'évasion, le Premier ministre est battu, ligoté, jeté dans un hélicoptère et transféré dans un camp militaire. Un événement incite les nombreux comploteurs à en finir avec lui : l'imminente installation à la Maison Blanche, le 20 janvier, de John F. Kennedy. Ne dit-on pas que le jeune président élu envisage de favoriser la libération de Lumumba ? À Bruxelles, on décide de le livrer aux partisans de son pire ennemi, Tshombe, personnage à la fois résolument pro-occidental et hostile au nationalisme centralisateur du Premier ministre. Mobutu, informé, joue les Ponce Pilate. Le 17 janvier 1961, à

Élisabethville, capitale du Katanga, la tour de contrôle est avertie de l'arrivée du « colis précieux ». Lumumba est exécuté le soir même en présence de Tshombe et de quatre Belges. Mobutu n'assumera jamais la moindre responsabilité morale dans ce drame. Il proclamera plus tard Lumumba « héros national » avec le plus grand cynisme. Une seule chose compte : il aurait pu sauver son ancien protecteur ; il ne l'a pas fait. Et, de ce meurtre fondateur, il ne reste ni corps ni sépulture. Son tombeur a désormais les mains libres et tachées de sang.

L'ami de la CIA

L'assassinat de Lumumba clôt le premier cycle – qui a duré à peine plus de six mois –, chaotique et sanglant, de l'histoire du jeune Congo indépendant. Il en annonce un autre, plus long – près de cinq ans – et surtout infiniment plus anarchique et violent, au cours duquel les Congolais périront par centaines de milliers. Une période où le seul mot de « congolisation » finira par résumer tous les maux générés par un état de guerre civile quasi permanent : luttes de pouvoir, affrontements tribaux, massacres, répressions, misère villageoise.

De cette époque date le renforcement des liens étroits de Mobutu, devenu chef de l'armée et général, avec les services secrets américains. Il les resserre lors d'une première visite aux États-Unis en 1963. Kennedy le reçoit à la Maison Blanche. Cette même année, le nouvel homme fort décroche un brevet de parachutisme en Israël et saute en mer au large de Haïfa. Il a pour principal souci de remettre en ordre et de moderniser son armée afin d'écraser les rébellions qui ensanglantent le Congo. La pire d'entre elles est conduite par Pierre Mulele, un ancien ministre de Lumumba devenu l'ennemi mortel de Mobutu. L'ardeur au combat des mulelistes, qui se font appeler Simba (« lion » en swahili), est attisée par les sorciers. On leur donne des gris-gris qu'ils portent autour du cou ou du poignet, censés faire plier les fusils de l'ennemi et fondre leurs balles en eau. Ils sèment la terreur dans les villages et font fuir les soldats. En juin 1964, Mobutu, dont chacun reconnaît le courage physique, parvient à dégager avec quelques hommes un pont stratégique à Kamanyola, dans la province du Kivu. Cet épisode glorieux, évoquant le pont d'Arcole, forgera sa légende. En novembre 1964, la folie criminelle des Simba se déchaîne à Stanleyville. La reprise de la ville par des paras belges et des mercenaires clôt le pire chapitre de l'histoire du jeune État. C'est l'époque où les montagnes de l'Est abritent pendant sept mois, d'avril à novembre 1965, un prestigieux guérillero, Che Guevara en personne. Il quittera le Congo, malade et dépité par le manque d'ardeur au combat de ses ouailles africaines.

Mobutu, bientôt promu lieutenant général, se sent plus fort que jamais. Acteur secondaire – mais grand bénéficiaire – de la guerre froide, il devient l'allié privilégié de l'Occident au cœur de cette Afrique convoitée par les « rouges ». Pendant vingt-cinq ans, présidents, généraux, espions et banquiers occidentaux verront en lui un indispensable rempart contre le communisme. Nul ne fera rien pour freiner ses excès. Le 24 novembre 1965, il prend tous les pouvoirs, destitue le président Kasa-Vubu, suspend la Constitution et dissout le Parlement. Pas un coup de feu n'est tiré. Mobutu précise à la presse qu'il est président pour cinq ans, ajoutant : « La course au pouvoir est finie. » À trente-cinq ans, il vient d'accomplir l'acte le plus important de sa carrière. Son destin est scellé et, avec lui, celui du Congo. Mobutu se retrouve à la tête d'un vaste pays aux richesses potentielles fabuleuses, souvent décrit comme un « scandale géologique » en raison des richesses minières que recèle le sous-sol de cet énorme morceau d'Afrique, grand comme près de cinq fois la France : cuivre, cobalt, diamants, et tout un éventail de métaux précieux de haute valeur stratégique. Coiffé bientôt de son éternelle toque de léopard, le général-président rayonne d'assurance et d'énergie. Il choisit de « parler vrai » avec une franchise qui étonne et ravit ses auditoires. Il impose un style oratoire fait de mots d'ordre et de formules à l'emporte-pièce, qu'il déclame de sa voix grave, lente et forte, teintée d'un lourd accent belge. Fringant, enthousiaste et féroce, il est un concentré d'arrogance et de vanité. Grisé par sa nouvelle toute-puissance, il commence à parler de lui-même à la troisième personne.

Les pendus de la Pentecôte

Violence, ruse et mensonge consolident la dictature du « Grand Léopard ». En 1966, le jour de la Pentecôte, Mobutu piège dans une machination diabolique l'ex-chef du gouvernement, Évariste Kimba, et trois de ses ministres. Condamnés à mort le lendemain par un tribunal militaire d'exception, à l'issue d'une caricature de procès expédiée en une heure et demie, ils sont pendus en public, à Kinshasa, deux jours plus tard – le 2 juin – devant 300 000 personnes. La foule écoute les victimes encagoulées prononcer leurs ultimes prières face au bourreau. Le Congo a vécu mille drames depuis 1960, mais c'est la première fois qu'on y exécute des hommes politiques. En effrayant les esprits et les cœurs, sans crainte de profaner une fête chrétienne dans ce pays très catholique, il fait savoir qu'il a pouvoir de vie ou de mort sur chacun. Ce message s'adresse à tous, politiciens, militaires, intellectuels, militants et menu peuple. Par cet acte aussi cruel que spectaculaire, il fait taire l'opposition pour longtemps. Mobutu, qui a lu et relu *Le Prince* de Machiavel – « C'est l'un de mes livres préférés », confie-t-il à son vieil ami Larry Devlin, chef d'antenne de la CIA à Kinshasa –, se vantera d'être aimé de son peuple ; il en sera surtout craint.

Lumumba mort, Kasa-Vubu confiné dans son village, Moïse Tshombe demeure l'ultime rival du général-président. Le dernier des leaders de l'indépendance, exilé en Espagne, est même devenu, à ses yeux, un homme à abattre. Avec l'aide de la CIA, Mobutu lui tend un piège dans lequel il tombe imprudemment.

Kidnappé en plein vol en juin 1967, Tshombe est emprisonné à Alger, où il mourra deux ans plus tard dans des conditions restées mystérieuses. En octobre 1968, Mobutu se débarrasse enfin de Mulele, en lui faisant miroiter une réconciliation à la faveur d'une amnistie générale. Réfugié à Brazzaville, épuisé, isolé, l'ancien chef rebelle accepte de traverser le fleuve et se rallie au régime. Le champagne de la réconciliation coule à flots avant que Mulele, conduit dans un camp militaire à Kinshasa, soit torturé à mort. Justin Bomboko, ministre des Affaires étrangères de Mobutu, racontera plus tard l'horreur de sa fin : « Vivant, on lui a arraché les oreilles, coupé le nez, tiré les yeux des orbites pour les jeter à terre. On lui a arraché les organes génitaux. Toujours vivant, on lui a amputé les bras, puis les jambes. Les restes humains ont été noués dans un sac et immergés dans le fleuve. »

Cadavres au fil de l'eau

Dans son roman *À la courbe du fleuve*, sur lequel plane l'ombre menaçante du « grand homme » jamais nommé – en l'occurrence Mobutu –, le défunt Prix Nobel V. S. Naipaul écrit : « La brousse étouffait le bruit des assassinats et les rivières boueuses lavaient le sang répandu. » Au Congo, devenu Zaïre, ces images littéraires reflètent une sinistre réalité. Combien de cadavres ont fini au fond de l'eau, en trente-deux ans de dictature ? Dans le film documentaire de Thierry Michel, *Mobutu roi du Zaïre*, et dans un livre, *L'Abattoir*, Pierre

Yambuya, pilote d'hélicoptère, raconte avoir participé contre son gré, entre 1978 et 1984, à des missions nocturnes très spéciales : le largage par-dessus bord de dizaines d'hommes, militaires ou civils, morts ou vivants. Il témoigne, devant une caméra, sur les lieux de ses basses œuvres : « J'atterrissais ici pour venir chercher les prisonniers assassinés. Les cadavres des gens exécutés par les services secrets étaient gardés là-bas. Ils étaient emballés dans des bâches. On les larguait au-dessus du fleuve. Après chaque vol de nuit, les gardes de Mobutu nettoyaient avec soin l'hélicoptère pour effacer toute trace de sang. »

Mobutu règne par la violence. La peur est, avec l'argent, l'un des grands composants de sa longévité. Il lui arrive de molester en public tel ministre ou conseiller. Nombre de Zaïrois sont convaincus que le dictateur est à l'origine de la mort de sa première épouse, en 1977. Il l'aurait violemment frappée, dans un excès de rage, après qu'elle lui eut conseillé de démissionner. L'affaire hantera longtemps Mobutu. Au point qu'il obligera bien plus tard un médecin militaire, Victor Ilanga, à comparaître devant le congrès du parti unique pour qu'il l'innocente solennellement : « Ai-je tué ma femme ? » lui demandera-t-il abruptement. « Oh ! Non, patron », répondra le médecin. Que pouvait-il dire d'autre ?

Mobutu n'est pas un vil tortionnaire. Il tue par procuration et organise les meurtres en niant toute responsabilité. Pour sceller le sort d'un homme injustement accusé par une lettre anonyme, il lui suffit d'ajouter une annotation aussi brève que fatale : « Faites disparaître. » Il n'hésite pas à séduire les femmes de ses collaborateurs, ministres ou généraux, et de ses rivaux, pour mieux les affaiblir. Pendant trois décennies, Mobutu sera la cible d'Amnesty International dans ses accablants rapports annuels sur les violations des droits de l'homme au Congo-Zaïre : arrestations sans mandat, détentions sans jugement, relégations en brousse, simulacres d'exécution, tortures en tous genres, procès iniques, expéditifs et à huis clos, disparitions mystérieuses d'opposants, répressions sanglantes des protestations de rue, des grèves ou des manifestations, massacres collectifs de villageois, faux complots, purges dans l'administration ou dans l'armée.

En 1969, la troupe ouvre le feu sur le campus de Lovanium, l'université de la capitale. On jette les cadavres dans une fosse commune. En 1971, l'université est à nouveau fermée ; ses 2 000 étudiants sont enrôlés dans l'armée pour un service de deux ans où, selon la télévision nationale, « ils apprennent à obéir et à fermer leur gueule ». En 1978, huit jeunes officiers et cinq civils sont passés par les armes pour avoir prétendument comploté contre le régime. En 1990, un commando débarque de nuit sur le campus de Lubumbashi (ex-Élisabethville) pour massacrer les jeunes jugés hostiles au pouvoir. Des étudiants sont égorgés, jetés par les fenêtres ; des filles violées. Les victimes se comptent par dizaines. Le dimanche 16 février 1992, à l'appel de l'Église, un million de manifestants défilent dans les grandes villes du pays en réclamant la démocratie. Ils chantent, crient des slogans, agitent des branchages, s'assoient face aux barrages militaires. À Kinshasa, cette « marche de l'espoir » tourne au carnage. Les soldats utilisent des gaz lacrymogènes, du napalm et tirent dans la foule. Bilan de la répression : au moins 35 morts. Toutes ces basses œuvres n'empêchent pas Mobutu – notamment dans la première partie de son règne – d'être reçu avec les honneurs, voire couvert d'éloges, par tous les grands de ce monde : de Gaulle, Élisabeth II, Richard Nixon, l'empereur du Japon, Nasser, Indira Gandhi, le roi Baudouin, Mao (deux fois). Présidents et Premiers ministres français – Valéry Giscard d'Estaing, Jacques Chirac, Raymond Barre – chantent ses louanges, quand ils ne dédaignent pas son hospitalité dans sa luxueuse villa de la Côte d'Azur.

Pour Mobutu, l'armée est un instrument politique qui lui est entièrement dévoué. Avant 1965, il en avait fait l'assise, et le tremplin, de son futur pouvoir. Devenu président, elle est l'outil de sa survie. Son rôle central la rend cependant dangereuse à ses yeux, éternellement suspecte. D'où ses efforts pour la contrôler, la diviser ou la manipuler. La Division spéciale présidentielle (DSP), fer de lance et bouclier du régime, proclame sa loyauté à Mobutu et à lui seul. Chacun de ses 15 000 hommes jure « fidélité au président-fondateur » : « *Oyé*, nous t'avons choisi.

Nous n'avons choisi que toi. » Ce serment ne s'adresse ni à la République ni à ses institutions. En échange, Mobutu veille à ce que la DSP ne manque de rien. Ce n'est pas le cas pour le reste de l'armée, environ 50 000 hommes. Au fil des ans, il néglige gravement l'institution qui l'a fait roi. Les soldats, hommes de troupe ou sous-officiers, sont outrageusement mal payés. L'armée se « sous-prolétarise », rançonne les civils pour survivre et devient le lieu de tous les trafics. Les services de sécurité, eux, fonctionnent parfaitement. Mobutu y veille d'autant plus qu'il cède souvent à la paranoïa. L'ensemble du dispositif repose sur un réseau efficace d'informateurs nationaux ou étrangers, dont certains émargent au budget de la présidence, et qui agissent en liaison avec les services amis, CIA en tête.

« À bas le costume ! »

Mobutu a pour principal instrument d'encadrement et de contrôle de la population le Mouvement populaire de la Révolution (MPR), parti unique, « parti-État » fondé en 1967. Tout citoyen en est décrété membre, de gré ou de force, y compris, selon un mot d'ordre officiel, « les ancêtres et les fœtus ». Mobutu tranche : « Nous n'avons pas besoin d'opposition. Nous pratiquons la juxtaposition. » Il se veut l'héritier des rois bantous qui dirigeaient jadis les États de la savane : « Citez-moi, chez nous, demande-t-il, un seul village où il y ait deux chefs ! Et le respect du chef, ajoute-t-il, c'est sacré. »

Mobutu
et son « sceptre »
en 1985.

« Critiquer son chef, peut-on lire dans les couloirs de certaines administrations, c'est briser les chaînes de sa promotion. » À bon entendeur…

Au début des années 1970, Mobutu veut une doctrine qui porterait sa marque et le glorifierait aux yeux du monde. Ce sera l'« authenticité ». Il souhaite que le peuple renoue fièrement avec ses racines africaines et puise sa force dans sa propre identité et ses traditions ancestrales. Le « Léopard » propose à ses compatriotes une révolution culturelle, une opération salubre de désaliénation mentale qui rencontre alors, chez beaucoup, un écho favorable dans un contexte marqué par la décolonisation. La monnaie, dès 1967, puis le pays et le fleuve, en 1971, sont rebaptisés Zaïre : les « trois Z ». Décision étrange, car Congo était un mot africain alors que « Zaïre » semble venir de la déformation portugaise d'un vocable local désignant le « fleuve qui avale toutes les rivières ». Les Zaïrois ne s'appellent plus « monsieur » mais « citoyen ». Mobutu impose l'« abacost », néologisme pour « À bas le costume ! », une veste-tunique fermée jusqu'au col. Chaque citoyen et citoyenne doit porter un nom typiquement zaïrois et ajouter à son nom initial un ou plusieurs noms de ses ancêtres. Le président rallonge son patronyme : Mobutu Sese Seko Kuku Ngbendą Wa Za Banga, soit, en langue ngbandi, le « guerrier tout-puissant qui laisse le feu sur son passage et qui va de conquête en conquête sans que rien ni personne ne puisse l'arrêter ». Pourtant, c'est un piètre stratège militaire qui doit son salut aux forces étrangères venues à chaque fois à sa rescousse, depuis les rébellions des années 1960 jusqu'aux deux guerres du Shaba, l'ancien Katanga (1977-1978). Lors de la seconde, pour sauver son régime face aux envahisseurs venus d'Angola, Valéry Giscard d'Estaing envoie les paras français à Kolwezi, au cœur de la région minière livrée à la violence et au chaos.

La tradition justifie tous les abus. La glorification du chef atteint des sommets jamais vus jusque-là en terre africaine. Le « Guide Suprême », bouffi d'orgueil, exalte à l'infini le culte de sa personne. Grisé de pouvoir, il se prend pour un demi-dieu. Chaque soir, avant le bulletin d'informations télévisé, son visage apparaît au milieu des nuages, comme une figure céleste. Dans des stades remplis, les foules vêtues à l'effigie de Mobutu lui souhaitent « une vie éternelle » sur un air de rumba. Il aimerait qu'on parle beaucoup plus du Zaïre – et en bien. Il y parvient, fugitivement, le 30 octobre 1974, jour où, dans le stade de Kinshasa, les boxeurs George Foreman, vingt-cinq ans, champion du monde catégorie poids lourds, et Mohamed Ali, alias Cassius Clay, trente-deux ans, livrent en nocturne le « combat du siècle », aux frais du pays d'accueil. Il est un peu plus de 4 heures du matin lorsque les deux boxeurs montent sur le ring, au milieu du terrain de football, devant plusieurs dizaines de milliers de Zaïrois rassemblés sur les gradins du stade, que domine un vaste portrait de Mobutu. Le duel est retransmis par satellite à destination des États-Unis. À l'heure de la meilleure écoute, d'où son horaire inhabituel, en pleine nuit africaine. Mohamed Ali l'emportera, au grand plaisir du public qui le soutient massivement. L'événement coûtera au Zaïre, au final, plus de 10 millions de dollars.

L'argent est le carburant du mobutisme. Le « Guide » achète, au sens fort du terme, l'élite politique. Il gave ses partisans de largesses pour les tenir en laisse. « Servir, et non se servir », exhorte un célèbre slogan que chacun renverse, à l'instar du président. D'emblée, Mobutu « se sert » sans vergogne. Prédateur en chef, il fait de son pays une « kleptocratie », confond les caisses de l'État avec les siennes et justifie l'image que Bernard Kouchner donne un jour de lui : « Compte en banque ambulant coiffé d'un bonnet de léopard. » Il favorise outrageusement sa région natale, son clan, sa famille – dont deux épouses, deux concubines, une cinquantaine d'enfants reconnus et naturels. Dans les années 1980, sa fortune culmine à 4 milliards de dollars. Il est l'un des hommes les plus riches du monde, et s'en vante. À sa mort, il possédera 20 luxueuses propriétés, dont 9 en Belgique, la « Villa del Mare » à Roquebrune-Cap-Martin et sa résidence portugaise dont la cave recèle 11 000 bouteilles de grands crus. Sans oublier son « Versailles dans la jungle », le somptueux palais de Gbado-Lite, en pleine forêt équatoriale, à plus de 1 000 kilomètres au nord de Kinshasa. Une débauche de marbre, de miroirs, de meubles précieux et de tapisseries. Le tout importé par avion spécial.

Pendant trente ans, Mobutu pille consciencieusement son pays pour satisfaire ses besoins faramineux. Il met en place un système de captation de fonds. Il détourne l'aide étrangère, oblige les sociétés minières, dont l'entreprise d'État Gécamines (cuivre, or, cobalt), à virer leurs recettes sur des comptes spéciaux. Même chose pour les diamants, le café et l'import-export. Sa capacité à corrompre est sans limites. Pour durer, il redistribue énormément. Il achète la loyauté des siens, la passivité des adversaires, le silence des autres. Impunie, la corruption gangrène l'État ; à commencer par l'armée : les généraux se paient sur la bête et la soldatesque rançonne le petit peuple. Au royaume du « matabiche » – le pot-de-vin –, Mobutu pratique la « politique du ventre » : en descendant le long de l'échelle sociale, la corruption permet à chacun de « manger » et d'apaiser le mécontentement, mais contribue, en fin de compte, à exacerber les inégalités. Le « matabiche » est l'application concrète, dans la vie quotidienne, de l'« article 15 », précepte gavroche d'une Constitution imaginaire, que l'homme de la rue résume, d'un air entendu, en deux mots : « Débrouille-toi ! » Autrement dit, le système D zaïrois.

Un allié devenu gêneur

Avec l'âge, Mobutu cède au désenchantement. Son caractère s'assombrit. Il est plus souvent las, solitaire, irritable. Se sait-il déjà atteint du cancer de la prostate qui finira par le vaincre ? La chute du mur de Berlin et le vent de démocratie qui souffle sur l'Afrique l'incitent à lâcher du lest ; trop peu, trop tard. Il rétablit le multipartisme en avril 1990. Après un quart de siècle de pouvoir absolu commencent sept années chaotiques. La Conférence nationale souveraine, qui s'ouvre à Kinshasa en avril 1991, se transforme en tribunal populaire contre le régime. Dans les rues, on crie : « À bas le dictateur ! Mobutu voleur ! », sans que le principal intéressé ne réagisse. Chacun se dit

Le commencement de la fin : Mobutu
lors de la rencontre de la dernière chance
avec Kabila au Congo, le 4 mai 1997.

que le « Grand Léopard » a perdu ses griffes. De fait, Mobutu règne encore, mais ne gouverne plus. Il passe de plus en plus de temps loin de Kinshasa, qui le vilipende. À bord de son yacht de luxe, le *Kamanyola*, aménagé en présidence flottante, puis à Gbado-Lite. Il devient presque invisible, sauf pour le dernier carré de ses fidèles.

Au début des années 1990, le monde bascule en sa défaveur. L'Afrique, disait-on hier, a la forme d'un revolver dont le Zaïre est la gâchette. Mobutu aimait s'approprier cette phrase de Frantz Fanon, en oubliant d'en citer l'auteur. Mais la guerre froide a vécu, et l'on a remisé le pistolet africain dans son étui. Mobutu ne peut plus exploiter sa rente géostratégique, monnayer son rôle de meilleur ennemi du communisme ou tabler sur la complaisance honteuse de l'Occident. Il était un allié indispensable, il devient un gêneur. En 1993, Washington, Bruxelles et Paris le somment de céder la place à l'opposition. Il refuse tout net. Son destin se scellera dans le petit Rwanda voisin, après le génocide de 1994 où ont péri 800 000 Tutsi et Hutu modérés. Alliés au nouveau pouvoir installé à Kigali, des rebelles Tutsi du Zaïre s'emparent, en octobre 1996, de Goma, la capitale du Kivu. Plus d'un million de Rwandais Hutu, réfugiés au Zaïre, quittent leurs camps et s'enfuient dans les savanes et les forêts. Le chef rebelle Laurent-Désiré Kabila, forte stature et crâne lisse, est un vieil adversaire marxiste de Mobutu à la rancune tenace, converti à divers trafics qui l'ont enrichi.

Au fil des semaines, les rebelles progressent sans effort. L'armée s'évapore, le régime s'écroule. Mais nul n'est dupe : Kabila est une figure de proue mise en avant par les véritables tombeurs de Mobutu, l'homme fort et futur président du Rwanda, Paul Kagame, et le chef de l'État ougandais, Yoweri Museweni. Tous deux sont Tutsi. Le premier n'a jamais pardonné à Mobutu d'avoir soutenu son prédécesseur Hutu. Ses soldats sont le fer de lance de la rébellion. Le second, cerveau de la guerre, rêve d'imposer son leadership en Afrique centrale avec le soutien des États-Unis, qui le chouchoutent. Ici réside le facteur clé de l'opération : l'engagement de Washington. L'administration Clinton, apprendra-t-on plus tard, a mis au point dès la fin de 1995 un scénario pour renverser Mobutu. Des conseillers américains ont entraîné les troupes de Kagame. Certains participent à l'invasion, deux d'entre eux sont même tués. Bill Clinton avait eu, à propos de Mobutu, cette réflexion agacée : « Quand j'étais étudiant, il était président ; quand j'étais gouverneur, il était encore président ; aujourd'hui, je suis président, et il est toujours président ! »

La chute et l'exil

Le dictateur assiste, impuissant, à sa propre fin. Au dernier jour, à Kinshasa, ses généraux abdiquent et s'enfuient ou trahissent ouvertement. Le 16 mai 1997, Mobutu et sa famille filent en convoi vers l'aéroport par une route inhabituelle, de crainte d'un attentat. Pour cette même raison, leur avion s'envole vers Gbado-Lite en suivant une trajectoire inédite. À l'arrivée, le répit est court : des soldats mutins, apprenant l'arrivée du président, veulent sa peau. À l'aube du 18 mai, la Mercedes de Mobutu s'engouffre dans le ventre d'un Iliouchine, seul avion disponible. Mobutu sera incapable d'en sortir pendant le vol. Arrivés à l'aéroport, les mutins tirent à la kalachnikov sur l'appareil qui s'élève poussivement. On découvrira plus tard six impacts de balle sur une aile. Après cinq jours d'attente au Togo, les fuyards échouent au Maroc le 23 mai.

Mobutu expire un peu plus de cent jours plus tard, le 7 septembre 1997, à l'âge de soixante-six ans. Exsangue, vidé par les hémorragies, il pèse à peine 40 kilos. La famille l'inhume dans un modeste tombeau en forme de chapelle au cimetière européen de Rabat, réservé aux non-musulmans. Une sépulture presque anonyme, que seules trois lettres entrelacées sur la pierre permettent d'identifier, MSS, les initiales posthumes du défunt. À l'heure de sa gloire, Mobutu répétait volontiers : « On ne dira jamais de moi : voilà l'ex-président du Zaïre, mais : ci-gît Mobutu, président du Zaïre. » Ex-président, il gît ici depuis vingt-deux ans. Mobutu n'est pas mort au pouvoir. Il n'est pas mort dans son pays. Double affront du destin. Et nul ne sait si ses ossements reposeront un jour sur cette terre où, selon la tradition bantoue, l'attendent ses ancêtres.

Bibliographie sélective

Colette BRAECKMAN, *Le Dinosaure. Le Zaïre de Mobutu*, Fayard, 1992.

William. T. CLOSE, *Beyond the Storm,* Meadowlark Springs Productions, 2006.

Ludo DE WITTE, *L'Assassinat de Lumumba*, Karthala, 2000.

Cléophas KAMITATU, *La Grande Mystification du Congo-Kinshasa*, Maspero, 1971.

Jean-Pierre LANGELLIER, *Mobutu,* Perrin, 2017.

Jean OMASOMBO TSHONDA, « Lumumba, drame sans fin et deuil inachevé de la colonisation », *Cahiers d'études africaines*, 2004.

David VAN REYBROUCK, *Congo, Une histoire*, Actes Sud, 2012.

Michela WRONG, *In the Footsteps of Mr Kurtz*, Londres, Fourth Estate, 2000.

Pierre YAMBUYA, *L'Abattoir*, EPO, 1991.

Il était une fois... Mobutu, bande dessinée publiée par Afrique Biblio-club, 1977.

Filmographie

Thierry MICHEL, *Mobutu, roi du Zaïre*, un film (135 minutes) et une série TV (162 minutes), Cinélibre, 1999.

16

Muammar Kadhafi : le naufrage du Bédouin

par Vincent Hugeux

Toute dictature est singulière. Mais Muammar Kadhafi, seul maître à bord du rafiot Libye quatre décennies durant, aura inventé un modèle de tyrannie unique, une gouvernance orwellienne censée donner corps à son populisme dévot et patriote. L'histoire de la *Jamahiriya* – État des masses – « libyenne arabe populaire et socialiste » est celle d'une dystopie, d'une utopie qui vire à l'aigre. Car les idéaux égalitaires et généreux professés en 1969 par ce révolté de naissance, cet officier rebelle austère, inconnu et si sûr de son étoile, font écho aux aspirations des laissés-pour-compte au mieux ignorés, au pire méprisés par une monarchie à bout de souffle. Très vite pourtant, le boutefeu nassérien s'exaspère des résistances entravant son épopée, qu'elles émanent de ses compagnons d'armes, d'une base rétive à ses audaces ou de ses grands voisins, Égypte en tête, nullement conquis par sa frénésie fusionnelle et ses prétentions universalistes. L'enfant du désert se fait alors impérieux, cassant, despotique. Sans cesser pour autant de récuser sa qualité de chef d'État pour revendiquer celle de « guide de la Révolution », d'inspirateur affranchi des contingences du quotidien. Artifice rhétorique : vénéré, craint ou exécré, le timonier tant courtisé par l'Occident régente tout. Lorsque les vents du « printemps arabe » balaient son royaume, il s'accroche en vain à sa chimère : « Comment ce peuple dont j'incarne la destinée me lâcherait-il ? » Ivre d'un philtre toxique, cocktail de vanité, de dépit et de déni, Muammar le sauveur achèvera sa longue méharée dans la peau de « M le maudit ».

Vivant, il était une énigme, un inépuisable défi à toute rationalité. Défunt, il demeure un mystère. Huit ans après son infamante agonie, Muammar Kadhafi persiste à dérouter ses vainqueurs et ses exégètes. Au panthéon des potentats, l'impérieux Bédouin repose entre le carré des icônes rebelles et celui des parias. Martyr révéré pour les uns, cruel bouffon pour les autres. De sa naissance, énigmatique, à son trépas, brutal et crépusculaire, ce fils d'humble berger aura forgé sa légende aux feux de l'outrance et jonglé avec les paradoxes.

Fringant galonné épris de liberté, il renverse à l'été 1969 une monarchie exténuée pour instaurer une implacable tyrannie. Prophète du « pouvoir au peuple », il asservit le sien. Contempteur de la servitude des femmes, il avilit ses conquêtes. Pieux musulman, il raille les oulémas, prétend imposer sa lecture du Coran, bouscule les usages patriarcaux et combat âprement l'islamisme radical. Militaire de carrière, il se révèle putschiste inspiré mais piètre guerrier, comme l'attestent le fiasco tchadien des années 1980 et la conduite erratique de son ultime bataille, quatre décennies plus tard. Avocat de la frugalité, il n'est qu'indulgence pour les frasques et les coûteux caprices de ses fils et de sa fille chérie Aïcha, fratrie d'enfants gâtés. Bédouin rugueux, il se veut penseur, au point d'échafauder une « théorie universelle » censée frapper d'obsolescence toutes les idéologies connues, au risque de se perdre dans un maquis touffu de raccourcis hasardeux et simplistes. Patriote farouche, il s'imagine, lui le disciple du *raïs* égyptien Gamal Abdel Nasser, en sauveur de l'idéal panarabe, puis en « roi des rois d'Afrique », et ne sera ni l'un ni l'autre.

Les lubies du Libyen

Rendons toutefois à feu Kadhafi cette justice : cavalier aguerri, le *qaïd as-Thawra* (« Guide de la Révolution ») aura su parfois, par instinct de survie, changer de monture à temps. Quitte à flétrir le terrorisme, dont il fut le parrain ; ou à courtiser l'Occident, qu'il vouait aux flammes de la Géhenne. Et il suscite encore, post-mortem, une troublante dévotion au sein de jeunesses en mal de héros, notamment dans les rangs de l'intelligentsia africaine.

« Ce type est fou ! » Qu'il soit dicté par l'amertume, le mépris ou la perplexité, le verdict a résonné des décennies durant dans les allées des souks et sous les ors des chancelleries. Dément, l'*imperator* libyen ? Fantasque, oui. Irascible, certes. Mais ses tenues excentriques, ses colères théâtralisées, ses diatribes incandescentes, ses écrits abscons et déroutants, ses lubies et ses rodomontades masquent mal une implacable cohérence. Celle de l'incurable insoumis, aiguillonné par de tenaces obsessions. Laver l'affront colonial, rendre à l'humilié sa dignité, revivifier l'islam, rassembler la *oumma* – communauté des croyants –, unifier à la cravache une Afrique aux frontières abolies. Investi à l'entendre d'une mission sacrée, le *qaïd* nassérien ne peut avoir que des disciples et des ennemis. Tel un gourou de secte, il se croit l'élu, lui qui ne le fut jamais. Comment, il est vrai, ne pas avoir foi en son étoile lorsqu'on échappe au fil des ans à tant de tentatives d'assassinat, à tant de complots, les uns dignes de Machiavel, les autres des Pieds Nickelés, quand on survit à tout, y compris – au printemps 1986 – aux raids dévastateurs de la grande Amérique ? C'est d'une plume trempée dans le sang de l'ennemi que s'écrit la légende du rescapé ; c'est au fil d'or de la *baraka* que fut brodée la toge dont il se drape.

La chance n'explique pas tout. L'efficacité, glaçante, d'un appareil répressif implacable non plus. Barrer si longtemps par gros temps requiert un sens inné du louvoiement, un art consommé du chaos, une science aiguë des alchimies tribales. S'il privilégie les siens, Kadhafi saura longtemps monnayer les allégeances, puisant dans la rente pétrolière de quoi huiler les rouages de sa machinerie.

L'instauration, dès 1977, de la « *Jamahiriya* – État des masses – libyenne arabe populaire socialiste » dévoile une autre facette du personnage : la prétention à l'universalité. Théorisé dans le fameux *Livre vert*, ce concept inédit dessine les contours d'unc « démocratie directe » pure et parfaite. Une démocratie sans urnes ni parlement, sans partis ni opposants. Là réside le leurre de toute révolution perpétuelle : celui qui l'anime finit par tourner sur lui-même. Dans le bain d'acide de ses chimères, le « Frère Guide » aura, en Lénine saharien, beaucoup dissous : l'État, le gouvernement, l'armée, voire la Libye elle-même. Maître absolu mais distant d'un théâtre d'ombres, il a orchestré son propre effacement et organisé la dilution du pouvoir afin de mieux en confisquer les commandes. Souverain sur tout, responsable de rien. Fredonnant la complainte du monarque dépité : mes sujets ne me méritent pas.

Kadhafi est aussi le héros, ou l'anti-héros, d'une histoire bien de chez nous – des manifs que, pourfendeur précoce du colonialisme, le lycéen Muammar mène sous les fenêtres du consulat de France à Sebha (Sud) aux deux bombes lâchées un matin d'octobre 2011 sur le convoi du fuyard aux abois, à l'ouest de Syrte. Entre ces deux scènes, un compagnonnage à éclipses, tumultueux mais insubmersible. Le futur Guide de la Révolution vénère celle de 1789, matrice de toutes les autres à ses yeux ; il admire Napoléon, lit Montesquieu et Rousseau, s'abreuve des écrits des pionniers du socialisme utopique et confesse son empathie pour les communards de 1871 et les insurgés de mai 1968. Parvenu au pouvoir, il achète des Mirage par dizaines, et rencontre à l'Élysée, dès 1973, un Georges Pompidou plutôt bienveillant envers ce fougueux néophyte. Puis vient, sous Valéry Giscard d'Estaing, le temps du désamour. Désamour persistant et actif, Paris travaillant alors aux côtés du Caire et de Washington à divers scénarios de « neutralisation » du trublion tiers-mondiste. Lequel a, circonstance aggravante, le culot d'écorner, notamment au Tchad, le « pré carré » postcolonial tricolore. Ultimes arabesques du paso doble heurté que dansent la France et la Libye, l'éprouvant séjour du colonel sur les bords de Seine, en décembre 2007, puis le divorce fracassant prononcé quatre ans plus tard. Avec, en fond sonore, l'aigre ritournelle du soupçon. En l'occurrence, celle d'un financement clandestin de la campagne électorale victorieuse de Nicolas Sarkozy, dont il devint tour à tour l'« ami », le cauchemar et la cible.

Les racines, les révoltes, les ruptures, les rancœurs. Il faut, pour dissiper un peu du brouillard kadhafien, exhumer quelques épisodes de la course éperdue du Guide aux cents boussoles, explorer les recoins de sa tortueuse psyché. Aucun ne dit tout de l'homme. Tous livrent des indices, si fragiles soient-ils, sur ce qui fit de lui ce qu'il fut.

L'enfance d'un chef

Ça commence bien… Deux incertitudes embrument le prologue de l'aventure : la date de naissance du petit Muammar et sa filiation. 1940, 1941, 1942 ? Faute de pièce d'état civil incontestable, mieux vaut s'en tenir au témoignage du cousin Ahmed Kaddaf ad-Dam, aujourd'hui exilé au Caire. À l'en croire, c'est en juin 1942 que le *qaïd* en devenir voit le jour, sous une guitoune en peau de chèvre du campement nomade de Wadi Jarif, à 30 kilomètres au sud de la cité portuaire de Syrte. Un père astreint à s'absenter au gré des transhumances de son maigre troupeau de moutons et de cabris, deux frères aînés fauchés par la maladie, trois sœurs rescapées : l'enfant grandit dans un gynécée spartiate, bercé par les récits, volontiers enjolivés, des faits d'armes de son géniteur en titre et de ses aïeux, fils valeureux d'une patrie asservie sous le talon de la botte mussolinienne, en clair de l'Italie fasciste[1], puis fragmentée en zones d'influence. Aux Britanniques la Tripolitaine (ouest) et la Cyrénaïque (est) ; aux Français le Fezzan désertique. Chez les Guedadfa, clan mineur de Berbères arabisés, le quotidien a les ternes couleurs de la rudesse et du dénuement. En lisière du désert, les étés sont brûlants, les hivers glacés et les vents tyranniques. Semi-nomades, les hommes se font tour à tour éleveurs, paysans et ferrailleurs. Si, comme le veut l'usage, Muammar prend soin d'une poignée de caprins ou sarcle les quelques arpents plantés d'orge et de blé, il sort d'emblée du lot. On le dit curieux, méditatif et solitaire.

1. Amorcée dès 1911 avec la conquête, par le royaume d'Italie, de la « régence de Tripoli » – Tripolitaine et Cyrénaïque –, arrachée à l'Empire ottoman, l'occupation italienne prend un tour plus belliqueux et plus colonial une décennie plus tard, sous la férule de Giuseppe Volpi puis du général Rodolfo Graziani, disciples du Duce.

Géniteur en titre est-il écrit plus haut. Y aurait-il un doute en la matière ? Oui, voire deux pour le prix d'un. Passons sur la thèse, aussi romanesque que fantaisiste, qui fait de Kadhafi le fils naturel de l'aviateur corse Alberto Preziosi, futur pilier de l'escadrille Normandie-Niémen, dont le Hurricane s'abîma dans les dunes libyennes et qui fut recueilli par une famille bédouine. Si séduisant soit-il, ce scénario se heurte à des écueils chronologiques, géographiques et culturels rédhibitoires. Plus crédible, l'hypothèse selon laquelle Muammar serait né des œuvres d'un de ses oncles. Une autre rumeur récurrente porte sur la judéité supposée de l'intéressé. « Moins absurde qu'il y paraît, avance le diplomate Mansour Seif an-Nasr, fin connaisseur de l'échiquier tribal. Au temps de la monarchie, sunnites et juifs vivaient ensemble. Et les unions mixtes n'étaient pas rares. » Une certitude : s'il vomit le sionisme, Kadhafi masque à peine l'admiration que lui inspire l'épopée du peuple juif.

Pour l'heure, le *badawi* – fils de Bédouin – n'a que faire de telles spéculations. Avide d'apprendre, il rallie chaque semaine l'école coranique, à pied ou à dos d'âne, et brûle les étapes. Au collège, lui et ses camarades de la Libye d'en bas découvrent le dédain des rejetons de la bourgeoisie côtière, prompts à moquer ces « ploucs » campagnards aux manières rustiques et à l'accent rugueux. C'est alors qu'éclot chez Muammar le germe de la revanche sociale. Lequel pimente un nationalisme fervent que dope la geste d'Omar al-Mokhtar, figure légendaire de la résistance à l'occupant italien, comme les harangues du grand Nasser, portées par les ondes de La Voix des Arabes.

À Sebah, où il suit sa famille, l'adolescent exalte le combat des indépendantistes algériens, fustige les essais nucléaires que la France mène en catimini au Sahara et orchestre, dans l'enceinte même de son lycée, les funérailles symboliques du Premier ministre congolais Patrice Lumumba, assassiné avec l'aval de la CIA et de la Belgique. Un activisme qui lui vaudra un exil à Misrata, capitale du commerce maritime.

Il était une fois sa Révolution

En 1963, l'insoumis rejoint l'académie militaire de Benghazi (Est), la capitale de la Cyrénaïque. Un choix tactique, dicté moins par une quelconque passion pour l'uniforme et l'art de la guerre que par l'impératif d'efficacité. Il faut, méthodiquement, discrètement, noyauter la seule institution capable de détrôner l'indolent Idriss Ier, monarque craintif et mystique, perçu non sans raison comme une marionnette de l'Occident. Voici venu le temps des cellules clandestines, des conciliabules nocturnes, des caches où l'on planque armes et munitions. Certes, un intermède brumeux retarde le grand soir. Cinq mois durant, l'impétueux Kadhafi, qui se plaît tant à braver ses instructeurs britanniques, séjourne en Angleterre. Les stages accomplis dans les transmissions et l'infanterie, chez des hôtes jugés aussi froids que condescendants, attisent son patriotisme. À son retour, il sillonne le pays au volant de sa Coccinelle Volkswagen bleu ciel, tisonnant au gré des campements l'ardeur de ses compagnons.

1969, année héroïque. Le jour J approche. Les insurgés comptent profiter de la longue cure annuelle de thalasso de Sa Majesté entre Grèce et Turquie. Las ! Il faudra différer l'opération « al-Qods » (le nom arabe de Jérusalem). Le soir dit, Oum Kalsoum, cantatrice égyptienne idolâtrée, donne à Tripoli un concert en l'honneur du peuple palestinien. Mais il faut agir avant d'éveiller les soupçons des services de renseignements et de leurs mentors *british*. Dans la nuit du 31 août au 1er septembre, le régime tombe comme un fruit mûr, sans effusion de sang. À l'aube, la radio diffuse le credo grandiloquent d'un officier anonyme, déclamé d'une voix hésitante. Celle du lieutenant Muammar Kadhafi, vingt-sept ans, cerveau d'un putsch indolore et populaire, bientôt figure de proue du Conseil de commandement de la Révolution (CCR). À ses côtés, une poignée de hors-castes à son image : à peine trentenaires, idéalistes en diable, fils de nomades et de paysans, issus pour la plupart de tribus de second rang. D'emblée, le CCR, adepte d'un socialisme puritain, impose un train de mesures à haute teneur symbolique : on ampute de moitié les traitements des ministres, on double les salaires des humbles, on bloque loyers et prix des denrées de base. Sans omettre de fermer les casinos ni de prohiber l'alcool. Trois ans plus tard, celui qu'on appelle désormais Seyed al-Akid – Monsieur le Colonel – cumule une demi-douzaine de fonctions officielles : chef de l'État, du gouvernement et des armées, ministre de la Défense, président du Conseil national de sécurité et du Comité suprême du Plan. Un timonier incontesté ? N'exagérons rien. Très vite, querelles d'ego, divergences doctrinales et complots réels ou imaginaires sèment la discorde au sein de la bande des pionniers, décimée au fil des ans. La junte survivra à une vingtaine de conspirations. Quant à Kadhafi, diva jupitérienne et virtuose du chantage à la démission, il mettra en scène six fausses sorties entre janvier 1971 et septembre 1973. Retenez-moi ou je fais votre malheur…

Acteur instinctif et cabotin, l'officier frugal au visage anguleux intrigue, sinon fascine, les envoyés spéciaux occidentaux accourus sur le rivage des Syrtes si cher à Julien Gracq. Mais l'outsider timide et gauche prend vite goût aux effets d'estrade et aux happenings révolutionnaires télévisés. Indocile, imprévisible, l'imprécateur ne tarde pas à dérouter ses pairs arabes, accusant les uns de complaisance envers Israël, accablant de sarcasmes les autres – et parfois les mêmes – pour la tiédeur de leur tiers-mondisme. Son zèle embarrasse Nasser, sa frénésie fusionnelle exaspère ses voisins. On dénombre ainsi pas moins de 14 unions plus ou moins durables et projets d'épousailles sans lendemain. Avec l'Égypte bien sûr, mais aussi avec la Tunisie, la Syrie, le Soudan et le Tchad. Au-delà de cet « étranger proche », et sur fond de guerre froide, la diplomatie de la Libye nouvelle tâtonne. Avide de garnir ses armureries, le colonel courtise Moscou tout en récusant l'athéisme d'État de l'URSS. Symétriquement, il ménage Washington – et ses *majors* pétrolières – tout en flétrissant l'impérialisme *yankee*. Francophile, il débarque dès 1973 à Paris, en qualité d'invité vedette d'un colloque orchestré par le quotidien *Le Monde*. L'occasion de passes d'armes rhétoriques mémorables avec Pierre Mendès France et Roger Garaudy,

Muammar Kadhafi (1942-2011)
lors du 2e anniversaire de la révolution
libyenne à Tripoli, en 1971.

© Rosy Rouleau/Gamma-Rapho

philosophe marxisant contaminé par le virus négationniste. L'occasion aussi, pour ce client de la maison Dassault friand de Mirage, de franchir pour la première fois le seuil de l'Élysée.

Suivez le Guide

Dès avril 1974, Muammar Kadhafi renonce à toutes ses charges pour ne revendiquer que cette seule et noble dignité : *qaïd as-Thawra*, ou Guide de la Révolution. Coquetterie ? Certes pas. Jusqu'à son dernier souffle, il ne cessera de récuser le statut de chef d'État. Et malheur à celui qui, homologue, diplomate ou journaliste de passage, lui donne du « Monsieur le Président ». Une telle bourde protocolaire peut conduire l'ombrageux officier à claquer la porte d'un sommet de la Ligue arabe ou à abréger brutalement un entretien. Au mieux, elle vaut à son auteur une assommante leçon sur la spécificité, sinon l'unicité, du « tout-le-pouvoir-au-peuple » sauce libyenne. Investi à l'en croire d'une mission sacrée, le Bédouin suprême s'affranchit ainsi des contingences temporelles, laissant à d'autres l'ingrate gestion de l'intendance, donc la responsabilité de ses multiples défaillances. Illusion d'optique, bien sûr. Car, du haut de son olympe, le Guide aux colères redoutées exige de tout savoir, tranche, promeut et châtie. Et si la Libye godille au jugé entre les récifs du collectivisme le plus obtus et les écueils d'un libéralisme effréné, c'est bien à lui qu'elle le doit.

Deux événements, quasiment concomitants, illustrent cette prétention démiurgique. La métamorphose, dès mars 1977, du pays en *Jamahiriya*, néologisme né de la combinaison, en arabe, des concepts de république et de masses populaires. Mais aussi la diffusion des dogmes de la « Troisième Théorie universelle », publiés par épisodes dans un journal tripolitain puis réunis en un mince volume appelé à être traduit dans une trentaine de langues. Avec le recul, la lecture de ce bréviaire confus et grandiloquent, farci de sophismes, de raccourcis essentialistes et de paraboles simplistes, laisse pantois. Tout comme sidère *a posteriori* la profusion de colloques où, de Paris à Caracas (Venezuela), des escouades d'« intellos » et d'exégètes à la sincérité aléatoire chantent les louanges du nouveau gourou global, héraut des opprimés. De quoi flatter la vanité d'un Guide qui se veut l'égal des penseurs les plus féconds et se plaît à chapitrer les théologiens islamiques de Libye et d'ailleurs. Au gré de ses discours et de ses écrits, il éreinte les vieilles barbes de l'ordre patriarcal et fustige l'archaïsme des oulémas. Avec, convenons-en, une ironie mordante et un sens aigu de la dérision qui irriguent les pages les moins absconses d'un recueil de nouvelles paru, en version française, sous le titre ô combien éloquent d'*Escapade en enfer*. On l'aura compris : aux yeux des islamistes radicaux, la lecture moderniste du Coran que professe le pieux Muammar relègue celui-ci au rang d'apostat.

Très vite, le théoricien galonné se sent à l'étroit dans son bac à sable national. Un espace sous-peuplé et bien trop étriqué pour que s'y épanouissent ses élans visionnaires. Sans doute les « États-Unis d'Afrique », dont il tente à l'orée du nouveau millénaire, et à la hussarde, de hâter l'émergence ne furent-ils que l'ultime avatar de son ambition. Là encore, le dessein paraît noble. Mais, là encore, le caporalisme du « roi des rois traditionnels » du continent, titre dont le parent à sa demande une poignée de chefs coutumiers, et son étouffante sollicitude auront tôt fait de hérisser nombre de ses pairs subsahariens. Ceux du moins que n'asservissent pas les largesses financières d'un mentor prompt à acheter les loyautés à coups de « pétrodinars » ; et tout aussi enclin à menacer de représailles fatales les récalcitrants. L'imposture a la vie dure. Qu'importent le mépris et la condescendance affichés, en privé, envers les « rois nègres » accourus jusqu'à son trône ou condamnés à subir, sur leurs terres, les foucades de cet hôte cassant et de sa suite pléthorique. Qu'importent les soudaines éruptions de violence raciste qui visent les immigrés subsahariens et que couvre une police complice. La propagande maison et ses poètes de cour persistent à enrichir le culte du messie du continent noir. La chimère panafricaine excuse tout, absout tout, efface tout.

La providence des assassins

Au mitan des années 1970, la Libye de Kadhafi passe déjà, en Occident, pour le musée vivant du terrorisme international. Sandinistes du Nicaragua, Indiens d'Amérique, miliciens de l'Armée républicaine irlandaise (IRA), Sahraouis du Front Polisario, Palestiniens radicaux, porte-flingues de l'Armée secrète arménienne de libération de l'Arménie (Asala), indépendantistes corses estampillés FLNC, Basques de l'ETA, Kanaks néocalédoniens, Aborigènes d'Australie, guérilleros philippins du Front Moro de libération nationale : quiconque prétend combattre l'impérialisme, le sionisme et la servitude coloniale trouve à Tripoli le gîte, le couvert, l'armement, les camps d'entraînement et le nerf de la guerre.

Qu'on ne s'y trompe pas. Pour le bienfaiteur de cette cohorte inquiétante et bigarrée, où plastronne aussi l'Américain Louis Farrakhan, grand prêtre vénal et narcissique de la Nation of Islam[1], la terreur n'est

1. Mouvement politico-religieux fondé en 1930 aux États-Unis, dont la doctrine émancipatrice initiale a pâti au fil des décennies d'une dérive raciste et antisémite.

ni une religion ni une fin en soi. Plutôt un outil, un levier parmi d'autres, que la *Jamahiriya* actionne afin de se voir traitée avec les égards dus à sa capacité de nuisance, pour l'abandonner, voire en condamner l'usage, au nom d'un impératif moral intermittent dès lors que la violence aveugle dessert les intérêts de la Libye révolutionnaire ou fragilise l'assise de son Guide. L'arme des lâches ? Non, celle des faibles, des opprimés, de ceux qui refusent de courber l'échine sous le joug. Voilà pourquoi l'ancien putschiste aura endossé tour à tour le treillis du parrain prodigue des « combattants de la liberté », si douteuse que fût leur cause, puis l'aube immaculée du contempteur le plus farouche d'al-Qaïda, de ses surgeons et de ses rivaux dans l'arène de l'islamisme fanatique. On lâche le protégé sans davantage d'états d'âme qu'on en eut à l'adouber ; on lui coupe les vivres après l'avoir arrosé de cash et de kalach', quand sonne, peu après l'an 2000, l'heure d'une normalisation dictée par l'instinct de survie. Pour accoster sans encombre sur l'autre rive de l'« axe du Mal », mieux vaut se délester de tels fardeaux, encombrants et coûteux, quitte à les balancer par-dessus bord.

Il paraît qu'on ne prête qu'aux riches. Autant dire que, au jeu de la subversion en *battle dress*, le colonel est plein aux as. On lui impute donc tous les carnages de la fin de la décennie 1980. À juste titre s'agissant du DC-10 d'UTA, foudroyé le 19 septembre 1989 dans le ciel du désert du Ténéré (170 morts). En revanche, l'honnêteté commande d'admettre qu'un doute persiste quant au crash du Boeing 747 de la Pan Am, survenu dix mois plus tôt à l'aplomb du village écossais de Lockerbie, et fatal à 259 passagers et membres d'équipage.

Trois ans auparavant, ce Guide que l'on croyait inébranlable a vacillé. Et ce, sous un déluge de bombes et de missiles *made in USA*. En représailles à l'attentat meurtrier commis dans une boîte de nuit berlinoise que fréquentent les GI's, Ronald Reagan, que Kadhafi tient pour un ex-nazi recruté par le Mossad israélien, ordonne alors, entre autres, le pilonnage du fortin tripolitain de Bab al-Aziziya. Certes, Kadhafi réchappe à l'orage d'acier, mais il émerge des décombres hébété, K.-O. debout, comme incrédule. Il n'empêche : le Libyen a survécu et il peut ajouter à sa riche panoplie le cilice du martyr miraculé.

Le Dorian Gray des Syrtes

Un costume de scène parmi d'autres. Fregoli des sables, l'ex- « officier libre » à la simplicité ostentatoire n'en finit plus de prendre la pose, puisant dans son extravagante garde-robe la tenue qui sied à l'instant T. Même si le boubou chamarré relègue sur le tard en fond de penderie la sobre chemisette saharienne, l'uniforme de maréchal d'opérette ou le survêtement rouge vif. Les couvre-chefs dont il coiffe sa chevelure aile de corbeau, d'un noir trop intense pour être honnête, forceraient le respect du plus inventif des chapeliers, du calot à la chapka, *via* le képi, le chèche et la couronne tribale. Hanté par la peur de vieillir, le *badawi* vieillissant confie au bistouri d'un chirurgien esthétique brésilien, Lyacir Ribeiro, un visage qui s'empâte et se crevasse, au risque d'amplifier les outrages de l'âge. Et, jurent maints témoins, passe avec diverses substances illicites un pacte faustien. Oscar Wilde en conviendrait : il y a du Dorian Gray chez Kadhafi. Comment retrouver, derrière ces bouffissures, les traits anguleux du « bouillant colonel », increvable cliché ? Et que reste-t-il, dans les yeux mornes et mi-clos des derniers temps, du regard ardent de l'aube héroïque ?

L'image, le cadre. Celle que l'on a de soi ; celui que l'on impose à l'autre. Quand il ne peut revenir au désert, le « Frère Guide » l'emporte avec lui. Qu'est ce campement où il reçoit ses hôtes, à l'abri des murailles de Bab al-Aziziya, sinon un fragment d'enfance transplanté au cœur de la ville ? De Rome à Bruxelles, *via* Belgrade et Paris, le maître absolu de la *Jamahiriya* snobe palais et palaces pour planter sa tente – tout confort il est vrai – dans le parc ou le jardin préempté par son entourage. Au fil des ans, le besoin se fait symbole, puis défi. Que dit au fond ce nomadisme d'État ? Moi, Muammar Kadhafi, j'installe où que j'aille mon décor et mes valeurs, je dicte mon tempo et mes caprices et n'ai que faire des codes protocolaires de l'Occident. Pourquoi se gêner ? L'homme a plus d'une corde à son *oud* (luth oriental). Lorsque, étranglé par les sanctions internationales, l'ancien mécène des poseurs de bombes consent fin 2003, pour prix de sa rédemption, à saborder son arsenal de destruction massive, il fait vibrer à l'oreille de l'Occident le boyau du fléau jihadiste puis celui, tout aussi efficace, du péril migratoire. On le traite alors sous nos latitudes avec les

Kadhafi à la fin de son intervention
devant une assemblée de plusieurs centaines de femmes,
le 12 juin 2009 à Rome.

égards dus à son or noir, à ses réserves de devises et à sa capacité de nuisance. Et l'on se tient prêt, partout, à accueillir toute honte bue le chapiteau d'un cirque qui jamais ne fait relâche.

S'il est un domaine où bouillonnent, en un magma brûlant, les ambiguïtés du Guide, c'est bien son rapport à l'univers féminin et à la sexualité. Au lendemain de la chute de la maison Muammar, quand la peur s'estompe et que les langues se délient, apparaît cette autre faille, si béante qu'elle en cesse d'être intime : le besoin, compulsif, addictif, de posséder l'autre. Ton corps m'appartient. La collégienne remarquée au détour d'une visite d'école, la beauté que repère une équipe de rabatteurs et que l'on assigne à résidence dans son harem, la femme de dignitaire, la journaliste étrangère de passage, le jeune soldat : tout chez lui fait bas-ventre. Au fil des ans, le séducteur s'est fait prédateur. Il s'agit moins dès lors de jouir que de soumettre, d'avilir, d'asservir, de marquer les êtres du fer de sa puissance. Féministe, Kadhafi ? Oui, quand il s'agit d'invoquer le sort injuste des « sœurs » pour mieux ébranler un patriarcat ancestral. Mais non, cent fois non, pour peu qu'on en juge à l'aune de ses mœurs. Au sein de sa troupe, nul n'incarne mieux cette duplicité que les « amazones », gardes du corps féminins dont la mission première consiste moins à protéger le chef qu'à enluminer le mythe. Un à-plat de modernité, un liseré de fantasme…

Un Guide déboussolé

Pourquoi donc le Guide perd-il pied à l'instant où se lèvent, en Tunisie puis en Égypte, les bourrasques du « printemps arabe » ? Parce qu'il est pour lui inconcevable, au sens étymologique du terme, que ses sujets le désavouent. « Le peuple libyen me connaît, m'aime et me suit là où je l'emmène », assène-t-il *via* la chaîne qatarie al-Jazeera alors que la tempête gronde. Il se dressera donc comme un seul homme pour écraser les traîtres, les suppôts de l'Occident comme les sicaires du jihad global. Le vieil autocrate voit ses pairs, tels Zine el-Abidine Ben Ali et Hosni Moubarak, chavirer puis sombrer. Il les devine happés par le néant, acculés à l'exil, à la prison ou à la potence. Il entend, fussent-elles couvertes par les odes que lui ânonnent ses courtisans, les clameurs rageuses de la foule. Parfois, une sourde angoisse l'étreint. Et si… Mais non ! Jamais ici, jamais sur mes terres. Ces *raïs* déchus ont été trop faibles, trop indécis ou trop aveugles pour déjouer le complot. Mais moi, je ne suis pas fait de ce bois-là. J'y vois clair et je ne transige ni ne tremble à l'instant de frapper.

Le « bouillant colonel » bout-il alors encore ? De rage sans doute. Un temps, ses apparitions furtives et ses imprécations radiotélévisées, assenées d'une voix éraillée et bégayante, ont semblé baliser une inéluctable déchéance. Mais le Bédouin pugnace puise dans sa manie du déni une énergie dévastatrice. Le roi est nu, certes, mais armé jusqu'aux dents. Et il croit encore pouvoir terrasser la rébellion. « C'est bon, crache-t-il au micro après la reconquête du verrou pétrolier d'Ajdabiyah. Nous arrivons. Attaquez ces salauds d'athées et ces traîtres ! Pas de clémence ni de pitié pour eux ! »

L'illusion tourne court, anéantie par le déclenchement, le 19 mars 2011, d'une intense campagne aérienne franco-britannico-américaine. Un quart de siècle plus tôt, le *qaïd* avait semblé pris de court par les raids de Reagan. Cette fois, on le dit sidéré par la « trahison » de son « ami » Nicolas Sarkozy ; celui-là même qui, en décembre 2007, avait déployé tous les fastes de la République pour l'accueillir sur les bords de Seine. Un temps, il paraît disposé à transiger. « Le Guide, soutient son cousin et émissaire Ahmed Kaddaf ad-Dam, m'a mandaté pour discuter au plus haut niveau, y compris à l'ONU. Il était prêt à s'effacer. Mais seulement après la fin des bombardements. C'est là-dessus que ça coince. Lui veut le cessez-le-feu d'abord ; les Occidentaux exigent sa reddition préalable. Quant à l'hypothèse de l'exfiltration vers Caracas, chez son ami vénézuélien Hugo Chavez, elle n'a jamais été sérieusement envisagée. Kadhafi préférait mourir que de finir sa vie en exil. »

Dès lors, l'incantation tient lieu de plan de bataille. « Je suis, tonne-t-il en plein tumulte, une gloire à laquelle ne peut renoncer ni le peuple libyen, ni la *oumma* arabe, ni la nation islamique, ni l'Afrique, ni l'Amérique latine. Mouammar Kadhafi est histoire, résistance, liberté, gloire, révolution ! » Tout vacille, tout se fissure, mais le Néron des sables s'accroche. Il peut encore rassembler des foules, orchestrer des marches sur lesquelles flotte, dans la houle des banderoles vertes, son effigie. Même si sa télévision recycle volontiers de trompeuses archives. En août, le colonel rameute son interprète francophone et le prie de traduire une lettre cousue de griefs, adressée au locataire de l'Élysée. « Elle n'est jamais partie, confiera plus tard Moftah Missouri. Lui ne comprenait pas que tout était fini. »

L'étau rebelle se resserre autour de Tripoli. Prise en tenaille, la capitale tombe le 22 août, quelques jours après que le *qaïd* en perdition a fui Bab al-Aziziya pour échouer à Syrte. Là, l'équipée navigue à vue dans un espace peau-de-chagrin, bientôt circonscrit au seul « Secteur 2 », encastré au cœur de la cité côtière, sous la menace des missiles Grad des insurgés et des chasseurs de l'OTAN, que l'on craint bien davantage. Flanqué d'une phalange de fidèles, le fils du désert, qui exècre tant les villes et leurs murs, erre et se terre d'une planque à l'autre. Prostré, mutique, il s'abîme dans la lecture du Coran, couvre de notes son carnet, somnole, arpente d'un pas nerveux les pièces exiguës. Coupé du monde, le reclus s'agace du manque d'eau, des coupures d'électricité, de l'épuisement des vivres ; car on doit se contenter de riz et de pâtes, glanés au hasard des logements d'emprunt. Lui s'échine encore à rompre son isolement à l'aide d'un téléphone satellitaire. Appels brefs : il s'agit de ménager une batterie faiblarde, mais aussi de déjouer la traque électronique des avions ennemis qui, là-haut, captent le moindre signal émis.

Vengeance posthume

Il faut à tout prix sortir de la souricière. Le départ est fixé au 20 octobre avant l'aube. Las ! Le temps file tandis qu'on peine à entasser les jerricans, les caisses de munitions et les blessés dans la cinquantaine de 4×4 du convoi. Pis, il n'est aucun cap sûr pour cette flottille fantomatique. Un premier raid ennemi enraye une percée plein sud, brisant net le cortège. Puis le missile lâché par un drone Predator anéantit la tête de la méharée motorisée, figée en plein désert. Les rescapés subissent les assauts furieux de deux *katibat* – brigades – rebelles. En fin de matinée, les deux bombes GBU-12 à guidage laser que largue un Mirage 2000 français scellent le sort de la bataille. Touché par des éclats au crâne et aux jambes, Kadhafi s'extirpe de son Land Cruiser blindé. À demi groggy, il boitille jusqu'à une villa en chantier déserte. Mais l'abri, pris d'assaut à son tour, se fait piège. Reste à claudiquer vers le prochain mirage : un ruban d'asphalte posé sur un talus que perforent deux canalisations. Le Guide en cavale s'engouffre dans celle de gauche.

Piètre cachette : un étudiant en électricité l'en extrait, le halant par le col. La suite ? Un long et lent hallali que captent en séquences saccadées des dizaines de portables. L'heure de la curée a sonné. Les coups pleuvent dru. « Que me voulez-vous ? » implore Kadhafi, adossé à l'avant d'un pick-up, tentant de parer du bras les coups de poing et de crosse. « Mes fils, couine le supplicié, qui êtes-vous ? Ne faites-vous pas la différence entre le Bien et le Mal ? » À genoux, le despote déchu vomit des caillots rouge sang. À cet instant, on entrevoit un revolver braqué sur le visage tuméfié. Puis plus rien. Sur le plan suivant de ce film *gore* à ellipses, un corps étendu à même le bitume, inerte, des épaules dénudées et une tête aux yeux mi-clos sur un regard éteint.

Encore vivant ? Déjà mort ? Le quasi cadavre sera jeté sur le plancher métallique d'un minibus. À compter du 21, la dépouille repose dans la chambre froide d'un entrepôt à viande de Souk al-Arab, le marché de gros de Misrata. Drapée dans une couverture grise, allongée sur un matelas souillé. Ainsi, l'Aigle a fini dans une buse. Le vol erratique du rapace hautain s'est achevé un jeudi d'automne au débouché d'une conduite de drainage en béton, à quelques battements d'aile de son aire natale de Syrte.

D'où que vînt le coup de grâce, la balle fatale a aussi foudroyé le témoin clé des compromissions de l'Occident envers un autocrate d'autant plus honni qu'il fut assidûment courtisé. Avec lui, Paris, Londres, Rome et Washington auront enseveli la mauvaise conscience du « monde libre » sous les pelletées d'une terre où se mêlent remords, cynisme et mercantilisme. Quant à la Libye nouvelle, elle ne s'est affranchie de son tyran que pour plonger dans une sanglante pagaille. Là est le legs mortel de Kadhafi, la vengeance posthume de celui qui fut le formidable acteur d'un formidable échec.

Bibliographie sélective

Mirella BIANCO, *Kadhafi, messager du désert, biographie et entretiens*, Stock, 1974.

Hélène BRAVIN, *Kadhafi. Vie et mort d'un dictateur*, François Bourin, 2012.

Annick COJEAN, *Les Proies. Dans le harem de Kadhafi*, Grasset, 2012.

Guy GEORGY, *Kadhafi. Le berger des Syrtes*, Flammarion, 1996.

Patrick HAIMZADEH, *Au cœur de la Libye de Kadhafi*, JC Lattès, 2011.

Vincent HUGEUX, *Kadhafi,* Perrin, 2017.

Moammar EL-KADHAFI, *Le Livre vert*, Centre mondial d'études et de recherches sur le Livre vert, 1984.

—, *Escapade en enfer et autres nouvelles, présentées par Guy Georgy*, Favre, 1996.

Yasmina KHADRA, *La Dernière Nuit du Raïs*, Julliard, 2015 ; Pocket n° 16631.

Alexandre NAJJAR, *Anatomie d'un tyran, Mouammar Kadhafi*, Actes Sud, 2011.

Roumania OUGARTCHINSKA et Rosario PRIORE, *Pour la peau de Kadhafi. Guerres, secrets, mensonges, l'autre histoire, 1969-2011*, Fayard, 2013.

Alison PARGETER, *Libya. The Rise and Fall of Qaddafi*, Yale University Press, 2012.

Dirk VANDEWALLE, *A History of Modern Libya*, Cambridge University Press, 2006.

17

Erich Honecker, le Grand Timonier de la République démocratique allemande

par Patrick Moreau

Erich Honecker (1912-1994) a dirigé d'une main de fer la RDA à partir de 1971 pour « construire le socialisme » sur le modèle sécuritaire et planificateur soviétique. Communiste depuis sa prime jeunesse, son échec économique provoquera sa chute, la révolution pacifique de 1989 balayant le régime, et dans la foulée l'« Europe rouge » édifiée lors des accords de Yalta. Pourtant, l'homme et son régime restent méconnus, en dépit d'un regain d'intérêt suscité par le cinéma, comme en témoignent les films *Good Bye, Lenin !* (Wolfgang Becker, 2003) et *La Vie des autres* (Florian Henckel von Donnersmarck, 2006). Ce dernier film décrit avec maestria la surveillance et la répression par la Sécurité de l'État (Stasi) exercées à l'encontre de l'ensemble de la population, tout particulièrement des intellectuels. *L'Adieu à Lénine* est un témoignage très amusant sur la fin d'une époque et la nostalgie qu'elle nourrira longtemps dans une frange de la population. Les deux dimensions – la répression et l'ironie – témoignent mieux que bien des ouvrages du « moment RDA » indissociable de la personnalité énigmatique de son chef.

Le dernier témoin

Quand Erich Ernst Paul Honecker arrive en exil à Santiago du Chili en 1993, tout est déjà prêt pour l'accueillir. Un assistant personnel, le jeune Chilien Diego Aguirre, vingt-deux ans, se trouve présent pour lui servir d'interprète. Il va devenir son plus proche collaborateur et accompagner le dictateur déchu vingt-quatre heures sur vingt-quatre jusqu'à sa mort le 29 mai 1994.

Après le coup d'État de Pinochet, Diego arrive en 1974 à Berlin-Est à l'âge de quatre ans. Son père, architecte chilien bien connu, était attaché culturel en RDA. Aguirre grandit dans un lotissement à Berlin-Lichtenberg. En 1987, il obtient son diplôme d'études secondaires et retourne à sa propre demande dans son pays d'origine, où il étudie les mathématiques.

Le gendre d'Honecker, Leonardo Yanez Betancourt, servait de médiateur entre les Honecker et Aguirre. Comme Margot et Erich Honecker ne parlaient que quelques mots d'espagnol, ils dépendaient de l'aide de leur interprète. Celui-ci, dans ses souvenirs, relate les discours politiques fort longs du dirigeant amer à ses nombreux visiteurs et sa lecture quotidienne de la presse allemande. En outre, il traduisait les journaux chiliens pour un Honecker s'intéressant à l'Amérique latine et à l'état des « forces progressistes ».

Honecker et son assistant se racontèrent beaucoup de choses. Seule la réunification de l'Allemagne resta un sujet tabou. « Erich n'en a pas parlé. Jamais. Margot était l'homme politique. Elle n'arrêtait pas de l'évoquer et le mot dont je me souviens encore aujourd'hui est trahison », se souvient Diego. Erich Honecker a, jusqu'à sa mort due à un cancer généralisé, toujours espéré que l'opinion publique reconnaîtrait les qualités de la construction du socialisme en RDA et que justice lui serait rendue. Toujours selon Aguirre, les Honecker n'ont jamais envisagé de retourner en Allemagne. Bien qu'il fût clair qu'Erich allait bientôt mourir, il ne voulait pas de funérailles dans son pays natal. Après son décès, leur petit-fils, Roberto Yañez Betancourt, tenta néanmoins de faire enterrer ses cendres au Lieu commémoratif des socialistes à Friedrichsfelde, un cimetière berlinois où repose notamment Rosa Luxemburg. Ironie de l'Histoire, ce furent les postcommunistes du Parti du socialisme démocratique (PDS) qui s'y opposèrent avec succès.

Leur maison à Santiago du Chili allait surtout devenir un lieu de pèlerinage pour les anciens camarades d'armes. Discrètement protégés par les communistes chiliens, les Honecker reçurent de nombreux représentants de pays et d'organisations que la RDA avait aidés à un moment ou un autre. Honecker allait cependant être victime d'une manipulation d'un journaliste en herbe, Mark Pittelkau. Ce dernier réussit à lui faire croire qu'il représentait un groupe de jeunes communistes de RFA cherchant un mentor pour reconstruire un parti de masse. Honecker tomba dans le piège et donna d'interminables conseils sur l'action politique à entreprendre. Avant d'être démasqué par les communistes chiliens, Pittelkau parvint à son but : prendre les dernières photos connues d'un Honecker agonisant. Le film pour la télévision tiré de ce fait divers, *Rencontre avec Honecker*, rend très exactement l'inébranlable certitude du dictateur d'avoir eu raison. Il interprète la révolution pacifique de 1989 comme une « interruption qui sera brève de la construction du socialisme », et l'explique par une conspiration : « Ce que nous avons développé en quarante ans dans des conditions difficiles continuera à vivre dans les luttes de l'avenir [...]. De l'incompréhensibilité même de l'effondrement de la société socialiste naît en même temps une voie vers un monde nouveau. » S'il a perdu le pouvoir, l'homme aura jusqu'au bout manié en expert la langue de bois.

« Je fus communiste, suis communiste et resterai communiste » (Honecker, 1992)

Revenons en arrière. En mai 1945, Hans Mahle, membre du Groupe Ulbricht, rencontre par hasard Honecker à Berlin et le présente à ses camarades. Il s'agit d'un groupe de 10 cadres communistes chargés par Staline de « piloter » la reconstruction allemande. Arrivé le 1er mai 1945, son chef Walter Ulbricht va rapidement, sous la protection des Soviétiques, poser les bases d'un pouvoir *ad hoc* à Berlin et ressusciter le Parti communiste allemand (KPD)[1].

Le jeune Erich a alors trente-trois ans, mais est resté, malgré ses années de prison, un solide gaillard. À vingt-cinq ans, au moment de son arrestation par la Gestapo, il mesure 1,70 m pour 68 kilos. Ses cheveux sont blonds moyens, ondulés, ses traits attrayants. Bon athlète (surtout bon nageur et joueur de handball), il ne porte pas encore de lunettes. Jusqu'à l'été, il reste sans fonction car il doit s'expliquer sur son passé récent, un épisode qui se termine par une claire réprimande due à sa fuite de prison, non coordonnée avec les autres détenus communistes. Ce blâme retarde mais n'interdit pas son ascension.

On trouve dans la courte biographie écrite dans la foulée et conservée aux Archives fédérales l'évaluation globale suivante : « Le camarade Honecker est un vieux camarade loyal au parti […], qui fait partie du mouvement syndical depuis sa plus tendre enfance. Son apparence est énergique ; il a une grande confiance en lui et est considéré comme un bon partenaire de négociation capable de s'affirmer sans gêner les gens.

1. Le Parti communiste d'Allemagne (*Kommunistische Partei Deutschlands* [KPD]) est fondé en décembre 1918 dans le contexte de la révolution allemande de 1918-1919. Ses premiers dirigeants, Rosa Luxemburg et Karl Liebknecht, sont assassinés en janvier 1919. Le KPD passe sous le contrôle du Komintern et de l'URSS, puis se stalinise. Dirigé par Ernst Thälmann, il devient le parti communiste le plus puissant d'Europe occidentale.

Le camarade Honecker a beaucoup d'initiative, a des capacités d'agitation et d'organisation et a acquis une grande autorité [...] dans son travail auprès des jeunes. [...] Il défend toujours la ligne du parti. Il est très capable de se développer. Moralement, nous ne savons rien de préjudiciable. »

Honecker a grandi en milieu communiste et a adhéré, dès sa prime jeunesse, aux organisations marxistes. Il se souvient : « En 1912, mon année de naissance, le candidat social-démocrate a obtenu aux élections au Reichstag le plus grand nombre de voix. Le lieu-dit prenait à partir de cette date le surnom de village rouge. » De fait, depuis la fin de la Première Guerre mondiale, Neunkirchen et Wiebelskirchen étaient devenus les centres sarrois d'un « milieu prolétarien de gauche », une sorte de contre-monde rouge en opposition profonde à l'environnement catholique et bourgeois régional. Le jeune Erich vient d'une famille prolétarienne communiste. Son père, Wilhelm Honecker, un mineur, était membre de l'Aide rouge[1], mais aussi de l'Union sportive et de gymnastique ouvrière, proche du SPD[2] ; son épouse Karoline appartenait à l'Union des femmes et jeunes femmes rouges, fondée en 1925 comme une section de la structure paramilitaire de l'Union des combattants

1. L'Aide rouge d'Allemagne (*Die Rote Hilfe Deutschlands* [RHD]) était une organisation d'aide politique et juridique proche du KPD qui a existé de 1924 à 1936.

2. Le Parti social-démocrate d'Allemagne *(Sozialdemokratische Partei Deutschlands* [SPD]) porte ce nom depuis 1890, ce qui en fait le doyen des partis allemands.

du Front rouge. Honecker présente son père comme un compagnon et un camarade ayant donné son sens à sa vie : « À cette époque, mon père me disait simplement pourquoi les riches sont riches et les pauvres pauvres ; d'où viennent les guerres ; qui gagne son argent grâce à ces guerres et qui souffre à cause d'elles. Pour moi, c'était plausible. J'ai acquis une vision claire du monde (et) j'ai décidé de consacrer ma vie à la lutte pour (la) paix et (le) socialisme. »

Erich, comme trois de ses frères et sœurs, a eu en 1922 son premier contact institutionnel avec ce qui allait devenir l'Union de jeunesse Spartacus[1]. Le 1er décembre 1928, il adhère à l'Association de la jeunesse communiste d'Allemagne (KJVD) du district de Sarre. Son activisme, mais aussi son charme personnel, lui permet rapidement d'en devenir le « porte-parole » et d'être élu en 1929 à la direction du district KJVD de Sarre. Parallèlement, il suit diverses formations internes au parti – théorie marxiste et travail pratique avec la jeunesse – pour se préparer à assumer des fonctions de direction au sein de l'Association des jeunes communistes du KPD. Il est nommé en 1930 chef du groupe local de Wiebelskirchen. Dès 1930, il se souvient d'avoir été subjugué par le « charisme de cette personnalité ouvrière alors presque légendaire », Ernst Thälmann, le chef du KPD, dont il devient le garde du corps lors d'une réunion des jeunes communistes du Reich.

1. L'Union de jeunesse Spartacus *(Jung-Spartakus-Bund)* est une organisation de jeunes communistes âgés de moins de quatorze ans.

Erich Honecker (1912-1994), prisonnier.
Photographies de décembre 1935.

La date exacte de son entrée au parti reste inconnue et varie entre 1929 et 1931. En juillet 1930, il participe à un cours préparatoire à l'École du Parti du Reich du KPD à Fichtenau. Il prend alors le nom de Fritz Molter, une pratique habituelle des cadres communistes destinés à la clandestinité.

Délégué par le KJVD à l'été 1930 pour étudier pendant un an à l'École internationale Lénine de Moscou, une école de cadres stalinienne, l'apprenti apparatchik est nommé « assistant de cours ». Par-delà une formation intensive aux classiques communistes et aux écrits de Staline, il est aussi envoyé avec 27 autres étudiants regroupés au sein d'une « brigade de choc » à Magnitogorsk pour travailler dans une aciérie. En 1931, puis en 1949, il rencontre Staline en personne à Moscou, moment dont il gardera à vie un souvenir enchanteur.

Après son retour, Honecker est promu directeur politique de l'Association de la jeunesse communiste du district de la Sarre et, en 1933, de son Comité central.

Après l'arrivée au pouvoir d'Adolf Hitler en janvier 1933, le KPD passe dans la clandestinité. La Sarre n'appartient cependant pas encore au Reich[1], ce qui permet au parti de pouvoir exister légalement. Honecker va se trouver brièvement emprisonné en Allemagne en 1934, mais il est libéré peu après. De retour en Sarre, il s'engage dans la campagne contre la réintégration dans le IIIe Reich. Sans succès puisque, lors du plébiscite du 13 janvier 1935, 90,73 % des électeurs sarrois choisissent l'unification. Honecker se réfugie d'abord en France, avec beaucoup d'autres cadres communistes, où il a des contacts intensifs avec le PCF. Le 28 août 1935, il se rend illégalement à Berlin sous le pseudonyme de Marten Tjaden avec une presse à imprimer dans ses bagages. Arrêté en décembre par la Gestapo, il est placé en détention dans la prison de Berlin Lehrter Strasse jusqu'en 1937. En juin, il est condamné à dix ans de prison. Ses aveux « spontanés » font condamner Bruno Baum, un compagnon du KPD, à treize ans de prison.

L'autobiographie d'Honecker évite sans surprise cet épisode fâcheux, et n'évoque que le sacrilège familial de son plus jeune frère Robert (né en 1932), qui a pris le parti des nationaux-socialistes. Elle « oublie » aussi

---

1. Après la défaite de 1918, la Sarre passe sous la tutelle de la Société des Nations, conformément aux articles 45 à 50 du traité de Versailles. En 1920, elle est placée sous administration française pendant quinze ans avec un mandat de la Société des Nations. La zone couverte par le mandat, d'une superficie de 1 912 km² et abritant une population de 770 030 habitants, comprend la partie méridionale de la province du Rhin prussien et la partie occidentale du Rhin bavarois du Palatinat.

l'espoir d'une grâce pour éviter d'aller au front, que son père, avec le soutien du directeur de la prison de Brandebourg, a cherché à obtenir par deux fois pour un « citoyen loyal au régime et purifié de ses erreurs du passé ».

Honecker purge sa peine à la prison de Brandebourg-Görden. Ayant travaillé deux ans comme couvreur, il est envoyé fréquemment réparer les toits des immeubles berlinois mis à mal par les bombardements alliés qui se multiplient à partir de 1943. En 1944, il est à nouveau emprisonné dans la prison pour femmes de la Barnimstrasse à Berlin. En mars 1945, Honecker et Erich Hanke (un cadre communiste de Berlin) parviennent, lors d'un bombardement, à s'évader. Il se cache alors dans l'appartement de la gardienne de prison Charlotte Grund. Après que ce dernier eut été partiellement détruit, il réintègre sa prison sans que sa fuite n'ait été remarquée. À sa libération par l'Armée rouge le 27 avril 1945, il décide aussitôt de se rendre à Berlin. Le jeune trentenaire peut se targuer de sa captivité pour se poser en militant exemplaire. La réalité, on l'a vu, est moins reluisante.

Son évasion sans l'accord de ses codétenus de Brandebourg, son retour trop facile à Berlin, son mariage avec Charlotte, gardienne nazie d'une prison où les femmes victimes du régime furent régulièrement transférées à Plötzensee pour exécution, sa non-participation à la marche des prisonniers communistes libérés vers Berlin, tout cela a certes été évoqué lors de la « remontrance » de 1945, mais ces informations disparaissent, comme par hasard, lors de sa « qualification » comme membre du KPD refondé. Le chef de la police politique (Stasi), Erich Mielke[1], le savait et conservait dans son coffre un dossier secret relatant ces moments d'ombre afin de faire pression, en temps voulu, sur le puissant chef du parti.

La marche au pouvoir

Après la Seconde Guerre mondiale et la capitulation inconditionnelle des nazis en mai 1945, les Alliés décident de diviser l'Allemagne en quatre zones d'occupation : une américaine, une britannique, une française et, dans l'est du pays, une soviétique. La capitale Berlin est administrée par les quatre puissances occupantes au sein du Conseil de contrôle allié. Rapidement, des tensions apparaissent entre les vainqueurs. Les Occidentaux veulent reconstruire l'Allemagne aussi vite que possible et fonder un État démocratique reposant sur une économie de marché libre. Le gouvernement soviétique entend, au contraire, en faire un pays socialiste construit sur son modèle et à sa dévotion. Lorsqu'en 1948 deux monnaies différentes sont finalement introduites (à l'Ouest le deutsche mark et à l'Est le mark, plus tard le mark de la RDA), la division de l'Allemagne devient réalité. Le 7 octobre 1949, la RDA est solennellement

1. Erich Fritz Emil Mielke (1907-2000) a été ministre de la Sécurité de l'État en RDA de 1957 jusqu'à sa démission en 1989. À partir de 1946, Mielke fut l'un des principaux responsables de l'expansion des organes de sécurité en un système très dense de contrôle, de surveillance et de répression. Placé plusieurs fois en détention provisoire à partir de sa chute, il sera condamné à six ans de prison en 1993 par le tribunal régional de Berlin.

fondée et va survivre plus de quarante ans. En 1950, elle compte 18 388 000 habitants pour 16 028 000 seulement en 1990, un effet des vagues d'immigration vers la RFA conjuguées avec une crise démographique. Couvrant l'essentiel de l'ancienne Prusse, sa superficie est de 108 333 km^2 et elle possède des frontières communes avec la Pologne et la Tchécoslovaquie, sans oublier naturellement sa sœur ennemie, la RFA.

Dans sa zone d'occupation, l'Administration militaire soviétique en Allemagne (SMAD) prend en charge dès 1945 les affaires publiques. Si quatre partis sont d'abord autorisés : le SPD (social-démocrate), le KPD (communiste), la CDU (chrétienne-démocrate) et le LDPD (libéral), le KPD se voit sans surprise soutenu par l'URSS. Walter Ulbricht et ses proches sont propulsés à tous les postes clés. Rapidement, l'emprise de Moscou se fait de plus en plus lourde.

Afin de créer un « parti ouvrier » unifié et puissant, une « alliance » du KPD avec les membres du SPD s'avère nécessaire. En avril 1946, les deux partis fusionnent au terme d'un processus imposé par Staline pour former le Parti socialiste unifié d'Allemagne (SED).

Si le premier président de la RDA est Wilhelm Pieck[1], l'homme le plus puissant de l'État est le chef du SED, Walter Ulbricht, qui est « nommé » en 1950 à la tête du pays. Jetant le masque démocratique, une de ses premières mesures consiste à regrouper tous les

1. Friedrich Wilhelm Reinhold Pieck (1876-1960) a été président de la RDA de 1949 à sa mort en 1960.

partis dans une Liste d'unité du Front national qui va logiquement obtenir plus de 95 % des suffrages.

Toute résistance politique intérieure étant déclarée illégale, le SED revendique le contrôle total de l'État et de la société et assume sa vassalisation à l'Union soviétique. En 1951, la RDA promulgue le premier plan quinquennal qui orchestre la planification de l'économie. La consommation et la production ainsi que les prix sont fixés par une instance centrale. Le contrôle sur l'économie passe aussi par une réforme agraire et l'expropriation des paysans, contraints de se regrouper au sein de vastes coopératives de production. À partir de cette date, la population souffre de la quasi-absence des produits de consommation courants, en particulier ceux venus de l'Ouest. Se met alors en place une migration massive vers la RFA. Le 17 juin 1953, des manifestations et des grèves éclatent pour protester contre le durcissement des normes du travail. Le gouvernement réprime brutalement le soulèvement avec l'aide des troupes soviétiques. Honecker tire des leçons de cette révolte. La « construction du socialisme », fièrement proclamée en 1952, doit passer impérativement par un mieux-être de la population et la correction de la politique économique soviétique en vigueur.

En tant qu'ancien prisonnier brandebourgeois, Honecker n'appartient pas à la fraction « historique » moscovite du KPD, ce qui lui attire des inimitiés durables. Mais il est protégé par Walter Ulbricht, son mentor, qui va lui ouvrir les portes du pouvoir. Propulsé à la présidence de la Jeunesse allemande libre (FDJ), il organise les trois Rencontres allemandes de la jeunesse à Berlin, qui réunissent du 27 au 30 mai 1950 plus de 700 000 jeunes communistes. L'expérience est renouvelée avec succès en 1954 et 1964, favorisant d'autant son élévation.

Le soulèvement du 17 juin provoque cependant une crise au sein de la direction du parti. La majorité du Bureau politique, emmenée par Rudolf Herrnstadt[1], tente de faire tomber Ulbricht, l'opération échouant à cause du veto de Moscou. Honecker, qui a choisi de soutenir son mentor, s'en trouve récompensé. Le 27 mai 1955, il cède la présidence de la FDJ et part à nouveau en formation à Moscou, où il réside jusqu'en 1957. Il y noue des contacts au plus haut niveau avec la hiérarchie soviétique, qui l'aideront plus tard à prendre le pouvoir. Il assiste du 14 au 25 février 1956 au fameux XXe congrès du PCUS marqué par le discours de Khrouchtchev sur la déstalinisation. Cachant son scepticisme – il a toujours été un admirateur de Staline –, Honecker devient en 1958 membre du Bureau politique, responsable des questions militaires et de sécurité.

L'émigration vers la RFA devenant de plus en plus forte, une nouvelle loi sur les passeports est promulguée

---

1. Rudolf Herrnstadt (1903-1966) est d'abord rédacteur en chef de la *Berliner Zeitung* en RDA et joue un rôle majeur dans la fondation du journal *Neues Deutschland* (organe central du parti). De 1950 à 1953, il est membre du Comité central du SED au scin duquel il plaide en faveur d'une libéralisation progressive. Ayant échoué à faire tomber Walter Ulbricht, Herrnstadt, avec d'autres opposants, perd en 1953 son siège au Bureau politique et au Comité central pour « formation de factions hostiles au parti ». La même année, il perd son poste de rédacteur en chef de *Neues Deutschland*. En 1954, il est enfin expulsé du SED.

afin de réduire le nombre des fuyards. En 1956, l'émigration devient une infraction pénale. En tant que nouveau secrétaire à la Sécurité du Comité central, l'équivalent d'un ministre de l'Intérieur, Honecker est l'organisateur officiel de la construction du mur de Berlin en août 1961 et n'hésite pas à donner l'ordre de tirer sur les fugitifs à la frontière interallemande (quelque 700 personnes mourront jusqu'en 1989 en tentant de franchir le Mur).

De brèves tendances libérales apparaissent en 1963 et 1964, notamment dans les domaines de la jeunesse et de la politique culturelle. Les biographes d'Honecker ont insisté sur ses réactions négatives et son durcissement idéologique. Ils citent à l'appui la 11e séance plénière du Comité central de décembre 1965, pendant laquelle il s'en prend à divers intellectuels et créateurs, mais aussi aux responsables de la politique culturelle du SED, accusés d'avoir négligé l'éducation socialiste, ce qui a conduit à l'émergence d'une « opposition ». Le parti resserre alors sa politique de contrôle de la population grâce à l'omniprésence de la police politique (la fameuse Stasi) et de ses informateurs. En 1962, le service militaire obligatoire est mis en place pour former la jeunesse aux idéaux marxistes-léninistes ; l'armée, forte de 155 319 soldats en 1989, aidera les Soviétiques à écraser la révolution tchèque en 1968 et sera un élément central du pacte de Varsovie.

En 1960, la RDA connaît d'importantes baisses de production dans l'industrie et l'agriculture. Pour éviter une nouvelle révolte, le pouvoir décide une politique d'investissements, en particulier dans l'industrie chimique et mécanique. Ces tentatives de modernisation échouent cependant en raison de déficits systémiques. Honecker déclare alors que l'« unité de la politique économique et sociale » s'impose pour parvenir à corriger les problèmes existants. Autrement dit, il doit s'emparer du pouvoir.

Après s'être assuré du soutien préalable de Leonid Brejnev, l'étoile montante rassemble les signatures de membres du Bureau politique autour d'une motion demandant le renvoi d'Ulbricht. Ce dernier, informé, chasse le félon du Bureau politique, qui prend alors contact avec l'ambassadeur soviétique Abrassimov pour obtenir de l'aide. Sur l'ordre de Brejnev, Ulbricht doit le réintégrer en avril 1971. Reste à finaliser le

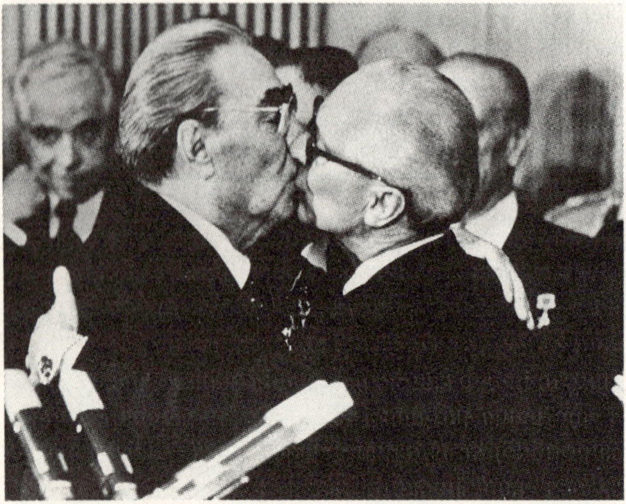

Rencontre Honecker-Brejnev
en 1981.

putsch. Assuré de l'appui des Soviétiques, Erich envoie ses gardes du corps, lourdement armés, à la résidence d'été d'Ulbricht. Ayant bloqué les portes, désarmé sa protection rapprochée et coupé les lignes téléphoniques, ils le forcent à signer une pétition au Comité central proposant sa démission. Le 3 mai 1971, Honecker est nommé premier secrétaire du Comité central, puis, en 1976, secrétaire général.

Le Grand Timonier

Son meilleur biographe, l'historien Martin Sabrow, résume la période 1971-1989 en ces termes paradoxaux : « L'ère Honecker se caractérise par un style politique reposant sur le prima d'une bureaucratie routinière et hyper régulatrice. Néanmoins, ce style était imprégné d'un mélange frappant de libéralisation et de répression, de fraîcheur juvénile et d'obstination due à la vieillesse, de détente culturelle et de durcissement politique, d'adhésion rigide aux normes idéologiques et d'impartialité élastique face aux ennemis de classe, tels que Herbert Wehner [une des grandes figures du SPD] ou Franz Josef Strauss [la personnalité forte de la CDU/CSU]. » De fait, Honecker commence sa carrière politique sur une ligne conservatrice dure qui aboutira à la construction du mur de Berlin en 1961, mais « prendra le chemin inverse de son prédécesseur Walter Ulbricht quand il tentera de relancer l'utopie socialiste par une politique de réformes ».

L'accent n'est plus mis sur la modernisation de l'industrie, mais sur la politique sociale. Les mesures prises – construction de trois millions de logements jusqu'en 1990, crèches, droit à l'avortement, semaine de quarante heures pour les femmes avec deux enfants, pseudo-plein emploi, augmentation du salaire moyen entre 1970 et 1987 de 755 à 1 233 marks, importation de biens de consommation courante… – sont mises en œuvre pour laisser croire à la population qu'elle vit dans un « État-providence ». Le contrecoup caché est un endettement grandissant de la RDA tant envers l'URSS que l'Ouest.

Parmi les succès extérieurs, on peut mentionner en 1971 l'« accord de transit » entre les deux Allemagnes, qui permet aux Allemands de l'Ouest de se rendre en RDA. En 1972, ce pays entretient des relations diplomatiques avec 132 nations et est admis l'année suivante à l'ONU. La RDA participe aussi aux négociations de la Conférence sur la sécurité et la coopération en Europe à Helsinki. Cela avec le soutien des Soviétiques, qui en espèrent un affaiblissement de l'alliance occidentale et un désarmement partiel de l'OTAN.

Sur le plan intérieur, le ministère pour la Sécurité de l'État (MfS) continue à croître. Il compte, le 31 octobre 1989, 91 505 collaborateurs, dont plus de 13 000 soldats, et gère plus de 200 000 informateurs. Le pouvoir frappe les opposants à tous les niveaux de la société : l'auteur-compositeur-interprète Wolf Biermann est expulsé en 1976 et tous ceux qui osent encore critiquer publiquement la politique du SED se voient observés, interrogés et réprimés. Les publications non conformes sont interdites et regarder la télévision de l'Ouest devient un délit. Les prisons sont pleines, les détenus réduits à l'esclavage par le travail au profit de grandes firmes occidentales ou parfois échangés avec la RFA contre des devises. En regard, Honecker empêche l'application de la peine de mort après 1981.

Le secrétaire général s'empare de tous les pouvoirs. Il veut tout contrôler, tout savoir. Il s'entretient systématiquement avec le chef de la Stasi et lit les rapports sur l'état de l'opinion, même s'il fait fermer le seul centre d'enquête en la matière. Il accorde une attention particulière aux lettres personnelles que lui adressent des citoyens pour se plaindre ou l'informer. Honecker intervient régulièrement et n'hésite pas à liquider des cadres compromis. Il ne pardonne aucune faute de l'appareil au niveau central ou régional et se montre vétilleux à chaque instant, une sorte d'archétype du fonctionnaire pinailleur.

Il est nommé président du Conseil de la défense nationale en 1971 et élu président du Conseil d'État par la Chambre du peuple[1] le 29 octobre 1976. Dès lors, il décide de tout avec l'aide du secrétaire à l'Économie du Comité central, Günter Mittag, et du ministre pour la Sécurité de l'État, Erich Mielke. Jusqu'à l'automne 1989, ce que Marin Sabrow appelle une « petite clique stratégique » de trois hommes dirige ainsi la RDA, en s'appuyant sur une élite vieillissante d'environ 520 fonctionnaires d'État et du parti. Selon lui, ce triumvirat a exercé « un pouvoir comme aucun autre dirigeant

---

1. Du 7 octobre 1949 au 2 octobre 1990, la Chambre du peuple (*Volkskammer*) était le Parlement et nominalement l'organe constitutionnel suprême de la RDA.

de l'histoire allemande récente, dont Ludendorff et Hitler », ce qui autorise à le décrire comme « un dictateur [...] gardien suprême de son État ». Sous son égide, le Bureau politique se transforme rapidement en un collectif d'exécuteurs soumis.

L'effondrement

À l'opposé du discours triomphaliste en vigueur, les mauvaises conditions de travail et de vie entraînent un mécontentement croissant au sein de la population. Des conflits entre les générations apparaissent : celle qui a grandi en RDA se trouve bloquée dans son parcours professionnel par les cadres vieillissants au pouvoir. Sur fond de crise démographique, la mobilité sociale diminue partout ; le libre choix de la carrière, y compris d'étudier à l'université, est restreint (surtout pour les « éléments petits-bourgeois », en clair d'origine non prolétarienne). Des conflits sociaux se développent et éclateront ouvertement à l'automne 1989.

Très fortement endettée et dépendante sur le plan énergétique, la RDA ne survit que par le soutien de l'URSS. Lorsque cette dernière doit augmenter le prix du pétrole brut en 1981, le pays entre pour de bon en crise. Il n'est notamment plus en mesure de rembourser les prêts finançant les investissements. De nombreux projets s'arrêtent alors et le régime doit, contraint et forcé, engager des négociations avec la RFA au sujet du remboursement de sa dette. Le déclin économique s'accélère, malgré les milliards de prêts consentis en

1983 et 1984 par Franz-Josef Strauss, le leader bavarois.

En 1985, Mikhaïl Gorbatchev introduit la perestroïka et la glasnost. L'État contrôle moins l'économie et la censure de la presse est levée. Il propose ce programme de réforme à tous les autres États du bloc de l'Est, ce qui n'améliore pas ses relations déjà détériorées avec Honecker, qui fustige cette politique d'ouverture et se sent trahi par la coopération croissante avec l'Occident. Il veillera (en vain) à ce que les textes du premier secrétaire ne puissent plus être diffusés ou commercialisés en RDA.

À l'occasion de la réunion au sommet du pacte de Varsovie à Bucarest les 7 et 8 juillet 1989, l'Union soviétique abandonne officiellement la doctrine Brejnev de la souveraineté limitée des États membres. Le document final affirme que les relations entre les pays du pacte de Varsovie doivent désormais reposer sur « l'égalité, l'indépendance » et « le droit » de chaque partenaire de choisir « sa propre ligne politique, sa stratégie et sa tactique sans ingérence extérieure ». La RDA se retrouve esseulée, abandonnée par son « grand frère », qui était à la fois son glaive militaire et son bouclier économique.

Honecker quitte prématurément la réunion. Le 7 juillet 1989, il est emmené d'urgence à l'hôpital du gouvernement roumain, puis transporté par avion à Berlin. Le 18 août suivant, il subit une ablation de la vessie biliaire et d'une partie du côlon. Au cours de l'intervention, les médecins découvrent une tumeur rénale, mais n'en informent pas l'intéressé. Ce dernier ne reviendra, vieilli et amaigri, qu'en septembre au Bureau politique où l'on réfléchit déjà à son élimination politique.

Les profonds bouleversements en URSS[1] laissent espérer à la population un changement semblable de politique en RDA. Or, Honecker prend de plus en plus vivement ses distances avec l'Union soviétique et défend sa ligne politico-économique jusqu'à l'absurde.

Ce raidissement croissant provoque une nouvelle vague de départs. En mai 1989, des dizaines de milliers de personnes fuient la RDA vers l'Ouest *via* la Hongrie et l'Autriche. Le 7 octobre, le Parti social-démocrate de RDA (SDP) est fondé près de Berlin par Martin Gutzeit et Markus Meckel. Soixante-dix mille personnes manifestent pour la liberté, la démocratie et les droits de l'homme à Leipzig et un peu partout la population descend dans la rue. La révolution pacifique est en marche et ne peut plus être stoppée, ce que la direction du SED finit par comprendre, même si une « solution chinoise » (le massacre de la place Tian'anmen) reste une option voulue par les plus durs, sans que l'on sache quelle fut la préférence d'Honecker.

Sa chute devient inévitable à la suite de la venue à Berlin, les 6 et 7 octobre 1989, de Mikhaïl Gorbatchev pour les célébrations du 40e anniversaire de la RDA. Ce dernier est accueilli par des cris : « Gorbi, Gorbi,

---

1. En 1988, Gorbatchev devient président du Présidium du Soviet suprême, remplaçant Andreï Gromyko à la tête de l'État. Le 7 décembre, il s'adresse à la 43e Assemblée générale des Nations unies à New York et promet un désarmement unilatéral. Dans la foulée, il prend ses distances avec la doctrine Brejnev. Cette nouvelle donne conduit à une série de révolutions, essentiellement pacifiques, en Europe de l'Est en 1989.

Gorbi, aidez-nous. » À cette occasion, le dernier homme fort de l'URSS n'a jamais dit à son homologue la fameuse phrase « Si tu es en retard, la vie te punira », mais : « Je crois que le danger ne guette que ceux qui ne réagissent pas à la vie. » La mise en garde est claire, ce que ne veut pas comprendre Honecker. Il loue, lors d'un entretien privé, les succès de son pays devant un Gorbatchev n'ignorant rien de la gravité de la situation, la RDA étant en situation de banqueroute.

À l'issue d'une réunion de crise tenue dans la foulée, les 10 et 11 octobre, le Bureau politique exige d'Honecker la présentation d'un rapport sur la situation économique. Dans les jours qui suivent, Egon Krenz, secrétaire du Comité central et membre du Présidium du SED, multiplie les consultations en vue de forcer le vieux chef à démissionner. Il s'assure le soutien préalable de l'armée et de la Stasi et organise une réunion entre Mikhaïl Gorbatchev et Harry Tisch, membre du Bureau politique, qui informe le dirigeant du Kremlin du putsch en cours. Gorbatchev l'approuvant, Krenz et ses soutiens peuvent agir. Les vieux réflexes soviétiques ont la vie dure.

Honecker avait l'habitude de demander à l'occasion des réunions du Bureau politique : « Y a-t-il encore des propositions à l'ordre du jour ? » Le 17 octobre 1989, Willi Stoph le prend au mot et « propose » comme premier point de « libérer le camarade Honecker de ses fonctions de secrétaire général et d'élire Egon Krenz comme secrétaire général ». Les 17 personnes présentes se prononcent alors en faveur du « dauphin ». Günter Schabowski exige de surcroît la révocation d'Honecker en tant que président du Conseil d'État et du Conseil de la défense nationale. Erich Mielke menace opportunément de divulguer des « informations compromettantes » en sa possession s'il ne démissionne pas.

Après trois heures de débat, une décision unanime est prise, Honecker votant pour son propre renvoi. Le Comité central suit comme il se doit la recommandation du Bureau politique. Egon Krenz est élu à l'unanimité par acclamations nouveau secrétaire général. À midi, le 18 octobre 1989, l'homme bafoué se lève de son siège pour quitter la salle de réunion du Comité central. Les applaudissements formels qui accompagnent sa sortie marquent le début d'une longue déchéance politique. Le 20 octobre, Margot Honecker est contrainte à son tour de démissionner de ses fonctions de ministre de l'Éducation.

La fuite à Moscou

L'État et le parti vont très rapidement procéder à la liquidation politique et sociale du maudit, dans l'espoir de sauver le système, alors que le pays tremble sur ses bases. Le 3 décembre 1989, il est expulsé du SED et, deux jours plus tard, le procureur général de RDA engage des poursuites à son encontre pour abus de pouvoir et corruption. Trois semaines plus tard, le couple Honecker est contraint de quitter sa maison, située dans une zone réservée aux élites politiques – le lotissement forestier de Wandlitz. Le prétexte avancé est la transformation de leur villa en sanatorium. Le 6 janvier 1990, après une nouvelle enquête menée par une commission médicale, Honecker apprend qu'il a un cancer des reins. Le soir du 28 janvier, le malade, qui vient d'être opéré, est arrêté dans sa chambre d'hôpital. Transféré à la prison de Berlin-Rummelsburg le lendemain soir, il est libéré le 30, après avis médical, pour « incapacité à purger sa peine ». À sa sortie de prison, il se réfugie dans un hôpital militaire soviétique qui jouit de l'extraterritorialité. Le 13 mars 1991, le couple est transporté de Beelitz à Moscou à bord d'un avion militaire de la future ex-URSS, Gorbatchev informant préalablement le chancelier Kohl.

La ratification du traité Deux plus Quatre[1] du 12 septembre 1990 à Moscou ouvre la voie de la réunification allemande, effective le 3 octobre 1990. Le SED, qui a perdu tout pouvoir, se transforme en SED-PDS, puis en Parti du socialisme démocratique (PDS). Ses cadres sont démis de toutes leurs fonctions, la gestion de l'État passant aux mains de la Chambre du peuple dominée par les partis démocratiques et dirigée, jusqu'au 3 octobre, par un gouvernement d'union avec à sa tête le chrétien-démocrate Lothar de Maizière. Nombre de responsables sont arrêtés et poursuivis en justice.

À partir de la mi-mars 1991, la pression allemande sur Moscou pour récupérer Honecker, sous le coup de

---

1. Le « traité sur le règlement définitif des lois de la République fédérale d'Allemagne » est conclu entre la RFA et la RDA, d'une part, et la France, l'Union soviétique, la Grande-Bretagne et les États-Unis, de l'autre. Signé à Moscou le 12 septembre 1990, il entre en vigueur par une cérémonie officielle le 15 mars 1991. Ce traité marque la fin de l'après-guerre, l'Allemagne, y compris Berlin, se voyant libérée des restrictions imposées par le droit d'occupation.

plusieurs enquêtes, s'intensifie. Le nouvel homme fort de la Russie, Boris Eltsine, interdit le 29 août 1991 le PCUS, dont Gorbatchev était le secrétaire général. Le 25 décembre suivant, « Gorbi » démissionne de son poste de président d'une Union soviétique à l'agonie. Honecker perd alors sa dernière protection, d'ailleurs très relative comme on a pu le voir. Le 11 décembre, il s'est réfugié avec sa femme à l'ambassade du Chili à Moscou. Ce choix renvoie à sa réaction au coup d'État militaire d'Augusto Pinochet en 1973, Honecker ayant à l'époque accueilli de nombreux Chiliens, dont justement celui qui entre-temps est devenu ambassadeur à Moscou, Clodomiro Almeyda.

Le 7 mars 1992, le gouvernement chilien corrige, sous l'injonction d'Helmut Kohl, sa position et relève Almeyda de ses fonctions. Le 29 juillet suivant, le vieil homme malade quitte l'ambassade et est emmené par avion à Berlin, où il est placé en détention à l'hôpital pénitentiaire de Berlin-Moabit.

Honecker fait l'objet de plusieurs accusations, dont l'homicide involontaire de 68 personnes entre 1961 et 1989 à la frontière interallemande et l'abus de confiance au détriment de la propriété socialiste. Dans sa déclaration au tribunal le 3 décembre 1992, il assume la responsabilité politique des morts du Mur, mais s'affirme « sans aucune culpabilité juridique ou morale ». Usant toujours de la langue de bois, il justifie son action au nom de la volonté de paix de la RDA face aux menaces de guerre en Europe. Alors que sa condamnation semble acquise, ses avocats déposent une requête visant à interrompre le procès et à révoquer le mandat d'arrêt, ce que la chambre pénale rejette le

21 décembre 1992. Honecker, très gravement malade, son cancer s'étant métastasé, dépose alors une nouvelle plainte devant la Cour constitutionnelle du Land de Berlin pour violation de son droit fondamental à la dignité humaine. Son argumentation affirme que la poursuite d'un procès contre un accusé dont on peut s'attendre à ce qu'il meure avant la fin de la procédure empêche de décider de sa culpabilité ou de son innocence et porte, ce faisant, atteinte à sa dignité d'homme. Le 12 janvier 1993, la cour lui donne finalement raison. Honecker est libéré au bout de cent soixante-neuf jours seulement de détention et s'envole immédiatement pour Santiago du Chili où il retrouve Margot.

Il ne lui reste que quelques mois à vivre. Son état se dégrade fortement et il doit être nourri artificiellement dans les dernières semaines. Resté conscient jusqu'au bout, il n'a jamais rien regretté.

L'homme qui aimait les femmes

Qui était l'homme caché derrière le dictateur ?

Dans sa jeunesse, Honecker aimait à l'école le chant, l'histoire et l'arithmétique, mais pas les dictées. Il détestait l'éducation religieuse et voulait devenir conducteur de locomotives. L'iconographie du Grand Timonier est trompeuse. Les films et images disponibles sont essentiellement ceux des années 1980. On garde en mémoire l'image d'un homme vieilli et usé, un fonctionnaire sec et triste au regard d'acier derrière ses lourdes lunettes. Notre visionnement des archives médiatiques de la RDA nous a fait découvrir un homme vigoureux, capable de communiquer avec les jeunes. On le découvre dandy, accordant beaucoup d'attention à son habillement, revêtant des vêtements occidentaux dont les étiquettes visibles ont été enlevées et remplacées par des « *Made in GDR* » (German Democratic Republic). Erich aime les canotiers et aura longtemps un style avenant. Il change avec l'âge, se raidit et se transforme en un personnage aussi gris que les quartiers pseudo-modernes de Berlin qu'il fait édifier à grand renfort de logements préfabriqués.

L'homme de fer à l'apparence ascétique masque aussi un Casanova. La RDA bruissait de rumeurs selon lesquelles le chef de l'État multipliait les aventures. Un fidèle, membre du Jeunesse allemande libre (FDJ), transférait à sa place les pensions alimentaires pour ses enfants illégitimes vivant aux quatre coins du pays.

Sa dernière histoire d'amour, platonique, se déroule à la prison de Moabit en 1992-1993. Il y écrit des lettres enflammées à une admiratrice qui seront publiées dans le livre *Chère Eva*. Eva Ruppert (quatre-vingt-quatre ans) était une ancienne professeure de lycée en Hesse, née comme Honecker en Sarre. Elle lui rendit visite six fois en prison. Les lettres d'Honecker découvrent une sensibilité méconnue et pour tout dire un côté fleur bleue insoupçonnable chez cet homme d'acier, si longtemps craint pour sa dureté et sa froideur. « Chère Eva, ne sois pas triste si je ne suis pas aussi bien qu'hier. J'ai pensé à toi. Tu ne dois pas t'inquiéter autant. Tes lettres, que j'ai bien conservées, me donnent sans cesse des forces nouvelles. » Honecker appelle Ruppert dans ses lettres sa « petite Companera ». Elle lui répond tout aussi mièvrement : « Dans mes lettres, je veux être proche de toi, tout comme tu veux être proche de moi dans les tiennes. » Curieusement, sa première liaison documentée a aussi pour cadre une prison. Détenu à la prison des femmes Brandebourg-Gören, il est tombé amoureux de sa gardienne, une veuve qui avait neuf ans de plus que lui. Cette nationale-socialiste lui a sauvé la vie lorsqu'il s'est enfui en mars 1945. Elle a tu son évasion éphémère, ce qui lui a permis de regagner sa cellule et d'échapper à une condamnation à mort. En 1946, Charlotte et Erich se marient, mais elle décède d'un cancer deux ans plus tard.

Honecker commence à l'été 1947, lors d'un voyage à Moscou, une relation avec son adjointe Édith Baumann (1909-1973). Elle tombe enceinte en 1949. Mais en 1950, lorsque le couple se marie et que sa fille Erika voit le jour, Honecker a déjà trompé sa femme. La jeune pionnière Margot Feist, alors âgée de vingt-deux ans, lui tourne la tête. Lors d'un énième voyage à Moscou pour le 70e anniversaire de Staline, ils deviennent amants. Honecker essaie de cacher l'affaire, mais son épouse la découvre. Deux ans plus tard, le scandale éclate. Margot Feist donne naissance à une fille, Sonja, dont Erich est le père. Édith Baumann demande alors le divorce et les amants se marient en 1953. Le couple est pour le moins tumultueux. Margot, qui connaît les frasques de son mari, lui rend la monnaie de sa pièce et a de nombreux amants.

Les perquisitions aux domiciles des membres du Bureau politique conduites en 1990 vont enfin révéler que nombre d'entre eux, dont leur chef, aimaient la pornographie douce. Ce dernier aime aussi regarder des

James Bond, des films d'action et des policiers. Pendant les vacances et les week-ends, il se fait souvent projeter deux films par jour. Les films pornos sont achetés à l'Ouest dans les sex-shops par des agents de la Stasi, au grand amusement des services de contre-espionnage allemands, qui notent soigneusement les titres.

Selon son garde du corps, Honecker se faisait masser à la maison les lundis, mercredis et vendredis. Sa masseuse préférée s'appelait « Erika » et ne venait que lorsque Margot était absente. Elle reçut en récompense, au milieu des années 1970, une hutte suédoise au lac de Libbesicker ainsi que de nombreux cadeaux comme une télévision, un tourne-disque et un magnétoscope. On pourrait multiplier les anecdotes à l'infini.

La carte d'identité d'Honecker porte le numéro « parlant » « A 000 000 1 ». Féru d'honneurs comme beaucoup de dirigeants communistes, il reçoit pendant ses années de pouvoir environ 150 médailles et décorations dont, à cinq reprises, l'ordre Karl Marx, la plus haute distinction de la RDA, avec une dotation de 20 000 marks. Les archives nous apprennent encore qu'il a été nommé « policier méritant du peuple » par le ministère de l'Intérieur et « employé méritant » par celui de la Sécurité d'État, distinctions dont il était particulièrement fier.

Honecker va profiter du pouvoir pour s'enrichir. Il a à sa disposition plusieurs « résidences de loisir » : la première, appelée « Object Drewitz » (district de Malchow), est un bâtiment utilisé principalement pour ses vacances familiales. La deuxième, l'« Object Gästehaus Groß-Dölln » à Schönebeck, est réservée pour de courtes vacances prises à l'occasion de Noël et du Nouvel An ou à Pâques. La troisième, « Objekt Wildfang » (pour la capture d'animaux), sert aux chasses qui se déroulent presque tous les week-ends, mais aussi un après-midi par semaine. Enfin, il dispose d'une propriété de 20 700 hectares dans le Schorfheide qui a appartenu à… Goering. Sa flotte privée compte 21 voitures particulières et il possède aussi un yacht baptisé *Ostseeland* (« Pays de la Baltique »).

La chasse est – à part les femmes – la seconde passion d'Erich. Il possède 42 revolvers et fusils parmi les plus chers. Selon le chef du protocole Franz Jasnowski, il ne mange ni poisson ni gibier, et préfère la cuisine allemande traditionnelle : saucisses, plats en sauce, pommes de terre.

Honecker fut un dictateur intraitable dont le souvenir s'estompe au point qu'il suscite parfois une certaine nostalgie. Il est le produit typique de l'idéal communiste des années 1920, à une période où le marxisme-léninisme incarnait un espoir pour le prolétariat, avant de le dévoyer au pouvoir tout en restant fidèle à ses convictions premières. Jusqu'à la fin de sa vie, il est persuadé de la division du monde en deux camps inconciliables. Pour lui, l'URSS demeure l'avenir du monde et Staline une figure paternelle. Incapable de s'adapter, il vit sa chute comme une trahison et voue aux gémonies Mikhaïl Gorbatchev, auquel il attribue, à juste titre, sa fin politique. La réunification allemande lui fait horreur, sa foi marxiste l'ayant toujours emporté sur un nationalisme entaché par la mémoire encore brûlante du nazisme.

Dans son meilleur discours devant le tribunal de Berlin en 1991, il affirme : « Je ne me souviens pas d'un moment de ma vie où j'aurais douté de notre cause – ni dans mon enfance, ni dans ma jeunesse, ni dans les années de travail politique au sein de l'Association de la jeunesse communiste allemande [KJVD] et après mon entrée au Parti communiste allemand, ni dans la résistance antifasciste de 1933 à 1935, ni dans la prison fasciste de 1937 à 1945, ni dans la Prinz-Albrecht-Straße de Berlin [siège de la Gestapo] en décembre 1935, ni devant la Cour de justice populaire en juin 1937, ni dans la caserne du Leibstandarte SS fasciste Adolf Hitler fin 1935, ni face au bourreau, qui fut mon compagnon constant pendant les un an et demi de détention préventive. »

Bibliographie sélective

Rüdiger BERGIEN, *Im « Generalstab der Partei ». Organisationskultur und Herrschaftspraxis in der SED-Zentrale (1946-1989)* (*Dans l'état-major du parti. Culture d'organisation et pratiques de pouvoir dans la centrale du SED, 1946-1989*), Berlin, Ch. Links Verlag, 2017.

Alexander BURDUMY, *Sozialpolitik und Repression in der DDR : Ost-Berlin 1971-1989 (Politique sociale et répression en RDA : Berlin-Est 1971-1989)*, Essen, Klartext Verlag, 2013.

Erich HONECKER, *Aus meinem Leben* (*Ma vie*), Berlin, Dietz, 14e éd., 1989.

—, *« Liebe Eva ». Erich Honeckers Gefängnisbriefe* (*« Chère Eva ». Les lettres de prison d'Erich Honecker*), Berlin, Das Neue Berlin Verlag, 2017.

—, *Letzte Aufzeichnungen* (*Dernières notices*), Berlin, Éditions Ost, 2012.

Martin SABROW, *Erich Honecker. Das Leben davor* (*Erich Honecker, la vie d'avant*), Munich, C. H. Beck Verlag, 2016.

Klaus SCHROEDER, *Der SED-Staat. Geschichte und Strukturen der DDR 1949-1990* (*L'État SED. Histoire et structures de la RDA 1949-1990*), Cologne, Böhlau Verlag, 2013.

Frank SCHUMANN (Hrsg.), *Letzte Aufzeichnungen. Für Margot* (*Derniers enregistrements. Pour Margot*), Berlin, Éditions Ost, 2012.

Helmut SUTER, *Honeckers letzter Hirsch. Jagd und Macht in der DDR* (*Le Dernier Chevreuil. Chasse et pouvoirs en RDA*), Berlin, édition Be. bra Verlag, 2018.

Stefan WOLLE, *Der große Plan. Alltag und Herrschaft in der DDR 1949-1961* (*Le Grand Plan. Vie quotidienne et pouvoirs en RDA 1949-1961*), Berlin, Ch. Links Verlag, 2013.

—, *Die heile Welt der Diktatur. Alltag und Herrschaft in der DDR 1949-1989* (*Le Monde intact de la dictature. Vie quotidienne et pouvoirs dans la RDA 1949-1989*), 3 vol., Berlin, Ch. Links Verlag, 2013.

18

Augusto Pinochet, tyran libéral

par Michel FAURE

Qui est cet illustre inconnu, ce général hier encore légitimiste et qui vient de participer à un coup d'État militaire contre le président élu du Chili, Salvador Allende ? Pour de nombreux Chiliens, Augusto Pinochet surgit dans une actualité dramatique comme un diable d'une boîte, après une prudente et obscure carrière, sans histoires ni aspérités. Ce soldat discret rejoint à reculons, le 9 septembre 1973, les conjurés de la marine, de l'aviation et des carabiniers qui fomentent depuis des mois un putsch supposé faire obstacle à l'instauration d'un régime communiste au Chili par le président socialiste et ses alliés de l'Unité populaire. La victoire du coup d'État, réalisé trois jours plus tard, le 11 septembre, conduit Allende à se suicider quand la troupe prend le contrôle de La Moneda, le palais présidentiel. Une junte constituée des commandants des quatre armes des forces chiliennes, que Pinochet va vite dominer, prend le pouvoir. Bientôt, on ne parlera plus du « régime militaire », mais du « régime Pinochet ».

Augusto Pinochet Ugarte est né le 25 novembre 1915 à Valparaiso au sein d'une famille de la classe moyenne. Admis à l'École militaire de la capitale, Santiago, en 1933, il en sort sous-lieutenant en janvier 1937. Il épouse en 1943 Lucia Hiriart, ancienne reine de beauté de son collège et fille d'un sénateur radical influent. Elle va s'avérer une épouse souvent dépressive et acariâtre, mais elle va aiguillonner l'ambition de son mari et lui donner cinq enfants. Pinochet gravit petit à petit tous les grades de la hiérarchie jusqu'au poste suprême de commandant en chef de l'armée. C'est le président Salvador Allende qui le nomme à cette position éminente, le 23 août 1973, quinze jours avant le coup d'État !

La dictature va durer près de dix-sept ans. Elle présente tant de contradictions qu'il est difficile d'y trouver un semblant de cohérence. D'une violence extraordinaire face à ses opposants, elle enveloppe son action détestable dans un discours lénifiant, mais probablement sincère, sur le bien du Chili, son retour à l'unité et à l'harmonie, son avenir de paix et de prospérité. Des militaires qui se prétendent démocrates effacent d'un trait toutes les institutions d'un État de droit. Ces amoureux de l'ordre et de l'autorité que sont les soldats s'appuient sur des économistes libéraux qui dérégulent à tout-va.

Pinochet assume toutes ces incohérences. Il concilie la contrainte politique et le laissez-faire économique, les brutes sanguinaires et les dames patronnesses de l'action caritative, il incarne l'autorité mais limite sciemment la dimension et la puissance de l'État, il tue la démocratie mais organise un vote pour adopter une constitution, puis un référendum pour clore sa dictature. Il est sans doute le personnage le plus détesté du XXe siècle finissant, mais de nombreux Chiliens le considèrent comme le sauveur de la patrie, l'homme qui a non seulement épargné au pays le sort d'un « nouveau Cuba », mais a aussi donné à cette nation traditionaliste et conservatrice un nouvel élan, d'une modernité inattendue, qui l'a rendue plus stable et prospère.

Après le retour de la démocratie en 1990, Pinochet garde une capacité de nuisance considérable en restant commandant en chef de l'armée jusqu'en 1998. Il devient ensuite sénateur à vie. Quelques semaines plus tard, il part pour Londres où il est arrêté sur un mandat du juge espagnol Baltasar Garzón. Retenu dans une villa d'une banlieue de Londres pendant près de quinze mois, il est libéré par le gouvernement britannique pour raisons de santé, sans avoir répondu de ses crimes devant un tribunal. Après son retour au Chili, que ses supporters transforment en triomphe, Pinochet est vite déshonoré par la découverte de ses turpitudes financières.

De plus en plus isolé, poursuivi sans succès par plusieurs juges chiliens et étrangers, il meurt à quatre-vingt-onze ans dans un lit de l'hôpital militaire de Santiago, le 10 décembre 2006, entouré des siens.

Comment ne pas être dérouté par Augusto Pinochet, jadis prudent et souvent obséquieux avec ses supérieurs, qui s'avère soudain habile à concentrer tous les instruments du pouvoir à son profit ? Comment comprendre que le légitimiste qu'il était, dans la grande tradition « prussienne » de l'armée chilienne, puisse devenir du jour au lendemain un putschiste efficace et brutal ? Pourquoi un général qui vénère l'ordre, l'autorité, la verticalité du commandement, ouvre-t-il sa porte à une bande de jeunes économistes adeptes des libertés et des sociétés ouvertes ? Enfin, tous ces oxymores – le légitimiste putschiste, le dictateur démocrate, le tyran libéral – relèvent-ils d'une hypocrisie sans nom, d'une confusion mentale, ou d'une inattendue sincérité ?

De ce désordre conceptuel, trois réalités émergent : la politique de la violence, la nostalgie démocratique, la séduction libérale. Il s'agit d'une trilogie atypique, ce qui rend son analyse particulièrement stimulante.

La violence

Nous sommes au cœur de la guerre froide quand a lieu l'élection présidentielle de 1970 que va remporter Allende. À Washington, le président Richard Nixon promet de « botter le train » du nouvel élu et charge la CIA de l'empêcher de gouverner et de « faire crier » l'économie chilienne. Pour sa part, le KGB, le service de renseignements soviétique, suit Allende avec attention et sympathie depuis les années 1950 et le traite comme « un contact privilégié » qu'il convient de soutenir dans ses ambitions présidentielles. Pinochet, quant à lui, considéré comme un haut gradé sans intérêt particulier, est longtemps ignoré par la CIA. Pourtant, quand Patricio Aylwin, premier président démocratiquement élu après la fin du régime militaire, demande un jour au dictateur s'il regrette les violations des droits humains commises quand il était au pouvoir, il lui rétorque : « Nous étions en guerre, Monsieur le Président. » Mais quelle guerre ? Celle contre la gauche chilienne est devenue sans objet, faute de combattants, quelques semaines après le coup d'État. La majorité des victimes du régime militaire sont tuées ou emprisonnées au cours des derniers mois de 1973.

Le coup d'État répond, aux yeux de la droite chilienne et de la plupart des militaires, à la nécessité d'arrêter la mise en place d'un régime communiste au Chili, annoncée comme la « voie chilienne vers le socialisme » par le président Allende, et considérée comme un danger imminent depuis la victoire de Fidel Castro à Cuba, en janvier 1959. Donc oui, pour Pinochet le Chili est bien en guerre, et les communistes sont ses ennemis. Le commandant en chef de l'aviation, le général Gustavo Leigh, membre de la junte, déclare dans un discours qu'il faut « extirper le cancer marxiste » qui contamine le corps social du pays, et ce, « jusqu'à ses ultimes conséquences », ce que l'on est en droit d'interpréter comme un appel à tuer tous les marxistes chiliens pour le retour d'un Chili « décontaminé ». Le 11 septembre n'est que la première bataille d'une dictature qui va s'installer dans la durée, le temps d'instaurer une autre démocratie, qualifiée par Pinochet d'« autoritaire et protégée », et de s'assurer aussi d'une immunité future pour les crimes passés.

La violence fondatrice du régime n'est donc pas un accident. Elle relève à la fois d'une volonté stratégique et d'une pensée messianique. Elle a recours à une police secrète, la DINA (*Dirección de Inteligencia Nacional*), et à une coopération internationale avec l'opération Condor, une association de « dictateurs sans frontières » du Cône Sud qui organisent ensemble la répression de leurs opposants. Cette violence, d'une brutalité barbare, fait un usage systématique de la torture. Son bilan, au Chili, s'établit à 2 298 morts ou disparus, selon le rapport Rettig de 1991, et à 2 328 morts ou disparus, selon le deuxième rapport de la commission Varech de 2011. À cette triste liste il faut ajouter quelque 200 000 personnes contraintes à l'exil.

Carlos Huneeus, un grand intellectuel chilien dont le livre *El Regimen de Pinochet* fait autorité, juge le mot « dictature » trop imprécis pour décrire un régime pour lequel il n'éprouve aucune sympathie. « Il n'a jamais cessé, écrit-il, d'être un État policier tout au long de ses dix-sept années d'existence, exerçant un strict contrôle de la population et une persécution systématique des organisations d'opposition. » Il préfère le décrire comme un « régime autoritaire », lequel n'est pas démocratique mais pas totalitaire non plus, puisqu'il ne cherche pas à contrôler totalement la société civile comme l'ont fait les régimes communistes, notamment le régional de l'étape sud-américaine, Fidel Castro, à Cuba. Selon la définition de Hannah Arendt, le but d'un système totalitaire est la « domination permanente de chaque individu dans chaque sphère de sa vie ». Pour avoir imposé un fonctionnement autoritaire du pouvoir

Augusto Pinochet (1915-2006) et les siens, septembre 1973.

politique, tout en laissant la société chilienne libre d'agir économiquement, religieusement et socialement du moment que ces activités ne menaçaient pas son pouvoir, son régime ne relèverait pas de cette définition.

On pourrait souscrire à cette analyse si les débuts de la dictature n'avaient pas été aussi violents, si la junte n'avait pas instauré pendant si longtemps un état de guerre injustifié. Comment admettre la relative « normalité » de l'autoritarisme alors que le régime de Pinochet, en torturant systématiquement des prisonniers, en les tuant en masse et en faisant disparaître leurs corps ou ce qu'il en restait, relève d'une autre dimension, cruelle et sauvage ?

C'est par sa violence même, la barbarie des tortures, le mépris pour les droits et les vies humains, par l'effacement de toutes les institutions démocratiques, le maintien d'un état de siège jusqu'en 1978, réactivé en 1983, par l'extension de sa répression hors des frontières nationales, que le régime mérite d'être qualifié de dictature. Son chef est un despote qui, comme le définit Montesquieu, « gouverne sans loi, si ce n'est celle de son bon plaisir ».

L'imitation de la démocratie

Un bon plaisir, cependant, lui aussi ambivalent. Il est évident que Pinochet a pris goût au pouvoir suprême, qu'il n'a aucune intention de le partager, qu'il va tenter de le garder le plus longtemps possible. Mais le goût du pouvoir absolu, la révérence de son entourage à son égard, toutes ces ordonnances et ces majordomes à son service, ses uniformes extravagants, les enveloppes de cash lors de ses voyages officiels, les gardes du corps fidèles, dévoués et muets comme une tombe, toutes ces femmes adoratrices qui lui tendent les mains à chacune de ses visites en province et lui glissent parfois un numéro de téléphone sur un papier, n'empêchent pas Pinochet de réfléchir aux meilleurs moyens d'être légitimé par le droit, ou du moins son apparence. Ainsi, sa dictature garde comme référence subliminale les principes d'une démocratie dont elle a suspendu les institutions.

Dès septembre 1973, Augusto Pinochet ordonne que soit élaborée une nouvelle constitution. Une commission est créée, la Commission Ortúzar, du nom de son président, l'avocat Enrique Ortúzar, dans laquelle on retrouve notamment l'ancien président conservateur Jorge Alessandri, battu de justesse par Allende en septembre 1970, et Jaime Guzmán, un catholique intégriste et constitutionnaliste fervent qui va pousser Pinochet à s'imposer à la tête de la junte. Ses membres sont chargés d'élaborer le projet de constitution remplaçant celle de 1925, en vigueur jusqu'au 11 septembre 1973. Plus tard, en janvier 1976, Pinochet va inventer un « Conseil d'État » censé finaliser l'avant-projet de la Commission. Il est composé d'anciens politiciens et de hauts fonctionnaires à la retraite qui se réunissent deux fois par mois et émettent quelques avis que personne ne semble prendre en considération.

Le 11 mars 1974, la junte publie une *Déclaration de principes du gouvernement du Chili*, première ébauche d'une loi suprême. Elle évoque une « reconstruction nationale », reconnaît la « conception chrétienne de l'homme et de la société », notamment la « dignité de la personne humaine et ses droits naturels que l'État ne peut nier ». Lequel État « est au service de la personne, et non l'inverse ». Il constitue aussi la « forme la plus élevée juridiquement de la société humaine » et a pour finalité le « bien commun général ».

Le 9 septembre 1977, Pinochet précise ses ambitions – et son ambivalence – dans un discours resté célèbre au Chili, le discours de Chacarillas prononcé devant le Front juvénile de l'Unité nationale créé par Guzmán sur le modèle des jeunes franquistes espagnols. Il y propose une « démocratie autoritaire et protégée ». Autoritaire « pour s'appuyer sur un ordre juridique qui garantit les droits personnels avec la protection d'une justice indépendante dotée de la force d'exécution de ses résolutions », protégée « pour remplacer l'État libéral classique, ingénu et désarmé, en faveur d'un nouveau qui s'engage pour la liberté et la dignité de la personne humaine et en celle des valeurs essentielles de notre nationalité. […] La liberté et la démocratie ne peuvent survivre si elles ne se défendent pas contre ceux qui prétendent vouloir les détruire ».

Dans ce discours diffusé à la radio et à la télévision, Pinochet annonce également « trois étapes » dans le retour du pays à la « normalité constitutionnelle ». La première sera celle de la « récupération », entre 1977 et 1981, au cours de laquelle seront créés des « actes constitutionnels ». Puis viendra l'étape de la « transition », entre 1981 et 1985, quand sera notamment établie « une chambre législative qui sera désignée par le gouvernement ou recevra son blanc-seing ». Enfin, à partir de 1985, la « normalité constitutionnelle » verra le pouvoir rendu à la société civile.

Un politologue américain, Robert Barros, qualifie cette attitude inédite chez un dictateur d'« autolimitation autocratique ». On sait que Pinochet, quoi qu'il ait raconté, fut un putschiste de la dernière heure, rejoignant les conjurés le 9 septembre avec en tête le seul souci de sa survie. Il apparaît dès lors comme un dictateur accidentel, même s'il se prend rapidement au jeu. Sa volonté précoce de jeter les bases d'une démocratie à venir suggère une sorte de réticence à l'encontre de l'autocratie. Peut-être est-ce la désolation d'être traité comme un paria par le reste du monde et l'orgueil qui poussent le dictateur à inscrire son régime comme la matrice d'une nouvelle démocratie dotée d'une économie gérée par la « main invisible » du marché ? Quels que soient ses motifs, c'est bien la direction qu'il prend.

Une constitution « écrite avec la pointe d'une baïonnette »

Le Conseil d'État, jusqu'alors assez inutile, va enfin trouver du grain à moudre à partir d'octobre 1978 en travaillant sur le projet de la Commission Ortúzar. Sous l'impulsion de l'ancien président Alessandri, le texte est amendé afin de tenter d'accélérer le retour à la démocratie. Le Conseil propose cinq ans. Pinochet refuse et impose seize années, avec un référendum de confirmation à la mi-temps, en 1988. Il soumet ainsi la fin lointaine et éventuelle de sa dictature à l'expression d'un vote populaire, démontrant une nouvelle fois son ambivalence entre la force et la légitimité démocratique.

Cette Constitution de 1980, « écrite avec la pointe d'une baïonnette », selon le sénateur socialiste Sergio Bitar, institue tout de même quelques principes d'un État de droit et de la démocratie, fût-elle « autoritaire et protégée ». Elle déclare notamment, dans son article 4, que « le Chili est une république démocratique », reprend l'esprit de la Déclaration de principes sur la primauté de la personne sur l'État, dont la finalité est le bien commun. Lequel ne supporterait pas toute action ou toute organisation ayant une « conception hostile à la famille » ou fondée sur la « lutte des classes ».

Le texte installe un système fortement présidentialiste en donnant au chef de l'État la possibilité de dissoudre la Chambre des députés, mais enfin cette Chambre existe et exerce dès lors les fonctions législatives confisquées par la junte. Un Sénat est aussi institué, composé en partie de sénateurs désignés, ce qui permettra à Pinochet de s'y installer à vie, immunité pénale comprise, après sa dictature. La constitution instaure également un Conseil constitutionnel qui peut censurer les actes de l'exécutif et les lois de la Chambre. Les forces armées sont les garantes des institutions et leurs commandants en chef déclarés inamovibles (là également, Pinochet pense à son avenir). En même temps, ce texte va permettre la consolidation d'un certain nombre d'institutions comme la Cour suprême, le contrôleur général de la Nation qui fait office de Cour des comptes, et le Tribunal électoral qui certifie la légalité des processus électoraux.

Un plébiscite, le 11 septembre 1980, approuve cette loi suprême par 67 % des voix (contre 30,2 % pour le « non »), et par ce même vote désigne Pinochet comme président du Chili pour huit ans. Les conditions du scrutin et le compte des voix sont douteux, mais malgré tout un premier cap n'en a pas moins été franchi.

« Je suis démocrate, mais à ma manière », déclare Pinochet aux journalistes chiliennes Raquel Correa et Elizabeth Subercaseaux. S'il prétend « protéger » la démocratie, il veut avant tout s'en protéger, lui-même et ses soldats, en rendant inopérante l'une de ses institutions fondamentales : la justice. Le 18 avril 1978 est publié un décret-loi connu comme la loi d'amnistie. Elle concerne « toutes les personnes qui, en qualité d'auteurs, complices ou responsables hiérarchiques ont participé à des actes délictueux durant la situation d'état de siège entre le 11 septembre 1973 et le 10 mars 1978 ». Elle amnistie également les « personnes condamnées par des tribunaux militaires après le 11 septembre 1973 », permettant ainsi d'exonérer les membres des forces armées de toute responsabilité pénale, civile ou militaire pour violation des droits humains.

Le tyran libéral

La troisième caractéristique de la dictature réside dans l'association inattendue d'un régime militaire prônant l'ordre, la discipline et la verticalité du commandement avec un groupe de jeunes économistes libéraux champions de l'horizontalité et partisans de la démocratie.

On les appelle les *Chicago Boys* et, tandis que les militaires se désolent devant les chiffres de la débâcle économique qu'Allende leur a laissée en héritage, ils arrivent à la rescousse, un plan économique sous le bras, intitulé *El Ladrillo* (« la Brique »). Ces jeunes réformistes chiliens sont d'anciens étudiants de l'université catholique de Santiago dont l'école d'économie a pour doyen Sergio de Castro, leur mentor, futur conseiller puis ministre de Pinochet. En 1955, cette institution s'est associée au département économique de l'université de Chicago, berceau d'un enseignement libéral qui prône la modération de la création monétaire et le libre marché ouvert à la concurrence. Dès la fin des années 1950 existe au Chili un courant actif en faveur des principes du libéralisme économique. Son influence trouve avec le quotidien conservateur *El Mercurio*[1] un porte-voix efficace qui diffuse dans l'opinion, à grands coups d'articles et d'éditoriaux, les arguments des *Chicago Boys*.

El Ladrillo, que Sergio de Castro va présenter à Pinochet, pose un diagnostic critique de l'économie chilienne, qui connaît des problèmes « depuis trente ou quarante ans » : faible croissance, étatisme exagéré, pénurie d'emplois productifs, inflation, retard agricole, extrême pauvreté. Selon les auteurs, toutes ces années

1. Le rapport du comité du Sénat américain sur les opérations secrètes de la CIA au Chili révèle que cette agence a notamment versé au *Mercurio* 700 000 dollars en septembre 1971 et 965 000 en avril 1972, afin d'affaiblir le gouvernement de Salvador Allende.

de faible croissance ont « ouvert la voie à la démagogie marxiste ».

Pour que commence une nouvelle ère libérale, les *Chicago Boys* proposent aux militaires une série de mesures qu'ils considèrent indissociables : la décentralisation, l'ouverture au commerce extérieur, celle aussi du marché des capitaux, la liberté des prix, la modération monétaire et fiscale, une meilleure gestion des politiques de prévision, de sécurité sociale et de redistribution, l'amélioration du fonctionnement du marché et du capital humain, une plus grande amplitude et une meilleure efficacité concernant les services de consommation collective. « Ce que nous proposons, écrivent les auteurs, a pour objectif d'atteindre les mesures suivantes : obtenir un taux de croissance élevé et stable à travers le temps dans le cadre d'un régime véritablement démocratique qui assure aux citoyens, majoritaires et minoritaires, la jouissance de leurs droits. » Autrement dit, le libéralisme économique implique la libéralisation politique.

« Une contre-révolution »

Trois jours après le coup d'État, Pinochet invite de Castro à entrer dans le nouveau gouvernement pour être à la fois le conseiller officiel du ministre de l'Économie, Fernando Léniz, et, officieusement, le sien. Intellectuel brillant, Léniz reste partisan d'une méthode gradualiste pour sortir de la crise. De Castro, lui, plaide pour le « Big Bang ». En 1975, Pinochet tranche en faveur de ce dernier et lui confie le portefeuille de l'Économie.

On peut et on doit s'interroger sur cette étrange alliance de la carpe et du lapin. Comment expliquer que des économistes prétendant aspirer à la démocratie viennent offrir un programme libéral à des putschistes qui ne croient qu'en l'autorité des chefs et la soumission des autres ? Pourquoi ces militaires acceptent-ils de travailler avec des civils qui ont élaboré un programme à l'encontre de tous leurs réflexes et traditions ? On a lu et relu que les militaires, ignares en économie, étaient ravis de trouver un programme livré clé en main par des hommes qui partagent avec eux la même détestation du marxisme. D'autres ont suggéré que Pinochet, lui aussi inapte en la matière, aurait vu dans les *Chicago Boys* l'opportunité d'affirmer sa prééminence au sein de la junte en redressant l'économie nationale. Mais tout cela est faux. La génération de Pinochet a été marquée par les propositions libérales d'économistes américains membres d'une société de conseil, Klein Saks, venus au Chili en 1957 pour tenter d'aider le président de l'époque, Carlos Ibañez del Campo, à redresser l'économie qu'il avait, avec de bonnes intentions, mise au tapis. Cette même génération a lu *El Mercurio* et les articles des *Chicago Boys*. Enfin, les premiers à lire, avec plaisir et avant même le coup d'État, l'ébauche du *Ladrillo* sont quelques officiers de la marine, notamment l'amiral José Merino, ami de jeunesse de Pinochet et futur membre de la junte. Merino est alors le fondateur, à Valparaiso, d'un club très fermé, la Confrérie nautique du Pacifique austral, qui réunit dès la fin des années 1960 des officiers et des cadres du groupe Edwards, propriétaire, entre autres, du *Mercurio*. Grâce à cette confrérie, il existe depuis longtemps des marins et des soldats libéraux. Pinochet est l'un des leurs et Merino, leur prophète. Ce dernier, dans une déclaration le matin même du 11 septembre, répugne à parler d'un coup d'État « pour ne pas correspondre à notre façon d'être, à notre conscience légaliste et nos profondes convictions civiques ». Il marque aussi, avec discrétion, sa révérence à l'égard de la Déclaration d'indépendance américaine en suggérant l'idée légitime de la « poursuite du bonheur » : « Nous n'avons d'autres buts que le bonheur de tous les Chiliens, quelle que soit leur situation, qu'ils vivent en paix, dans la tranquillité et sans peur du lendemain, eux et leurs enfants. » Pinochet, moins lyrique que son comparse, le rejoint néanmoins dans ses intentions. Il voit dans le *Ladrillo* l'exact opposé du fiasco socialiste conduit par Allende. Pour lui, il s'agit du renversement d'une économie étatiste et centralisée. « Une contre-révolution », écrit Naomi Klein avec raison, même si pour elle ce n'est pas un hommage mais une accusation.

Ces libéraux prétendent être des « techniciens » de l'économie, non des politiques. Ils ne s'attardent pas sur la violence du régime et le sort dramatique de ses opposants, ce qui paraît incompréhensible de la part de gens censés défendre les libertés individuelles. La seule explication, qui n'excuse rien, est leur volonté de ne pas laisser échapper l'occasion de mettre enfin leurs idées en pratique. Ils ont compris qu'aucun politicien n'allait un jour prendre le risque d'appliquer leur programme. Quel élu aurait le courage de promettre à

Pinochet
en grand uniforme,
septembre 1985.

ses électeurs la douche froide d'une récession brutale suivie en théorie, mais sans certitude, d'un rebond salvateur ? Avec un dictateur, tout devient possible. Il est évident, une fois Pinochet au pouvoir, que le peuple n'a plus droit à la parole. Personne, ainsi, ne pourra entraver cette première expérience, *in vivo*, d'un libéralisme cohérent appliqué à une nation relativement développée. Les *Chicago Boys* ont leur propre agenda, qui n'est pas celui du général Pinochet. Ils travaillent pour l'avènement prochain d'une démocratie libérale grâce à une dictature leur permettant de mettre leur projet en place sans interférences. Il s'agit d'un pari audacieux, moralement problématique. Pour Pinochet, cette expérimentation libérale entre en symbiose avec son anticommunisme et son idée de « sauver le Chili » à travers son projet d'une « démocratie protégée et autoritaire ». Il voit aussi la prééminence du marché dans la fixation des prix et des salaires et l'allocation des ressources comme l'instrument idéal pour marginaliser les corps intermédiaires, syndicats et bureaucratie. Ainsi, tel le gentil Dr Jekyll qui se transforme le soir en méchant Mr Hyde, chacun des deux alliés, Pinochet et les *Chicago Boys*, montre un double visage. Le tyran utilise le libéralisme pour s'installer dans l'Histoire comme un modernisateur audacieux, tandis que des libéraux se cachent derrière lui pour poser, par la contrainte, les bases d'un avenir de libertés.

Cette étrange alliance, ce pacte faustien, produit des résultats évidents. Les réformes économiques libérales, malgré deux crises mondiales – celle du pétrole en 1975, celle de la dette en 1980 –, ont transformé de façon radicale l'économie chilienne, qui a connu une croissance rapide et durable ; la liberté, par ailleurs, s'est avérée contagieuse. Dans cette nation sous contrainte qu'était le Chili, elle a débordé le pré carré de l'économie pour se déverser au sein de la société civile. Elle a suscité le désir ardent, notamment chez les jeunes, de jouir de leurs droits. Pinochet – peut-être sciemment – a invité au banquet du pouvoir des économistes qui ont, par leur dynamisme libéral, sapé les bases de son propre régime.

¡Yo voy a decir no!

La démocratie amorce son retour en 1983 d'une manière très chilienne : avec prudence, sérieux et circonspection, sous la surveillance inquiète de la dictature en sursis alors que s'ouvre l'étape de la « transition ». Elle va permettre la réorganisation des partis affaiblis qui se rassemblent en coalitions pour reprendre des forces. La plus importante d'entre elles est l'Alliance démocratique, créée en août 1983, qui unit le parti socialiste, à gauche, la démocratie chrétienne, au centre, et le nouveau Parti républicain, à droite mais hostile à la dictature.

Patricio Aylwin, président du Parti démocrate-chrétien dont il fut l'un des fondateurs, est à la manœuvre. En juillet 1984, il propose de reconnaître comme un fait accompli la Constitution de 1980 afin d'en négocier les termes avec le gouvernement dans le cadre du processus de transition.

Le 5 octobre 1988, un référendum va permettre aux Chiliens de voter pour décider s'ils souhaitent ou non prolonger la présidence de Pinochet pour huit autres années. Une éventuelle victoire du « oui » lui permettrait de rester président jusqu'en 1996. Si le « non » l'emportait, il resterait en fonction encore un an, avant l'organisation des élections législatives et présidentielle.

Cette fois, tout est en place pour un scrutin sans fraude : les registres électoraux ont été rétablis, un tribunal électoral institué, et la propagande électorale autorisée. Elle va occuper les écrans de télévision du 5 septembre au 1er octobre 1988, avec le même temps de parole, quinze minutes, pour le « oui » et pour le « non ».

Les vidéos du pouvoir rappellent les tristes temps d'Allende, les longues queues devant des magasins vides, la peur d'un retour au passé illustrée d'images sinistres, en noir et blanc. La campagne du « non », conçue par de jeunes publicitaires, s'avère joyeuse, colorée, souvent drôle et entraînante avec un slogan optimiste : *La alegria ya viene* (« La joie arrive maintenant ») et une chanson dont chaque strophe se termine par *Yo voy a decir no* (« Moi, je vais dire non »). Cette allégresse se confirme dans la nuit du 5 au 6 octobre quand sont connus les résultats : le « non » l'emporte avec 55,99 % des voix alors que le « oui » en rassemble 44,01 %.

Dans un premier temps, Pinochet fait savoir à la junte qu'il n'est pas question de reconnaître sa défaite. « Moi, je ne vais pas m'en aller », déclare-t-il à ses trois collègues. Il leur annonce qu'il est prêt à sortir ses troupes dans les rues du pays pour « balayer tous les communistes qui préparent de grands désordres », et leur demande de signer un texte lui donnant les pleins pouvoirs « avec l'appui des forces armées ». Cette attitude suscite la colère de Matthei, le commandant en chef de l'aviation qui a remplacé Leigh et qui raconte cette histoire dans un livre, *Mi Testimonio*, paru en 2003. Il prend le document des mains de Pinochet « pour le déchirer en petits morceaux ». « Nous sommes battus, mais dans l'honneur », dit-il à Pinochet, ce que confirme l'amiral Merino pour qui « ne pas respecter la Constitution susciterait l'opprobre général ». Le troisième, Roberto Stange, général directeur des carabiniers depuis 1985, finit par approuver, avec quelques réticences, la position de ses deux collègues en faveur du respect du vote populaire, mais le moment est si tendu que le chef d'état-major, présent durant cette incartade, est victime d'un infarctus. Pinochet renonce finalement à son projet d'un nouveau coup d'État. À 2 h 30 du matin, le ministre de l'Intérieur Sergio Fernández confirme officiellement la défaite du « oui » en publiant les résultats. L'armée n'a pas bougé durant la nuit. Le matin du 6 octobre, des milliers de Chiliens expriment leur « joie » dans les rues des villes du pays.

Une année plus tard, au cours d'une cérémonie dans le monument « brutaliste » du nouveau Congrès, à Valparaiso, Aylwin succède à Pinochet, qui va garder encore dix ans une capacité de nuisance considérable en restant commandant en chef de l'armée. En 1998, il devient sénateur à vie. Une détention à Londres et la révélation de comptes bancaires secrets marquent la fin de son existence.

Le Seigneur de là-haut

La justice chilienne s'intéresse à lui et son immunité de sénateur est levée par la Cour suprême en août 2000. En 2001, Pinochet est inculpé pour la première fois par le juge Juan Guzman pour sa responsabilité dans la mort de victimes de la répression militaire, puis de nouveau en 2004 pour l'opération Condor. En raison de son âge et de sa santé fragile, Guzman met Pinochet aux arrêts domiciliaires dans sa maison de Los Boldos, au bord du Pacifique. C'est là qu'il passe les deux dernières années de sa vie, déprimé, sans pouvoir ni protection face à la justice des hommes. Il ne pense plus qu'à celle de Dieu. À l'un de ses derniers amis venus le saluer avec en cadeau des livres d'histoire, Pinochet dit qu'il n'a plus de temps à consacrer à la lecture. Pointant le doigt vers le ciel, il déclare : « Maintenant, je pense au Seigneur de là-haut (*El caballero de arriba*). »

Le 10 décembre 2006, il meurt, déshonoré, mais dans son lit, entouré des siens. Sa dernière parole s'adresse à sa femme qui lui tient les mains. « Lucy », lui souffle-t-il avant de s'éteindre. Il avait quatre-vingt-onze ans. Malgré ses louables efforts, la justice n'a jamais pu l'attraper.

Bibliographie sélective

Livres

Hernán BÜCHI BUC, *La transformación económica de Chile, Del estatismo a la libertad económica*, Santafé de Bogotá, Colombia, Editorial Norma, 1993.

Raquel CORREA, Elizabeth SUBERCASEAUX, *Ego Sum Pinochet*, Santiago, Zig-Zag, 1989.

Claudia FARFÁN et Fernando VEGA, *La Familia, historia privada de los Pinochet*, Santiago, Random House Mondadori, 2009.

Mónica GONZÁLEZ, *La Conjura, los mil y un días del golpe*, Santiago, Editorial Catalonia-Escuela de Periodismo UDP, 2012.

Carlos HUNEEUS, *El Regimen de Pinochet*, Santiago, Editorial Sudamericana, 2000.

Peter KORNBLUH, *The Pinochet File : A Declassified Dossier on Atrocity and Accountability*, Washington, National Security Archive Book, 2003.

Alejandra MATUS, *Doña Lucia, la biografia no autorizada*, Santiago, Ediciones B Chile, 2013.

José PIÑERA, *Pour un système de retraite qui marche ! La réforme chilienne*, Paris, L. C. éditions, 2013.

Gonzalo VIAL CORREA, *Pinochet, la Biografia*, Santiago, El Mercurio/Aguilar, 2002.

El Ladrillo, *Bases de la politica economica del gobierno militar chileno*, Santiago, Centro de Estudios Publicos, 1992. Sur le web : http://www.memoriachilena.cl/archivos2/pdfs/mc0032306.pdf

Rapports

Le rapport de la Commission Vérité et Réconciliation (dite Commission Rettig) peut être lu sous ce lien : http://www.elcorreo.eu.org/Chili-Commission-Nationale-de-la-verite-et-de-la-reconciliation-Rapport-Rettig

Les différents rapports de la Commission Valech peuvent être lus sur le site de l'Instituto Nacional de Derechos Humanos du Chili (INDH) : https://www.indh.cl/

Le rapport du comité du Sénat américain sur les opérations secrètes de la CIA au Chili, présidé par le sénateur Frank Church : https://www.maryferrell.org/php/showlist.php?docset=1014

Articles

John Lee ANDERSON, « The Dictator », *The New Yorker*, 19 octobre 1998.

Michel FAURE, « Quand Pinochet tuait hors du Chili », *L'Express*, 30 septembre 1999.

Rolf LÜDERS, « La Misión Klein-Saks, los Chicago Boys y la Política Económica », Santiago, *Pontificia Universidad Catolica de Chile*, 2012.

Javier ORTEGA, « La vida íntima y cotidiana de Pinochet en La Dehesa y Bucalemu », *La Tercera*, 2 décembre 2001.

Jorge ROJAS y Carla CELIS, « La historia de los pelados del '73 : Los soldados que asaltaron Santiago », *The Clinic*, 11 septembre 2013.

19

Pol Pot : le Cambodge rouge sang

par Jean-Louis Margolin

Le régime des Khmers rouges fut responsable de la mort d'un cinquième à un quart des Cambodgiens (1,5 à 2 millions de personnes). Cette tuerie d'une ampleur sidérante, dans un siècle qui n'en fut pourtant pas avare, ne fut l'œuvre ni d'envahisseurs, ni d'un plan d'extermination à base ethnique – ce qui est tout à fait unique. Les Khmers rouges, groupe communiste presque insignifiant jusqu'à la fin des années 1960, furent hissés au pouvoir en avril 1975 par un concours improbable de circonstances : cynisme impuissant de leurs adversaires politiques ; aggravation à partir de 1964 de la guerre au Vietnam tout proche, et incapacité croissante du monarque, le prince Sihanouk, à maintenir sa politique de neutralité ; ralliement contre nature de ce dernier aux Khmers rouges, après qu'un coup d'État de son propre Premier ministre, le général

Lon Nol, l'eut renversé en mars 1970 ; intervention massive du Nord-Vietnam aux côtés du parti-frère cambodgien, au cours d'une guerre civile atroce, encore envenimée par une intervention américaine essentiellement aérienne ; retrait en 1973 des États-Unis du conflit indochinois. L'intelligence tactique des Khmers rouges et de leur chef, Pol Pot, ainsi que leur inclination à ne reculer devant aucun moyen pour parvenir à leur fin firent le reste : Phnom Penh tomba le 17 avril 1975, et les habitants se réjouirent du retour à la paix… pour se voir expulser dans leur totalité immédiatement après. Les villes fermaient, le pays aussi, soudain devenu plus impénétrable que le sol de la Lune. Les rares réfugiés décrivirent un régime de faim et de sang, appuyé sur une oppression inouïe, de tous les instants. La dévoration par les Khmers rouges de leur propre peuple, et bientôt leur autodévoration au long de purges incessantes, aboutirent à un affaiblissement tel que le Vietnam, inutilement provoqué, put aisément écraser les forces armées khmères rouges au cours d'une offensive éclair déclenchée à la Noël de 1978 – ce fut aussi la première « guerre communiste à 100 % », et l'épisode le plus chaud du conflit entre la Chine et l'URSS. Le 7 janvier suivant, Phnom Penh tombait, ou fut libérée, c'est selon. Un peuple de survivants en haillons, affamé, errant sur les routes, fut révélé au monde effaré. Ce périple en absurdie laissait un pays exsangue, qui mit quinze ans supplémentaires à refermer les vannes de la violence, du fait de la persistance de guérillas sur la frontière avec la Thaïlande.

Il est toujours difficile de distinguer une dictature de son dictateur. Néanmoins, dans celles qui lui survécurent (celles de Mao Zedong ou de Kim Il-sung), ou quand il ne la créa pas lui-même (cas de Staline), la part propre de la personnalité peut être précisée après sa mort. De ce point de vue, le régime de Pol Pot se rapproche de celui de Hitler : le dictateur, autant démiurge que fossoyeur de son système, se confond à tel point avec celui-ci qu'on ne les imagine guère l'un sans l'autre. Les Cambodgiens n'évoquent-ils pas, la voix encore tremblante, le « temps du méprisable Pot (*a Pot*) » pour désigner ce qui fut officiellement le Kampuchéa[1] démocratique (KD), et les « Pol Pot » à propos des Khmers rouges ? À la différence de Hitler, cependant, Pol Pot survécut près de vingt ans à son régime, et vit progressivement se rétracter son emprise, sans pour autant renoncer à sa pratique sanglante du pouvoir.

Personnalité médiocre ou orfèvre en dissimulation ?

Il n'est nul besoin d'être un monstre pour accomplir des actes monstrueux, et Pol Pot ne déroge pas à la règle. Dans d'autres circonstances historiques, il eût sans doute laissé à quelques proches le souvenir d'un être paisible, doux et aimable, relativement peu doué, et plutôt effacé. Et l'Histoire n'aurait vraisemblablement

1. Prononciation autochtone du francisé « Cambodge », et nom officiel du pays de 1975 à 1993.

Pol Pot (1925-1998)
en janvier 1979.

© Jehangir Gazdar/Woodfin Camp/The LIFE
Images Collection/Getty Images

eu aucune raison de conserver son nom. C'est en tout cas ce qui ressort des témoignages sur le jeune Saloth Sâr (le vrai nom de Pol Pot)[1]. Il se distinguait par sa grande taille et sa prestance, à peine alourdie dans les années de pouvoir, qui paraissait exprimer une force tranquille ; et surtout par sa pâleur relative (qu'on relève aisément sur les photos de groupe, même tardives), qui dans le registre traditionnel lui accordait une aura aristocratique. Son prénom signifie « blanc » : on voit là la

1. Comme dans beaucoup de langues d'Asie orientale, le prénom en khmer vient après le nom. Saloth est bien le nom de famille de Sâr.

trace des lointaines origines chinoises de la famille – ce qui n'a rien d'exceptionnel au Cambodge –, cependant totalement assimilée au monde khmer[1]. Le journaliste américain Richard Dudman, invité à l'interviewer lors des tout derniers jours de son pouvoir, alors qu'il avait dépassé la cinquantaine, le décrit « assez mince, et non trapu comme le sont beaucoup de Cambodgiens ». Ses manières reflétaient un certain raffinement, sans doute lié à son long séjour au Palais, encore tout jeune, auprès de sa sœur aînée, danseuse et un temps concubine royale. Il parlait lentement, comme économe de ses mots dont chacun pesait – le contraire du volubile Sihanouk, qui fatiguait son auditoire à force de s'écouter parler. Son sourire ne le quittait jamais : cela constituait davantage un procédé pour endormir la méfiance de l'interlocuteur qu'une marque de considération. Son calme, son incapacité apparente à se mettre en colère relevaient de cette componction bouddhique que les Khmers valorisent, et qui accorde à celui qui s'y tient

1. Khmer désigne l'ethnie principale du Cambodge ainsi que sa langue. Les quelque 20 à 25 % (chiffre jamais établi) représentés par les populations minoritaires se subdivisent entre petits groupes autochtones de la périphérie montagneuse et forestière du pays, et immigrants de plus fraîche date (Chinois, Vietnamiens surtout) essentiellement urbains. Les Cham musulmans constituent un cas intermédiaire : en majeure partie ruraux, ils sont les rescapés du royaume du Champa, installé au Centre-Vietnam, et détruit par les Viêts au XVIIe siècle. Tous, à des degrés divers, se sont beaucoup mariés avec des Khmers, et ont adopté un grand nombre de leurs coutumes et croyances. En bonne logique, les « Khmers rouges » devraient donc être appelés « Cambodgiens rouges ». L'appellation provient du prince Sihanouk, à propos des communistes cambodgiens qu'il combattait alors.

une forme de supériorité morale. Cela le distingua et le favorisa toute sa vie. Dès l'école, il s'abstenait de prendre part aux querelles et bagarres. Devenu professeur de français dans une école privée, son ancien élève Soth Polin, romancier, évoque « son apparente franchise… Les élèves étaient subjugués par ce professeur affable ». Une autre élève le trouve « très soigné… très doux… J'ai vu aussitôt que c'était une personne attirante et qu'il me serait facile de devenir son amie pour la vie ». Cette évidente capacité à séduire ne se traduisit pas par une vie sentimentale satisfaisante : abandonné par son aristocratique première petite amie, il vit sa première épouse – et camarade politique – sombrer peu à peu dans la maladie mentale ; à soixante ans, en 1985, il épousa sa jeune cuisinière de vingt-deux ans qui lui donna l'année suivante son premier enfant.

Alors que la défaite face aux Vietnamiens, en 1979, l'avait contraint à revenir à la guérilla dans la jungle, ses conférences se font volontiers larmoyantes – mais il s'agit en vérité d'auto-apitoiement –, larmes aisément communiquées à son auditoire. Tout cela n'était-il qu'un habile masque destiné à faire écran à une personnalité bien plus sombre, et d'abord bien plus mégalomaniaque ? Son ancien beau-frère et ministre des Affaires étrangères du KD, Ieng Sary, après avoir rompu politiquement avec lui, assure : « Pol Pot se considère comme un génie incomparable dans les domaines militaire et économique, en hygiène, en écriture de chansons, en musique et en danse, en art culinaire, en mode (*sic*), en tout, y compris l'art de mentir. Pol Pot se considère au-dessus de toutes les créatures de la planète. C'est un dieu sur terre. » Une fois parvenu au pouvoir, il donna en tout cas des preuves surabondantes de son absence de sentiments humains. Il ne fit par exemple aucun effort pour retrouver et protéger sa famille (son frère aîné Chhay mourut au cours de l'évacuation forcée de Phnom Penh), et ne répondit à aucune des suppliques de ses plus vieux camarades en politique (dont certains avaient étudié avec lui ou partagé ses années de vie parisienne), la plupart finissant torturés et assassinés dans la prison centrale de Tuol Sleng. Il ordonna fréquemment le massacre des familles entières de ses adversaires, enfants compris.

Ce qui est sûr en tout cas, c'est qu'on ne trouve pas trace dans sa biographie de ce « traumatisme initial » auquel on recourt trop aisément pour rendre compte des dérives de tel ou tel personnage. Son père, Loth, détenait 25 hectares de rizières – une dizaine de fois la moyenne – non loin de la ville de Kompong Thom, en plein cœur d'un pays traditionnellement exportateur de riz. Loth était un homme calme, posé, plutôt bienveillant avec ses enfants. Sâr, né en 1925, au beau milieu de la période du protectorat français sur le Cambodge, était l'avant-dernier d'une fratrie de six, sans compter trois enfants morts en bas âge. Ses études furent tardives et lentes, mais d'un bon niveau pour le Cambodge de l'époque : entré à neuf ans dans une pagode-école de Phnom Penh où il s'initia à la vie monastique bouddhiste, il gagna à dix ans l'école catholique Miche. Passant beaucoup de temps dans le gynécée royal, ce n'est qu'à dix-huit ans, en 1943, qu'il obtint son certificat d'études primaires. Échouant (à la différence de son frère) à entrer au seul lycée de type français du pays, Sisowath, il fut cependant admis au tout nouveau collège Preah Sihanouk, à Kompong Cham, d'où il sortit en 1947 pour entrer dans une école technique, seule accessible à cet élève aux résultats constamment médiocres. Il y obtint enfin son brevet en 1949 – à vingt-quatre ans ! – et, à l'arraché, décrocha une bourse d'État pour étudier la radio-électricité à Paris. Y ayant échoué à obtenir le moindre diplôme, et il est vrai de plus en plus motivé par la politique et non par les études, sa bourse fut révoquée en 1952 et il dut rentrer au pays. On peut en conclure que Sâr eut beaucoup de chance : constamment soutenu, aidé financièrement, logé, sans obligation de travailler, il ne dut qu'à ses propres insuffisances sa surprenante absence de résultats scolaires dignes de ce nom. On peut apprécier de la même manière son obtention (avec pour seul diplôme le brevet !) d'un poste de professeur de français, histoire-géographie et instruction civique (*sic*) dans un collège privé de Phnom Penh en 1956, grâce sans doute à sa toute nouvelle épouse, Khieu Ponnary, brillante élève (elle fut la seconde Cambodgienne à obtenir le baccalauréat) et professeur de littérature au lycée Sisowath. Décidément, le régime féodal-colonial qu'il devait ensuite dénoncer avec tant de virulence se montra bien doux et aimable à son endroit.

Par quels enchaînements improbables ce jeune homme si commun se hissa-t-il ensuite en moins de vingt ans au rang d'un despote absolu, en mesure de remodeler son pays sans accorder la moindre importance aux tombereaux de morts que cela entraînerait ? D'abord, la concurrence n'était alors pas très forte, compte tenu du faible nombre de ceux qui effectuaient une scolarité complète. Le moindre diplôme était un puissant viatique, y compris dans la sphère d'extrême gauche : le seul chef khmer rouge à n'avoir pas fait d'études fut le redoutable Mok, bras armé de Pol Pot au pouvoir et son allié/protecteur presque jusqu'au bout. Ensuite, le manque de brillance de Sâr, son apparente gentillesse, la séduction qu'il opérait lui permirent de s'imposer comme un honnête second dont il n'y avait pas lieu de se méfier. Son absence de corruption, sa tempérance, sa méticulosité firent le reste. Dans le petit cercle d'étudiants marxistes cambodgiens de Paris, il maintint un profil assez bas, face aux doctorants qu'étaient Hou Yuon ou Khieu Samphân. Mais il élargit son expérience en adhérant au Parti communiste français. Peu après son retour, dès août 1953, il gagna un maquis du Viêt-minh en terre cambodgienne, et devint membre du Parti communiste indochinois – en réalité totalement contrôlé par les communistes vietnamiens. Il commença dès lors à construire avec ces derniers, bientôt installés au pouvoir à Hanoï par les accords de Genève (mai 1954), une relation complexe, empreinte de suffisamment de confiance pour recevoir l'aide longtemps indispensable de ce « grand frère » et d'assez de distance pour apparaître comme le meilleur garant de l'autonomie du communisme cambodgien face aux ambitions hégémoniques d'Hô Chi Minh et de ses héritiers. La consécration vint, presque naturellement, quand en 1962 le secrétaire général de ce qui tenait lieu de Parti communiste cambodgien, Tou Samouth, fut assassiné, vraisemblablement par la police secrète du prince Sihanouk. Saloth Sâr fut élu pour le remplacer « par intérim », mais ne quitta plus ensuite le premier rang, consolidé par une alliance indéfectible avec celui qui l'avait longtemps précédé dans la hiérarchie, Nuon Chea, l'indispensable « numéro 2[1] ».

Le dernier grand atout de Sâr fut sa capacité à dissimuler, à brouiller les cartes. Il avait été à bonne école avec les communistes vietnamiens, qui en 1945 avaient réussi à faire croire à beaucoup – compatriotes aussi bien que Français – à la dissolution de leur parti au sein de ce « front uni » nationaliste très large qu'était le Viêt-minh. L'élève dépassa bientôt le maître quand, en 1966, le petit Parti populaire révolutionnaire du Kampuchéa se transforma secrètement en PCK (Parti communiste du Kampuchéa), sans que les camarades vietnamiens eux-mêmes soient tenus au courant : c'était en effet une manière symbolique de rejeter leur autorité, le parti cambodgien étant désormais sémantiquement l'égal du leur. De manière plus extraordinaire encore (le cas est vraiment unique), l'existence et le rôle dirigeant du PCK ne furent révélés au peuple cambodgien et au monde que le 27 septembre 1977… deux ans et demi après la conquête du pouvoir, jusque-là exercé par une mystérieuse Organisation (*Angkar padevat*, « organisation révolutionnaire », généralement abrégé en *Angkar*). Les noms des dirigeants n'étaient pas connus, quand ils ne faisaient pas l'objet de mensonges purs et simples. On nia jusqu'à la fin du régime que Pol Pot, « Premier ministre », présenté comme « ouvrier des plantations d'hévéas », était en réalité Saloth Sâr, alias camarade Chouk, déclaré mort pendant la guerre civile.

---

1. Et aujourd'hui l'un des deux dirigeants khmers rouges (l'autre étant Khieu Samphân) à avoir été condamnés à la prison à vie par le Tribunal international de Phnom Penh.

Quant à d'autres dirigeants, Hu Nim, Hou Yuon ou Khieu Samphân, ils avaient pour dissimuler leur fuite au maquis été dits « tués par la police de Sihanouk ». Ce dernier fut surpris en 1973 par sa rencontre avec les « trois fantômes », désormais alliés de guerre. Khieu, présenté comme « chef de l'État » en 1976, n'était en réalité même pas membre de la direction du PCK, seul centre de pouvoir dans le KD. Nuon Chea théorisa cette pratique : « Même maintenant, après la "libération", le secret est fondamental dans tout ce que nous faisons. Par exemple, les élections de camarades à des fonctions dirigeantes sont secrètes. Les lieux où vivent nos chefs sont secrets. Nous gardons le secret sur les dates et les lieux de réunion… C'est d'une part une question de principe, de l'autre, un moyen de nous prémunir contre une infiltration ennemie. Tant que la lutte des classes ou l'impérialisme existeront, le travail secret restera fondamental. Seul le secret nous permet de maîtriser la situation[1]. »

Pol Pot, parvenu au pouvoir (c'est alors qu'il choisit ce nouveau pseudonyme), s'enfonce progressivement dans la dénégation de la réalité ou, si l'on préfère, se perd dans son labyrinthe de mensonges. Il faut dire que cet homme d'appareil, plus à l'aise en petit comité que devant une foule, vit depuis 1963 coupé du reste de l'univers : camps de jungle, résidences secrètes et changeantes (encore aujourd'hui ignorées) dans le Phnom Penh à demi désert de l'après-1975. Il semble

1. Nuon Chea, « Statement of the Communist Party of Kampuchea », in *Journal of Communist Studies,* vol. 3, n° 1, mars 1987.

avoir cultivé en l'espèce une profonde paranoïa : alors même qu'il est tout-puissant, tous ceux venant l'écouter sont fouillés ; il soupçonne ses cuisiniers de vouloir l'empoisonner et fait exécuter des électriciens « coupables » de coupures de courant. Il frappe sans prévenir, y compris des très proches, tel Vorn Vet, puissant chef de zone, ministre, promu au cinquième rang lors du Ve congrès du PCK le 2 novembre 1978, brusquement conduit dès le lendemain à la prison centrale de Tuol Sleng et à sa mort. Selon Ieng Sary, « même quand Pol Pot était en colère, cela ne se voyait pas. Son visage était toujours lisse. Il ne disait jamais de gros mots. [...] Bien des gens s'y laissaient prendre – il leur adressait son sourire imperturbable, puis ils étaient emmenés et exécutés ». Comment interpréter autrement que par ses obsessions complotistes cet échange étonnant avec un journaliste de la télévision suédoise en août 1978 : « Votre Excellence voudrait-elle nous dire quelle est la réalisation la plus importante du Kampuchéa démocratique depuis trois ans et demi ? – La réalisation la plus importante [...] est le fait d'avoir infligé des défaites à tous les complots et actes d'ingérence, de sabotage, de tentative de coup d'État, et aux actes d'agression de la part d'ennemis de tout acabit. » La terreur exercée sur son entourage conduit ce dernier à minorer la gravité de la situation militaire, face à l'offensive vietnamienne déclenchée le 25 décembre 1978. Et le dictateur ne peut admettre que ses rodomontades sur l'invincibilité de la révolution cambodgienne et le désarroi vietnamien se révèlent tragiquement contredites : sa fuite en hélicoptère, au matin du 7 janvier, prend l'allure d'une débandade, où il abandonne une partie de ses troupes, sa réserve stratégique d'armements expédiée à grands frais par la Chine, et les myriades de documents du « Service central de répression », S-21, qui constituent notre source interne la plus importante pour comprendre le fonctionnement du régime. La conjonction intéressée de la Thaïlande, de la Chine et des États-Unis permit au PCK de se réorganiser dans la zone frontalière ouest, et de rééquiper une armée de plusieurs dizaines de milliers d'hommes, mais la capacité de Pol Pot à contrôler une partie du territoire, à maîtriser son administration et son propre mouvement politique s'effilochera progressivement, jusqu'à l'ignominie finale du « procès » organisé par ses comparses survivants en 1997, après qu'il eut fait assassiner son ex-ministre de la Défense, Son Sen, ainsi que sa famille[1].

Le communisme en vingt-quatre heures

Qu'est-ce qui motiva Pol Pot ? Ce n'est pas un simple appétit de pouvoir : il n'eût point eu besoin pour le satisfaire de faire disparaître tant de ses compagnons et compatriotes qui ne lui étaient même pas opposés ; et il n'aurait point pris le risque de se lancer dans des politiques follement aventuristes – du vidage des villes à l'agression contre un Vietnam six fois plus peuplé

1. Après une audience de quelques heures devant le « peuple » hostile d'un village frontalier, il fut condamné à la prison à vie, convertie en simple assignation à résidence. Ses deux lieutenants furent exécutés.

et bien mieux armé, en passant par la collectivisation de l'économie et de la vie quotidienne la plus rapide et la plus complète que le monde ait connue. Tout le monde tend à l'oublier aujourd'hui, à l'exception des islamistes : l'idéologie est dans certaines circonstances un facteur bien plus puissant que l'intérêt. La frénésie de *pureté* a souvent – et justement – été évoquée à propos de Saloth Sâr, dès ses jeunes années. Son premier article politique, en 1952, n'est-il pas signé « le Khmer originel » ? Dans l'appel du 23 mars 1970, plate-forme de la Résistance unifiée au régime du général Lon Nol, est évoqué le « pur peuple travailleur », formulation portant sa marque. Et, parvenu au pouvoir (y compris celui de réécrire le passé), il recommandera : « Nous devons donner de l'histoire du parti une image pure et parfaite. » Pureté, perfection… Après tant d'années passées dans des capitales (Phnom Penh, Paris), il pensa l'avoir trouvée – à l'instar de tant d'ethnologues contemporains, de Pierre Clastres à James C. Scott – dans les populations « premières », en l'occurrence les *Khmer Loeu* (« Khmers d'en haut »), ces ethnies en réalité non khmères chez qui il dut se réfugier en 1963 pour échapper à la répression. Sa garde personnelle, même après 1975, fut longtemps composée de Jaraï[1]. Sociétés frugales, peu hiérarchisées, largement autarciques, très communautaires, elles représentèrent pour lui un modèle, alors que les Khmers sont bien davantage marqués par un certain individualisme (au niveau de la famille) que, par exemple, les Chinois ou

1. Ou Jorai. Principale ethnie des « Montagnards » des hauts plateaux du Vietnam et du Nord-Est cambodgien.

les Vietnamiens. Sâr ne ressortit vraiment de la forêt (si l'on excepte quelques mois de voyages destinés à rencontrer chez eux les dirigeants nord-vietnamiens et chinois) que pour occuper le pouvoir. Ce faisant, il reprenait aussi dans l'esprit des Khmers l'image du héros des très populaires épopées hindoues (*Ramayana*, *Mahabharata*), exilé dans une jungle dangereuse par un prince injuste, mais y absorbant par la méditation et l'ascèse mérites, puissance et pouvoirs surnaturels, et ne revenant dans le monde des rizières et des villes que pour y triompher de tous ses ennemis.

Dans la forêt, Sâr a également parfait sa modeste formation marxiste-léniniste, et su s'attirer la protection et les bonnes grâces des indispensables communistes vietnamiens, allant jusqu'à apprendre leur langue (très différente du khmer), tout en s'en rendant progressivement autonome. À la différence des « Khmers Viêt-minh », formés au communisme pendant la guerre d'Indochine et demeurés totalement inféodés à Hanoï[1], il se fit tôt le porteur du nationalisme cambodgien, traditionnellement très antivietnamien. La question était d'autant plus cruciale qu'en matière de progression vers le communisme les Vietnamiens se considéraient très en avance sur les Cambodgiens, et réclamaient par conséquent d'être traités par eux en « grands frères » ayant pour mission de leur montrer la voie. L'extrême radicalité des mesures prises par le PCK en 1975 correspondit pour une large part à une tentative d'émancipation : d'un seul coup, l'élève passait devant le maître (et, symboliquement,

1. Ceux rentrés au pays seront systématiquement exécutés, parfois même avant 1975.

Phnom Penh était « libérée » deux semaines avant Saigon), en s'engageant sur des chemins audacieux que même les grands modèles – URSS, Chine – n'avaient osé parcourir. Face à un Moscou « révisionniste », perclus de lourdeurs bureaucratiques, face à un Pékin où Mao se mourait sans avoir pu faire triompher ni son « Grand Bond en avant » ni sa Révolution culturelle, c'est le petit Kampuchéa démocratique qui reprendrait le flambeau – celui de la « grande égalité », du volontarisme capable de briser n'importe quel obstacle, de la pure conviction révolutionnaire qui, appuyée sur la haine, remplacerait les médiocres satisfactions « féodalo-bourgeoises », y compris celles de manger à sa faim, de choisir sa résidence et son travail, ou de chérir ses enfants. Les progressistes du XXIe siècle parleraient khmer, comme ceux du XXe avaient parlé le russe, et ceux du XIXe le français.

Mais, pour ce faire, il faudrait aller vite, très vite, sous peine de devoir renoncer à tout. On le néglige trop souvent, le mouvement des Khmers rouges connaît son triomphe au couchant du communisme. Non seulement il vient après tous les autres, mais à leur grande différence il arrive au pouvoir à un moment où il n'est plus possible de considérer que, vu les contradictions insolubles du capitalisme, le temps joue forcément contre lui. D'un côté, la perte des empires coloniaux, à la surprise générale, n'a atteint en rien (bien au contraire !) la dynamique expansionniste des économies occidentales, et du coup les partis communistes stagnent un peu partout, quand ils ne commencent pas à s'étioler. De l'autre, le « camp communiste » paraît plus divisé, entre prochinois et prosoviétiques, que le

« camp impérialiste » ; et aussi bien l'URSS que la Chine présentent des signes inquiétants d'épuisement de leurs modèles. Qui plus est, en Asie orientale, c'est le capitalisme qui semble être à l'offensive : après le Japon, encore en pleine phase de « haute croissance », ce sont les « Petits Dragons » (Corée du Sud, Taïwan, Hongkong, Singapour) qui viennent de s'engager dans une expansion ultra-rapide, tout en muselant partis et syndicats de gauche. La Thaïlande elle-même, plus longue frontière du Cambodge, connaît une enviable prospérité. Pol Pot en tire une conclusion, de son point de vue parfaitement logique : si l'on ne met pas les bouchées triples dès la conquête du pouvoir, si l'on ne pose pas les bases du communisme intégral en vingt-quatre heures, on n'y parviendra jamais. Pas de lenteur, pas de compromis, pas de faiblesse pour les tièdes et les hésitants, y compris au sein du PCK ! Tout doit être mis sens dessus dessous, à la fois pour décontenancer et paralyser les oppositions, et pour pouvoir très vite construire l'ordre magnifique, pur, juste et solide comme l'acier dont ont toujours et partout rêvé les communistes. Du coup, dès septembre 1975, on décide de vider les villes de leur population et de ne pas diffuser les billets de banque déjà imprimés. Le Kampuchéa nouveau ira sans cités, sans monnaie, sans propriété privée, sans religion, sans fêtes autres que politiques, presque sans moyens de transport ni électricité, sans presse (hormis pour les cadres), privé de structures d'enseignement – puisque devaient être éliminés tous les ouvrages en khmer (« féodaux ») ou en langues étrangères (« impérialistes »), ainsi que tous les enseignants non formés par le PCK. C'est la victoire de l'uchronie, cette forme d'utopie qui repose sur un décalage temporel : construire le communisme dans un petit pays assez isolé en 1975 n'était tout simplement plus possible ; Pol Pot voulut faire subir à l'espace-temps du politique une torsion terrible ; les lois de la physique sociale se vengèrent, au prix d'atroces souffrances et de l'échec radical de la tentative.

Les raisons du génocide

On s'en voudrait de clore cette contribution sans tenter de percer l'énigme du génocide cambodgien, probablement le seul à s'être déroulé sous l'égide d'un régime communiste[1]. On vient d'en souligner

1. Un génocide implique un plan concerté de destruction d'un groupe humain aux contours définis par l'auteur du génocide (ce groupe pouvant ou non correspondre à une ethnie), suivi d'une réalisation plus ou moins complète de cet objectif. Or les Khmers rouges infligèrent délibérément des conditions de vie telles aux populations urbaines déportées, dont le tiers au moins disparut en moins de quatre ans, que le terme de génocide s'impose. Parmi ces populations, ceux qui avaient été fonctionnaires des régimes précédents, même à un niveau très modeste, furent souvent systématiquement assassinés, de même que les membres du clergé, et bien sûr la plupart des militaires. Soit un sixième ou un cinquième de la population totale, en comptant les familles, où les enfants eux-mêmes n'étaient pas toujours épargnés. Les Ukrainiens, dans l'URSS des années 1930, et les Tibétains, dans la Chine des années 1960 et 1970, vécurent des épreuves terribles, avec une très forte mortalité. Beaucoup d'auteurs parlent à leur sujet de génocide. Néanmoins, le ciblage des victimes y paraît moins systématique, et la mortalité globale nettement moins élevée qu'au Cambodge.

l'un des ressorts : l'extrême volontarisme, le projet de remodeler à sa guise, en un temps très court, une société complexe, forcément rétive, et par conséquent réprimée sans limites. L'utopie, quand on entreprend de la mettre en œuvre, est presque toujours source de désastres humains, on le sait au moins depuis la révolution russe de 1917. Quand elle vise, comme au Cambodge, à broyer non seulement la société, mais l'individu en le dépossédant de lui-même, le résultat ne peut qu'être effroyable. Voici par exemple avec quelles recommandations Khieu Samphân accueillait en 1976 les étudiants rentrés de l'étranger : « [...] la propriété privée spirituelle est la plus dangereuse, elle comprend tout ce que vous estimez être "à vous", tout ce qui existe selon vous en relation avec vous – vos parents, votre famille, votre femme. Tout ce dont vous dites "c'est à moi" est une propriété privée spirituelle. Il est interdit de penser en termes de "moi" et de "mon". Si vous dites "ma femme", c'est mal. Il faut dire "notre famille". La nation cambodgienne est notre grande famille. [...] Nous sommes l'enfant de l'Angkar, l'homme de l'Angkar, la femme de l'Angkar. Les connaissances que vous avez en tête, vos idées, sont elles aussi une propriété privée mentale. Pour devenir un vrai révolutionnaire, il faut [...] nettoyer votre esprit. [...] Si nous arrivons à détruire toute la propriété privée matérielle et mentale [...] les gens seront égaux. Dès l'instant où vous autorisez la propriété privée, une personne aura un peu plus, une autre un peu moins, et elles ne seront plus égales. Mais si vous n'avez rien – zéro pour lui et zéro pour toi –, c'est la vraie égalité... » D'où, concrètement, la criminalisation généralisée des sentiments humains les plus élémentaires, considérés comme des marques d'individualisme contre-révolutionnaire. On pouvait être sanctionné pour avoir aidé un voisin malade ou infirme, censé relever de la seule Angkar. Les gestes ou mots d'amour entre époux étaient proscrits, toute l'affection devant être réservée à l'Angkar, et les personnes mariées réduites au rôle de géniteurs. Les relations hors mariage, quant à elles, étaient fréquemment punies de mort. Et, paradoxalement, dans cet écheveau de brutalité permanente, l'insulte et les coups, par exemple de parents à enfants, étaient traités en crimes majeurs : l'Angkar entendait s'en réserver le monopole.

Les mêmes principes conduisent aussi à une conception strictement instrumentale des individus, parfaitement exprimée par la formule glaçante des cadres khmers rouges, relatée par tant de témoins de la période : « Te perdre n'est pas une perte, te garder n'est d'aucune utilité. » Cette sentence ouvrait la porte à tous les abus mortifères : déportations répétées, par familles entières, vers des lieux de plus en plus malsains (paludisme) et difficiles à cultiver ; sous-alimentation généralisée, sans pour autant que les victimes aient seulement le droit de cueillir les fruits ou ramasser les petits animaux comestibles ; utilisation de l'arme alimentaire pour distinguer les dociles des rétifs ou des faibles ; transformation des hôpitaux en mouroirs ; épuisement au travail, en particulier lors de travaux d'irrigation pharaoniques ; et bien sûr exécutions par centaines de milliers de tous ceux qui, par leur origine ou leur conduite, pouvaient être considérés comme des grains de sable dans la machine totalitaire.

On alla jusqu'à utiliser les cendres humaines comme engrais – et à s'en glorifier –, ainsi qu'à réaliser, au moins dans la prison centrale de Tuol Sleng, des transfusions totales de sang qui faisaient mourir le donneur[1]. Le modèle qui était proposé aux déportés était celui du bœuf : docilité, travail sans discussion ni récrimination, fidélité au maître. La condition animale l'emportait néanmoins sur la condition (in)humaine : frapper un animal domestique était sévèrement puni, alors qu'on tabassait, torturait et tuait un homme pour les motifs les plus futiles.

La pureté, dont on a dit à quel point Pol Pot en était obsédé, constitua un second ressort. Elle inspira la suppression de la monnaie, remplacée par le troc, mais aussi l'exode urbain. Les villes, dont les habitants formaient le « Nouveau Peuple », dénué de tout droit, avaient en effet le triple défaut d'avoir pour la plupart résisté aux Khmers rouges jusqu'à la fin de la guerre civile, en avril 1975, d'avoir bien davantage que les campagnes été pénétrées d'influences étrangères, tout particulièrement occidentales depuis les années 1860 (installation du protectorat français) ; et enfin d'incarner les bastions de l'économie de marché, d'autant plus honnie que, au Cambodge comme ailleurs en Asie du Sud-Est, elle tend à se confondre avec des minorités ethniques concentrées en milieu urbain : Chinois, Vietnamiens et Cham surtout. Hormis les Vietnamiens, ils ne furent pas réprimés en tant que tels, mais parce qu'ils représentaient le modèle socio-économique

1. C'est ce que confessent d'anciens gardiens, interrogés par Rithy Panh dans son prodigieux film *S-21*.

qu'on voulait abolir. Cela n'empêcha pas les Chinois (ou plutôt les Sino-Khmers, car ils étaient généralement très assimilés) de périr à hauteur de 38 %, et les Cham de 40 %.

De l'obsession de la pureté au nationalisme, il n'y a qu'un pas. Celui-ci s'exprima d'abord sur le plan politique, au travers de l'éviction de presque tous les étrangers présents en 1975, de la fermeture de la quasi-totalité des ambassades, bientôt de l'expulsion massive des Vietnamiens vivant au Cambodge, puis d'un discours irrédentiste vis-à-vis du Vietnam lui-même : on rappelait que Saigon était jusqu'au XVIIIe siècle dénommée Prey Nokor, et que le Kampuchéa Krom (en gros, le delta du Mékong, où vit une importante minorité khmère) devrait être rattaché à la mère patrie. Une fois la rupture des relations diplomatiques effectuée, le 31 décembre 1977, le délire exterminationniste ne connut plus de bornes. Pol Pot fit déclarer par Radio Phnom Penh : « En termes de nombre, chacun d'entre nous doit tuer trente Vietnamiens… Autrement dit, nous perdrons un homme contre trente. Il nous faudra donc deux millions de soldats pour soixante millions de Vietnamiens. » En attendant, des dizaines de milliers de Cambodgiens, traités d'« esprits vietnamiens dans des corps khmers », furent assassinés en tant que prétendus agents du puissant voisin.

Le nationalisme extrême frappa également l'économie, qui devint pratiquement autarcique, mis à part des échanges assez peu considérables avec la Chine (grains et produits de la forêt dans un sens, armements et machines dans l'autre), alors que le Cambodge avait été avant la guerre un important exportateur de riz.

Cet isolement fut théorisé, en particulier par Khieu Samphân, dès sa thèse de 1959 sur l'économie du Cambodge, où il assurait : « L'intégration internationale est la racine première du sous-développement de l'économie khmère. » Cette position était en réalité assez banale à l'époque, très influencée par la théorie du « dépendantisme » forgée par les économistes marxisants latino-américains (par exemple l'Argentin Raul Prebish), qui se faisaient les promoteurs d'un « développement endogène » fortement protectionniste, censé permettre une meilleure valorisation des matières premières. Ce qui fut moins banal fut la manière radicale dont cela a été appliqué au Cambodge. L'aide étrangère elle-même fut bannie (hormis, discrètement, celle de la Chine), comme obstacle à l'indépendance totale. Au moment même où l'ouverture de l'économie permettait l'accession à une modeste prospérité des Sud-Coréens ou des Taïwanais, le Cambodge refermait la sienne à double tour, avec les résultats que l'on sait…

Un facteur de violence extrême encore plus essentiel était la faiblesse des Khmers rouges à leur arrivée au pouvoir. Lors du déclenchement de la guerre civile, en mars 1970, ils ne pouvaient compter que sur 2 000 à 3 000 guérilleros, à peine aguerris après deux années d'escarmouches (le « soulèvement » avait débuté, à petite échelle, en janvier 1968). Les effectifs du PCK n'étaient pas beaucoup plus importants – dans un pays comptant alors quelque 7 millions d'habitants. L'armée grandit ensuite, atteignant sans doute une centaine de milliers d'hommes lors de la victoire. Mais les Khmers rouges demeurèrent un groupuscule catapulté en peu d'années au pouvoir suprême, ce qui est un cas unique dans les annales du monde communiste[1]. Il en résultait de très graves insuffisances : faiblesse des relais, en particulier dans la population urbaine ; manque de formation des soldats et difficulté à y remédier, beaucoup étant analphabètes ; petit nombre de cadres, de formation elle-même incomplète (Pol Pot estimait superflue la lecture des ouvrages canoniques du marxisme, qu'il ne fit pas traduire en khmer) ; divisions internes du parti, moins sur des bases idéologiques que sur des bases régionales ou même familiales – le système ancestral des « liens » (*khsaè*), réseaux de solidarité fondés sur un puissant lignage et ses alliés, pénétrait le mouvement khmer rouge et le dénaturait en quelque sorte de l'intérieur.

Or, on le sait, la violence est souvent l'arme des faibles, tout simplement parce qu'ils sont incapables de convaincre et de se faire respecter autrement que par la peur. En Chine ou au Vietnam, davantage encore qu'à la répression, on avait recouru au remodelage des esprits par une rééducation, coûteuse en temps et en moyens humains. On envisagea de faire de même au Cambodge, mais on dut circonscrire sa mise en place au parti et aux cadres, quoiqu'encore de manière inégale et inconstante. Dans la boîte à outils, il ne restait donc

1. Certes, les communistes polonais ou roumains n'étaient pas non plus bien nombreux en 1945. Mais leur ascension vers le pouvoir se fit entièrement sous l'égide de l'Armée rouge soviétique qui occupait leurs pays. Et ils n'acquirent que très progressivement une autonomie, d'ailleurs très relative, face à Moscou. Le Cambodge, lui, rejeta immédiatement la tutelle vietnamienne, et ne se soumit pas non plus à la Chine amie.

que la terreur. Les luttes internes prirent rapidement un caractère sanglant : avant même la victoire, au début de 1974, un premier membre du comité central du PCK, Prasith, fut exécuté. Beaucoup d'autres cadres de tous niveaux suivraient, surtout en 1977-1978. Certaines zones (largement autonomes de fait, ne serait-ce que par la précarité des moyens de communication) furent « purgées » de manière particulièrement sanglante : le Nord-Ouest en 1977, l'Est en 1978. Mais c'est toute la population qui fut rapidement soumise à l'arbitraire de petits chefs ombrageux, souvent de simples adolescents de familles paysannes pauvres, désireux de prendre leur revanche sur les adultes et les « privilégiés ». Ils se voyaient dotés du droit de vie ou de mort, et poussés par l'appareil central à en user et en abuser sans limites.

On évoquera enfin la désinstitutionnalisation radicale du Kampuchéa démocratique. Cette dictature absolue fut simultanément une manière de phalanstère anarchiste. Il n'y avait plus de loi (au-delà des ordres de l'Angkar), plus de Code pénal (toute infraction récidivée pouvait valoir la mort), plus de tribunaux, plus de Parlement et plus d'élections, plus même de gouvernement (les ministères fonctionnaient de manière parfaitement fantomatique), et ce qui subsistait d'administration se confondait entièrement avec le Parti et l'armée. Comme quoi l'État de droit, si imparfait soit-il, ne peut être « dépassé » que par le triomphe de l'arbitraire le plus absolu.

Vingt années, et pas un regret

Pol Pot, tombé de son trône le 7 janvier 1979, ne tira jamais aucun bilan de la catastrophe qu'il avait provoquée, et qui avait fini par l'engloutir. Son « repentir », lors d'un séminaire pour cadres en 1981, reste un modèle d'hypocrisie : « Il a dit qu'il savait que de nombreux habitants du pays le haïssaient et le tenaient pour responsable des massacres. Il a dit qu'il savait que de nombreuses personnes avaient trouvé la mort. En disant cela, il s'est presque effondré et a fondu en larmes. Il a dit qu'il devait en assumer la responsabilité parce que la ligne était trop à gauche et qu'il ne suivait pas d'assez

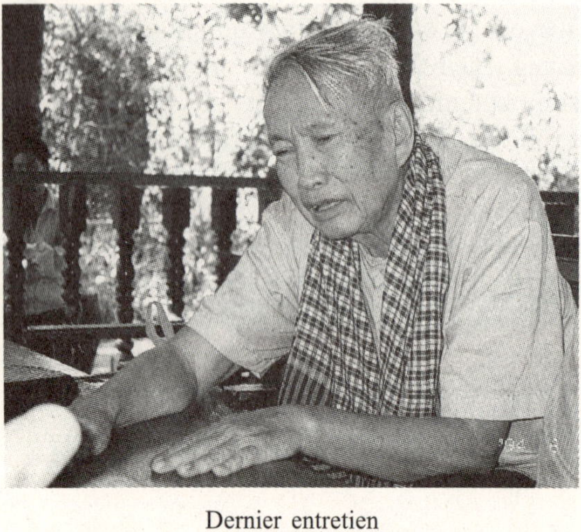

Dernier entretien
avec un journaliste
en janvier 1998.

près ce qui se passait. Il a dit qu'il était pareil au maître d'une maison qui ignorait ce que faisaient les enfants, et qu'il avait trop fait confiance aux gens. […] Ils lui disaient des choses qui n'étaient pas vraies, que tout allait bien, mais que telle ou telle personne était un traître. En fin de compte, les véritables traîtres, c'étaient eux. Le principal problème, c'étaient les cadres formés par les Vietnamiens[1]. » Pol Pot fut plus sincère quand, en 1986, dans une longue allocution prononcée devant les cadres du mouvement, il s'enorgueillit de son action : « Le Kampuchéa démocratique est infiniment meilleur que tous (les) héros historiques. Nous pouvons dire qu'en plus de deux mille années d'histoire du Cambodge (*sic*)[2] les vertus, la nature profonde et la valeur du Kampuchéa démocratique sont les meilleures. »

Dans ces conditions, il est difficile de considérer l'autodissolution du PCK, prononcée en décembre 1981, comme autre chose qu'une manœuvre tactique destinée à promouvoir l'édification du mouvement national antivietnamien par lequel les Khmers rouges pensaient revenir au pouvoir. En attendant, ils visaient aussi à favoriser la reconnaissance internationale (y compris à l'ONU) du « gouvernement de coalition » qu'ils étaient en train de constituer en exil avec Sihanouk et des nationalistes anticommunistes, et dont ils représentaient de loin la principale force armée[3]. L'abandon

1. Suivant le récit d'un participant cité par David P. Chandler.

2. Le premier État incontestablement précurseur du Cambodge, *via* l'Empire angkorien, est le Chenla, apparu au VIe siècle de notre ère.

3. Ce gouvernement de coalition fut officiellement formé en juin 1982. Il jouissait de l'appui des États-Unis, des pays

par Pol Pot en septembre 1985 de sa principale position officielle (le commandement des forces armées khmères rouges) doit être interprété de la même manière. Cela ne l'empêcha aucunement d'exercer le pouvoir suprême sur le mouvement, jusqu'à la première défection de masse (qui incluait des dirigeants tels que Ieng Sary) en août 1996, au moment où la cause paraissait désespérée et le pardon royal attractif. Le vieux despote fut mis à nu l'année suivante, en juillet, quand ses propres « fidèles » décidèrent de le faire passer en « procès ». C'est donc en reclus qu'il mourut en avril 1998, probablement par suicide, à la veille d'être livré au gouvernement de Phnom Penh pour être enfin jugé. En octobre 1997, il avait répondu au journaliste australien Nate Thayer, seul à l'avoir interviewé au cours de ses dernières années : « Regardez-moi, ai-je l'air d'un sauvage ? J'ai la conscience tranquille. »

Bibliographie sélective

Elizabeth BECKER, *Les Larmes du Cambodge – l'histoire d'un auto-génocide,* Presses de la Cité, 1986.
David P. CHANDLER, *Pol Pot : Frère Numéro Un*, Plon, 1993.

---

anticommunistes d'Asie du Sud-Est (à commencer par la Thaïlande) et de la Chine, qui demeurait le grand pourvoyeur en armements des Khmers rouges. Beaucoup prévoyaient alors qu'il finirait par prévaloir sur le gouvernement de Phnom Penh (dont était déjà membre l'actuel Premier ministre, Hun Sen), qui dépendait de la présence d'une centaine de milliers de soldats vietnamiens.

—, *S-21 ou le crime impuni des Khmers rouges*, Autrement, 2001, avec une préface de François Bizot et une postface de Jean-Louis Margolin.

Thierry CRUVELLIER, *Le Maître des aveux*, Gallimard, 2011.

Solomon KANE, *Dictionnaire des Khmers rouges*, Bangkok, IRASEC, 2007.

KHIEU Samphân, *L'Économie du Cambodge et ses problèmes d'industrialisation*, thèse de l'université de Paris, faculté de droit et des sciences économiques, 1959.

Ben KIERNAN, *Le Génocide au Cambodge – 1975-1979 : race, idéologie et pouvoir*, Gallimard, 1998.

Henri LOCARD, *Le Goulag khmer rouge*, Note de l'université Lyon-2, 1995.

Jean-Louis MARGOLIN, « Cambodge : au pays du crime déconcertant », *in* Stéphane Courtois *et alii*, *Le Livre noir du communisme : crimes, terreur, répression*, Robert Laffont, coll. « Bouquins », 1998, p. 679-749.

Laurence PICQ, *Le Piège khmer rouge*, Buchet Chastel, 2013.

Philip SHORT, *Pol Pot : Anatomie d'un cauchemar*, Denoël, 2007.

Marek SLIWINSKI, *Le Génocide Khmer rouge : une analyse démographique*, L'Harmattan, 1995.

Michael VICKERY, *Cambodia 1975-1982*, Boston, South End, 1984.

Pin YATHAY, *L'Utopie meurtrière : un rescapé du génocide cambodgien témoigne*, Bruxelles, Complexe, 1989.

20

Khomeyni : au service de Dieu

par Christian DESTREMAU

« Pourquoi voulez-vous qu'à soixante-sept ans je commence une carrière de dictateur ? » avait déclaré le général de Gaulle lors de sa célèbre conférence de presse au palais d'Orsay, quelques jours avant de revenir au pouvoir en 1958.

Le 1er février 1979, l'homme à la barbe blanche et au turban noir qui descend prudemment en sandales, appuyé sur un steward d'Air France (un agent du SDECE), les marches abruptes de l'échelle du Boeing 747 qui vient d'atterrir à Téhéran a presque dix ans de plus. La veille de son départ de Paris, il a remercié le gouvernement français pour son « hospitalité » et le peuple de France qui « a suivi avec intérêt la lutte pour la liberté de conscience et le chemin de la démocratie souhaité par tous les Iraniens éclairés ».

Sur le tarmac, une foule fiévreuse se presse pour le voir enfin. Les plus audacieux parviennent à toucher sa cape. À côté des « Allah est grand », les « Ô Khomeyni, notre Imam » retentissent. L'Occident, stupéfait, s'interroge : comment croire que ce religieux à l'apparence austère et anachronique, ce mystique confit dans la prière et dans la lecture du Coran puisse prétendre prendre en main le destin d'une grande nation comme l'Iran et succéder au shah, qui, malgré ses nombreuses erreurs, sa suffisance, son goût du faste, a tout de même entraîné, semble-t-il irréversiblement, son pays sur la voie de la modernité ? Difficile en effet de croire que ce quasi vieillard est ce dictateur qu'une minorité de détracteurs annoncent.

L'enveloppe peut sembler fragile, certes, mais il y a chez lui une totale confiance en soi et en son destin, conjuguée avec une compréhension très fine de ce qui fait mouvoir les peuples. Cet homme est également quelqu'un de madré qui, conformément à la tradition chiite, a appris depuis longtemps à dissimuler ses vraies intentions. Et puis il a ce regard noir qui inquiète et fascine.

L'Occident va devoir faire l'apprentissage des différentes formes d'islam, assimiler en particulier la distinction entre chiisme et sunnisme, et des termes nouveaux qui vont marquer les décennies suivantes et entrer dans le vocabulaire courant : *fatwa*, *ayatollah*, *imam*. Il faudra en outre tenter de comprendre ce qu'est une république islamique, saisir si l'on est ou non en présence d'un « choc de civilisations », découvrir une arme nouvelle au service de l'exportation de la révolution iranienne, l'attentat-suicide, et s'habituer enfin aux foules de femmes portant le *chador*. Pendant une décennie, la capitale de l'Iran va devenir l'un des centres du monde. L'ayatollah Khomeyni, totalement insensible à l'opinion internationale, semble, au nom de Dieu, défier la terre entière.

Les grandes démocraties se sont bien souvent accommodées des tyrans, ce dont témoigne notamment la formule de Roosevelt au sujet du dictateur du Nicaragua, Somoza : « Un fils de pute sans doute, mais *notre* fils de pute. » Dans le cadre de la guerre froide, ils peuvent se révéler des alliés utiles. Insensible aux pressions, Khomeyni est quant à lui un dictateur d'un genre totalement nouveau, à la fois fascinant et repoussant par les peurs qu'il suscite ; en tout cas impossible à apprivoiser.

De Khomein à Téhéran

Lorsqu'il arrive à Téhéran, Rouhollah Khomeyni sort d'un exil de quinze ans qui l'a mené, après la Turquie et l'Irak, vers la France et un petit bourg totalement inconnu de la banlieue parisienne, Neauphle-le-Château. Il est né à Khomein, ville du centre de l'Iran à 300 kilomètres de la capitale, dans une région semi-aride, le 24 septembre 1902. Son vrai nom de famille est Moussavi – ce n'est que plus tard qu'il prendra le nom de Khomeyni, selon une coutume qui veut que les grands ayatollahs adoptent le nom de leur ville de naissance.

Rouhollah Khomeyni
(1902-1989),
à l'âge de 25 ans.

C'est un beau garçon, et un meneur précoce. « Même lorsqu'il était garçon, mon père voulait toujours jouer le rôle du shah dans les jeux d'enfant », dira plus tard son fils Ahmad. Sa famille est relativement aisée, mais le plus important est qu'elle revendique une lignée qui remonte au prophète Mahomet par sa fille : Rouhollah Khomeyni est par conséquent un *sayyed*, d'où, plus tard, dès le séminaire, le port du turban noir qui le distingue des autres membres du clergé chiite qui portent sauf exception le turban blanc.

En mars 1903, la famille est frappée par une tragédie : son père, Mostafa, est assassiné dans des conditions relativement obscures. Rouhollah n'a que six mois, mais cet événement va le marquer longtemps. Cela ne l'empêche pas d'être un élève brillant et d'entrer au séminaire à Qom, la grande ville des études religieuses. Il quitte ainsi la province et se rapproche de la capitale.

Il existe dans l'islam chiite un vrai clergé organisé. Au sommet de la hiérarchie, un ou des individus sont reconnus comme *marja*, sources d'imitation, dont l'autorité et l'exemple sont acceptés par les autres membres du clergé ainsi que par les fidèles. Contrairement toutefois à l'Église catholique, il n'existe pas de procédure formelle pour sélectionner ces individus, ce qui favorise les ambitieux. Étudiant brillant, particulièrement compétent dans le domaine du droit islamique, Khomeyni reçoit ainsi le titre de *hojjat ul islam* – « preuve de Dieu » – à l'âge précoce de trente-trois ans.

Un autre aspect de son évolution personnelle est moins connu : sa passion, partagée par l'ensemble de ses compatriotes, pour la poésie persane et notamment la poésie amoureuse, celle d'Omar Khayyam et de Hâfez, et surtout sa découverte de la mystique musulmane qu'il va approfondir. Jeune homme introverti, choqué par le spectacle du déclin et la déliquescence du clergé chiite au XXe siècle, Khomeyni est déjà un fin tacticien : voyant qu'il est encore trop isolé pour espérer influencer le cours des choses, il se réfugie dans l'intériorisation, le mysticisme et la quête de l'Homme Parfait du maître Ibn Arabi, le grand théologien et poète de langue arabe né en Andalousie et mort à Damas en

1240. Plus tard, la conquête du pouvoir sera inséparable de cette quête mystique intérieure.

Lorsque, dans les années 1930, Reza Shah, le père du shah, grand admirateur de Mustapha Kemal Atatürk, qui n'a jamais caché son mépris pour les mollahs, ces « charlatans », impose la laïcisation à marche forcée de la société iranienne, Rouhollah Khomeyni décide qu'il ne peut rester sans réagir. Ayant contraint les hommes à porter des chapeaux, le shah souhaite que la grande majorité du clergé soit vêtue à l'occidentale, se rase, et oblige les femmes à se débarrasser de leurs voiles. Khomeyni, qui est fier de sa barbe et encore plus de son turban noir, refuse d'obéir aux injonctions du souverain, fustige le clergé pour sa servilité et décide de vivre dans une quasi-clandestinité. Mais il reste prudent : le temps n'est pas venu de protester ouvertement, et la résistance doit, pour le moment, rester dans les cœurs. Il pratique alors la *taqiya*, cette tradition chiite qui autorise à nier ou dissimuler ses vraies croyances afin de pouvoir continuer à les pratiquer. Ainsi, lorsque les autorités détruisent une partie de la mosquée de l'Imam à Qom pour construire une route, il refuse de protester et se voit morigéné par un ayatollah. Il réplique, faisant appel à la pratique du chiisme, minoritaire, souvent opprimé par la majorité sunnite : « La dissimulation est ma voie, comme elle a été celle de mes aïeux. »

Durant l'été 1941, les Alliés, qui veulent ouvrir une voie pour ravitailler l'URSS, envahissent le pays et provoquent la chute de Reza Shah, accusé de collusion avec l'Allemagne, et auquel succède son fils Mohamed Reza. Pour le peuple iranien, c'est un traumatisme profond ; le clergé est choqué par le comportement des

« envahisseurs » américains qui semblent ne rien respecter. Le jeune shah donne alors beaucoup de gages aux religieux, à tel point que, lorsqu'il sera renversé en 1953 par le nationaliste moderniste Mossadegh, les ayatollahs soutiendront discrètement son retour au pouvoir (qui sera mené avec l'aide de la CIA).

Les années qui suivent sont donc relativement harmonieuses, mais Khomeyni, lui, n'a pas changé. Choqué par la discrétion du clergé, qu'il accuse de compromission avec un pouvoir de plus en plus dictatorial, et contrairement à ses pairs, il est de plus en plus convaincu que les religieux ont un rôle à jouer dans la société, et peut-être même celui de guider le pays.

Entrée en « politique »

La réputation d'érudit et d'autorité en matière religieuse de Khomeyni ne cesse de grandir au fil des années : lui-même est convaincu que c'est sur ces fondations qu'il peut bâtir sa légitimité. À Qom, il enseigne l'éthique, la théologie et la philosophie. Il attire des étudiants de toutes les contrées du pays. On s'adresse à lui pour avoir son avis sur tel ou tel point obscur ou controversé. Or, ses enseignements sont de plus en plus souvent mêlés de considérations sur le rôle des mollahs dans la société et sur la nécessité d'en faire une force pouvant s'opposer aux décisions du shah, sans qu'il soit encore question de le renverser – cela passe par la lutte contre la corruption au sein du clergé chiite. Il continue à mener une vie très simple, presque exemplaire, et en tout cas heureuse, d'autant qu'il ne manque pas de revenus personnels provenant de ses terres. Mais il a déjà ses « boucs émissaires », en particulier la communauté bahaï qui pratique une religion monothéiste née en Perse au XIXe siècle. S'il fait encore preuve de prudence à l'égard du régime, il affiche sa haine à son encontre, d'autant que les Bahaï sont réputés proches de l'État d'Israël. Ainsi, lorsqu'il découvre que la concession Pepsi-Cola pour l'Iran est confiée à un homme d'affaires bahaï, il déclare que les musulmans qui en boiront « rôtiront en enfer » : ce sera la fin de la marque en Iran, remplacée par Coca-Cola…

Khomeyni se mue en mollah « politique », constate que de plus en plus de gens le suivent et que ses appels à manifester contre le shah deviennent efficaces. Mais il est finalement arrêté et emprisonné en juin 1963, avant d'être relâché sur intervention des ayatollahs. Il se trouve désormais sous la surveillance étroite de la Savak, le service de renseignements du shah créé avec l'appui de la CIA. Au bout de quelques mois, ayant recouvré sa liberté, il reprend sans hésiter ses prêches incendiaires ; mais désormais c'en est trop pour le régime : il est arrêté à nouveau et envoyé en exil en Turquie, cette Turquie laïque, fondée par Atatürk, à laquelle il est viscéralement opposé et qu'il a parfois tendance à considérer comme la source de tous les maux.

En octobre 1965, avec l'autorisation du shah, il s'installe à Nadjaf, en Irak : il a soixante-trois ans, un âge déjà bien avancé qui fait espérer au régime qu'il se contentera désormais d'étudier, d'enseigner et d'écrire. C'est au contraire un second souffle qui l'anime et le pousse à continuer à dénoncer la tyrannie et l'incroyance du régime.

En Iran, le souverain, appuyé par l'armée, la Savak et, à l'extérieur, par les États-Unis, donne prise à ses critiques. Les somptueuses fêtes de Persépolis, en 1971, symbolisent à quel point il s'est éloigné de son peuple. Ce dernier gronde, avec la crise économique. Le 6 janvier 1978, Khomeyni est dénoncé par un journal gouvernemental comme étant à la solde des Britanniques (une accusation récurrente en Iran), un ivrogne et même un homosexuel caché : ces attaques calomnieuses ont l'effet contraire à celui recherché et soudent l'opposition autour de sa personne. Les manifestations sont désormais incessantes et de plus en plus brutalement réprimées. En septembre 1978, des centaines de manifestants pro-Khomeyni sont abattus au sud-est de Téhéran ; puis le shah commet une faute tactique en demandant au régime irakien de faire pression sur l'ayatollah pour qu'il quitte le pays. Ce sera donc la France, où il atterrit le 6 octobre. À Paris, il aura à sa disposition tous les moyens modernes de l'époque – téléphone, cassettes enregistrées, liaisons aériennes – pour préparer et accompagner son grand retour, mû par la sympathie d'une partie de la presse et de l'intelligentsia occidentales, fascinées par son autorité de vieux sage.

À Neauphle-le-Château, Khomeyni est bien entouré. Et la présence de « laïcs » comme le futur président Bani Sadr est plutôt rassurante pour l'opinion occidentale. Il donne une impression de calme et de sérénité, et la modestie de son train de vie en séduit plus d'un. S'il appelle au renversement du shah, il ne laisse pas entrevoir ses propres intentions. Tandis que la propagande officielle l'accuse d'être un instrument de l'étranger, il reste très discret sur sa conception du régime qui doit lui succéder. Dissimuler n'est pas mentir. Il sait aussi que l'opposition est encore très hétéroclite, et qu'elle est d'abord partie d'un mouvement du peuple. Les idées de l'ayatollah sont en effet en concurrence avec celles du parti communiste, des différents mouvements de gauche et des nationalistes modernistes. Le clergé lui-même, dont il tient son prestige et sa légitimité, est divisé sur le rôle que les mollahs doivent jouer dans la révolution – après sa mort, son fils dira que la plus grande réussite de Khomeyni n'aura pas été la fondation de la République islamique mais d'avoir pris le pas sur le clergé réactionnaire, incapable d'évoluer.

S'il est, pour l'heure, relativement pragmatique, Khomeyni est toutefois guidé par une volonté inflexible. L'homme, sur terre, ne peut se contenter de se soumettre à la volonté divine : il doit, par un effort de développement personnel, par la religion, la discipline personnelle, le recours à l'étude, s'efforcer d'atteindre le statut d'homme « parfait », instrument de la volonté divine. La « carrière » politique de Khomeyni est ainsi inséparable de sa trajectoire intérieure.

Une fois le shah renversé, la révolution est tiraillée entre différentes forces centrifuges. Des centaines de comités révolutionnaires ont surgi à travers le pays, composés le plus souvent d'éléments radicaux, d'idéologies diverses, marxistes, marxistes à tendance islamiste en particulier. Ce sont des menaces pour l'intégrité du pays. La première décision politique est la nomination d'un Premier ministre : c'est un islamiste modéré, Mehdi Bazargan, qui est chargé notamment d'organiser un référendum permettant ensuite d'élire une Assemblée constituante chargée de ratifier une nouvelle Constitution.

Les apparences sont respectueuses de la démocratie. L'opposition « libérale » au shah soutient d'ailleurs l'ayatollah, pensant qu'il va instaurer une vraie démocratie, la primauté du droit sur l'arbitraire, le respect des droits de l'homme. À Paris, n'a-t-il pas déclaré devant la presse qu'une république islamique est une république démocratique dans le vrai sens du terme ? Il lui arrive toutefois de préciser qu'il n'est pas question d'une démocratie à l'occidentale : le gouvernement devra toujours prendre des mesures qui ne sont pas en contradiction avec la charia. Il a fait de surcroît, de temps à autre, allusion à un autre concept fondamental de sa pensée : le *velayat-e faqih*. En 1969, il avait déjà exposé cette vision du « gouvernement du jurisconsulte » : le « plus érudit » n'a pas seulement pour mission d'identifier et de définir la loi, il sera aussi celui qui deviendra responsable de sa mise en application.

L'idée qu'il y a un guide suprême, qui n'est pas élu, dont la légitimité provient de Dieu et qui doit être un homme de religion, un théologien unanimement respecté doublé d'un érudit, est désormais au cœur de sa pensée. Reste que, pour le moment, Khomeyni se garde de définir trop précisément son rôle réel, car il sait combien cette conception sera délicate à imposer, notamment au clergé. Passer d'un régime laïc à un régime théocratique ne peut se faire en quelques jours.

Le temps presse cependant, car l'imam sait qu'il n'a sans doute pas beaucoup d'années devant lui. La réalité de la révolution islamique apparaît rapidement : ce sont, à partir de février 1979, les exécutions, à la suite de procès expéditifs, d'anciens du régime du shah, exécutions qui choquent non seulement l'Occident, mais aussi une partie du gouvernement provisoire. Pour Khomeyni, elles sont parfaitement légitimes : il faut que le peuple puisse assouvir son désir de vengeance après des années de répression.

En attendant l'adoption d'une Constitution, les éléments radicaux, avec son approbation, mettent en place au cours de l'année 1979 des instruments de répression. Khomeyni va disposer d'un outil entièrement à son service, le parti de la République islamique, avec une aile combattante, le Hezbollah (qu'il ne faut pas confondre avec le Hezbollah libanais), dont les nervis vont harceler tous ceux qui s'opposent à la « ligne » de l'ayatollah. Pour contrebalancer l'armée, qui a fini par le rallier mais dont il se méfie, le corps des Gardiens de la révolution est fondé et ne tarde pas à devenir l'un des piliers du régime, avec un véritable empire financier et le contrôle d'une partie de la presse à grande diffusion.

Il est vrai que, durant cette année charnière, l'opposition armée au nouveau régime est encore forte. Des fidèles de Khomeyni sont ainsi assassinés, notamment Morteza Motahari, son principal allié au sein du clergé, un « compagnon de route ». Sa disparition touche profondément l'ayatollah que l'on voit en larmes lors des funérailles.

Après la phase de consolidation brutale du pouvoir vient l'heure du plébiscite. La réponse à la question posée est connue d'avance, puisque le choix proposé doit se faire entre la monarchie et la république. La vraie question qui se pose est celle de la nature de cette république, et les débats sont intenses : faut-il une république démocratique ou une république « démocratique islamique » ? Khomeyni reste encore une fois relativement discret et maintient une part d'ombre – encore la *taqiya* ! – sur sa pensée véritable. Le 1er mars 1979, il avertit toutefois : « Bien que nous ayons retrouvé la liberté, les racines de l'impérialisme et du sionisme n'ont pas été éradiquées… Un référendum sera tenu bientôt. Je vais voter pour une république islamique, et j'attends du peuple qu'il en fasse de même. » Et d'ajouter toutefois que les opposants ont le droit d'exprimer leur vote librement. Le référendum a lieu début mars et la participation électorale est très élevée – 97 % des votants disent oui à une république islamique, que Khomeyni et ses conseillers se sont bien gardés de définir plus précisément.

Dans la foulée de ce triomphe, l'ayatollah, non sans habileté, prend ses distances et se retire dans sa ville de Qom, où il va demeurer pendant neuf mois. Pour beaucoup, c'est le signal qu'il considère sa mission comme achevée et qu'il veut retourner à une vie consacrée à l'étude, à l'enseignement et à la prière. Est-ce une pure manœuvre ? En tout cas, Qom devient aussitôt une sorte de capitale politique virtuelle du pays. Les visites y sont incessantes – on vient le consulter de Téhéran – et l'ayatollah se laisse filmer et photographier afin que son image soit constamment présente partout dans le pays.

L'opposition, cependant, n'a pas dit son dernier mot et les attentats se poursuivent. Face à cette opposition, Khomeyni choisit de ne pas interrompre le processus engagé pour l'établissement d'une nouvelle Constitution mais d'orienter celle-ci en substituant à une Assemblée constituante une assemblée beaucoup plus resserrée d'« experts », élus, certes, mais parmi lesquels les membres du clergé forment une large majorité. Une campagne est lancée pour soutenir le principe du *velayat-e faqih* – gouvernement du jurisconsulte –, méconnu du grand public. Le risque majeur est que ce principe fondamental soit interprété comme un retour à la dictature du shah. Certes, la légitimité de Khomeyni n'est pas remise en cause par la grande majorité, mais l'ayatollah est préoccupé par la pérennité de ses conceptions et de la révolution islamique. Dans le pays, les éléments modérés sont de plus en plus marginalisés, la presse libre muselée.

Le concept de *velayat-e faqih* gagne du terrain et finit par s'imposer sans grande difficulté, malgré l'opposition d'ayatollahs prestigieux, dont Mohammad Shariatmadari. Khomeyni est déclaré Guide suprême à vie, et reconnu comme « Imam de l'Umma musulman ». La nouvelle Constitution dispose que « la souveraineté appartient à Dieu et à son vice-régent, le *vali-e faqih* ». Le Guide a toute autorité pour déclarer la guerre ou la paix, nomme les chefs militaires, confirme le président élu et peut choisir lui-même les principaux responsables de l'État. C'est aussi à lui de désigner le commandant en chef des Gardiens de la révolution. Sur le papier, néanmoins, les électeurs ont encore leur mot à dire, le Parlement a un rôle essentiel et il existe en principe une séparation des pouvoirs. Mais le *vali* – « jurisconsulte » – dispose d'un droit de veto à tous les niveaux. Son pouvoir est donc considérable : c'est une quasi-dictature.

La Constitution est taillée sur mesure pour Khomeyni. Dans la pratique, il ne se montre pas ouvert à la remise en cause de ses idées. Lorsque tel ou tel vient exposer ses doléances, son attitude habituelle est d'esquiver le débat. Il se retranche alors derrière le respect dû à l'âge et à l'expérience du *marja*, de celui qui est un modèle et que l'on doit s'efforcer d'imiter. Il dit simplement, d'une voix volontairement lasse : « Je suis fatigué », ou bien, sur un ton un peu plus autoritaire : « Je ne veux plus entendre parler de cela ». La discussion est close, son autorité est indiscible.

Lorsque Oriana Fallaci, la célèbre journaliste italienne, l'interviewe en octobre 1979, elle est, en dépit de ses opinions féministes et de la pugnacité de ses questions concernant notamment le port du *chador*, impressionnée par « la grande dignité et la noblesse de maintien de l'imam ». C'est « vraiment la première fois de ma vie que j'ai éprouvé ce qui s'appelle le charisme », confiera-t-elle.

Est-on dès lors en présence d'une dictature de type européen ? Si le culte de la personnalité se développe, le Parlement, en Iran, est actif, et le peuple y est profondément attaché. Au sein même du clergé, il existe encore des discussions sur la nature du régime, le rôle des mollahs et le *velayat-e faqih*. C'est donc en effet une dictature, mais pas un régime totalitaire. Cependant, lorsque Shariatmadari manifeste son opposition très nette au concept de « gouvernement du jurisconsulte », Khomeyni se montre impitoyable, fait pourchasser ses partisans et ordonne qu'il soit exilé (sur le territoire) et confiné définitivement.

Paranoïa

Un événement considérable symbolise, aux yeux de l'opinion publique internationale, la tournure dictatoriale de la République islamique et son absence de respect pour les règles de fonctionnement du droit international et des relations normales entre nations civilisées : l'occupation, le 4 novembre 1979, de l'ambassade des États-Unis et la prise en otage des diplomates américains par des étudiants qui protestent contre le départ du shah pour les États-Unis où il doit soigner son cancer.

Le Guide suprême, qui se trouve toujours à Qom, est d'abord pris de court. Lorsque Ibrahim Yazdi, le ministre des Affaires étrangères, lui rend visite, il l'interroge : « Qui sont-ils, pourquoi ont-ils fait cela ? Faites-les sortir de là. » Fin tacticien, en effet,

Khomeyni observe la foule et l'opinion publique, il sait que la révolution est fragile et qu'une confrontation directe avec la première puissance mondiale est risquée. En quelques heures, il va pourtant évoluer vers un soutien total aux auteurs de la prise d'otages et surtout désigner les Américains comme l'adversaire principal de l'Iran, eux qui, jusque-là, étaient pourtant dans l'expectative vis-à-vis du nouveau régime. Alors qu'il a pu, par moments, apparaître comme une influence modératrice, cherchant à canaliser la révolution et à en corriger les excès, Khomeyni va être totalement engagé dans l'action, sans doute par peur d'être lui-même débordé.

Le 3 décembre 1979, la nouvelle Constitution est adoptée – en six mois, le peuple iranien a voté à deux référendums. Le principe fondamental du gouvernement du jurisconsulte est donc adopté par un vote populaire, avec toutefois un niveau d'abstention élevé. Les espoirs des éléments plus modérés ne sont cependant pas totalement éteints, en témoigne l'élection en janvier 1980 d'un laïc, Bani Sadr, au poste de président de la République, qui cherche à repositionner la République islamique au centre et à écarter les éléments les plus fanatiques. Il est handicapé par une certaine confusion existant sur le rôle exact du président. Encore une fois, tout va dépendre de l'attitude de l'imam.

La prochaine crise ne tarde pas. À peine Khomeyni est-il en train de consolider son pouvoir que Saddam Hussein, le dictateur irakien, lance ses troupes dans le sud de l'Iran, le 22 septembre 1980. L'ayatollah craint que la République islamique ne s'effondre. Mais, tandis que les exécutions d'opposants se poursuivent, cette guerre contre l'Irak va être l'occasion pour les Gardiens de la révolution de s'illustrer au front, d'aider l'imam à renforcer son emprise sur le pays tout entier, notamment avec l'aide d'anciens de la Savak, et de réprimer tous les mouvements contre-révolutionnaires encore actifs. Khomeyni quitte Qom et s'installe tout près de la capitale. Le 28 juin 1981, l'un de ses proches, l'ayatollah Beheshti, est tué dans un attentat qui détruit le quartier général du Parti de la République islamique. Le Guide suprême est profondément touché, et on le voit à nouveau en larmes aux obsèques de son ami. Des milliers d'opposants, notamment issus du parti des « Moudjahidine du peuple », sont emprisonnés et des centaines exécutés.

La guerre contre l'Irak va se poursuivre pendant plusieurs années. L'Iran résiste héroïquement et le peuple fait des sacrifices considérables, mais le résultat est une impasse. Les Occidentaux et Israël ont fait en sorte qu'il n'y ait pas de vainqueur. La nation est épuisée, les pertes sont considérables : près de 500 000 Iraniens selon l'historien Pierre Razoux. L'imam, qui n'est pas insensible à cette situation, fait enfin preuve de réalisme et donne son accord à l'acceptation de la résolution de l'ONU n° 598 qui exige un cessez-le-feu et le retrait des troupes des deux pays sur les frontières internationalement reconnues. Le 18 juillet 1988, les dirigeants iraniens annoncent la fin de la guerre avec le voisin irakien. Le pays est presque à genoux, mais le leader spirituel de l'Iran est parvenu à maintenir son unité dans la guerre, refusant les offres de négociation, preuve de l'emprise qu'il exerce sur la nation iranienne.

Khomeyni et Rafsandjani
lors de la présentation
du nouveau gouvernement
après la révolution, en février 1979.

Le régime en sort renforcé ; la guerre a soudé le pays autour de ses nouveaux dirigeants et a permis aux Gardiens de la révolution de consolider leur emprise sur des pans entiers de la société.

Même vieillissant et d'une santé déclinante, le Guide domine totalement la vie politique et religieuse de l'Iran, comme le démontre un dernier épisode, qui sera son chant du cygne – ou son ultime méfait. Avec l'arrivée à la présidence des États-Unis de George H. W. Bush en janvier 1989, les relations avec l'Amérique ont pris d'abord un tour plus conciliant. Une fraction dite « modérée », autour d'un proche de l'imam, Hachemi Rafsandjani, tente de mener une politique d'ouverture, moins agressive à l'égard de l'Occident. Rafsandjani va même jusqu'à suggérer que la Constitution soit réformée, et que la guerre contre l'Irak a été en réalité une erreur. Khomeyni, furieux de cette atteinte à son autorité, réagit, mais, plutôt qu'une confrontation directe – Rafsandjani est un compagnon de route –, il choisit de lancer à la radio, le 14 février 1989, sa célèbre *fatwa* contre le roman de Salman Rushdie *Les Versets sataniques*, condamnant à mort non seulement l'auteur, mais aussi tous ceux qui ont collaboré de près ou de loin à la parution de l'ouvrage. Par cette mise au pilori spectaculaire – les opinions occidentales découvrent à cette occasion le terme qui va dès lors symboliser l'arbitraire du pouvoir absolu –, l'imam détruit à dessein tout espoir de rapprochement avec l'Occident. Les diplomates européens quittent le pays, un religieux musulman qui a critiqué la sentence est assassiné en Belgique et le traducteur japonais est exécuté au Japon par une équipe de tueurs issus des Gardiens de la révolution. Pour Khomeyni, il est hors de question de renoncer à l'exportation de la révolution : cette *fatwa* restera à jamais, pour beaucoup, le symbole brutal de sa dictature.

Khomeyni meurt d'un cancer le 3 juin 1989. Ses funérailles à Téhéran, grandioses, désordonnées, attirent une foule considérable : c'est le grand deuil du chiisme, et une période d'incertitude qui s'ouvre pour le pays. La dictature de droit divin qu'il a tenté d'imposer est trop liée à sa personnalité et à son extraordinaire charisme. L'expérience de la République islamique iranienne, forme hybride improbable de démocratie parlementaire et de théocratie, se poursuit, et la nation iranienne demeure convaincue de sa destinée unique. Face à l'Occident et aux États-Unis en particulier, et en dépit des divisions de l'islam, l'imam a permis à beaucoup de musulmans, malgré les excès de la révolution, de recouvrer une certaine fierté. Mais l'ayatollah a finalement échoué à affermir définitivement le règne du divin, qu'il s'est toujours efforcé de servir : dans les affaires terrestres, la voix du peuple des hommes n'est pas aisée à étouffer complètement.

Bibliographie sélective

Michael AXWORTHY, *Revolutionary Iran*, Londres, Allen Lane, 2013.

Con COUGHLIN, *Khomeini's Ghost*, Londres, Macmillan, 2009.

Nikki KEDDIE, *Modern Iran*, Yale University Press, 2006.

Baqer MOIN, *Khomeini, Life of the Ayatollah*, Londres, I. B. Tauris, 2009.

Christian et Pierre Pahlavi, *Le Marécage des ayatollahs*, Perrin, coll. « Tempus », 2017.
Pierre Razoux, *La Guerre Iran-Irak*, Perrin, 2013.
Yann Richard, *L'Islam chiite*, Fayard, 1991.

21

Saddam Hussein, le voyou de Bagdad

par Jérémy ANDRÉ

À la tête de l'Irak à partir du début des années 1970, Saddam Hussein s'est construit une légende : celle d'un chef arabe moderne, ambitieux, guerrier, ennemi de l'impérialisme américain ct d'Israël, père de sa nation soutenu par un État policier tout-puissant. En coulisse, le maître du Baas irakien n'a eu de cesse de faire régner la terreur, de massacrer ses compatriotes, et de prendre les décisions les plus catastrophiques – guerre contre l'Iran, annexion du Koweït, usage répété d'armes chimiques –, dont le peuple irakien a chèrement payé les conséquences. Sa chute sera finalement provoquée par les attentats du 11 septembre 2001, avec lesquels il n'avait pourtant aucun lien ! Fondée sur des mensonges, l'invasion américaine de 2003 constitue le péché originel du XXIe siècle.

L'ami de la France

La vie publique de Saddam Hussein a commencé sur un immense malentendu. Jusque-là totalement inconnu, il surgit sur la scène internationale au printemps 1972. Le 1er juin, l'Irak a nationalisé la Compagnie irakienne de pétrole, propriété d'un consortium de sociétés occidentales – BP, Shell, Esso, Mobil et la Compagnie française des pétroles, l'ancêtre de Total. Hussein n'est alors que l'adjoint du président Ahmad Hassan al-Bakr (1914-1982), mais c'est lui qui a supervisé toute l'opération. Deux semaines plus tard, le 14 juin, le « numéro 2 irakien », annonce la presse, atterrit à Orly pour négocier un accord particulier avec Paris, qui refuse de faire front commun avec Londres et Washington. Le représentant de Bagdad est reçu sur le tarmac par la Garde républicaine et le Premier ministre d'alors, Jacques Chaban-Delmas. Les télévisions découvrent un personnage surprenant à l'impeccable coupe en brosse et à la fine moustache – elle s'épaissira avec l'âge –, un trentenaire à la silhouette massive, 1,86 m, la carrure idéale pour son costume sur mesure sombre et croisé, avec ce sourire séducteur et ce regard ferme qui lui donnent un air d'intelligence supérieure – rien à voir avec les très classiques officiers irakiens qui l'accompagnent, vieillissants ou obèses, engoncés dans des uniformes militaires enguirlandés de fourragères et de médailles. « Grand, élégant, l'allure sportive, très maître de lui, M. Saddam Hussein ressemble, par bien des points, à ceux qu'on appelle en France les "jeunes loups" », s'enthousiasme *Le Monde*.

C'est le début d'une brève idylle entre la France et le nouvel homme fort de l'Irak. Paris croit avoir trouvé une sorte de « gendre idéal », le technocrate tombé du ciel à la tête d'un jeune État gorgé de pétrole, une perle rare à l'heure des krachs pétroliers de 1973 et 1979, et surtout une poule aux œufs d'or (noir) prête à signer à la pelle des contrats avec l'industrie française. En prime, c'est un homme de dossiers, « meilleur que bien des spécialistes », reconnaissent ses opposants. Il épluche lui-même les rapports qu'on lui rend, et peut poser la question qui tue à ses scientifiques ou ses ingénieurs, alors même qu'il n'a qu'une maigre licence en droit ! Ce pragmatique, décidément bien sous tous rapports, évite en outre à son pays un énième bain de sang en signant les « accords d'Alger » le 6 mars 1975 avec l'Iran. Le régime du shah est intervenu l'année précédente pour soutenir les combattants « peshmergas » (surnom qui en kurde signifie « ceux qui affrontent la mort »), guérilla kurde qui harcèle l'État irakien dans les montagnes du Nord depuis le début des années 1960. Dans la foulée, le despote éclairé reçoit de l'Unesco le prix Kropeska 1982 pour avoir soutenu une campagne mondiale contre l'analphabétisme – qu'importe qu'il ait en fait menacé de prison ceux qui ne participeraient pas à sa « Journée du savoir ». Et les contrats franco-irakiens s'enchaînent. Décembre 1974 : avec l'Institut Mérieux pour créer un laboratoire pharmaceutique en Irak – au prétexte de développer des vaccins vétérinaires pour l'élevage, mais déjà avec l'arrière-pensée de s'équiper en armes bactériologiques. Septembre 1975 : le nouveau et fringant Premier ministre français, Jacques Chirac, reçoit son homologue irakien en grande pompe, les deux hommes signent la vente historique de chasseurs Mirage-F1, et un accord à 3 milliards de dollars pour équiper l'Irak d'un réacteur nucléaire civil, puis passent une journée dans le Midi, entre un spectacle de tauromachie et la visite du centre nucléaire français de Cadarache. Les deux pays y trouveront leur compte. En 1978, l'Irak fournit un quart des besoins pétroliers de l'économie française. Et, grâce à ses nouveaux clients, la richesse du pays de Saddam décolle. Ses revenus pétroliers bondissent de 476 millions de dollars par an en 1968 à 26 milliards douze ans plus tard. Bagdad devient une métropole moderne. Les vallées du Tigre et de l'Euphrate se couvrent d'autoroutes et d'usines fournies par la France clé en main, jusqu'au stylo du directeur.

Le bâtard

Rien ne trahit qui est en vérité Saddam Hussein. À part peut-être un petit tatouage à la main gauche, trois points sur le revers, une marque tribale typique des Arabes sunnites de sa région, Tikrit, au nord de Bagdad. Saddam n'est pas le jeune « technocrate » que voient en lui des Occidentaux béats et naïfs qui ne connaissent rien à l'Irak. Aux yeux des Irakiens, ce tatouage rappelle qu'il vient d'un milieu pauvre, tribal, et non de quelque famille éduquée d'une des cités millénaires de la Mésopotamie. Il n'a pratiquement pas fait d'études et, contrairement à une idée répandue, il n'est pas militaire – il a lamentablement échoué aux

Saddam Hussein (1937-2006)
en 1960.

© AFP

examens d'entrée du collège d'officiers de Bagdad. Fait rarissime pour un personnage de cette ampleur au XXe siècle, d'immenses zones d'ombre subsistent dans sa biographie. Ses origines ont longtemps été recouvertes par les inventions de la propagande et de ses ennemis. Parue pour la première fois en 2002 sous le titre *Saddam, the King of Terror*, la méticuleuse enquête de Con Coughlin, journaliste britannique du *Telegraph*[1],

1. Avant celle-ci, d'autres biographies ont pu éclairer des aspects de la vie de Saddam Hussein, mais elle est la première

a heureusement démêlé pour l'essentiel le vrai du faux, quand cela était encore possible. À commencer par sa date de naissance officielle, le 28 avril 1937, inventée au temps de sa marche vers le pouvoir pour le faire paraître plus âgé. Il pourrait en fait être né deux ans plus tard. Comme beaucoup d'enfants dans les campagnes irakiennes jusqu'à une période récente, il n'a sans doute pas été déclaré à l'état civil. Sa mère, Sabha, est célibataire. Elle le met au monde dans le village d'al-Ouja, un hameau misérable de maisons de torchis, le long d'un méandre du Tigre, à 8 kilomètres au sud de Tikrit. De son père, on ne connaît qu'un nom : Hussein al-Majid. Il a disparu avant ou juste après sa naissance. Cette situation a suscité les plus folles rumeurs, faisant de Sabha une prostituée et d'Hussein père un brigand. Dans la société traditionnelle arabe, il n'y a pas d'origines plus obscures que celles d'un enfant sans père, qui plus est membre d'un clan, les al-Bejat, de la tribu al-Bu Nasir, qui jouit d'une réputation très défavorable. La seule force dont il hérite, c'est ce nom, « Saddam », « celui qui se confronte » en arabe. L'enfant grandit dans une misère crasse, avec un beau-père qui le bat et se sert de lui pour voler.

Saddam a cependant un protecteur : son oncle Khairallah Tulfah (1910-1993), le frère de sa mère. Celui-ci sort de prison en 1947. Il y avait été jeté pour avoir soutenu six ans plus tôt l'insurrection du Premier ministre pronazi Rashid Ali al-Kailani (1892-1965) contre les Britanniques. Khairallah est un

---

à disposer d'un imposant appareil critique. Voir la bibliographie sélective en fin de chapitre.

ultra-nationaliste dont le bagage intellectuel se limite à la haine des Iraniens et à l'antisémitisme, qui explose dans la région avec la création de l'État d'Israël. À partir de la fin des années 1940, Saddam est placé chez cet oncle devenu instituteur et y reçoit avec un peu de retard un enseignement primaire. À part ces quelques grands traits, d'innombrables anecdotes invérifiables circulent sur son enfance, issues des biographies officielles, de confidences douteuses de Saddam ou de rumeurs locales. Elles figurent un petit garçon des rues moqué par ses voisins à cause de sa condition de bâtard, qui se défend contre les autres enfants à coups de barre de fer, qui a pour seul ami son cheval et qui persécute ses professeurs. Ce tableau relève sans doute plus du folklore que de la jeunesse qu'a réellement vécue le dictateur. À l'automne 1955, son certificat en poche, Saddam monte à Bagdad, où Khairallah obtient un poste de directeur d'école. L'adolescent y entre au lycée. Il y aurait fréquenté un mouvement de jeunesse paramilitaire, al-Futuwwa, créé dans les années 1930 et inspiré par les Jeunesses hitlériennes et les Faisceaux de combat. C'est ainsi qu'il fait ses premières armes en affrontant de jeunes communistes dans des manifestations. Sa famille gravite en outre déjà autour du Baas (« Résurrection »). Fondé en 1947 à Damas, ce parti laïc vise à concilier socialisme et panarabisme, et vient d'ouvrir une branche au milieu des années 1950 en Irak. Un ami de Khairallah Tulfah, le général Ahmad Hassan al-Bakr, lui aussi originaire de la région de Tikrit, en devient alors l'une des principales personnalités. Al-Bakr se joint à la révolution du 14 juillet 1958, menée par le général Abdulkarim

Kassem (1914-1963), qui parvient un temps à rassembler communistes et nationalistes. La famille royale irakienne est entièrement massacrée. Le pays entre dans un cycle d'instabilité qui en fera, selon la formule d'un de ses dirigeants, une véritable « usine à coups d'État ».

L'assassin

La famille de Saddam profite d'abord de l'ascension de son bienfaiteur al-Bakr. Khairallah est nommé directeur du Bureau de l'éducation de la ville de Bagdad. Mais un militant communiste de Tikrit, Saadoun al-Tikriti, informe les autorités du séjour de l'oncle en prison dix ans plus tôt, et celui-ci est renvoyé. Pour se venger, il envoie son neveu à Tikrit. Selon un témoin, Saddam aurait assassiné Saadoun le 24 octobre 1958 d'une balle dans la tête, par-derrière. Saddam et Khairallah sont immédiatement mis en détention, mais au bout de six mois ils sont relâchés faute de preuves. Un compagnon de cellule baasiste décrira deux « murs », muets comme des carpes, qui ne font confiance et ne se confient à personne. Quand ils sont libérés, le Baas, dont les membres ont été chassés du gouvernement, projette justement d'assassiner Abdulkarim Kassem. L'étudiant en médecine qui mène l'opération, Abdulkarim al-Shaikhly (1937-1980), va devenir l'un des plus proches compagnons de Saddam. Le jeune repris de justice a le profil idéal et rejoint l'équipe chargée de mitrailler la voiture du Premier ministre, le 7 octobre 1959. L'hagiographie du futur régime en fera une véritable épopée, avec le jeune Hussein pour héros. En 1980, cet épisode fera même l'objet d'un film de six heures, *Les Longues Journées*, monté par Terence Young, le réalisateur britannique des premiers *James Bond*. Saddam n'a en réalité joué qu'un rôle secondaire, et a même probablement provoqué l'échec de l'opération en ouvrant le feu trop tôt. Le chauffeur est tué, mais pas Kassem, tout juste blessé au bras et à l'épaule. Blessé lui-même, Saddam s'exile à Damas, où il passe quelques mois avant d'être envoyé par le Baas au Caire pour y finir son lycée. Grâce à l'aide de l'État égyptien, il y commence en 1961 des études de droit. C'est au début de l'année suivante qu'il se fiance avec sa cousine Sajida (née en 1937), la fille de Khairallah, qu'il épousera à son retour en Irak. Il accomplit aussi de fréquentes visites à l'ambassade américaine du Caire, nouant le contact avec la CIA, qui soutient la montée du Baas en Irak pour contrer les communistes. Le 8 février 1963, Kassem est renversé et tué lors d'un coup conduit par un duo de généraux, le nationaliste Abdulsalam Aref (1921-1966) et le baasiste Ahmad Hassan al-Bakr, l'ami et patron de Khairallah. Les conjurés de 1959 atterrissent en fanfare à Bagdad.

Les baasistes mènent dès lors une impitoyable chasse aux communistes, qui fait entre 1 500 et 5 000 morts dans des combats de rue, précédant 149 exécutions et des centaines, voire des milliers de disparus, torturés ou abattus sommairement dans des prisons secrètes. Saddam participe en coulisse à la répression, désormais comme membre à part entière du Baas et garde du corps d'al-Bakr. Mais, dès novembre 1963, Aref chasse les baasistes de son gouvernement, les renvoyant à l'opposition et à la clandestinité. Le jeune Hussein, dont le premier fils, Oudaï, naît en juin 1964, supervise la formation paramilitaire du *Jihaz Haneen* (l'« appareil des aspirations » en arabe), et monte un projet d'assassinat contre Aref, à partir de septembre 1964. Un mois plus tard, il est arrêté dans la banlieue de Bagdad avant d'avoir pu entrer en action, mais, ayant évité la torture et la mort sans doute grâce à des protections haut placées, il s'évade le 23 juillet 1966 aux côtés d'Abdulkarim al-Shaikhly. Il vit longtemps comme un fugitif, dort dans un lieu différent chaque nuit, roule en Coccinelle puis dans une vieille Mercedes, volées à des communistes. Il termine aussi ses études de droit, et se déplace sur le campus toujours armé, encadré de plusieurs gros bras. Fin 1967, sa milice mate une grève étudiante. Après la défaite cuisante de la guerre des Six-Jours, en juin de la même année, il resserre ses contacts avec la CIA et les Britanniques, auxquels il demande du soutien pour renverser le président Abdulrahman Aref (1916-2007), frère aîné d'Abdulsalman, mort dans un accident d'hélicoptère en 1966. Début 1968, le Baas irakien rompt définitivement avec sa maison mère syrienne, qui s'est rapprochée des communistes deux ans plus tôt. Et, le 17 juillet suivant, Saddam Hussein émerge du tank de tête de la colonne qui investit le palais présidentiel pour un énième coup d'État. Les baasistes ont fait alliance avec des officiers supérieurs que Saddam se charge lui-même d'écarter, dès le 30 juillet. L'un d'eux, Abdulrazzak Nayif, brièvement Premier ministre, est surpris en plein déjeuner avec al-Bakr, désormais président. Hussein, son âme damnée, le met en joue l'arme au poing. « Ne me tuez pas, j'ai quatre enfants ! » supplie Nayif. « N'ayez pas peur, rien n'arrivera à vos enfants si vous êtes raisonnable », lui répond cyniquement Saddam. Nayif est envoyé en exil au Maroc – il finira assassiné à Londres en 1978.

Le jeune loup

Khairallah est nommé maire de Bagdad, Shaikhly ministre des Affaires étrangères, Saddam adjoint d'al-Bakr à la présidence du Conseil de commandement de la révolution, l'institution créée par le Baas pour diriger le pays. Paradoxalement, ce mouvement viscéralement anticommuniste se stalinise. Les nouveaux maîtres de l'Irak mettent en scène le 27 janvier 1969 l'exécution sur la place de la Libération, au centre de Bagdad, de 14 « espions », dont 9 Juifs irakiens accusés de travailler pour Israël. Resté en coulisse, Saddam passe les trois premières années à éliminer un à un tous ceux qui risqueraient de lui barrer le chemin du pouvoir. « Je me suis chargé de tous les chacals », résume-t-il quand un baasiste s'étonne de ne pas l'avoir vu apparaître en public à cette époque. À l'instar de Staline, il met méthodiquement en place les organes de la terreur baasiste : l'*Amn al-Amm*, ou Sécurité d'État intérieure ; le *Jihaz Al-Mukhabarat Al-Amma*, en raccourci le *Mukhabarat*, la Direction du renseignement général ; et l'*Istikhbarat*, le renseignement militaire. Et il place à leur tête sa famille et son gang, les caïds qui avaient terrorisé Bagdad à ses côtés dans sa jeunesse. Ce système fait immédiatement des milliers de morts. Il lui permet aussi de déjouer plusieurs tentatives de coup d'État, la première le 20 janvier 1970, soutenue par le shah d'Iran, une autre le 30 juin 1973, orchestrée par l'un de ses bras droits. En septembre 1971, Saddam se risque même à tenter d'assassiner le chef de la rébellion kurde, Mustafa Barzani (1903-1979). L'Irak a envoyé des clercs chiites pour négocier avec ce dernier. Les hommes d'Hussein ont piégé des magnétophones à l'explosif, dont la détonation tue deux des émissaires, et non la cible. « L'Irak est un État policier dirigé par Saddam Hussein qui est un fou obsédé par le pouvoir », résume Barzani, furieux et, le premier, lucide. Même son compagnon d'armes de la première heure, Abdulkarim al-Shaikhly, est à son tour écarté, envoyé comme ambassadeur à l'ONU – il sera assassiné à son retour à Bagdad, en 1980.

Le président al-Bakr ne décide bientôt plus de rien. La propagande développe un culte de la personnalité autour de son adjoint, figure du jeune chef arabe moderne, à la vie de famille parfaite, amateur de barbecues, de chasse et de vin rosé, dont l'épouse travaille à mi-temps comme institutrice – tout en faisant son shopping à Paris et à New York avec le jet présidentiel. À la fin de la décennie 1970, le Baas réunit plus d'un million de membres (sur 12 millions d'habitants), dont 150 000 dans l'Armée populaire, sa principale milice. Et l'Irak commence déjà à apparaître comme un État voyou sur la scène internationale, pour son soutien à des groupes terroristes palestiniens radicaux. Son programme nucléaire, malgré les promesses de se cantonner aux usages civils, est suspecté de viser la fabrication d'une bombe. Mais c'est surtout l'éviction

Le dictateur maniant un RPG
pendant la guerre Iran-Irak
entre 1980 et 1988.

d'al-Bakr qui révèle au monde le vrai visage de Saddam. Sous la menace, le 17 juillet 1979, l'« adjoint » contraint son mentor à démissionner pour « raisons de santé ». Cinq jours plus tard, le nouveau président organise dans le centre de conférences d'al-Khuld à Bagdad une réunion extraordinaire des dirigeants du parti qui sera le théâtre d'une spectaculaire purge, entièrement filmée. Fumant nonchalamment un cigare cubain, Saddam y désigne 55 conspirateurs, accusés d'être aux ordres du président syrien Hafez al-Assad. Un à un, ils doivent hurler le slogan du Baas, « Unité, liberté, socialisme », et quitter la salle pour être arrêtés. Vingt-deux seront exécutés dans les jours qui suivront, par leurs camarades survivants. Saddam clôt la réunion par cette sinistre formule : « Nous n'avons pas besoin de méthodes staliniennes pour nous occuper des traîtres ici. Nous avons besoin de méthodes baasistes ! »

L'agresseur

Maître absolu de l'Irak, le nouveau président conduit dès l'année suivante le pays à sa première catastrophe. Certain que la révolution islamique a désorganisé l'Iran, il pense pouvoir la vaincre facilement et lui imposer la révision des accords d'Alger, qui avaient reconnu la souveraineté iranienne sur la rive gauche du Chott al-Arab, le delta du Tigre et de l'Euphrate. Saddam s'inquiète en outre de l'agitation des chiites, qui forment la majorité de la population irakienne et sont soutenus par leurs coreligionnaires iraniens. En avril 1980, des partisans du grand ayatollah Mohammed Bakr al-Sadr (1935-1980)[1] tentent d'assassiner Tarek Aziz (1936-2015), le vice-Premier ministre de Saddam. En représailles, Sadr et sa sœur sont arrêtés et pendus. La République islamique menace de les venger. Le dictateur irakien trouve là le prétexte qu'il attendait pour déclencher les hostilités. Le 22 septembre 1980, son aviation lance par surprise une attaque en profondeur contre l'Iran, en préalable à l'invasion du Chott al-Arab. Saddam veut mettre l'ennemi à genoux au plus vite et le forcer à traiter. Il a oublié que les deux armées sont de force égale, et que le territoire auquel il s'attaque, avec près de 39 millions d'habitants, est trois fois plus peuplé. Nationalisme et islamisme vont y mobiliser les masses contre l'envahisseur. Premier objectif, la prise de la ville clé de Khorramshahr, en aval de Bassora, coûte d'emblée aux Irakiens de très lourdes pertes. Et, dès mai 1981, la contre-offensive iranienne prend l'allure d'un rouleau compresseur grâce aux volontaires des Gardiens de la révolution, des enfants soldats et de jeunes hommes fanatisés par les mollahs qui les persuadent qu'ils iront au paradis s'ils meurent en « martyrs ». Pour l'Irak, les revers s'enchaînent sur tous les fronts. Le 7 juin 1981, un

1. Les deux plus importants sanctuaires chiites sont situés en Irak, au sud de Bagdad, à Kerbala et à Nadjaf. Dans cette seconde ville se trouve le siège des « grands ayatollahs », autorités suprêmes du chiisme duodécimain. Clerc le plus talentueux de sa génération, Mohammed Bakr al-Sadr a participé en 1957 à la fondation du parti islamique Dawa, qui s'impose rapidement comme le principal mouvement d'opposition à Saddam en Irak et soutient la révolution islamique en Iran.

bombardement israélien réduit en poussière les installations nucléaires d'al-Tuwaitha, annihilant l'espoir de Saddam d'avoir sa « bombe arabe ». Puis, en mai 1982, Khorramshahr retombe dans les mains des Iraniens, qui capturent 22 000 prisonniers – Saddam lui-même, deux mois plus tôt, a failli être pris alors qu'il inspectait un front submergé par un assaut. Le conflit s'enfonce dans une interminable guerre de tranchées.

Terreur et propagande redoublent en Irak. Un nouveau service secret interne est créé, *al-Amn al-Khass*, la « Sécurité spéciale », qui massifie encore davantage la torture. Saddam se fait construire des bunkers, n'apparaît plus qu'en uniforme, se compare aux premiers califes[1], et est désigné comme l'« Oint », le « Guide », le « Fils du peuple ». On lui consacre une exposition permanente dans un musée, des numéros spéciaux dans les journaux, des chansons à la télévision, son effigie est partout : « Il y a 26 millions d'Irakiens, 13 millions de personnes, et 13 millions de portraits de Saddam », selon une plaisanterie courante à l'époque. L'économie s'effondre. En mars 1982, un ministre ose proposer en Conseil que Saddam remette le pouvoir à Bakr. « Allons discuter de ce problème dans une autre pièce », lui répond calmement le président. Quand ils sont sortis, un coup de feu retentit puis Saddam revient et reprend la réunion comme si de rien n'était. Il envoie ensuite une équipe de médecins « euthanasier » son

1. Il est tour à tour assimilé à Omar, calife qui a vaincu les armées perses en 636 à la bataille d'al-Qadisiyya (au centre de l'Irak), et aux califes abbassides, dynastie qui fit de Bagdad la capitale de l'empire islamique à son apogée au VIIIe siècle.

prédécesseur. Plus de 300 officiers seront exécutés dans les mois suivants pour avoir osé remettre en cause la stratégie du commandant en chef. La reprise en main des forces irakiennes culmine avec la fondation de la Garde républicaine en 1984, véritable armée personnelle, bien payée et équipée, qui comprendra jusqu'à 140 000 hommes. La même année, les Iraniens s'emparent des îles Majnun, dans le golfe Persique, et les Irakiens, désespérés, répliquent en employant du gaz moutarde et de l'agent Tabun – ce qui n'empêchera pas l'ennemi de poursuivre ses progrès, deux ans plus tard, en prenant la péninsule de Fao, l'extrémité sud-est de l'Irak. Malgré ces défaites, le clan de Saddam règne sans partage à Bagdad. Ses proches vivent comme des mafieux, font venir des prostituées de Scandinavie, ont des flottes de centaines de voitures de collection et passent leurs soirées dans des night-clubs. Finalement, c'est l'arrivée sur le front de conseillers militaires américains en 1988 qui renverse la vapeur alors même que le régime se déchaîne contre ses ennemis intérieurs, les chiites et surtout les Kurdes : en mars 1988, dans le cadre de la campagne de l'*Anfal* (le « butin » en arabe, nom d'une sourate du Coran utilisé comme nom de code), le général Ali Hassan al-Majid (1941-2010), exécutant des pires basses œuvres du régime, fait bombarder la ville kurde d'Halabja, près de la frontière iranienne, au gaz moutarde, faisant environ 5 000 victimes civiles – l'opération lui vaut le surnom d'« Ali le Chimique ». Quant à l'Iran, vaincu plusieurs fois sur les rives du golfe Persique, il est à bout et accepte un cessez-le-feu le 18 juillet 1988, qui débouchera sur la reconnaissance du *statut quo* d'avant guerre. Huit ans d'une boucherie qui a fait entre 500 000 et 1 000 000 de morts, pour rien !

Le paria

La paix est célébrée par la construction à Bagdad de monumentales « Mains de la victoire », deux épées géantes tenues par des poings modelés sur ceux de Saddam, et par la reconstitution de la cité antique de Babylone avec des murs de briques frappées au nom du président, comme les rois de l'ancienne Mésopotamie. Mais, pour le président irakien, le plaisir est de courte durée. Sa famille est déchirée du fait d'une de ses infidélités. Sa femme tolérait les aventures, pas l'existence d'une maîtresse durable et quasi officielle, en l'espèce l'épouse du patron de la compagnie aérienne nationale. Pour se venger, la Première dame irakienne monte la tête de son aîné, Oudaï, qui tue un des gardes du corps du président, est exilé, mais rapidement pardonné. Faute d'avoir trouvé justice, Sajida se tourne alors vers son frère, Adnan, ministre de la Défense de Saddam. Les deux cousins sont des amis d'enfance. Ils se disputent violemment en mai 1989. Peu après, l'hélicoptère d'Adnan explose en vol, piégé sur ordre du dictateur. Durant cette « drôle de paix », l'économie irakienne se redresse, mais Hussein va une nouvelle fois tout gâcher. Il n'a pas digéré le faible soutien des États arabes lors de sa longue croisade contre l'Iran. Et accuse les autres pays producteurs de pétrole de faire baisser les cours en surproduisant, en particulier le Koweït. Le 2 août 1990, il envahit subitement le petit royaume voisin pour s'en approprier les immenses champs pétrolifères. Cherchant à obtenir le feu vert américain, il a rencontré une semaine plus tôt l'ambassadrice américaine à Bagdad, April Glaspie. « Nous n'avons pas d'opinion concernant les conflits entre Arabes, comme votre désaccord frontalier avec le Koweït », lui a répondu avec la prudence requise la diplomate américaine, n'imaginant pas que les Irakiens allaient interpréter sa non-réponse comme une autorisation tacite de conquérir leur voisin. Le président américain George H. W. Bush ordonne immédiatement le déploiement de troupes en Arabie saoudite, fixe un ultimatum et réunit une coalition missionnée par le Conseil de sécurité de l'ONU. Le 16 janvier 1991, les alliés lancent contre l'Irak un bombardement intensif de cinq semaines. Puis fin février, en quatre jours, leur offensive terrestre annihile les forces d'occupation irakiennes. Avec la « guerre du Golfe », la « quatrième armée du monde » se révèle n'être en fait qu'une armée de parade, inadaptée à la guerre moderne, incapable de faire face à des troupes occidentales et menée par des chefs incompétents. « Valeureux Irakiens, vous avez fait face au monde entier, triomphe le vaincu dans ses discours, contre toute raison. Vous avez gagné. Vous êtes victorieux. Combien douce est la victoire. » Chiites et Kurdes sautent sur l'occasion pour tenter de renverser le régime. Mais Bush n'intervient pas et laisse la population à la merci du dictateur, qui déchaîne ce qui lui reste de soldats contre l'ennemi intérieur. Deux millions de Kurdes sont en fuite à la frontière iranienne fin avril tandis qu'un millier meurent de faim chaque jour.

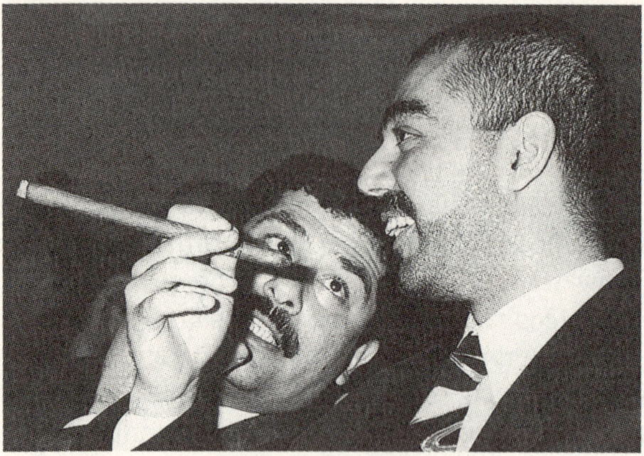

Les enfants terribles de Saddam,
Oudaï (à droite) et Qoussaï
en 2001 à Bagdad.

La résolution 688 du Conseil de sécurité de l'ONU, qui établit une zone d'exclusion aérienne sur le nord du pays, met fin au massacre.

L'Irak, sous embargo, engagé dans un bras de fer avec la communauté internationale qui lui impose des inspections pour démanteler ses armes chimiques, ne va jamais se relever. Accepté en 1996, l'accord Pétrole contre nourriture (1,6 milliard de dollars de pétrole livrés tous les six mois contre de la nourriture et des médicaments) ne permet pas de rétablir la situation humanitaire, tant les trafics et la corruption en amenuisent les bénéfices. En représailles aux sempiternelles manœuvres agressives de Saddam, les Américains bombardent à plusieurs reprises son armée et ses services de sécurité : en avril 1993 après un projet d'assassinat déjoué contre l'ancien président Bush en visite au Koweït, puis surtout en décembre 1998 lors de l'opération « Renard du désert », après un énième échec des négociations pour le désarmement – et au moment où Bill Clinton, empêtré dans un scandale sexuel, cherche une diversion. La CIA échoue cependant à structurer une opposition suffisamment forte, et Hussein échappe inlassablement aux coups d'État et tentatives pour l'éliminer. C'est son fils, Oudaï, qui lui donne le plus de souci : imprévisible, il tue, viole, humilie tant d'Irakiens qu'un jour de décembre 1996 il est mitraillé en plein Bagdad et ne survit que miraculeusement, passant plusieurs années en chaise roulante. Cette épreuve accentue le retour de son père vers l'islam, amorcé après la défaite au Koweït. Une « campagne de renforcement de la foi » a été lancée en 1993. Elle permettra à des islamistes sunnites[1] de s'implanter dans le pays – semant ainsi les premières graines du désastre qui mènera vingt ans plus tard à l'État islamique. Saddam joue cette carte religieuse pour continuer sa guerre contre l'Occident par d'autres moyens. Il fait construire à Bagdad une immense mosquée, Umm al-Marik (la « Mère de toutes les batailles »), dont les minarets sont en forme de Scuds, des missiles de fabrication soviétique employés contre Israël en 1990. Dans ce temple du régime est exposé un

1. Principalement des wahhabites qui soutiennent l'Arabie saoudite, des Frères musulmans liés au mouvement fondé en Égypte dans les années 1930, mais aussi déjà des jihadistes, qui reviennent pour beaucoup d'Afghanistan et prônent le jihad pour renouer avec l'islam conquérant des premiers temps.

« Coran de sang », écrit avec une encre mêlée de plusieurs litres de sang du dictateur lui-même. Le maître de l'Irak a vieilli, mais rien ne doit en paraître : ses cheveux sont teints, il ne porte pas de lunettes en public malgré sa mauvaise vue, et ne marche pas devant les caméras, pour éviter qu'on ne remarque le mal de dos qui le voûte. Toute sa nourriture est soigneusement passée aux rayons X par des savants spécialistes de la radioactivité. Dans chacun de ses dizaines de palais, trois repas sont prêts chaque jour pour lui, même quand il est absent. Il maintient une aura de mystère, on dit qu'il ne dort jamais deux jours de suite dans le même lieu, comme quand il vivait dans la clandestinité du temps où le Baas était pourchassé par le régime des présidents Aref.

Le bouc émissaire

Dès les jours qui suivent les attentats du 11 septembre 2001, le dictateur est désigné comme l'une des principales cibles de la « guerre contre la terreur » déclarée par le président George W. Bush. Une nouvelle inspection de l'ONU est entravée par le régime fin 2002. Les Américains tentent dès lors d'entraîner contre lui, comme en 1991, une large coalition approuvée par la communauté internationale, au prétexte de liens inexistants avec le groupe terroriste al-Qaïda et de la menace d'« armes de destruction massive » tout aussi fictives. En réalité, les stocks de gaz irakiens sont vieillissants et limités, et son programme militaire pour obtenir la bombe H s'est totalement arrêté au début des années 1980. Malgré le veto français à l'ONU et des manifestations mondiales, l'opération « Liberté irakienne » est déclenchée le 19 mars 2003 et s'ouvre par le bombardement du bunker de Saddam Hussein, qui est légèrement blessé. Les troupes américaines atteignent facilement Bagdad en une semaine. Jusqu'à la dernière minute, le président irakien multiplie les apparitions télévisées pour rallier ses troupes dans la débâcle, tout en se terrant dans des planques préparées de longue date. Le 9 avril, le déboulonnage symbolique d'une de ses statues à Bagdad, face à l'hôtel Palestine, marque l'effondrement de son régime. Le dictateur disparaît entièrement le jour même. Sa chute révèle au monde ses palais mégalomaniaques, les salles de torture, les charniers, et les extravagances de son fils Oudaï – on retrouve dans sa villa 2 millions de dollars d'alcool, de cigares et d'héroïne, ainsi que des photos des filles Bush placardées au milieu d'images pornographiques. Dès le 1er mai 2003, George W. Bush croit pouvoir prononcer un discours de victoire triomphateur sur le porte-avions *Abraham Lincoln*. Mais, sur le terrain, les occupants britanniques et américains perdent une dizaine d'hommes chaque jour dans les premières embuscades tendues par des insurgés nationalistes et islamistes – pour la première fois dans le même camp. En cavale, Saddam fait parvenir aux médias des lettres et des enregistrements qui excitent ses soutiens à la guérilla en invoquant le jihad.

La traque des chefs baasistes prend une dimension sans précédent. Un jeu de cartes est même distribué aux soldats d'occupation avec pour figures les dignitaires de l'ancien régime, qui tombent un à un ! Le 21 juillet 2003, les deux fils d'Hussein, Oudaï et Qoussaï, sont tués à Mossoul, dans le nord du pays, dans une gigantesque fusillade pour prendre d'assaut la villa où ils se sont barricadés. Pour en venir à bout, les Américains font intervenir des hélicoptères Apache et des avions antichars A-10. Mustafa, petit-fils de Saddam, qui n'a que quatorze ans, se bat jusqu'à la mort. Trois semaines plus tard, les occupants capturent Ali le Chimique. Mais l'insurrection ne fait qu'empirer : fin août, une attaque-suicide tue 17 personnes au siège de l'ONU à Bagdad, dont le chef de mission Sergio Vieira de Mello. Il faut encore quatre mois pour achever la traque du tyran déchu. C'est un garde du corps arrêté près de Tikrit qui révèle sa planque. Dans la nuit du 13 au 14 décembre 2003, les forces spéciales américaines lancent un immense raid sur une ferme d'al-Daour, à quelques kilomètres d'al-Ouja, le village natal de Saddam. Dans le jardin, elles trouvent une trappe de métal qui recouvre un « trou de souris » de 2,5 m de profondeur. À l'intérieur, un vieil homme avec une barbe et des cheveux hirsutes leur réplique immédiatement : « Je suis Saddam Hussein. Je suis le président de l'Irak et je suis prêt à négocier. » Un hélicoptère le transporte immédiatement à Bagdad, dans la prison réservée aux anciens maîtres de l'Irak. Après de longs interrogatoires par les services américains et par les membres du Tribunal spécial irakien mis en place pour juger les crimes baasistes, son procès s'ouvre le 19 octobre 2005. Saddam apparaît avec une épaisse barbe, grisonnant, ridé, mais aminci et combatif. Il se défend pied à pied, récuse en bloc tous les crimes qui lui sont reprochés et multiplie les provocations. Les défauts de la procédure et la zizanie politique qui l'entoure finissent de faire tourner cette chance historique pour l'Irak en un interminable cirque judiciaire. Pour en finir, le 5 novembre 2006, il est reconnu coupable de crimes contre l'humanité pour les massacres commis lors des répressions contre les chiites dans les années 1980, sans que les procès de ses autres crimes ne soient terminés. Condamné à la peine de mort par pendaison, il est exécuté le 30 décembre 2006, à 6 heures du matin, dans une base militaire irako-américaine de Bagdad, le camp « Justice », sous les insultes de ses bourreaux. L'un d'eux lui a crié au dernier moment : « Va en enfer ! » « L'enfer qu'est l'Irak ? » lui répond Saddam, avant de faire sa dernière prière et qu'on n'ouvre la trappe.

Bibliographie sélective

La Chute. Interrogatoires de Saddam Hussein par le FBI, Éditions Inculte, 2010.

Lisa BLAYDES, *State of Repression : Iraq Under Saddam Hussein*, Princeton University Press, 2018.

Christian CHESNOT et Georges MALBRUNOT, *Saddam Hussein : Portrait total*, Paris, Calmann Lévy, coll. Éditions 1, 2003.

Con COUGHLIN, *Saddam, The King of Terror*, New York, Ecco, 2002.

Efraim KARSH et Inari RAUTSI, *Saddam Hussein : a political biography*, New York, The Free Press, 1991, rééd. Atlantic Grove, 2007.

David D. PALKKI, Mark STOUT, Kevin M. WOODS (éd.), *The Saddam Tapes : The Inner Workings of a Tyrant's Regime, 1978-2001*, Cambridge University Press, 2011.

Pierre RAZOUX, *La Guerre Iran-Irak 1980-1988*, Perrin, coll. « Tempus », 2017.

22

Les Assad, père et fils

par Bernard B**AJOLET**

La Syrie est un pays en ruine. La vieille ville d'Alep, porte de l'Orient pour l'Europe et de l'Europe pour l'Orient, est détruite. La guerre civile qui est en train de s'achever a fait un demi-million de morts[1], fait fuir le tiers de la population, déplacer un autre tiers à l'intérieur du pays. Principal responsable de ce désastre, Bachar al-Assad n'a pas hésité à utiliser l'arme chimique contre son propre peuple, à faire jeter des barils d'explosifs sur les zones rebelles, à envoyer des dizaines de milliers d'opposants en prison, dont beaucoup ont été exécutés ou ont succombé sous la torture. Pourtant, Bachar est toujours là, à la tête de son pays, lui qui n'avait été préparé qu'*in extremis* à la succession de son père, dont il n'avait pas l'étoffe, ni

1. L'évaluation du nombre de victimes varie entre 350 000 et 570 000 selon les sources.

même celle de son frère Bassel, d'abord désigné pour assurer l'avenir de la dynastie. Comment expliquer ce mystère ?

Le point central du régime syrien est sa nature sectaire. Le pouvoir réel est en effet détenu presque exclusivement par les alaouites (10 à 12 % de la population avant la guerre récente). Continuer à l'exercer est une question de survie pour cette communauté, qui serait prête à massacrer le reste de la population s'il le fallait. Pour cette même raison, elle a fait corps autour de Bachar. Et, pour cela aussi, le régime syrien ne peut se réformer, ni céder une once de pouvoir.

Un détour par la religion alaouite – bien qu'il s'agisse ici moins de religion que de communautarisme – est donc nécessaire pour mieux appréhender les ressorts du pouvoir autocratique en Syrie et mettre à jour le mécanisme grâce auquel Hafez al-Assad a pu s'en emparer.

La lente ascension des alaouites

Le fondateur de la secte est Mouhammad ibn Nousaïr al-Namiri, issu d'une tribu établie à l'est de l'Euphrate et mort en 884. C'est pourquoi ses membres ont longtemps été appelés les nousaïris. Mais à partir des années 1920, sous le mandat français, ils préférèrent se désigner eux-mêmes sous l'appellation d'alaouites[1], du nom d'Ali, gendre du prophète Mahomet, qui a

1. À ne pas confondre avec l'épithète associée à la dynastie marocaine, qui se réclame de la descendance d'Ali.

l'avantage de les rattacher, en apparence, au chiisme, donc à l'islam. Ibn Nousaïr disait tenir sa révélation du 11e imam chiite, Hassan al-Azkari, père, aux yeux des chiites duodécimains[1] (qui dominent aujourd'hui en Iran), de Mohamed al-Madhi, le douzième et dernier imam, disparu à l'âge de cinq ans (pour les chiites, il n'est qu'« occulté » et doit réapparaître à la fin des temps pour sauver le monde). Ibn Nousaïr, qui refusait de reconnaître l'existence du Mahdi, s'est proclamé lui-même 12e imam. Au Xe siècle, sa doctrine est transférée à Alep, puis, au siècle suivant, à Laodicée (Lattaquié) par Tabarani[2], qui peut être considéré comme le fondateur de la branche syrienne de la secte.

La religion alaouite comporte encore des zones d'ombre, car elle est d'essence secrète. Pour ce que l'on en sait, elle est un extraordinaire syncrétisme de religions et de philosophies anciennes, des mazdéisme et manichéisme perses au néoplatonisme grec et à l'islam, chiite plus particulièrement, en passant par le christianisme. Au cœur de la doctrine, on trouve une sainte trinité : Ali – qui est d'essence divine, comme Jésus pour les chrétiens –, Mahomet, et Salman le Perse, un affranchi compagnon du Prophète. Le Coran est un des livres saints de la religion alaouite, mais dans un sens caché, le *batin* (qui vient de la racine *BTN*, « ventre »). La dissimulation est ainsi érigée en vertu.

---

1. Duodécimains parce qu'ils reconnaissent douze imams : Ali et ses onze successeurs, dont le Mahdi.

2. Sourour ibn al-Qassim al-Tabarani (mort en 1034 ou 1035), à distinguer du théologien sunnite Abou al-Qassim Souleïman al-Tabarani (mort en 970).

Aussi les alaouites n'ont-ils aucune difficulté à se faire passer pour musulmans et à en imiter les rites quand c'est nécessaire.

Les adeptes de cette doctrine pratiquent une forme de jeûne, mais différente du ramadan. Ils ne font pas le pèlerinage à La Mecque, ni ne pratiquent les ablutions. Ils n'ont pas de mosquées et font leurs prières dans des maisons. Ils observent certains interdits alimentaires, mais ce ne sont pas ceux de l'islam. En revanche, non seulement le vin n'est pas interdit, mais il a une valeur religieuse. Les alaouites célèbrent l'Achoura chiite (en mémoire du martyre de Hussein) – sans les flagellations –, mais aussi les fêtes chrétiennes, comme Noël ou Pâques, sans oublier Norouz, survivance zoroastrienne qui salue le retour du printemps.

Le mystère dont s'entoure la religion alaouite a donné lieu à toutes sortes de rumeurs sur les dépravations auxquelles ses adeptes étaient censés se livrer et servi de prétexte aux massacres qui ont jalonné son histoire. Le Syrien Ahmad ibn Taïmiya (1268-1328), référence des salafistes contemporains, estimait les nousaïris « plus infidèles que les juifs et les chrétiens » et recommandait « la guerre et le châtiment contre eux, conformément à la loi islamique ». Si les théologiens chiites étaient moins virulents que leurs homologues sunnites, ils considéraient néanmoins les alaouites comme hérétiques, du fait de la déification d'Ali.

Les alaouites ont subi des persécutions, dont les plus terribles furent sans doute celles de 1317, sous le règne des Mamelouks (approximativement 20 000 victimes) et de 1516 (10 000 morts) par laquelle le sultan Selim Ier inaugura la période ottomane. Comme les cathares dans le sud de la France ou leurs coreligionnaires bogomiles en Bosnie, les alaouites s'enfermèrent dans leurs montagnes, en l'occurrence le Jebel Ansariyé (ou Jebel alaouite), au sud-est de Lattaquié, pour échapper aux persécutions. Cet isolement contribua à accentuer leur introversion ésotérique et leur endogamie. Jusque dans la première moitié du XXe siècle, ils ne descendaient de leurs refuges montagneux que pour se mettre au service des « Syriens », c'est-à-dire de la bourgeoisie sunnite, tandis que les filles étaient placées encore petites comme bonnes à vie, quand elles n'étaient pas retirées à leur puberté par leurs parents pour être livrées aux maisons de prostitution de Beyrouth. Le souvenir de ces persécutions et de ces humiliations reste très présent dans la mémoire collective des alaouites.

Comment ceux-ci sont-ils passés de l'obscurité à la lumière et du plus bas de la société au sommet du pouvoir ?

C'est sous le mandat français sur la Syrie et le Liban (1920-1946) que cette communauté a commencé à sortir de sa condition servile. Au lendemain de la Première Guerre mondiale, elle manifeste son préjugé favorable à l'égard de la France, qui l'a libérée du joug ottoman. La révolte du cheikh alaouite Saleh al-Ali en 1919 n'a été qu'un épisode isolé, valorisé exagérément quelques décennies plus tard par la propagande de Hafez al-Assad. En fait, les alaouites se rangent dans leur grande majorité du côté de la puissance mandataire après la création par celle-ci d'un « État » alaouite autonome qu'ils ont eux-mêmes réclamé. L'instauration d'un tel « État » – dissous quelques années plus tard – relevait de la volonté du colonisateur de diviser la Syrie pour mieux la contrôler et protéger l'innovation principale qu'était à ses yeux la création du Liban. Cette division – ce « dépeçage » comme il le dira lui-même –, Hafez al-Assad ne le pardonnera jamais à la France, alors qu'à l'époque la plupart de ses coreligionnaires l'avaient saluée.

Si l'esprit colonial dans lequel la France a exercé son mandat sur la Syrie et le Liban fut critiqué dès cette époque par des hommes politiques et journalistes français plus lucides que d'autres, notre pays n'a pas laissé qu'un héritage négatif. Grâce à l'enseignement obligatoire pour tous, les jeunes alaouites ont pu, comme tous les petits Syriens, apprendre à lire et à écrire, puis entrer pour certains d'entre eux dans les écoles de formation d'instituteurs ou de sous-officiers, voire d'officiers. C'est ainsi qu'ils formèrent l'ossature du parti Baas.

Pendant le mandat français, ils se sont enrôlés massivement dans les unités de supplétifs levées par la France. Ils ont brisé des grèves, réprimé les manifestations d'opposants – sunnites pour la plupart – et recueilli des renseignements pour le compte de l'occupant. Durant cette période, ils ont, en quelque sorte, été nos « harkis » en Syrie.

Mais il est une autre raison, profondément culturelle, qui a incité les alaouites à s'engager dans l'armée et, plus tard, les « services » : la Syrie est née, plusieurs millénaires avant notre ère, du commerce. À l'exact opposé des valeurs de la France féodale, cette activité était perçue – et est toujours perçue – par la bourgeoisie sunnite (et chrétienne), héritière de ces siècles de civilisation, comme le plus noble des métiers tandis que l'armée ou l'administration étaient vouées au mépris. Ainsi, la bourgeoisie sunnite a largement délaissé l'armée et les services, livrant cet espace aux alaouites, qui y voyaient au contraire une chance de promotion sociale.

Ce sont les alaouites qui, aux côtés des chrétiens et des Druzes, se sont montrés les plus inquiets à la perspective du départ de la France, évoquée une première fois par le Front populaire de Léon Blum en 1936. Une fois celui-ci acté, en 1946, ils résisteront plusieurs années au gouvernement de la Syrie indépendante dominé par les sunnites. Mais, en coulisse, ils préparaient leur ascension en s'appuyant sur deux vecteurs d'influence : l'armée, qu'ils continuèrent à noyauter en recourant massivement à la cooptation, et le parti Baas (« Renaissance »), fruit d'une lente maturation[1] avant sa fondation officielle à Damas en avril 1947.

Les alaouites, comme les autres membres des communautés minoritaires, en particulier les chrétiens, se sont montrés attirés dès le départ par les trois valeurs de ce parti : le nationalisme – qui diluait leur origine communautaire dans le concept d'arabité –, la laïcité – qui effaçait l'hérésie dont ils étaient soupçonnés –, le progressisme – qui répondait à leurs aspirations de justice et de promotion sociale.

---

1. Michel Aflak (chrétien orthodoxe) et Salah Eddine Bitar (sunnite) avaient fondé à Paris au début des années 1930 l'Union des étudiants arabes en France, d'obédience nationaliste arabe, puis créé à Damas, en 1939, le Cercle de la Résurgence arabe, avec Zaki al-Arzouzi (alaouite).

La prise de pouvoir

Porté par la puissante vague de fond du nationalisme arabe incarné par Nasser en Égypte (juin 1956) et par Kassem et Aref en Irak (juillet 1958)[1], le parti Baas infiltra progressivement la société et la politique syriennes, jusqu'au coup d'État du 8 mars 1963 qui le porta au pouvoir à Damas, aux côtés d'autres partis nationalistes et progressistes, un mois après celui qui avait installé sa branche irakienne à Bagdad. Une lutte sourde s'engagea alors au sein du pouvoir syrien entre les baasistes sunnites menés par le nouveau président, Amine al-Hafez, et les alaouites, conduits par Salah Jédid. Ces derniers, devançant l'épuration envisagée par Amine al-Hafez, s'emparèrent du pouvoir en février 1966 et procédèrent à leur tour à une vaste campagne d'épuration au sein du parti, de l'armée et de l'administration. La vieille garde modérée fut ainsi écartée. Ses chefs les plus emblématiques, Michel Aflak et Salah Bitar, cofondateurs du parti Baas, durent s'exiler[2].

Aussitôt après le coup d'État de 1966, Hafez al-Assad, chef d'état-major de l'armée de l'air depuis 1964, fut nommé ministre de la Défense par Salah Jédid, devenu l'homme fort du gouvernement. Plus

1. Le 14 juillet 1958, les généraux Abdul Salam Aref (baasiste pro-Nasser) et Abdul Karim Kassem (nationaliste) renversent la monarchie à Bagdad. Fayçal II, une grande partie de sa famille et le Premier ministre Nouri Saïd sont massacrés. En février 1963, Aref élimine Kassem.

2. Salah Bitar sera assassiné sur ordre du régime à Paris le 21 juillet 1980.

pragmatique que ce dernier, il était resté en retrait lors du coup d'État, mais avait pris beaucoup d'ascendant au sein du comité militaire secret du Baas, qu'il avait cofondé en 1959 en Égypte – où il était en poste – avec d'autres officiers alaouites (dont Salah Jédid et Mohamed Oumrane[1]) et quelques sunnites (dont Moustapha Tlass). Grâce à ce comité, Assad avait noyauté une bonne partie de l'armée. Il ne lui restait plus qu'à écarter son propre chef. Ce fut l'épisode de Septembre noir en Jordanie qui lui en donna l'occasion : alors que le roi Hussein avait entrepris d'écraser les Palestiniens, Salah Jédid envoya pour leur venir en aide des unités blindées de l'Armée de libération de la Palestine sous commandement syrien. Assad refusa de fournir sa couverture aérienne aux troupes, qui durent se retirer. Menacé de révocation, il prit les devants et fit arrêter Jédid, ainsi que Noureddine al-Atassi, le président. Le premier mourut en prison vingt-trois ans plus tard. Le second y resta vingt-deux ans. Malade, il fut libéré peu de temps avant de s'éteindre. C'est ainsi que Hafez al-Assad devint le nouveau maître de la Syrie le 13 novembre 1970. En mars 1971, il se faisait « élire » président de la République au suffrage universel avec… 99,2 % des voix !

1. Le général Oumrane sera limogé lors du coup d'État de 1966 puis assassiné au Liban en 1972…

Hafez al-Assad : le lion et le renard

Hafez al-Assad est né le 30 octobre 1930 à Qardaha, village du Jebel Ansariyé, dans une famille alaouite de paysans pauvres. Selon l'hagiographie officielle, le surnom « Assad » (« Le Lion ») aurait été pris par son père en 1927 pour marquer sa farouche opposition au

Hafez al-Assad (1930-2000)
en novembre 1977.

mandat français… Élève brillant, le jeune Hafez est inscrit à l'Académie militaire de Homs, dont la scolarité est gratuite, puis envoyé en URSS pendant onze mois pour suivre une formation complémentaire de pilote de chasse. En 1957, il épouse Anissa Makhouf, issue d'une famille alaouite plus aisée que la sienne. Le couple aura cinq enfants : Bouchra née en 1960 ; Bassel né en 1962 (décédé en 1994) ; Bachar, né en 1965 ; Majid, né en 1966 (décédé en 2009) ; enfin, Maher, né en 1967.

Bien qu'ayant conquis le pouvoir grâce à l'armée, Hafez est un pur politique. Engagé dans le parti Baas à peine âgé de dix-sept ans, il ne peut, au moment du « mouvement de rectification » de novembre 1970, se prévaloir d'aucune victoire militaire : lors de la guerre des Six-Jours en juin 1967, alors qu'il était ministre de la Défense, l'aviation syrienne avait perdu 54 avions. À l'époque, notre ambassadeur à Damas lui avait prédit un sombre avenir. C'est, comme on l'a vu, par le complot et le noyautage, et non par de brillants faits de guerre, que Hafez al-Assad a réussi à s'imposer à la tête du pays.

D'une suspicion confinant à la paranoïa, Assad consolide son emprise en s'appuyant sur des services de renseignements aussi nombreux que rivaux (dans les années 1980, on en compte une demi-douzaine), qui infiltrent toute la société et terrorisent la population. Des milliers de personnes sont arrêtées, détenues dans le plus grand secret et parfois torturées. Beaucoup ne reverront jamais leur famille. En revanche, après l'échec de la guerre d'octobre 1973 (appelée « guerre du Kippour » par Israël), Assad n'a plus voulu d'une armée forte susceptible de menacer son pouvoir. D'où sa modération dans les décennies suivantes à l'égard d'Israël, l'arme chimique devant, à défaut de l'arme nucléaire, exercer une fonction de dissuasion. L'armée syrienne est composée de va-nu-pieds mal entraînés et équipés, à l'exception d'un petit nombre d'unités d'élite davantage conçues pour protéger le régime que pour faire la guerre, en particulier la 4e division blindée et la garde présidentielle, confiées l'une et l'autre à des proches.

Le régime d'Assad s'apparente plus à une tyrannie à l'orientale qu'à une dictature de type stalinien ou nord-coréen : peu importe au fond ce que les gens pensent, pourvu qu'ils ne le disent pas. Le régime règne par la peur. Il n'ignore pas la haine qu'il inspire et ne fait rien pour l'atténuer, puisqu'elle est partie intégrante de son système de pouvoir. En résumé, il ne s'agit pas de modeler l'esprit de la population, mais simplement de lui interdire de s'exprimer. De la même façon, point de préoccupation idéologique en matière économique. Au contraire : que la bourgeoisie sunnite ou chrétienne continue de prospérer, pourvu qu'elle ne menace pas la stabilité du pouvoir. En revanche, toute velléité de contester le régime ou le président, pis, de le renverser, est réprimée férocement. En 1982, Assad, tel le chat qui guette la souris au bord de son trou, laisse une révolte se développer dans le nord de la Syrie afin que ses auteurs se découvrent, puis frappe avec une terrible brutalité. À Hama, en février 1982, il fait encercler puis raser la ville, cœur de la contestation des Frères musulmans, faisant entre 8 000 (évaluation basse de Patrick Seale) et 20 000 morts, voire davantage.

Assad ne recule pas devant l'assassinat politique et s'en cache à peine. Notamment au Liban où c'est chose courante. En mars 1977, Kamal Joumblatt, fondateur du Parti socialiste progressiste et personnalité druze éminente, est assassiné près d'un point de contrôle syrien. Quelques années plus tard, Hafez al-Assad convoque son fils Walid, qui se montrait indocile, et évoque le souvenir de son père : « Ah Kamal, quel homme extraordinaire c'était ! Et dire que, quinze jours avant sa mort, il était là, Walid, en face de moi, dans ce fauteuil que tu occupes[1] ! » Mais la répression de Hafez al-Assad est – en général – plus ciblée que celle de son rival irakien Saddam Hussein, qui faisait éliminer des familles entières pour prévenir les actes de vengeance des survivants. Assad, lui, ne manque pas de présenter ses condoléances aux veuves de ses victimes non par cynisme, mais dans une forme de politesse orientale. Il a même mis une Mercedes à la disposition de la femme d'un de ses ministres dont on disait qu'il l'avait fait assassiner, et fait prendre en charge les études de son fils.

Assad n'a pas de cabinet. Il a coutume de dire : « Je n'ai pas de conseillers, mais seulement des informateurs. » Dans son système, le gouvernement ne compte pas. Le Premier ministre, en général sunnite, fait de la figuration, de même que le ministre de la Défense, Moustapha Tlass, un sunnite de Homs, camarade d'Assad à l'Académie militaire, et que les généraux, alaouites pour la plupart, moquent dans son dos. Pour la plupart, mais pas tous : Youssef Chakkour

1. Témoignage recueilli par l'auteur.

(chrétien) est demeuré chef d'état-major des forces armées jusqu'en 1974[1], date à laquelle il est remplacé par le général Hikmat Chéhabi (sunnite), qui restera à ce poste jusqu'en 1998. Mais ces personnalités isolées, serviles, entourées et encadrées par des alaouites ne présentent aucune espèce de menace pour le régime, auquel elles servent de caution. De même Abdel Halim Khaddam, ministre des Affaires étrangères (1970-1984) puis vice-président (1984-2000), ou le très fidèle Farouk al-Charaa, ministre des Affaires étrangères (1984-2006) puis vice-président (2006-2011), jouent le rôle d'alibis sunnites, sans être totalement dépourvus d'influence.

Hafez al-Assad a sans doute rêvé de la « Grande Syrie », projet porté en 1920 par le Congrès général syrien et vigoureusement combattu par la France mandataire. Il ne prononça lui-même jamais ce mot. Mais c'était bien la carte que dessinaient ses déclarations des années 1970 et 1980 mises bout à bout : « La Syrie et le Liban sont un seul pays et un seul peuple » ; « La Jordanie a été créée pour démembrer la Syrie » ; « La Palestine est la Syrie du Sud ». Pour autant, un rêve n'est pas une politique. Assad demeure un réaliste, soucieux de ne pas se lancer dans des aventures à l'issue aléatoire, dont Nasser avait montré où elles pouvaient mener. Malgré tout, cette ambition était sous-jacente dans la mise en coupe réglée du Liban, qui n'était peut-être

1. Youssef Chakkour sera plus tard ambassadeur à Paris (1978-1986), puis vice-ministre des Affaires étrangères. Il est le père de Lamia Chakkour, ancienne ambassadrice de Syrie en France, qui représente aujourd'hui son pays auprès de l'Unesco.

pas préméditée au départ, mais qui s'est développée progressivement quand l'opportunité s'en est présentée.

Lorsque les troupes syriennes entrent au pays du Cèdre un beau matin de juin 1976, c'est d'abord pour venir en aide aux milices chrétiennes du Front libanais menacées par les forces « de gauche » et les fédayins palestiniens, qui, après avoir tenté de déstabiliser la Jordanie quelques années plus tôt, s'apprêtaient à faire de même au Liban. Mais dès 1978, dans le contexte des accords de Camp David entre l'Égypte et Israël, la Syrie se retourne contre les forces chrétiennes – jugées trop proches de l'État hébreu – en s'appuyant désormais sur les groupes chiites (Amal, puis, à partir de 1982, Hezbollah), druzes ou sunnites qui lui font allégeance. Une fois entrée au Liban, la Syrie n'en sortira plus jusqu'en 2005, lorsqu'elle devra retirer ses troupes sous la pression des États-Unis et de la France.

La politique d'Assad à l'égard d'Israël a été caractérisée par une hostilité de façade, nourrie sans doute par un fond d'antisémitisme (dont a témoigné par exemple la protection accordée à l'ancien chef nazi Aloïs Brunner[1]). Mais cette attitude va, on l'a dit, de pair avec une grande retenue, surtout après la guerre d'octobre 1973. L'arrangement négocié en 1974 entre les deux pays par le canal de Henry Kissinger permet à Assad de récupérer la moitié des territoires perdus depuis 1967, dont la ville de Qouneitra sur le Golan. Parfaitement conscient des rapports de force militaires

1. Aloïs Brunner, acteur important de l'extermination des Juifs – il a, entre autres, été le chef du camp de Drancy –, s'est réfugié à Damas dès 1954. Il y serait mort en 2001.

et diplomatiques – marqués par la faiblesse de son armée et la perte d'influence progressive de l'URSS –, Hafez al-Assad a toujours fait passer la survie de son régime avant la lutte contre Israël. Cette attitude lui pèse d'autant moins qu'il est, au mieux, insensible à la cause palestinienne, en dépit du soutien massif à celle-ci de sa population. Assad, facteur de stabilité dans la région, devient ainsi le « meilleur ennemi » d'Israël. Pour autant, et tout en se prêtant pour la forme à des discussions avec les Américains, il n'a jamais souhaité la paix avec l'État hébreu, qui aurait pu mettre sa dictature en danger.

Dans la région, sa politique a été marquée par la rupture avec l'Irak, qui lui reproche le cessez-le-feu d'octobre 1973, sur fond de rivalité stratégique profonde : chacun des deux pays voisins, dirigés par des branches concurrentes du Baas, essaie de faire prévaloir son influence dans la sous-région. L'Iran fournit une utile alliance de revers à Hafez, premier chef d'État arabe à reconnaître la République islamique. Ce faisant, il prolonge et renforce une relation inaugurée du temps du shah auquel il avait rendu visite à Téhéran en décembre 1975. Pendant la guerre entre l'Irak et l'Iran, de 1980 à 1988, la Syrie ne ménage pas son soutien au régime des mollahs. Pour autant, Hafez al-Assad n'a jamais été dépendant de l'Iran avec lequel il se livre au Liban à un jeu subtil dosant alliance et méfiance. Ayant toujours plusieurs fers au feu, il veille aussi à ne pas couper les ponts avec l'Arabie saoudite, qui lui accorde plusieurs prêts. Les relations diplomatiques avec Riyad ne seront rompues qu'en 2005, sous Bachar, après l'assassinat de Rafik Hariri.

En janvier 1971, peu de temps après sa prise du pouvoir, Assad s'est empressé d'aller rassurer l'URSS, qui sera son principal soutien dans le domaine militaire. Mais ce qui importe avant tout au « Lion de Damas », c'est la reconnaissance des États-Unis, qu'il obtiendra avec les visites de Richard Nixon en juin 1974 et de Bill Clinton en octobre 1994. Les secrétaires d'État, Henry Kissinger et James Baker notamment, sont reçus à Damas avec beaucoup d'égards. Le premier s'y est rendu vingt-huit fois dans le cadre de sa « politique des petits pas[1] ».

En dépit de la rancœur de Hafez al-Assad envers la France et de la tache indélébile qu'a laissée pour celle-ci l'assassinat de Louis Delamare, ambassadeur de France au Liban, en septembre 1981, les deux partenaires se sont mutuellement ménagés : les visites de Hafez à Paris à l'invitation des présidents Giscard d'Estaing (juin 1976) et Chirac (juillet 1998) ont figuré parmi ses rares déplacements à l'étranger. De son côté, le dictateur syrien a reçu François Mitterrand à Damas en novembre 1984, puis Jacques Chirac en octobre 1996. Assad comprend bien le français, au point de pouvoir corriger son interprète, mais évite de le parler, par nationalisme ou pour se donner le temps de préparer ses réponses.

---

1. Ou « diplomatie de la navette ». Après la guerre du Kippour, en octobre 1973, Henry Kissinger négocie le cessez-le-feu entre l'Égypte et Israël, puis entre ce dernier et la Syrie. Au-delà, il cherche à obtenir des avancées progressives dans les différends israélo-arabes, plutôt qu'une solution globale qui lui paraît alors hors de portée.

Dédaignant l'argent et les fastes du pouvoir, le dictateur mène une vie familiale simple, dans un cadre austère, loin des dorures et des cristaux prisés par ses pairs orientaux ou les élites levantines. À l'imposant palais de marbre construit sur une sorte de « mont Chauve » dominant un quartier moderne de Damas, où il reçoit les ministres et chefs d'État étrangers, il préfère sa maison du quartier de Malki, qu'il habite et où il travaille d'abondance. La seule décoration du bureau, dont le papier jauni n'a jamais été remplacé, est un tableau représentant la victoire de Saladin à Hattin, sur le lac de Tibériade, en 1187.

Oiseau nocturne, Assad se lève vers 9 heures, commence à travailler à 10 heures, déjeune de façon frugale (laitages, quelques fruits, peu de viande), puis travaille sans discontinuer jusqu'à 2 ou 3 heures du matin. Il parcourt quelques journaux avant de s'endormir vers 4 heures. Sortant peu de son bureau, il lit les quantités de rapports qui lui parviennent – car il ne tient jamais de réunions –, téléphone parfois en pleine nuit aux grands dignitaires, chef d'état-major des armées ou directeurs des services de renseignements. Assad ne reçoit des visiteurs syriens que lorsqu'il réside à Lattaquié, dans un palais assez simple, mais avec une vue époustouflante sur la mer d'émeraude ; il évite ses ministres, auxquels il fait tenir ses instructions par son chef de cabinet ; il ne se montre pas en public et ne se déplace pas en province. En somme, une araignée tissant sa toile du fond de sa caverne.

Dans les années 1980, au faîte de son pouvoir, Hafez al-Assad – grosse tête posée sur un corps d'ascète frêle et un peu voûté, crâne plat un peu déplumé, front immense, regard perçant souligné par des sourcils en accent circonflexe, nez fort, voix légèrement éraillée – fait penser à un vautour. Une légère moustache grisonnante ajoute une petite touche humaine. D'un abord tantôt hiératique et glaçant, tantôt poli et aimable, Hafez sait fasciner ou séduire ses hôtes étrangers et aime argumenter de longues heures avec eux. Très longues. Avec un « tarif » selon leur rang et leur pays : neuf à dix heures pour un secrétaire d'État américain, cinq heures pour un ministre français des Affaires étrangères et deux heures et demie pour un « simple » émissaire. Ces longs entretiens finissaient par poser des problèmes physiologiques aux visiteurs, et cela aussi était parfaitement délibéré : ceux-ci devaient solliciter une pause, demande qui les humiliait et les ramenait à leur humaine condition face au demi-dieu de Damas, qui, lui, ne paraissait pas atteint par de telles contingences. Un jour, on assista à un amusant ballet lors d'une audience accordée à Roland Dumas qui dut capituler devant sa vessie au bout de trois ou quatre heures.

De Machiavel, Assad a retenu les leçons sans l'avoir peut-être jamais lu : il n'y a jamais d'ami ni d'ennemi total et définitif ; il faut donc aider le premier, tout en évitant de le tirer totalement d'affaire lorsqu'il est en difficulté ; il faut combattre le second avec force, mais sans l'abattre complètement. Sa personnalité est foncièrement double : courtois, mais impitoyable et vindicatif ; lucide, mais pris au piège de l'image sublimée que lui renvoie la propagande qu'il a lui-même inspirée, laissant scander son nom par des foules de policiers en civil, s'épanouir ses portraits partout à Damas et ailleurs, ériger ses statues (réalisées en Corée du Nord), qui surprennent les voyageurs jusque dans les zones les plus reculées du pays, donner son nom à tous les ponts sur l'Euphrate. Sous son règne, la Syrie elle-même est devenue la « Syrie d'Assad », tout comme l'Arabie est « saoudite ». Le maître de la Syrie – peut-être porté par la croyance alaouite en la métempsycose – n'est pas loin de se croire immortel.

Pourtant, la Mort ne l'avait pas oublié. Après s'être jouée pendant des années des diplomates et autres observateurs, elle vint chercher le dictateur, emporté par une crise cardiaque le 10 juin 2000. Pour lui succéder, Hafez avait préparé son fils aîné Bassel. Grand sportif, champion de saut d'obstacles et de planche à voile, ce dernier jouissait d'un prestige certain. C'était un garçon intelligent, fin, pourvu d'une certaine dose d'humour, pragmatique sur le plan politique, sérieux bien que moyennement travailleur, parlant mieux le français que l'anglais, relativement ouvert et fidèle en amitié, mais pleinement pénétré de son statut et de son destin, abordable, mais aussi parfois dur et impitoyable. De taille moyenne, mais bien bâti et présentant un visage agréable, Bassel avait beaucoup de succès auprès des femmes, dont certaines n'étaient pas désintéressées. Honnête et se tenant éloigné des affaires qui accaparaient ses cousins, le « dauphin » avait cependant un côté « enfant gâté ». Collectionneur de voitures de sport et de limousines somptueuses, il ne dédaignait pas le luxe, contrairement à son père, et il lui arrivait d'évoquer spontanément les princes héritiers de maisons régnantes européennes, dont il connaissait certains, comme s'ils étaient ses pairs.

Le clan Assad : Hafez et sa femme Anissa sont assis devant leurs cinq enfants, Maher, Bachar, Bassel, Majid et Bouchra.

Las ! Le 21 janvier 1994, Bassel se tuait au volant de sa Mercedes 600 SLE sur la route de l'aéroport de Damas, d'où il devait s'embarquer pour l'Allemagne. En dépit des inévitables spéculations locales, la cause accidentelle de son décès ne fait guère de doute : l'héritier conduisait très vite, en prenant des risques.

Pour son père, c'était une catastrophe humaine et politique. Lorsque le président libanais Hraoui l'appela pour présenter ses condoléances, il l'entendit sangloter au téléphone.

À la fin des années 1980, Bachar, que l'on croisait de temps en temps chez son frère Bassel, dont il était proche, offrait l'image d'un jeune homme bien élevé, modeste, un peu embarrassé de son long corps longiligne. En somme, un « gentil garçon ». Quand on l'interrogeait, il disait son peu d'intérêt pour la politique : « Ça, c'est pour Bassel. » Il venait de terminer ses études de médecine et souhaitait se spécialiser en ophtalmologie à l'étranger. Il avait d'abord envisagé la France (le français était sa première langue étrangère), mais son père le lui avait interdit, peut-être pour lui éviter des contacts avec des Syriens ou des Libanais expatriés qui l'auraient exposé à la tentation de faire de la politique ou auraient constitué un risque pour sa sécurité. C'est donc pour Londres qu'il partit à l'automne 1992 pour finir ses études.

À l'époque, personne n'aurait imaginé Bachar en président de la République arabe syrienne. Le destin en décida autrement. Aussitôt après la mort de Bassel, le jeune médecin est rappelé à Damas et envoyé par son père à l'Académie militaire de Homs. Quelques années plus tard, il prend la direction de la Société informatique syrienne, où il supervise l'introduction d'Internet en Syrie. En 1999, il est promu colonel. À la demande de son père, il se rend à Beyrouth, puis à Paris, où Jacques Chirac lui ouvre les portes de l'Europe.

À la mort de Hafez al-Assad, le vice-président, Abdel Halim Khaddam, assure l'intérim. Il nomme Bachar général en chef des forces armées syriennes.

Le Parlement modifie la Constitution pour abaisser l'âge minimum de la candidature à la présidentielle de quarante à trente-quatre ans (Bachar est né le 11 septembre 1965), puis propose celle du jeune homme, qui est élu président au suffrage universel le 10 juillet 2000 avec un score triomphal. Évidemment, il faut mettre chacun de ces mots – Constitution, Parlement, élu, suffrage universel – entre guillemets.

Au début des années 2000, le lionceau fait à ses interlocuteurs étrangers une impression mitigée. Plus grand que Bassel, mais peu sportif, les épaules rentrées, il n'en a ni la prestance ni l'autorité naturelle. Crâne plagiocéphale, menton fuyant, regard bleu mais vide, léger zozotement, il peut donner l'illusion d'un individu aimable et ouvert, mais aussi phraseur, insaisissable et retors. Bien peu de chose dans son apparence physique ou son caractère qui rappelle le père ou le frère disparus. Sinon peut-être une apparente simplicité héritée du premier et un goût du luxe moindre que le second. Bachar, au contraire de son aîné, avait été élevé « à la dure » et avait dû, par exemple, se contenter d'une vieille Peugeot, là où Bassel roulait en Porsche ou en Rolls.

Bachar se distingue aussi de son père par le style de vie et les habitudes de travail : à l'opposé de la sobriété toute familiale du premier, la personnalité du second recèle une facette hédoniste ; Hafez, on l'a vu, travaillait la nuit ; Bachar, lui, est du matin. Tôt levé, il lit les rapports des services secrets et du commandement militaire. Comme son père, il travaille en solitaire, mais ne peut s'appuyer sur de grands dignitaires, tous partis en retraite ou écartés. Mohammed Daaboul (« Abou

Sélim »), son chef de cabinet ; Boutheina Chaabane, sa conseillère en politique et communication, ou Ali Mamelouk, un sunnite, directeur du Bureau de la Sécurité nationale, sont de simples exécutants. Bachar s'appuie plus que son père sur le clan familial : son frère Maher, chef de la 4e division blindée ; la famille de sa mère, les Makhlouf ; sa belle-famille, les Akhras, qui, bien que sunnites, ont désormais lié leur sort à celui du régime.

L'acceptation si aisée, par les dignitaires du régime, d'un trentenaire censé quelques années plus tôt ne s'intéresser qu'à la médecine s'explique facilement après coup : pour se maintenir au pouvoir, les alaouites n'avaient d'autre choix que de se rallier à l'héritier désigné, quel qu'il fût ; c'était le meilleur moyen d'éviter des luttes fratricides à l'intérieur de la communauté. D'autant que la personnalité rassurante de Bachar, son manque d'expérience et de charisme leur avaient un temps laissé espérer qu'ils pourraient le manipuler à leur guise.

Erreur fatale ! Derrière son apparence grisâtre et un peu timide, le discret Bachar dissimulait une détermination, une dureté et, peut-être, une volonté de revanche insoupçonnées. S'il assurait autrefois ne pas s'intéresser à la politique – et c'était sans doute vrai à l'époque –, c'était parce que son père, soucieux d'éviter toute concurrence entre ses fils, l'en avait dissuadé. La personnalité autrement plus brillante de Bassel, pour lequel Bachar paraissait éprouver admiration, affection et, probablement, un complexe d'infériorité, aurait de toute façon chassé de son esprit toute velléité de ce genre.

Or, en moins de deux ans de pouvoir, il parviendra à écarter plusieurs dizaines de cadres de la vieille garde, dans l'armée, le parti et l'administration. Il a les mains libres et bénéficie de l'image d'un jeune homme moderne, flanqué d'une épouse belle, élégante, cultivée, à demi-britannique et sunnite de surcroît. Les débuts du jeune président sont pleins de promesses. Ce fut l'éphémère « printemps de Damas » : de juillet 2000 à février 2001, Bachar fait libérer 600 prisonniers politiques, puis engage une politique de libéralisation économique, notamment dans le domaine bancaire. Son objectif ? Favoriser l'émergence d'une classe moyenne, notamment au sein de la communauté sunnite, susceptible d'élargir la base sociale du baasisme. En était-ce fini du caractère communautaire du régime ?

Justement non. La vision initiale de Bachar n'était pas dépourvue d'intelligence, mais elle manquait de lucidité. Lui et sa garde rapprochée doivent vite se rendre à l'évidence : le vent de libéralisation risque de dégénérer en une situation incontrôlable, comparable à celle que l'Algérie a connue une dizaine d'années plus tôt. Des signes avant-coureurs indiquent que la communauté sunnite, déjà majoritaire et toujours vindicative, est susceptible de se retourner contre le régime si celui-ci lui donne trop de place. Bachar al-Assad fait donc volte-face et ordonne l'arrestation des dizaines d'intellectuels qui ont eu l'imprudence de se découvrir.

À l'extérieur, l'ouverture fait également long feu. Alors, on l'a vu, que Jacques Chirac avait aidé Bachar à mettre le pied à l'étrier, à la demande de Hafez (aux obsèques duquel il fut le seul chef d'État occidental présent), la tension ne tarde pas à monter entre

Paris et Damas. La cause en est le Liban, le jeune président syrien ayant décidé d'œuvrer au renouvellement du mandat de son affidé, le président libanais Émile Lahoud, que la Constitution libanaise ne permettait pas jusque-là. La relation s'est aussi détériorée avec les États-Unis, qui soupçonnent (à juste titre[1]) la Syrie de soutenir la rébellion sunnite en Irak. Paris et Washington font alors voter par le Conseil de sécurité des Nations unies, en septembre 2004, la résolution 1559 demandant le retrait de toutes les forces étrangères (donc syriennes) du Liban. Ce n'est qu'après l'assassinat de Rafik Hariri, le 14 février 2005, que cette résolution sera mise en œuvre, sous l'effet des réactions au Liban et dans le monde. Compte tenu des moyens utilisés et des menaces que Bachar avait adressées directement à Hariri au mois d'août précédent (« je fracasserai le Liban sur ton dos »), il était difficile de ne pas lui attribuer la responsabilité de cet assassinat. Cet acte marqua la rupture définitive entre Bachar et Chirac, dont Hariri était un ami proche.

Nicolas Sarkozy, qui avait pris, comme souvent, le contre-pied de son prédécesseur en invitant Bachar à Paris à trois reprises, en a été pour ses frais : il a dû décider la fermeture de notre ambassade à Damas en mars 2012, dans le contexte de la répression des manifestations. François Hollande n'aura pas la tentation de reprendre langue : « Assad est à l'origine du problème et ne pourra faire partie de la solution », déclare-t-il. Quant à Emmanuel Macron, critique à l'égard d'une

1. Ambassadeur en Irak à cette époque, l'auteur de ces lignes en a eu la preuve formelle.

ligne qui avait pour effet de marginaliser la France dans la recherche d'une solution politique, il est revenu à la case départ, ou presque, après que Bachar a repoussé ses (très prudentes) ouvertures.

Le soulèvement qui embrase la Syrie à partir de mars 2011 s'inscrit dans le contexte des « printemps arabes » qui viennent de chasser Ben Ali et Moubarak. En Syrie, le mécontentement populaire est, comme ailleurs, alimenté par le mal-vivre et la soif de liberté, mais prend de surcroît racine dans le désir de vengeance de la majorité sunnite. Dès le début de la révolte, à Deraa, près de la frontière jordanienne, Bachar al-Assad a choisi la répression brutale. Il n'a tenté ni le dialogue ni l'apaisement. Il a sans doute estimé, encouragé par son entourage, que toute ouverture serait perçue comme un signe de faiblesse. La vague populaire, dominée par les sunnites, aurait alors forcé les digues, balayé les alaouites, les aurait renvoyés dans leurs montagnes. Hafez al-Assad avait montré la voie à suivre à Hama en 1982.

Mais le monde a changé : en 1982, on pouvait massacrer secrètement, ou presque. Les premières informations n'avaient filtré que progressivement dans des cercles relativement restreints. Trente ans plus tard, l'omerta n'est plus possible : les réseaux sociaux donnent aux exactions, dès les premières fuites, un écho mondial, encore amplifié par les organisations non gouvernementales. C'est ainsi qu'en janvier 2014 un ancien photographe légiste de la police militaire syrienne connu sous le pseudonyme de « César » livre quelque 50 000 clichés de cadavres de prisonniers morts sous la torture, dont certains ont pu être identifiés formellement. Ainsi se trouve confirmé un système de mise à mort systématique des prisonniers politiques par la faim, la maladie, la torture, susceptible d'être qualifié de crime contre l'humanité. Deux des personnes identifiées – un père et son fils – ayant aussi la nationalité française, la justice a émis en novembre 2018 des mandats d'arrêt visant trois personnalités du régime, dont Ali Mamelouk.

Le 21 août 2013, l'armée syrienne bombarde la Ghouta, ancienne oasis à l'est et au sud de Damas, avec des obus contenant du gaz sarin, faisant au moins un millier de victimes, la plupart civiles. En dépit du désarmement chimique vite imposé par le Conseil de sécurité des Nations unies à l'initiative de la Russie, la Syrie continuera de procéder à des bombardements au chlore – substance non couverte par les textes –, mais aussi au sarin, dont tous les stocks n'avaient pas été détruits. L'un de ces bombardements, à Khan Cheikhoune, près d'Idlib, au début du mois d'avril 2017, a conduit à des frappes aériennes coordonnées des États-Unis, de la France et de la Grande-Bretagne[1].

Parallèlement à l'action militaro-sécuritaire, Bachar a apporté un double traitement politique à la crise, aussi cynique qu'efficace. D'une part, il s'en est pris aux jeunes gens éduqués et parfaitement « connectés », attirés par les valeurs occidentales, qui avaient joué un rôle clé dans les premières manifestations. Repérés par les « Moukhabarates », les services secrets syriens, grâce aux techniques de surveillance électronique fournies

1. De son côté, Daech a utilisé des armes neurotoxiques, en priorité contre les groupes d'opposition non jihadistes.

par la Russie et l'Iran, ils ont été systématiquement traqués, arrêtés et tués au début de la révolution. La Syrie a ainsi été privée d'une partie de la jeunesse urbaine éduquée, promesse pour son avenir mais aussi menace pour le régime. Le jeune président moderne des premiers mois est donc également celui qui aura éliminé la frange la plus avancée de sa population.

En même temps, Bachar a fait sortir de prison dès mars 2011, puis en juin de la même année, plusieurs centaines de détenus islamistes radicaux, qui allaient structurer les mouvements terroristes de la mouvance al-Qaïda et, plus tard, de Daech. Cette opération avait pour but non seulement de diviser l'opposition, mais aussi de la radicaliser afin de la discréditer, tout en renforçant la menace jihadiste envers l'Occident. Ce dernier serait ainsi amené à se détourner de la lutte contre le régime pour concentrer ses moyens sur celle contre le terrorisme. La Russie et l'Iran ont pleinement appuyé cette stratégie en s'attaquant en priorité aux groupes armés les plus modérés sur les plans religieux et idéologique, et partant les plus dangereux pour le régime, néanmoins qualifiés fort opportunément de « terroristes ».

Le calcul du régime et de ses alliés s'est avéré payant : la coalition menée par les États-Unis a progressivement réduit son soutien aux groupes de l'opposition, devenus excessivement « rouges » (les groupes étaient classés en « verts », que l'on pouvait soutenir, « rouges », auxquels tout soutien était interdit, et « jaunes », sous surveillance). Certains membres orientaux du club se sont cependant affranchis de cette classification en aidant, çà et là, des « jaunes », voire des

« rouges ». Le président Donald Trump a déclaré que le terrorisme était le seul ennemi de l'Amérique en Syrie, tandis que son homologue français Emmanuel Macron lui emboîtait le pas, avec une pirouette élégante : « En Syrie, nous avons un ennemi : Daech. [...] Le peuple syrien a un ennemi : il s'appelle Bachar al-Assad. » La boucle était bouclée, transformant le quasi vaincu de 2012 en vainqueur ; paria, certes, mais redevenu incontournable.

Dès le début du soulèvement, l'Iran a soutenu le régime, en faisant d'abord appel au Hezbollah. Peu enthousiaste au départ, celui-ci a vite surmonté ses réticences. Il a envoyé plusieurs milliers de combattants en Syrie, dont quelques centaines mourront au combat. Il participera ainsi à la bataille de Qousseir, en mai 2013[1]. Quant à l'Iran lui-même, après s'être contenté de dépêcher des « conseillers » pour encadrer l'armée syrienne et des milices chiites recrutées en Irak et jusqu'en Afghanistan, il a fini par déployer sur le terrain plusieurs milliers de Pasdarans, dont le fer de lance, la force Al-Qods, est commandée par le général Kassem Souleïmani.

L'engagement de l'Iran en Syrie obéit à des considérations essentiellement géostratégiques – et non pas d'abord religieuses : les chiites duodécimains de Téhéran méprisent ces alaouites suintant l'hérésie. Il s'agit en effet pour l'Iran de renforcer son emprise régionale et de s'assurer une continuité territoriale, par

1. Près de la frontière libanaise. Cette bataille a opposé l'Armée syrienne libre aux forces du régime syrien et au Hezbollah, qui ont repris la ville.

proxies irakiens, syriens et libanais interposés, jusqu'à la Méditerranée. Bachar est perçu dans la population syrienne comme l'homme de l'Iran. À l'intérieur même du régime, certains dignitaires se sont inquiétés de cette orientation, mais ils ont été écartés et Bachar a fait prévaloir l'alliance (inégale) avec le pays des mollahs.

La Russie, de son côté, est entrée en scène en deux étapes : diplomatique, à la faveur de la dérobade de Barack Obama fin août 2013, puis militaire deux ans plus tard, en septembre 2015, avec l'engagement massif dans la bataille de l'armée russe – renforcée par des mercenaires –, alors que le régime syrien, en dépit du soutien iranien, paraissait en danger. Il s'agissait aussi pour Vladimir Poutine de prendre sa revanche sur l'intervention occidentale en Libye et de s'assurer un point d'appui en Méditerranée. En mars 2016, le maître du Kremlin pouvait déclarer la tâche « globalement accomplie ». Des forces russes ont toutefois été maintenues sur place, notamment sur la base de Hmeimim, au sud-est de Lattaquié.

L'objectif affiché par l'Iran et la Russie est de « combattre le terrorisme ». En réalité, l'Iran n'a rien fait dans ce domaine et la Russie n'a agi que de façon marginale et tardive contre al-Qaïda et Daech. Les victoires remportées contre ces organisations – dans le nord et le nord-est de la Syrie – l'ont été en quasi-totalité par la coalition occidentale et ses alliés, kurdes notamment, sous la couverture des « Forces démocratiques syriennes ». Le but de Téhéran et de Moscou était exclusivement la défense du régime – et, à travers celle-ci, de leurs intérêts stratégiques. Ces alliés ont ainsi permis la chute des principaux bastions de l'opposition : Palmyre en mars 2016 et Alep en décembre, Homs en mai 2017, la Ghouta en mai 2018 puis Deraa en juillet.

La Turquie, de son côté, inquiète de la montée en puissance des Kurdes du PYD, formation issue du PKK, s'est emparée de la ville d'al-Bab dans le nord de la Syrie, en février 2017, pour arrêter leur progression. En décembre 2018, elle a pris aussi la poche d'Afrin, à l'extrême nord-ouest du pays, jusque-là contrôlée par les Kurdes avec le soutien des Russes, pour empêcher le PYD de faire la jonction entre ses deux territoires. Entre-temps en effet, Turquie et Russie s'étaient rapprochées. La première prenant acte du basculement des rapports de force, la seconde estimant que le ralliement d'Ankara à ses objectifs valait bien le lâchage des Kurdes.

Quant à Israël, il a clairement opté pour le maintien du régime (« Assad est un salaud, entendait-on dire à Tel-Aviv, mais il est préférable pour nous à une Syrie dirigée par des sunnites islamistes[1] »). Quitte à fixer des lignes rouges. Ainsi, pas question de laisser transiter par le sol syrien des armes destinées au Hezbollah. Israël a procédé à un certain nombre de frappes, à partir de janvier 2013, pour le rappeler à l'intéressé.

Dès août 2018, Bachar pouvait à bon droit déclarer que « la victoire [était] proche ». Quelle victoire ? Pas la sienne en tout cas, mais celle de la Russie et de l'Iran dont dépendent désormais son sort et celui du pays. Une victoire qui a semé mort et désolation. La Russie

1. Témoignage recueilli par l'auteur.

Bachar al-Assad
en 2018.

© Handout/Sana/AFP

et l'Iran partagent avec le régime et les groupes terroristes la responsabilité des exactions contre les civils. Vladimir Poutine avait marqué son arrivée au pouvoir en Russie par la destruction de Grozny, en 1999-2000. Lui avait son Hama. C'est donc sans états d'âme qu'il a ordonné à son armée de l'air le bombardement de zones tenues par les rebelles, mais aussi habitées par des civils.

Comment Bachar al-Assad, le jeune homme bien élevé, réservé et un peu gauche de la fin des années

1980, en est-il arrivé là ? Comment le président moderne et désireux de bien faire des premiers mois est-il devenu le massacreur de son propre peuple ?

Bachar n'avait pas le choix : ou bien il hurlait avec les loups, ou bien il était dévoré par eux. Sa communauté jouait sa survie. L'armée, son clan et les services secrets n'auraient pas hésité à le sacrifier s'il avait montré la moindre faiblesse. C'est la raison pour laquelle l'ouverture des premiers mois de son mandat était vouée à faire long feu. Mais n'y a-t-il pas davantage dans l'attitude du cadet de Hafez al-Assad ? Comment expliquer son indifférence devant le sang répandu, pour ne pas dire son autisme ? Une forme de revanche d'un second longtemps condamné à n'être qu'un gentil médecin, relégué dans l'ombre d'un aîné flamboyant ? Un reste de cruauté puérile ?

Un autre trait de caractère distingue Bachar de son père et de son frère aîné : une propension certaine à la dissimulation et au mensonge. Hafez gardait bien des secrets, mais il ne pratiquait pas le mensonge, arme des faibles à ses yeux. Il était un négociateur intransigeant et difficile, mais on pouvait se fier à sa parole une fois qu'il l'avait donnée. Ce n'est pas le cas de Bachar, dont quatre présidents français ont expérimenté le manque de fiabilité.

Bachar se déplace peu dans le pays, mais se montre plus que son père, en particulier dans les villes reconquises. Il se met en scène plus que Hafez, ou plutôt d'une manière différente, par exemple au volant de sa voiture, dans un mélange de modernité et de provocation. Au début de son règne, il disait ne pas souhaiter que sa photo fût affichée partout dans le pays, comme celles de son père et de son frère Bassel. Mais la guerre a imposé partout l'image du chef.

Aujourd'hui, Bachar est plus isolé qu'au début de son mandat, même au sein de sa famille : sa sœur Bouchra a fui pour Dubaï avec ses cinq enfants en 2012 après l'assassinat de son mari Assef Chawkat[1], qu'elle paraît soupçonner son frère d'avoir inspiré. Elle a été rejointe aux Émirats quelques mois plus tard par leur mère Anissa (décédée en 2016). Quant à Asma, l'épouse du dictateur, qui a annoncé en août 2018 avoir un cancer du sein, ses sentiments profonds restent un mystère. La spontanéité de ses mails de soutien à son mari, qui ont fait l'objet de fuites fort opportunes, reste sujette à caution.

Bassel aurait-il agi différemment de son frère et aurait-il évité à son pays la catastrophe dans laquelle celui-ci l'a précipité ? Il est évidemment difficile et hasardeux de répondre à une telle question. D'un caractère dur et autoritaire, Bassel aurait probablement réagi lui aussi au début du soulèvement avec une extrême fermeté. Mais on peut penser qu'il aurait été, comme son père, davantage soucieux de ne pas enfermer son pays dans une dépendance aussi étroite à l'égard de l'Iran et de la Russie. Il aurait sans doute évité de couper les ponts avec l'Occident, et notamment avec

1. Assef Chawkat, vice-ministre de la Défense, a été tué dans un attentat le 18 juillet 2012, aux côtés de deux autres hauts responsables, dont le ministre de la Défense. L'attentat a été revendiqué par deux groupes d'opposition. Mais certains observateurs ont rappelé qu'en 1999 son beau-frère Maher lui avait tiré dessus à bout portant et qu'en 2012 Chawkat était devenu encombrant pour Bachar.

la France, pour laquelle il avait de la sympathie. Pour cette raison, et seulement pour cette raison, et non pas par humanité, il aurait, peut-être, hésité à employer l'arme chimique contre son propre peuple. Mais de cela nul ne peut être sûr.

Quel avenir la Syrie peut-elle espérer ? Le pouvoir alaouite paraît désormais assuré pour quelques décennies, à moins d'un changement de régime à Téhéran ou d'une perte d'intérêt de la Russie après le départ de Poutine, hypothèses qui relèvent actuellement de la spéculation. Après tout, les Mamelouks, anciens esclaves, ont régné sur une grande partie de l'Orient pendant près de trois siècles (de 1250 à 1517). Quant à Bachar lui-même, nul ne peut prédire son destin. L'un de ses enfants (il en a trois, dont Hafez, né en 2001) prendra-t-il la relève ? À moins que le tuteur russe (qui a fait monter ses affidés au sein de l'armée et des services) ou, mais c'est plus improbable, l'iranien n'en préparent une autre[1]. Le régime pourrait survivre au départ de Bachar, tandis que son maintien restera un obstacle à la réintégration de la Syrie dans le concert international et à sa reconstruction. En effet, les démocraties savent s'accommoder de dictateurs et de régimes autoritaires, elles en ont même l'habitude. Mais il leur est plus difficile de traiter avec des criminels de guerre. Pis, avec des criminels contre l'humanité. La plus grande transparence des sociétés, grâce à l'information en continu, aux réseaux sociaux et à la vigilance des organisations non gouvernementales,

1. Vladimir Poutine paraît moins attaché à la personne de Bachar que les dirigeants iraniens.

a réduit la marge de manœuvre des gouvernements démocratiques. Cela dit, la *Realpolitik* a encore de beaux jours devant elle, comme l'affaire Khashoggi vient de le montrer.

Sur le plan intérieur, on peut prévoir que Bachar, une fois qu'il aura repris – avec l'aide de ses alliés – le contrôle de l'ensemble du pays, se livrera à une répression encore plus féroce pour dissuader toute nouvelle tentative de rébellion. On peut aussi imaginer qu'il n'acceptera que de façon très sélective le retour des réfugiés (et encore, sans doute pour les jeter en prison). En effet, leur fuite massive a affecté – dans une mesure encore indéterminée – les équilibres démographiques au profit de la communauté alaouite.

Si l'Iran et la Russie ont été unis dans la guerre, on peut douter qu'ils le restent longtemps une fois que les armes se seront tues : la méfiance qu'ils éprouvent l'un à l'égard de l'autre, leurs intérêts contradictoires, leurs visions divergentes ne manqueront pas de les opposer. Bachar compte peut-être sur une telle situation pour retrouver des marges de manœuvre.

Bibliographie sélective

Lucien BITTERLIN, *Hafez el-Assad, le parcours d'un combattant,* Éditions du Jaguar, 1986.

Pierre GUINGAMP, *Hafez el-Assad et le parti Baath en Syrie*, L'Harmattan, 1996.

Henry KISSINGER, *Years of Upheaval*, Londres, Weidenfeld & Nicolson, 1982.

Régis LE SOMMIER, *Assad,* La Martinière, 2018.

Daniel PIPES, « La Conquête du pouvoir en Syrie », *Middle Eastern Studies*, 1989.

Jean-Marie QUÉMÉNER, *Bachar al-Assad en lettres de sang*, Plon, 2017.

Charles SAINT-PROT, *Les Mystères syriens*, Albin Michel, 1984.

Patrick SEALE, *Asad of Syria, the Struggle for the Middle East*, University of California Press, 1988.

CHRONOLOGIE SÉLECTIVE COMMENTÉE

par Jérémy ANDRÉ

Août 1792-juillet 1794 : « Terreur », sanglante répression contre les ennemis de la Révolution, théorisée et exercée par les Jacobins au pouvoir, en particulier Maximilien de Robespierre (1758-1794). Alors que celui-ci dénonce régulièrement le risque d'une dictature militaire, il est lui-même accusé par ses opposants d'aspirer à la dictature. Sans avoir établi un régime personnel, Robespierre sera le modèle de nombre de dictateurs « rouges » – de Lénine à Pol Pot. Durant cette période, 20 000 à 30 000 personnes sont fusillées, 17 000 sont guillotinées, jusqu'à l'« Incorruptible » lui-même, arrêté sur ordre de la Convention nationale lors du coup d'État du 9 thermidor an IV (27 juillet 1794).

1895 : parution de *Psychologie des foules* de Gustave Le Bon (1841-1931) dans lequel l'anthropologue développe le concept de « prestige », qualité par laquelle des meneurs sont capables d'influencer, voire de manipuler, les masses humaines. Ses textes inspireront notamment Hitler.

Février 1902 : parution de *Que Faire ?* de Vladimir Ilitch Oulianov, dit Lénine (1870-1924), manifeste qui appelle à la constitution d'une avant-garde marxiste sous forme de parti politique, dévouée à diffuser les idées révolutionnaires au sein de la classe ouvrière. Le texte conduit en 1903 à la scission du Parti ouvrier social-démocrate de Russie entre mencheviks (« minoritaires ») et bolcheviks (« majoritaires »), les seconds s'étant rangés derrière Lénine.

9 janvier 1905 : début de la révolution russe de 1905, qui voit l'apparition des soviets, des conseils ouvriers, et qui aboutit dix mois plus tard à la promesse illusoire d'une Constitution libérale (Manifeste d'Octobre).

24 juillet 1908 : révolution des Jeunes-Turcs dans l'Empire ottoman qui renverse le sultan Abdülhamid II (1876-1909).

24 avril 1915 : début du génocide arménien par le gouvernement des Jeunes-Turcs, qui commence par la rafle des intellectuels arméniens à Istanbul ; 1,2 million d'Arméniens sont exterminés jusqu'en 1923. La politique d'extermination vise aussi les Assyriens (chrétiens du nord de la Mésopotamie, 500 000 à 750 000 morts), les Yézidis d'Anatolie (minorité religieuse pré-islamique, peut-être 500 000 morts) et les Grecs pontiques (chrétiens du nord de l'Anatolie, 350 000 à 500 000 victimes).

23 février-3 mars 1917 : révolution de Février en Russie qui force le tsar Nicolas II (1868-1918) à abdiquer.

25 octobre 1917 : révolution d'Octobre en Russie, par laquelle les bolcheviks renversent le gouvernement provisoire dirigé par Alexandre Kerenski (1881-1970). L'insurrection, menée par Léon Trotski (1879-1940), met Lénine à la tête

de la Russie. Présentée par la propagande soviétique comme la révolution de tout un peuple, cette prise du pouvoir n'a en réalité été accomplie que par un tout petit nombre. Il ne s'agit pas pour autant d'un simple coup d'État, puisque les bolcheviks agissent grâce à une agitation ouvrière et paysanne massive. Dès le mois de novembre, les soviets et le Conseil des commissaires du peuple, le gouvernement mis en place par les bolcheviks, gouvernent par une série de décrets : décret sur la terre qui abolit la propriété foncière sans indemnité ; décret sur la paix qui vise à sortir la Russie de la Première Guerre mondiale ; décret liberticide sur la presse…

8 décembre 1917 : coup d'État de Sidónio Pais (1872-1918), qui établit un régime autoritaire au Portugal, avant d'être assassiné le 14 décembre 1918.

20 décembre 1917 : création de la Tcheka, police politique des bolcheviks. Dirigée d'abord par Felix Dzerjinski (1877-1926), elle est rcnommée Guépéou en 1922, NKVD en 1934, MGB (Sécurité extérieure) et MVB (Sécurité intérieure) en 1946 et finalement KGB (Sécurité extérieure) de 1954 à 1991.

Juin 1918 : début de l'intervention des Alliés dans la guerre civile russe entre l'Armée rouge formée par les bolcheviks et l'Armée blanche réunissant tsaristes et républicains. Cinq ans plus tard, la victoire est totale pour les forces soviétiques.

10 juillet 1918 : première Constitution soviétique qui vise à l'application de la « dictature du prolétariat », phase transitoire de la révolution communiste selon les théories de Karl

Marx (1818-1883). Elle doit permettre la fin de l'économie de marché et l'abolition des classes.

17 juillet 1918 : assassinat de la famille impériale russe à Iekaterinbourg sur ordre de Lénine.

9 novembre 1918 : abdication de Guillaume II (1859-1941, empereur d'Allemagne depuis 1888). Le 9 novembre sera une date clé dans l'imaginaire allemand du XXe siècle – c'est aussi la date du putsch de la Brasserie en 1923, de la « Nuit de cristal » en 1938 et de la chute du mur de Berlin en 1989.

11 novembre 1918 : armistice entre l'Allemagne et les Alliés qui met fin à la Première Guerre mondiale.

12 novembre 1918 : révolution à Vienne ; fin de la dynastie des Habsbourg.

15 janvier 1919 : assassinat de Rosa Luxemburg (1871-1919), fondatrice de la Ligue spartakiste. Cette organisation socialiste révolutionnaire allemande tente alors de mener une révolution à Berlin. Luxemburg est tuée lors de sa répression par les Corps francs, unités paramilitaires formées d'anciens combattants et menées par des officiers d'extrême droite.

19-23 mars 1919 : Benito Mussolini (1883-1943) crée à Milan les premiers « Faisceaux de combat », qui forment des *squadre d'azione* (« escouades d'action »), alliant mystique révolutionnaire et anticommunisme, et s'attaquant aux syndicats et organisations révolutionnaires de gauche.

21 mars 1919 : le communiste hongrois Béla Kun (1886-1938) proclame la République des Conseils de Hongrie, inspirée des bolcheviks.

28 juin 1919 : traité de Versailles. Imposant à l'Allemagne des « réparations » astronomiques et la perte de 15 % de son territoire, il est dénoncé par les nationalistes pangermanistes comme un « *Diktat* » et alimentera une féroce volonté de revanche. En Italie, qui a rejoint le camp des Alliés dès 1915, le traité est aussi perçu comme une humiliation, limitant considérablement les gains territoriaux italiens espérés sur les côtes de l'Adriatique.

6 août 1919 : les armées française et roumaine chassent la République des Conseils de Budapest. À la tête de l'armée hongroise, l'amiral Miklós Horthy (1868-1957) prend progressivement le contrôle du pays.

12 septembre 1919 : le poète italien Gabriele D'Annunzio (1863-1938) s'empare de Fiume (aujourd'hui Rijeka en Croatie) avec des anciens combattants. Ce mouvement inspirera le fascisme, qui adoptera son uniforme de chemises noires.

À Munich, en Allemagne, le caporal d'origine autrichienne Adolf Hitler (1889-1945), peintre raté et vétéran, est chargé par sa hiérarchie de rejoindre et d'observer le Parti ouvrier allemand (*Deutsche Arbeiterpartei*, DAP), groupuscule ultra-nationaliste.

Février 1920 : Hitler transforme le DAP en NSDAP (*Nationalsozialistische Deutsche Arbeiterpartei*, « Parti national-socialiste des travailleurs allemands », abrégé en nazi).

1er mars 1920 : en Hongrie, la nouvelle Assemblée élit Horthy « régent du royaume », rétablissant la monarchie sans toutefois reconnaître de roi.

13-17 mars 1920 : « putsch de Kapp » à Berlin, tentative de coup d'État ratée menée par le général Walter von Lüttwitz (1859-1942), ayant pour but de mettre au pouvoir le nationaliste Wolfgang Kapp (1858-1922). Ce dernier fuit en Suède, puis revient en Allemagne. Il est arrêté et meurt alors qu'il attend son procès.

23 avril 1920 : réunion à Ankara de la Grande Assemblée nationale de Turquie, présidée par le général Mustafa Kemal (1881-1938), qui restera l'homme fort du pays jusqu'à sa mort.

4 juin 1920 : traité de Trianon qui officialise la dislocation de la Hongrie austro-hongroise. Trois millions de Hongrois, soit un tiers de la population totale, passent sous domination étrangère, véritable traumatisme fondateur pour la Hongrie.

10 août 1920 : traité de Sèvres imposant le démantèlement de l'Empire ottoman. Jamais ratifié, il est remplacé trois ans plus tard par le traité de Lausanne.

18 février-17 mars 1921 : soulèvement antibolchevique des marins du port militaire de Kronstadt, sur la mer Baltique, symbole de la révolution de 1917, réprimé par Trotski, commissaire à la Guerre.

21 mars 1921 : Lénine lance la NEP (« Nouvelle Politique économique ») en Russie, qui met fin au « communisme de guerre » et réintroduit des éléments d'économie de marché (propriété privée, commerce des surplus agricoles…).

8 août 1921 : Hitler crée les SA (*Sturmabteilung*, les « sections d'assaut »), organisation paramilitaire du parti nazi. Elles sont rapidement surnommées les « Chemises

brunes », du fait de la couleur de leur uniforme issu de vieux stocks de l'empire colonial allemand, et par contraste avec les « chemises noires » portées par les fascistes italiens.

12 novembre 1921 : fondation du Parti national fasciste en Italie.

3 avril 1922 : Joseph Staline (1878-1953) est élu secrétaire général au terme du XIe congrès du Parti communiste de Russie. Ce sera longtemps son seul titre officiel.

26 mai 1922 : Lénine est victime d'une attaque d'apoplexie qui le rend de moins en moins capable d'exercer le pouvoir jusqu'à sa mort.

11 septembre 1922 : consécutivement à la défaite contre la Turquie, coup d'État militaire du général Nikólaos Plastíras en Grèce qui force le roi Constantin Ier (1868-1923, sur le trône depuis 1913) à abdiquer.

28 octobre 1922 : marche sur Rome. Des dizaines de milliers de « Chemises noires » s'emparent de lieux stratégiques dans le pays et convergent vers la capitale où ils manifestent pour réclamer le pouvoir. Mussolini reste à Milan pour pouvoir fuir en cas d'échec.

30 octobre 1922 : le roi d'Italie Victor-Emmanuel III (1869-1947) charge Mussolini de former un nouveau gouvernement.

30 décembre 1922 : création de l'Union des Républiques socialistes soviétiques (URSS), qui unit la Russie bolchevique et ses républiques sœurs en Europe de l'Est, dans le Caucase et en Asie centrale.

9 juin 1923 : coup d'État en Bulgarie, mené par le nationaliste Alexandre Tsankov (1879-1959), homme fort du pays jusqu'en 1934.

24 juillet 1923 : traité de Lausanne, qui établit les frontières de la Turquie moderne, intégrant toute l'Anatolie alors que le traité de Sèvres prévoyait un Kurdistan et une Arménie indépendants.

13 septembre 1923 : coup d'État du général Primo de Rivera (1870-1930) à Barcelone en Espagne. Alphonse XIII (1886-1941) conserve le trône, mais ne gouverne plus.

29 octobre 1923 : Kemal abolit le sultanat ottoman, proclame la République de Turquie et se fait élire président.

9 novembre 1923 : « putsch de la Brasserie », tentative de coup d'État ratée menée à Munich par Adolf Hitler et le général Erich Ludendorff, qui essaient d'imiter la marche sur Rome. Arrêté le 11 novembre, Hitler est condamné à cinq ans de prison, et ne purgera que treize mois, dont neuf dans la forteresse de Landsberg am Lech, normalement réservée à des criminels nobles. Il met à profit son année en détention pour écrire *Mein Kampf* (« Mon combat »).

21 janvier 1924 : mort de Lénine.

Avril 1924 : élections législatives en Italie, largement truquées, qui donnent la majorité au PNF.

Mai 1924 : le parti nazi obtient 31 sièges (6,6 % du Parlement) aux législatives.

10 juin 1924 : assassinat du député socialiste italien Giacomo Matteotti (né en 1885), figure de proue de l'opposition à Mussolini. Le crime, attribué aux fascistes, soulève

une vive émotion. Les députés d'opposition tentent de provoquer une crise de régime en se retirant du Parlement lors de la sécession « *Aventiniana* », en référence à l'épisode de l'histoire romaine durant lequel la plèbe est censée s'être retirée sur l'Aventin, une colline de Rome.

11 septembre 1924 : coup d'État au Chili mettant au pouvoir une junte militaire.

23 décembre 1924 : appuyé par la Yougoslavie, le général Ahmet Zogu (1895-1961) s'empare du pouvoir en Albanie. Sa dictature dure jusqu'en 1939.

Avril 1925 : fondation de la SS (*Schutzstaffel*, « escadron de protection »), garde personnelle de Hitler, qui deviendra l'un des principaux instruments de la terreur nazie sous la direction de Heinrich Himmler (1900-1945).

24 juin 1925 : Theódoros Pángalos (1878-1952) renverse le gouvernement grec et se déclare dictateur. En octobre 1925, il occupe la ville frontalière bulgare de Pétritch mais est forcé de faire marche arrière sous la pression de la Société des Nations. Impopulaire, il est renversé dès le 24 août 1926 par le général Geórgios Kondýlis (1878-1936).

18 juillet 1925 : publication du premier volume de *Mein Kampf* (le second paraît en décembre).

1925-1926 : lois fascistissimes en Italie faisant de Mussolini le *Duce* (le « Guide ») ; interdiction de tout autre parti que le PNF, désormais parti unique ; autorisation des seuls syndicats fascistes ; mise en place d'une censure stricte ; création d'une police secrète, l'OVRA (Organisation de vigilance et répression de l'antifascisme) et d'un Tribunal spécial pour la sécurité de l'État ; fin de la démocratie locale, les maires sont remplacés par des podestats nommés par décret royal.

12-14 mai 1926 : « Coup de mai » à Varsovie, coup d'État mené par le général Józef Piłsudski (1867-1935), qui sans occuper d'autres fonctions que militaires restera l'homme fort de la Pologne jusqu'à sa mort.

28 mai 1926 : coup d'État au Portugal qui met fin à la Première République.

17 décembre 1926 : coup d'État du nationaliste Antanas Smetona (1874-1944) en Lituanie, qui sera chassé par l'invasion soviétique de 1940.

12 avril 1927 : massacre de Shanghai, élimination des communistes par le Guomindang (le « Parti national chinois »), avec lesquels il était jusque-là allié. Par la suite, Tchang Kaï-chek (1887-1975) établit son gouvernement à Nankin et combine inspirations confucianistes et fascisantes.

1928 : parution de *Propaganda* d'Edward Bernays (1891-1995), publicitaire américain et neveu de Sigmund Freud, dans lequel il théorise sa pratique des relations publiques et de la propagande politique institutionnelle. Il influencera Joseph Goebbels (1897-1945), ministre de la Propagande de Hitler.

Avril 1928 : le régime instauré au Portugal en 1926 prend le nom de « Dictature nationale ». Le professeur d'économie António de Oliveira Salazar (1889-1970) devient ministre des Finances.

13 novembre 1928 : Trotski est exclu du parti communiste, Staline est désormais le maître incontesté de l'URSS.

11 février 1929 : accords du Latran entre Mussolini et le Saint-Siège, qui reconnaissent le pape comme souverain de l'État du Vatican, et le catholicisme comme religion officielle de l'Italie.

Avril 1929 : début du premier plan quinquennal en URSS, qui vise une industrialisation forcée du pays, par la collectivisation.

24-29 octobre 1929 : krach boursier à Wall Street, la Bourse de New York, qui provoque une gigantesque crise économique et sociale sur toute la planète, et plonge les années 1930 dans la « Grande Dépression » qui fait le lit de Hitler et de nombreux régimes autoritaires.

28 janvier 1930 : Primo de Rivera démissionne en Espagne. Lui succède durant un an le général Dámaso Berenguer (1873-1953), dont le régime sera surnommé la *dictablanda* (la « dictamolle »).

7 avril 1930 : création du « goulag », administration des camps au sein de la Guépéou. Héritiers des bagnes de l'époque des tsars, les camps de travaux forcés soviétiques étaient déjà 84 au début des années 1920. Le goulag multiplie les camps, rationalise l'internement et permet d'absorber les millions de déportés des années 1930.

16 mai 1930 : le général Rafael Trujillo (1891-1961) est élu président de la République dominicaine. Ayant fait exterminer 20 000 à 35 000 immigrés haïtiens en 1937, il reste l'homme fort du pays jusqu'à son assassinat.

14 septembre 1930 : le parti nazi obtient 107 sièges (18,3 %) au Reichstag, devenant le deuxième parti d'Allemagne.

3-24 octobre 1930 : suite à des élections contestées, révolution brésilienne de 1930 menée par Getúlio Vargas (1882-1954) qui renverse la Vieille République (en place depuis 1889).

1931-1933 : 6 à 8 millions de morts lors d'immenses famines en URSS dues à la collectivisation, en particulier en Ukraine, délibérément affamée en représailles à des révoltes paysannes.

1931 : parution à Paris de *La Technique du coup d'État* du journaliste italien Curzio Malaparte (1898-1957). Vétéran de la Grande Guerre et fasciste de la première heure, l'auteur analyse différentes méthodes de prise du pouvoir par la force, de Napoléon à Lénine, Mussolini et Hitler, en passant par toute la vague de putschs et de régimes autoritaires des années 1920. Acerbe contre le Duce, le livre est interdit en Italie et vaut à Malaparte un court séjour en prison et des années en résidence surveillée.

18 février 1931 : proclamation de la Seconde République espagnole.

12 avril 1932 : Hitler atteint le deuxième tour de l'élection présidentielle en Allemagne, où le maréchal Paul von Hindenburg (1847-1934) est réélu (53 % des voix).

15 mai 1932 : plan quinquennal antireligieux en URSS, qui prévoit le bannissement de l'idée même de Dieu pour le 1er mai 1937.

25 juin 1932 : Salazar devient chef du gouvernement au Portugal. Il le restera jusqu'en 1968.

31 juillet 1932 : le parti nazi devient le premier parti d'Allemagne, avec 230 députés (37,4 %) élus au Reichstag.

Hermann Goering (1893-1946), bras droit de Hitler, devient président de l'Assemblée.

Novembre 1932 : après une nouvelle dissolution, le NSDAP obtient 196 sièges (33,1 %) au Reichstag. Il perd des voix, mais reste en tête.

30 janvier 1933 : Hitler est nommé chancelier.

27 février 1933 : incendie du Reichstag, le Parlement allemand, fomenté par les nazis, qui accusent les communistes, et qui sert de prétexte à la suspension des libertés civiles.

4 mars 1933 : menacé par la montée du nazisme, Engelbert Dollfuss (1892-1934), chancelier autrichien ultranationaliste, dissout le Parlement.

5 mars 1933 : le parti nazi remporte les élections allemandes avec 43,9 % des suffrages, soit 288 sièges au Reichstag.

19 mars 1933 : adoption au Portugal d'une nouvelle Constitution qui établit l'*Estado Novo* (l'« État nouveau »), inspiré par le fascisme.

20 mars 1933 : ouverture du camp de concentration de Dachau en Allemagne.

23 mars 1933 : le Reichstag vote les pleins pouvoirs à Hitler pour quatre ans.

7 avril 1933 : loi qui exclut les Juifs de la fonction publique en Allemagne.

26 avril 1933 : création de la Gestapo (*Geheime Staatspolizei*, « police d'État secrète »), dirigée par la SS.

10 mai 1933 : nuit d'autodafé à Berlin présidée par Joseph Goebbels, ministre de la Propagande.

14 juillet 1933 : le parti nazi devient parti unique en Allemagne.

30 août-3 septembre 1933 : premier grand congrès de Nuremberg, dit « de la Victoire », marqué par des défilés des organisations nazies. Rassemblement annuel jusqu'à 1938, le congrès de 1934 est immortalisé par Leni Riefenstahl (1902-2003) dans son documentaire *Le Triomphe de la volonté*, devenu un classique de la propagande totalitaire.

14 octobre 1933 : Hitler retire l'Allemagne de la Société des Nations.

15 janvier 1934 : coup d'État à Cuba par une junte militaire dominée par Fulgencio Batista (1901-1973).

6 février 1934 : manifestation antiparlementaire d'anciens combattants et des ligues nationalistes à Paris, qui tourne à l'émeute place de la Concorde. Alors que les manifestants menacent de prendre d'assaut l'Assemblée nationale, les forces de l'ordre ouvrent le feu. Au moins 14 manifestants sont tués et plus de 650 blessés. Cette crise provoque la chute du gouvernement d'Édouard Daladier (1884-1970).

19 mai 1934 : coup d'État en Bulgarie, où le mouvement Zveno (le « Maillon ») instaure une dictature dirigée par Kimon Georgiev (1882-1969), avant d'être balayé par la monarchie en janvier 1935.

29 juin 1934 : au soir, débute la « Nuit des longs couteaux ». Sur ordre de Hitler, les SS éliminent les chefs des

SA, en particulier Ernst Röhm (1887-1934), exécuté le 2 juillet, officiellement pour homosexualité. En réalité, les SA et leurs revendications révolutionnaires gênent Hitler, qui cherche à consolider son régime. La répression s'étend également à des conservateurs et permet la soumission de l'armée, la Reichswehr, qui est transformée en Wehrmacht (« force de défense ») l'année suivante.

2 juillet 1934 : mort de Hindenburg. Le Reichstag nomme Hitler *Führer und Reichskanzler* (« Guide et Chancelier du Reich »).

25 juillet 1934 : le chancelier autrichien Dollfuss est assassiné par les nazis.

19 août 1934 : plébiscite (au résultat largement truqué de 89,93 % de « oui ») donnant les pouvoirs absolus à Hitler.

16 mars 1935 : Hitler rétablit le service militaire obligatoire et porte les effectifs de la Wehrmacht, l'armée allemande, de 100 000 à 500 000 hommes, une violation flagrante du traité de Versailles.

15 septembre 1935 : lois raciales de Nuremberg, symboles de l'antisémitisme d'État du régime nazi. Elles excluent les Juifs de la citoyenneté, les privent de leurs droits civiques et leur interdisent le mariage et les relations sexuelles avec des personnes « de sang allemand ».

3 octobre 1935-9 mai 1936 : invasion de l'Éthiopie par l'Italie, qui se retire de la Société des Nations.

10 octobre 1935 : coup d'État du général Geórgios Kondýlis (1878-1936), qui rétablit la monarchie en Grèce et réprime les républicains.

6-16 février 1936 : Jeux olympiques d'hiver en Allemagne nazie, qui en fait un instrument de propagande.

7 mars 1936 : Hitler remilitarise la Rhénanie, nouvelle violation du traité de Versailles.

17-18 juillet 1936 : insurrection militaire ralliée par le général Francisco Franco (1892-1975). Début de la guerre civile espagnole.

Août 1936 : début des grands procès de Moscou, qui durent jusqu'en mars 1938 et permettent à Staline de se débarrasser de la vieille garde bolchevique. Dans le cadre des Grandes Purges (ou « Grande Terreur »), environ 700 000 personnes sont exécutées, la population du goulag passe de 1,2 à 1,9 million de déportés.

1er-16 août 1936 : Jeux olympiques d'été en Allemagne nazie.

4 août 1936 : coup d'État du général Ioánnis Metaxás (1871-1941), dictateur en Grèce jusqu'à sa mort, à la tête du « régime du 4 août ».

10 octobre 1936 : le général Franco est proclamé chef du gouvernement par son camp.

1er novembre 1936 : proclamation de l'axe Rome-Berlin à Milan par Mussolini.

25 novembre 1936 : pacte anti-Komintern entre l'Allemagne nazie et l'Empire du Japon.

1er janvier 1937 : Anastasio Somoza García (1896-1956) devient dictateur du Nicaragua, jusqu'à son assassinat. On attribue souvent une citation apocryphe à son propos au président américain Franklin Delano Roosevelt (1882-1945) :

« Somoza est peut-être un fils de pute, mais c'est notre fils de pute. » La « dynastie Somoza » se maintient à la tête du Nicaragua jusqu'en 1979.

26 avril 1937 : bombardement de Guernica, au centre de l'Espagne, par la Légion Condor, corps expéditionnaire allemand soutenant Franco. L'attaque, qui fait entre 126 et 300 morts civils, est immortalisée par le célèbre tableau exposé par le peintre Pablo Picasso (1881-1973) à Paris lors de l'Exposition universelle.

6 novembre 1937 : l'Italie adhère au pacte anti-Komintern.

10 novembre 1937 : s'inspirant de Salazar au Portugal, Getúlio Vargas lance son propre *Estado Novo* qui dure jusqu'en 1945.

13 mars 1938 : *Anschluss*, annexion de l'Autriche par l'Allemagne nazie.

Septembre-novembre 1938 : lois raciales en Italie contre les Juifs étrangers.

29-30 septembre 1938 : accords de Munich entre Hitler, Mussolini, Édouard Daladier et le Britannique Neville Chamberlain (1869-1940), qui autorisent l'Allemagne à annexer les régions tchécoslovaques peuplées d'Allemands, en particulier les Sudètes.

9 novembre 1938 : « Nuit de cristal », vaste pogrom nazi dans toute l'Allemagne, consécutif à l'assassinat par un jeune Juif allemand, Herschel Grynszpan (1921-1945), d'un secrétaire d'ambassade nazi à Paris. Trente mille Juifs sont déportés, plus de 2 000 sont tués. Les Juifs sont condamnés à une amende d'un milliard de marks.

25 février 1939 : la Hongrie adhère au pacte anti-Komintern.

15 mars 1939 : l'Allemagne occupe la Bohême-Moravie, partie tchèque de la Tchécoslovaquie. La République slovaque déclare son indépendance. Le prêtre catholique Josez Tizo (1887-1947) y impose un régime à parti unique, vassal du Reich.

27 mars 1939 : l'Espagne adhère au pacte anti-Komintern.

1er avril 1939 : prise de Barcelone par l'armée de Franco, marquant la fin de la guerre civile espagnole. Le conflit a fait au moins 400 000 morts.

7 avril 1939 : invasion de l'Albanie par l'Italie de Mussolini.

22 mai 1939 : « pacte d'Acier » signé à Berlin entre l'Allemagne et l'Italie, alliance militaire offensive qui scelle l'union des forces de l'Axe.

23 août 1939 : pacte germano-soviétique, signé à Moscou entre le ministre des Affaires étrangères allemand Joachim von Ribbentrop (1893-1946) et celui d'URSS Viatcheslav Molotov (1890-1986). Outre un traité de non-agression qui stupéfie le monde, il comporte un protocole secret pour l'invasion et la répartition des territoires de la Finlande, de la Pologne, des pays Baltes et de la Bessarabie (en Roumanie).

1er septembre 1939 : invasion de la Pologne par l'Allemagne nazie, début de la Seconde Guerre mondiale.

Avril-mai 1940 : « massacre de Katyń », exécution de plus de 22 000 officiers polonais faits prisonniers par l'URSS.

27 avril 1940 : ouverture d'un camp de concentration à Auschwitz (actuelle Pologne), bientôt suivi de plusieurs camps, dont des centres d'extermination. Jusqu'en 1945, 1,1 million de personnes y décèdent, dont 90 % de Juifs, 900 000 dans des chambres à gaz.

10 mai 1940 : début de la bataille de France.

10 juin 1940 : l'Italie déclare la guerre à la France et à la Grande-Bretagne.

14 juin 1940 : l'armée allemande occupe Paris.

16 juin 1940 : le maréchal Philippe Pétain (1856-1951), vainqueur de la bataille de Verdun, est choisi comme président du Conseil.

22 juin 1940 : signature de l'armistice entre la France et l'Allemagne.

10 juillet 1940 : l'Assemblée nationale française, repliée à Vichy, vote les pleins pouvoirs au maréchal Pétain, marquant la fin de la IIIe République. Le projet de loi insiste sur la « nécessité d'une révolution nationale », qui deviendra l'idéologie officielle de l'« État français », régime établi par le gouvernement de Vichy.

22 juillet 1940 : lois sur les dénaturalisations qui permet au régime de Vichy de déchoir de sa nationalité tout naturalisé postérieur à 1927. Plus de 15 000 personnes seront déchues de leur nationalité, dont 6 000 Juifs.

20 août 1940 : assassinat de Trotski à Mexico par un agent de Staline, Ramón Mercader (1913-1978).

5 septembre 1940 : la Garde de fer, mouvement paramilitaire inspiré par le fascisme, impose le général Ion

Antonescu (1882-1946) comme chef du gouvernement en Roumanie. Il institue un « État national légionnaire » et se présente comme le « Pétain roumain ».

15 septembre 1940 : en France, la devise républicaine « Liberté, Égalité, Fraternité » est remplacée par « Travail, Famille, Patrie ».

3-4 octobre 1940 : lois du régime de Vichy sur le statut des Juifs, qui les excluent de la fonction publique et autorisent l'internement des Juifs étrangers.

15 octobre 1940 : première mondiale du *Dictateur*, film de Charlie Chaplin inspiré de la figure d'Adolf Hitler et destiné à convaincre l'opinion publique américaine de s'engager contre l'Allemagne nazie dans la Seconde Guerre mondiale.

23 octobre 1940 : rencontre à Hendaye (frontière entre la France et l'Espagne) entre Hitler et Franco pour convaincre (en vain) ce dernier d'entrer en guerre.

24 octobre 1940 : rencontre entre Hitler et Pétain à Montoire (Loir-et-Cher). La France s'engage dans la Collaboration.

6 avril 1941 : l'Axe envahit la Yougoslavie.

10 avril 1941 : proclamation de l'État indépendant de Croatie. Ante Pavelić (1889-1959), fondateur du mouvement fasciste et antisémite des oustachis, en prend la tête comme *Poglavnik* (« dirigeant »), jusqu'au 8 mai 1945.

22 juin 1941 : lancement de l'opération « Barbarossa », invasion de l'URSS par le IIIe Reich. Les troupes allemandes sont suivies d'*Einsatzgruppen* (« groupes d'intervention »)

qui exécutent au total 1,4 million de Juifs sur le front de l'Est.

Septembre 1941 : invasion anglo-soviétique de l'Iran, qui dépose le shah Reza Pahlavi (1878-1944, empereur de Perse depuis 1925), jugé trop proche de l'Allemagne nazie. Les Alliés mettent à sa place son fils Mohammad Reza Pahlavi (1919-1980).

7 décembre 1941 : attaque japonaise sur la flotte américaine à Pearl Harbor (archipel d'Hawaï), ordonnée par le général et Premier ministre Tôjô Hideki (1884-1948). Elle provoque l'entrée des États-Unis dans la guerre.

20 janvier 1942 : conférence de Wannsee réunissant quinze hauts dignitaires nazis qui statuent sur la « solution finale de la question juive » et actent la politique d'extermination engagée depuis l'été 1941.

18 avril 1942 : Pierre Laval (1883-1945) est nommé chef du gouvernement. Il renforce la politique de collaboration avec l'Allemagne.

16-17 juillet 1942 : rafle du Vél'd'Hiv', durant laquelle 13 000 Juifs sont arrêtés par des policiers et des gendarmes en région parisienne et déportés. Seule une centaine survivront.

17 juillet 1942-2 février 1943 : bataille de Stalingrad, ville clé sur la Volga. Elle devient le symbole de l'affrontement entre Hitler et Staline. La défaite allemande constitue un tournant de la guerre.

8 novembre 1942 : débarquement des Alliés en Afrique du Nord.

4 juin 1943 : « révolution de 1943 » en Argentine, coup d'État militaire qui établit une dictature qui se prolonge jusqu'à l'élection de Juan Perón (1895-1974) à la présidence en 1946.

9 juillet-17 août 1943 : débarquement allié en Sicile.

25 juillet 1943 : le roi d'Italie Victor-Emmanuel III ordonne l'arrestation de Mussolini, provoquant la chute du fascisme.

12 septembre 1943 : des parachutistes allemands libèrent Mussolini. Celui-ci fonde une République fasciste dans le nord de l'Italie, basée à Salò (Lombardie).

6 juin 1944 : débarquement des Alliés en Normandie.

20 juillet 1944 : attentat manqué contre Hitler, organisé par le comte Claus von Stauffenberg (né en 1907), exécuté dans la nuit, avec plusieurs officiers conjurés qui prévoyaient de mener un coup d'État.

1er août-2 octobre 1944 : insurrection de Varsovie lancée par la Résistance polonaise. Bien que l'Armée rouge soit aux portes de la ville, Staline laisse la Wehrmacht écraser les insurgés.

20 août 1944 : les Allemands contraignent Pétain à transférer son gouvernement à Belfort, puis Sigmaringen, en Allemagne, le 8 septembre.

16 octobre 1944 : Horthy, qui a demandé un armistice à l'URSS, abdique sous la pression allemande. Le parti des Croix-Fléchées, dirigé par Ferenc Szálasi (1897-1946), établit un « Gouvernement d'unité nationale » fasciste et

proallemand, qui collabore à la déportation et à l'extermination des 400 000 Juifs hongrois.

28 novembre 1944 : le communiste Enver Hodja (1908-1985) prend la tête de la République populaire d'Albanie, et ce, jusqu'à sa mort.

27 janvier 1945 : libération du camp d'Auschwitz par l'Armée rouge.

4-11 février 1945 : conférence de Yalta, réunissant le Premier ministre britannique Winston Churchill (1874-1965), Roosevelt et Staline. Elle définit un plan pour la paix et des zones d'occupation, qui deviendront des zones d'influence entre blocs de l'Ouest et de l'Est au cours de la guerre froide. La partition vaut déjà pour la Pologne « libérée » par l'Armée rouge où Staline a installé un gouvernement provisoire dominé par ses partisans.

28 avril 1945 : Mussolini est fusillé par la Résistance italienne.

30 avril 1945 : suicide de Hitler dans son bunker à Berlin.

23 juillet-15 août 1945 : procès de Pétain, condamné à mort pour haute trahison. La peine n'est pas exécutée en raison de son âge.

2 septembre 1945 : proclamation de l'indépendance du Vietnam par Hô Chi Minh (1890-1969), chef du Viêt-minh, le Parti communiste vietnamien, qui établit un régime à parti unique.

20 novembre 1945-1er octobre 1946 : procès de Nuremberg contre 24 principaux responsables du IIIe Reich. Douze dignitaires sont condamnés à mort. Ayant reconnu la notion de

crime contre l'humanité, ce procès deviendra un modèle pour la justice internationale mise en place contre des dictatures à la fin du XXe siècle.

29 novembre 1945 : Josip Broz Tito (1892-1980), chef militaire de la Résistance communiste en Yougoslavie, dépose le roi Pierre II (1923-1970, sur le trône depuis 1934), et instaure une dictature communiste en Yougoslavie.

3 mai 1946 : début du procès de Tokyo, qui va juger les criminels de guerre japonais.

15 septembre 1946 : proclamation de la République populaire de Bulgarie. Le nouveau régime est le modèle des « démocraties populaires », vassales de l'URSS, qui vont s'établir dans le bloc de l'Est.

12 décembre 1946 : condamnation de l'Espagne à l'ONU, qui l'exclut de toutes les organisations internationales.

5 février 1947 : après des élections truquées, adoption de la première Constitution de la République populaire de Pologne.

Avril 1947 : fondation du parti Baas à Damas.

30 décembre 1947 : proclamation de la République populaire de Roumanie.

Janvier-mai 1948 : rupture Tito-Staline.

17-25 février 1948 : « coup de Prague ». Les communistes renversent la république et proclament le 9 mai une « République populaire ».

9 septembre 1948 : le communiste Kim Il-sung (1912-1994) proclame la République populaire et démocratique de Corée,

établie dans le nord de la péninsule. Il gouverne jusqu'à sa mort.

20 août 1949 : proclamation de la République populaire de Hongrie.

1er octobre 1949 : Mao Zedong (1893-1976) proclame la République populaire de Chine à Pékin. Tchang Kaï-chek s'exile à Taïwan, où il « règne » jusqu'à sa mort en 1975.

7 octobre 1949 : proclamation de la République démocratique d'Allemagne (RDA), démocratie populaire en Allemagne de l'Est.

25 juin 1950-27 juillet 1953 : guerre de Corée.

1951 : parution des *Origines du totalitarisme*, essai de la philosophe Hannah Arendt (1906-1975).

10 mars 1952 : second coup d'État de Fulgencio Batista à Cuba, soutenu par la CIA.

23 juillet 1952 : le mouvement des Officiers libres destitue le roi Farouk Ier (1920-1965, sur le trône depuis 1936), marquant le commencement de l'ascension de Gamal Abdel Nasser (1918-1970) qui prendra le pouvoir en 1954.

20 novembre-3 décembre 1952 : « procès de Prague », inspiré des purges staliniennes, pour éliminer des cadres historiques du Parti communiste tchécoslovaque, en particulier des Juifs.

13 janvier 1953 : affaire dite du « complot des blouses blanches », dans laquelle plusieurs médecins de renom sont accusés de vouloir assassiner leurs patients, des personnalités soviétiques, et arrêtés. Comme les procès de Prague,

l'antisémitisme est au cœur des accusations. L'affaire reflète la paranoïa des derniers mois du règne de Staline.

5 mars 1953 : mort de Staline.

20 novembre 1953-7 mai 1954 : bataille de Diên Biên Phu, victoire des forces du Viêt-minh sur le corps expéditionnaire français.

4 mai 1954 : coup d'État au Paraguay du général Alfredo Stroessner (1912-2006), président jusqu'en 1989.

18 juin 1954 : coup d'État militaire au Guatemala, mené par le lieutenant-colonel Carlos Castillo Armas (1914-1957) et organisé par la CIA. Il dirige le pays jusqu'à son assassinat.

20 juillet 1954 : accords de Genève qui marquent la fin de la guerre d'Indochine et aboutissent à la partition du Vietnam entre le Nord communiste et le Sud proaméricain.

14 mai 1955 : pacte de Varsovie, alliance militaire entre les pays d'Europe de l'Est et l'URSS.

26 octobre 1955 : proclamation de la République du Vietnam par Ngô Dinh Diêm (1901-1963), qui dirige d'une main de fer le Sud-Vietnam jusqu'à son assassinat – le Nord étant toujours gouverné par le Viêt-minh.

14-25 février 1956 : XXe congrès du Parti communiste de l'URSS, au cours duquel Nikita Khrouchtchev (1894-1971) dénonce les crimes du stalinisme.

23 octobre-10 novembre 1956 : insurrection de Budapest contre le pouvoir communiste, mis en fuite et remplacé par un gouvernement qui promet des élections libres et une sortie du pacte de Varsovie. Les troupes soviétiques reprennent le

contrôle de la capitale hongroise au terme d'une répression qui fait plus de 2 500 morts.

25 juillet 1957 : le père de l'indépendance tunisienne, Habib Bourguiba (1903-2000), proclame la république et se fait nommer président par l'Assemblée constituante. Il met en place un régime à parti unique autour du Néo-Destour.

22 septembre 1957 : François Duvalier (1907-1971) est élu président de Haïti. Appuyé par les États-Unis, il se proclame président à vie en juin 1964 et reste en place jusqu'à sa mort.

1958-1962 : « Grand Bond en avant » lancé par Mao. La collectivisation forcée de l'agriculture, l'industrialisation massive et les grands travaux provoquent une gigantesque famine, qui fait entre 30 et 55 millions de morts.

14 juillet 1958 : coup d'État en Irak du général promarxiste Abdel Karim Kassem (1914-1963) au cours duquel le roi Fayçal II (né en 1935) et toute sa famille sont assassinés.

2 octobre 1958 : Ahmed Sékou Touré (1922-1984) devient président de la République de Guinée (Guinée-Conakry), jusqu'à sa mort.

17 novembre 1958 : coup d'État du général Ibrahim Abboud (1900-1983) au Soudan. Il se proclame président et dirige le pays jusqu'en novembre 1964, quand la pression populaire le contraint à démissionner.

1er janvier 1959 : la guérilla marxiste menée par Fidel Castro (1926-2016) à Cuba s'empare de La Havane. Batista fuit le pays.

27 mai 1960 : coup d'État militaire en Turquie qui destitue le Premier ministre Adnan Menderes (1899-1961), dont le régime connaissait une dérive autoritaire.

14 septembre 1960 : coup d'État inspiré par le chef d'état-major Mobutu Sese Seko (1930-1997) en République du Congo-Léopoldville (ex-Congo belge, futur Congo-Kinshasa). Le Premier ministre Patrice Lumumba (1925-1961) fuit la capitale avant d'être assassiné le 17 janvier 1961.

Février 1961 : début de la guerre d'indépendance angolaise. Elle va épuiser la métropole portugaise jusqu'à la chute de l'*Estado Novo* initié par Salazar en 1974.

18 mars 1962 : accords d'Évian reconnaissant l'indépendance de l'Algérie. Le Front de libération nationale, qui a mené la guerre contre la métropole, s'impose comme parti unique dès l'année suivante.

Janvier 1963 : tournant autoritaire du régime de Félix Houphouët-Boigny (1905-1993), président de Côte d'Ivoire entre 1960 et 1993.

8 février 1963 : Kassem est renversé (puis exécuté le lendemain) par un coup d'État mené par le général Abdel Salam Aref (1921-1966). Aref, alors brièvement allié avec le parti nationaliste arabe Baas avec lequel il se brouillera, demeure président jusqu'à sa mort, trois ans plus tard, dans un accident d'hélicoptère.

8 mars 1963 : coup d'État qui porte au pouvoir le parti Baas en Syrie.

31 mars 1964 : coup d'État au Brésil mené par le maréchal Humberto de Alencar Castelo Branco (1900-1967). Une

junte dirige le pays jusqu'en 1985. La répression anticommuniste fait au moins 400 morts.

14 octobre 1964 : Léonid Brejnev (1906-1982) force Khrouchtchev à démissionner et prend sa place comme premier secrétaire du Parti communiste de l'Union soviétique.

30 septembre 1965 : accusant les communistes d'avoir tenté de s'emparer du pouvoir, le général Suharto (1921-2008) ordonne le massacre de 500 000 à 1 million d'Indonésiens suspectés d'être communistes, puis s'empare du pouvoir en mars 1966.

19 novembre 1965 : Ferdinand Marcos (1917-1989) est élu président des Philippines. En 1972, il déclare la loi martiale, qu'il n'abolira qu'en 1981.

24 novembre 1965 : nouveau coup d'État en République démocratique du Congo (Congo-Kinshasa) de Mobutu Sese Seko (1930-1997) qui dépose le président Joseph Kasa-Vubu et s'empare du pouvoir suprême. Il rebaptise le pays Zaïre en 1971.

31 décembre 1965 : « coup d'État de la Saint-Sylvestre » par lequel Jean Bédel Bokassa (1921-1996) devient président de la République centrafricaine.

28 juin 1966 : coup d'État en Argentine par une junte militaire, qui proclame la « Révolution argentine ».

8 août 1966 : début de la « Révolution culturelle » en Chine, par laquelle Mao renforce son pouvoir en s'appuyant sur une jeunesse fanatisée au sein des Gardes rouges. Quatre cent mille à 3 millions de personnes sont tuées, principalement dans des camps de travail.

13 janvier 1967 : coup d'État du lieutenant-colonel Gnassingbé Eyadema (1935-2005) au Togo. Il gouverne jusqu'à sa mort.

21 avril 1967 : putsch des Colonels en Grèce, junte militaire menée par le colonel Geórgios Papadópoulos (1919-1999), piloté par la CIA.

2 décembre 1967 : Omar Bongo (1935-2009) devient président de la République du Gabon. Il le demeure jusqu'à sa mort.

5 janvier-20 août 1968 : « printemps de Prague », tentative de libéralisation du régime communiste en Tchécoslovaquie, conduisant à l'invasion du pays par les armées du bloc soviétique.

17 juillet 1968 : coup d'État en Irak par lequel le parti Baas reprend le contrôle du pays. Le général Ahmad Hassan al-Bakr (1914-1982) devient président, Saddam Hussein, son numéro 2, vice-président.

19 novembre 1968 : coup d'État au Mali de Moussa Traoré (né en 1936), président jusqu'à son arrestation en 1991.

1er septembre 1969 : coup d'État de Mouammar Kadhafi (1942-2011) en Libye, qui renverse la monarchie et instaure la République arabe libyenne.

13 novembre 1970 : coup d'État en Syrie de Hafez al-Assad (1930-2000), qui gouverne jusqu'à sa mort.

25 janvier 1971 : coup d'État en Ouganda d'Amin Dada (vers 1923-2003), chassé en 1979 par la Tanzanie à laquelle il a déclaré la guerre. Son règne meurtrier (80 000 à 500 000

victimes) lui bâtit une légende de tyran africain sanguinaire, fou et mégalomane.

12 mars 1971 : coup d'État militaire en Turquie, l'armée rend le pouvoir aux civils au bout d'un an.

21 avril 1971 : mort de François Duvalier, surnommé « Papa Doc » président d'Haïti depuis 1964. Son fils Jean-Claude (1951-2014), dit « Baby Doc », lui succède, jusqu'à sa chute en 1986.

Mars 1973 : élections en Argentine qui mettent fin à la dictature de Juan Perón..

27 juin 1973 : coup d'État en Uruguay où le président Juan María Bordaberry (1928-2011, élu en 1972) est désormais contrôlé par une junte, qui le remplace en 1976 par le président du Conseil d'État Alberto Demichelli Lizaso (1896-1980). Le nouveau régime se proclame « Processus de reconstruction nationale ».

11 septembre 1973 : coup d'État d'une junte militaire au Chili. Le socialiste Salvador Allende (1908-1973), élu président en 1970, se suicide. Le général Augusto Pinochet (1915-2006), chef de l'armée de terre, devient président l'année suivante. Au moins 3 200 personnes meurent ou disparaissent dans les répressions qui suivent le coup d'État.

28 décembre 1973 : parution à Paris de *L'Archipel du Goulag* du dissident soviétique Alexandre Soljenitsyne (1918-2008).

1974 : *Metapolítefsi* (« changement de régime ») en Grèce, mettant fin à la dictature des Colonels.

Février-septembre 1974 : révolution éthiopienne qui aboutit à la prise du pouvoir par Mengistu Haile Mariam (né en

1937), président de 1977 à 1991. Sa politique de « Terreur rouge » fait 500 000 morts.

25 avril 1974 : « révolution des Œillets », coup d'État militaire au Portugal qui renverse Marcelo Caetano (1918-1980), successeur de Salazar. Révoltés par la guerre coloniale en Angola, des officiers créent le Mouvement des forces armées (MFA). Population et militaires fraternisent, en particulier autour du marché aux fleurs de Lisbonne, où ils font des œillets le symbole de l'insurrection.

17 avril 1975 : les Khmers rouges s'emparent de Phnom Penh, la capitale du Cambodge. Leur chef Saloth Sâr (1925-1998) prend le nom de guerre de Pol Pot. Il fonde un régime baptisé le Kampuchéa démocratique, qui extermine 1,7 million de Cambodgiens, soit environ 20 % de la population du pays, avant d'être chassé par une invasion vietnamienne en janvier 1979.

30 avril 1975 : prise de Saigon par les communistes. Face à la répression menée contre ceux qui ont soutenu les Américains, 2 millions de Vietnamiens fuient le pays dans les décennies qui suivent, principalement par la mer, ce qui leur vaut le surnom de « *boat people* ».

20 novembre 1975 : mort de Franco. Deux jours plus tard, Juan Carlos (né en 1938) est proclamé roi d'Espagne.

24 mars 1976 : nouveau coup d'État militaire en Argentine, mené par le général Jorge Rafael Videla (1925-2013), qui destitue la présidente Isabel Perón (née en 1931, présidente depuis 1974). Baptisée « Processus de réorganisation nationale », la dictature mise en place dure jusqu'en 1983, fusille 15 000 opposants et en fait disparaître près de 30 000.

9 septembre 1976 : mort de Mao.

2 mars 1977 : Kadhafi transforme la République libyenne en *Jamahiriya* (« État des masses »), régime personnel mêlant panarabisme, socialisme et mystique islamique.

4 décembre 1977 : Bokassa se proclame « empereur » de Centrafrique. Le sacre donne lieu à une cérémonie pompeuse et ridicule, calquée sur le sacre de Napoléon.

8 septembre 1978 : « Vendredi noir » en Iran, durant lequel l'armée du shah réprime dans le sang des manifestations massives à Téhéran.

16 janvier 1979 : le shah fuit l'Iran.

8 février 1979 : le colonel Denis Sassou N'Guesso (né en 1943) devient président de la République du Congo (Congo-Brazzaville).

11 février 1979 : l'ayatollah Khomeyni (1902-1989) proclame la République islamique d'Iran.

16 juillet 1979 : Saddam Hussein devient président, ayant contraint Ahmad Hassan al-Bakr à démissionner pour « raisons de santé ». Sa prise du pouvoir est suivie de purges – filmées – au sein du parti Baas, puis d'exécutions.

17 juillet 1979 : après un an de guerre civile au Nicaragua, Anastasio Somoza (1925-1980) démissionne et fuit à Miami.

3 août 1979 : Teodoro Obiang (né en 1942) devient président de la Guinée équatoriale par un coup d'État.

18 avril 1980 : le marxiste Robert Mugabe (né en 1924) devient Premier ministre au Zimbabwe. Il gouverne en tout trente-sept ans, comme président après 1987.

4 mai 1980 : mort de Tito.

31 août 1980 : création en Pologne de la fédération de syndicats Solidarność, menée par Lech Wałęsa (né en 1943), qui joue un rôle clé dans l'opposition au régime de la République populaire de Pologne.

12 septembre 1980 : coup d'État militaire en Turquie, gouvernée par une junte durant trois ans.

22 septembre 1980 : début de la guerre Iran-Irak, qui dure jusqu'en 1988. L'Irak emploie des armes chimiques à partir de 1983, qui font plus de 10 000 morts. Bilan de cette guerre qui se conclut sur un *statu quo* : entre 500 000 et 1 200 000 de morts.

30 novembre 1980 : rejet du plébiscite lancé par la dictature uruguayenne pour légitimer son régime, ouvrant une période de transition démocratique.

6 octobre 1981 : assassinat du président égyptien Anouar el-Sadate (1918-1981) par un commando militaire issu d'une organisation islamique inspirée par les Frères musulmans. Hosni Moubarak (né en 1928) lui succède jusqu'en 2011.

2-15 février 1982 : « massacre de Hama », durant lequel l'armée syrienne réprime dans le sang une révolte des Frères musulmans, faisant entre 10 000 et 20 000 morts.

6 novembre 1982 : Paul Biya (né en 1933) devient président du Cameroun.

12 août 1983 : le général Manuel Noriega (1934-2017) devient commandant en chef des armées du Panama. Il dirige le pays *de facto* jusqu'en 1990.

21 août 1983 : assassinat de Benigno Aquino Jr. (1932-1983), opposant au président philippin Ferdinand Marcos, à l'aéroport de Manille. L'opposition s'unit.

11 mars 1985 : Mikhaïl Sergueïevitch Gorbatchev (né en 1931) devient secrétaire général du Parti communiste de l'Union soviétique. Il engage l'URSS dans une libéralisation économique et politique qui échoue à la redresser et qui aboutit à son démantèlement en 1991.

22 avril-9 décembre 1985 : procès de la Junte en Argentine, qui condamne Jorge Rafael Videla à la prison à vie pour crimes contre l'humanité et d'autres responsables de la dictature à de lourdes peines. La plupart des condamnés furent amnistiés en 1989-1990, avant d'être poursuivis de nouveau dans les années 2000.

7 février 1986 : lâché par les États-Unis, Jean-Claude Duvalier démissionne et est exfiltré d'Haïti par un avion militaire américain vers la France.

Aux Philippines, Corazón Aquinó (1933-2009), veuve de l'opposant assassiné, est élue présidente.

15 octobre 1987 : coup d'État au Burkina Faso du jeune officier parachutiste Blaise Compaoré (né en 1951), qui fait assassiner le leader révolutionnaire anti-impérialiste Thomas Sankara (1949-1987).

7 novembre 1987 : coup d'État du Premier ministre tunisien Zine el-Abidine Ben Ali (né en 1936), qui dépose Habib Bourguiba (1903-2000, président depuis 1957) pour sénilité.

Février-septembre 1988 : opération « Anfal » (le « butin », nom d'une sourate du Coran), campagne de massacres contre les Kurdes d'Irak lancée par Saddam Hussein, qui fait entre 50 000 et 180 000 morts civils.

16-19 mars 1988 : bombardement de Halabja, ville du Kurdistan d'Irak, par l'armée de Saddam Hussein. L'usage d'armes chimiques (Tabun, sarin et VX) fait jusqu'à 5 000 morts et 10 000 blessés, soit la plus grande attaque chimique contre des civils de l'histoire. Le général Ali Hassan al-Majid (1941-2010), dit « Ali le Chimique », qui a commandé l'attaque, sera condamné à mort en 2010 pour « génocide » contre les Kurdes.

12 mars-21 septembre 1988 : d'importantes manifestations en Birmanie forcent le général Ne Win (1911-2002), homme fort du pays depuis 1962, à démissionner. Cependant, une nouvelle junte militaire rétablit l'ordre en réprimant le mouvement dans le sang.

5 octobre 1988 : référendum au Chili pour prolonger le mandat de Pinochet jusqu'en 1997 ; ayant perdu, il est contraint par la suite de céder progressivement le pouvoir.

21 décembre 1988 : attentat à la bombe contre le vol Pan Am 103 (Londres-New York), qui explose au-dessus du village de Lockerbie (Écosse), tuant plus de 250 personnes. Il est attribué à la Libye de Mouammar Kadhafi.

Février 1989 : rétablissement du multipartisme en Hongrie, qui amorce la libéralisation du régime et la réhabilitation des insurgés de 1956.

3 février 1989 : Stroessner est renversé au Paraguay par son gendre, le général Andrés Rodriguez Pedotti (1923-1997), président à son tour jusqu'en 1993.

6 février-4 avril 1989 : table ronde polonaise, discussions entre le gouvernement communiste et l'opposition menant à un accord qui aboutit à la fin de la République populaire de Pologne en décembre 1989.

8 mai 1989 : Slobodan Milošević (1941-2006) élu président de Serbie.

3 juin 1989 : mort de Khomeyni. L'ayatollah Ali Khamenei (né en 1939) lui succède comme Guide suprême de la Révolution islamique.

4 juin 1989 : écrasement du printemps de Pékin, place Tian'anmen.

30 juin 1989 : coup d'État au Soudan mené par le colonel Omar el-Béchir (né en 1944).

19 septembre 1989 : attentat à la bombe contre le vol 772 d'UTA (Brazzaville-Paris), qui explose au-dessus du Niger et fait 171 morts. Il est à nouveau attribué à la Libye de Mouammar Kadhafi.

23 octobre 1989 : fin de la République populaire de Hongrie.

9 novembre 1989 : chute du mur de Berlin.

16 novembre-29 décembre 1989 : « révolution de Velours », en Tchécoslovaquie, mettant fin à la république populaire, et aboutissant à la partition du pays entre Tchéquie et Slovaquie.

20 décembre 1989 : invasion du Panama par les États-Unis pour renverser Manuel Noriega.

22-25 décembre 1989 : révolution roumaine, aboutissant à l'exécution de Nicolae Ceaușescu (1918-1989), secrétaire général du Parti communiste roumain, et de sa femme Elena.

1990-1991 : Conférences nationales en Afrique francophone, mouvement menant à l'organisation de formes d'états généraux. À part au Bénin et au Mali, elles échouent à libéraliser les régimes dictatoriaux.

28 juillet 1990 : Alberto Fujimori (né en 1938) est élu président de la République du Pérou. Il combat la guérilla maoïste du Sentier lumineux avec des méthodes radicales et engage une campagne de stérilisation forcée contre les populations indigènes.

2-4 août 1990 : invasion du Koweït par Saddam Hussein, début de la « première guerre du Golfe ».

6 août 1990 : sanctions contre l'Irak décidées par le Conseil de sécurité de l'ONU suite à l'invasion du Koweït.

2 décembre 1990 : coup d'État au Tchad d'Idriss Déby (né en 1952).

17 janvier-28 février 1991 : invasion de l'Irak par une coalition menée par les États-Unis, qui baptisent l'opération « Tempête du désert ».

Mars 1991 : une insurrection tente de renverser Saddam Hussein à la suite de sa défaite au Koweït. Les Kurdes s'emparent de leurs provinces au Nord, les chiites se soulèvent dans le Sud. Le dictateur les écrase, les États-Unis laissent faire.

30 juin 1991 : abolition de l'apartheid, régime de ségrégation raciale en place depuis 1948 en Afrique du Sud.

19 août 1991 : échec du putsch de Moscou, par lequel des membres de la nomenclature soviétique opposés aux réformes de Gorbatchev tentent de prendre le pouvoir. Le nouvel

homme fort de la Russie, Boris Eltsine (1931-2007), parvient à les en empêcher et s'impose comme chef de file des réformateurs.

26 décembre 1991 : dissolution de l'URSS, après deux années où ses composantes se sont déclarées l'une après l'autre indépendantes et ont abandonné le système soviétique.

11 janvier 1992 : coup d'État dit des « Janviéristes », les généraux de l'armée algérienne qui interrompent les élections dont le deuxième tour, prévu pour le 16 janvier, aurait vu une victoire écrasante des islamistes du Front islamique du salut (FIS). Après une répression implacable, le pays entre dans une décennie de guerre civile qui fait au moins 60 000 morts.

27 avril 1993 : proclamation de l'indépendance de l'Érythrée, dirigée depuis par Isaias Afwerki (né en 1946).

7 avril-17 juillet 1994 : génocide des Tutsi au Rwanda qui causera au moins 800 000 morts. Le gouvernement génocidaire est renversé par le Front patriotique du Rwanda, mené par Paul Kagame (né en 1957), qui deviendra président en 2000.

10 juillet 1994 : élection d'Alexandre Loukachenko (né en 1954), souvent qualifié de « dernier dictateur d'Europe », comme président de la Biélorussie, réélu par la suite en 2001, 2006, 2010 et 2015.

13-17 juillet 1995 : massacres de Srebrenica, en Bosnie, durant lesquels l'armée de la République serbe de Bosnie, appuyée par Belgrade, exécute plus de 8 000 Bosniaques.

C'est le point d'orgue des guerres civiles qui déchirent l'ex-Yougoslavie (1991-2001).

17 mai 1997 : le chef de guerre Laurent-Désiré Kabila (1939-2001) s'empare de Kinshasa, en RDC, scellant la chute de Mobutu.

Juin-octobre 1997 : guerre civile au Congo-Brazzaville, Denis Sassou Nguesso parvient à se maintenir.

19 juillet 1997 : élection de Charles Taylor (né en 1948) au Liberia. Président de 1997 à 2003, il dirige le pays en chef de guerre impitoyable et s'implique dans la guerre civile de la Sierra Leone.

21 mai 1998 : Suharto démissionne à la suite d'émeutes à Jakarta provoquées par la crise financière asiatique de 1997.

15 juin-17 juillet 1998 : conférence dans la capitale italienne où est signé le « Statut de Rome », traité international qui crée la Cour pénale internationale (CPI) dont le siège est installé à La Haye (Pays-Bas).

27 avril 1999 : élection d'Abdelaziz Bouteflika (né en 1937) comme président de la République algérienne.

10 juin 2000 : mort d'Hafez al-Assad. Son fils cadet, Bachar, lui succède à la tête de la Syrie.

5 octobre 2000 : « révolution des Bulldozers » en Serbie, qui force Milošević à démissionner. Elle doit son nom à l'usage de bulldozers par des manifestants s'attaquant au siège de la radio-télévision, symbole du pouvoir.

17 novembre 2000 : après une réélection contestée, Fujimori fuit le Pérou et est destitué.

16 janvier 2001 : assassinat de Laurent-Désiré Kabila à Kinshasa. Son fils Joseph Kabila (né en 1971) lui succède.

1er avril 2001 : arrestation de Milošević en Serbie.

26 février 2003 : début de la guerre au Darfour, dans l'ouest du Soudan, qui a fait plus de 300 000 morts civils.

15 mars 2003 : coup d'État de François Bozizé (né en 1946) en Centrafrique, qu'il gouverne durant dix ans.

20 mars-9 avril 2003 : invasion de l'Irak par une coalition menée par les États-Unis. L'opération « Liberté irakienne » a pour but la chute du régime de Saddam Hussein.

13 décembre 2003 : capture de Saddam Hussein à Tikrit, au nord de Bagdad.

21 novembre-26 décembre 2004 : « Révolution orange » en Ukraine conduisant au départ de Viktor Ianoukovytch (né en 1950), contesté du fait de sa proximité avec Moscou.

19 octobre 2005-5 novembre 2006 : procès de Saddam Hussein par un Tribunal spécial irakien, condamné à mort pour crimes contre l'humanité.

30 décembre 2006 : pendaison de Saddam Hussein à Bagdad.

15 février 2007 : Ramzan Kadyrov est nommé par Vladimir Poutine à la tête de la République de Tchétchénie, replacée dans l'orbite russe à la suite d'une invasion militaire (1999-2000).

14 juillet 2008 : la CPI émet un mandat d'arrêt pour génocide, crimes contre l'humanité et crimes de guerre contre Omar el-Béchir, suite à la guerre au Darfour.

26 janvier 2009 : ouverture du premier procès de la CPI, contre le chef de guerre congolais Thomas Lubanga (né en 1960). Il est reconnu coupable le 14 mars 2012 de crimes de guerre et devient le premier individu condamné par l'institution.

7 avril 2009 : condamnation à Lima d'Alberto Fujimori à vingt-cinq ans de prison pour crimes contre l'humanité.

17 décembre 2010 : suicide par immolation par le feu de Mohamed Bouazizi (1984-2011), vendeur ambulant tunisien. Les émeutes que déclenche sa mort marquent le début des « printemps arabes ».

14 janvier 2011 : venu mettre sa famille en sûreté en Arabie saoudite, le chef de l'État tunisien Ben Ali est abandonné par son avion présidentiel à Riyad. La vague des « printemps arabes » s'étend en février à l'Égypte, la Jordanie, le Yémen, la Libye, Bahreïn et la Syrie.

11 février 2011 : face à des manifestations monstres, Hosni Moubarak démissionne et remet le pouvoir à l'armée.

17 mars 2011 : résolution 1973 de l'ONU qui déclenche l'intervention militaire en Libye aboutissant à la chute de Kadhafi.

19 avril 2011 : Fidel Castro cède son poste de premier secrétaire du Parti communiste de Cuba à son frère Raul Castro (né en 1931).

20-28 août 2011 : prise de Tripoli par les rebelles libyens.

20 octobre 2011 : mort de Kadhafi, capturé par les rebelles à Syrte.

17 décembre 2011 : mort de Kim Jong-il (1941-2011), qui dirigeait la Corée du Nord depuis la mort de son père Kim Il-sung en 1994. Lui succède Kim Jong-un (né en 1984).

30 mai 2012 : l'ancien président du Liberia Charles Taylor est condamné à cinquante ans de prison pour crimes contre l'humanité par le Tribunal spécial pour la Sierra Leone.

24 mars 2013 : François Bozizé est chassé de Centrafrique par les rebelles de la *Seleka* (« coalition » en sango), ensemble de groupes rebelles musulmans, qui s'emparent de son palais. Les massacres entre chrétiens (majoritaires en RDC) et musulmans qui s'ensuivent provoquent l'intervention de la France fin 2013.

3 juillet 2013 : coup d'État militaire en Égypte, qui renverse Mohamed Morsi (né en 1951), président depuis 2012, et soutenu par les Frères musulmans. L'armée met au pouvoir le maréchal Abdel Fattah al-Sissi (né en 1954), élu président en 2014 avec 96,1 % des suffrages, au terme d'élections muselées.

21 août 2013 : bombardement au gaz sarin par l'armée de Bachar al-Assad (né en 1965) dans les banlieues de Damas, qui fait de 500 à 2 000 morts.

28-31 octobre 2014 : révolution au Burkina Faso provoquant la démission de Blaise Compaoré.

15-16 juillet 2016 : coup d'État raté en Turquie contre Recep Tayyip Erdoğan (né en 1954). Dans le cadre de la répression, 150 000 fonctionnaires sont limogés et 55 000 personnes sont emprisonnées.

25 novembre 2016 : mort de Fidel Castro.

14-21 novembre 2017 : coup d'État au Zimbabwe conduisant à la démission de Robert Mugabe.

4 décembre 2017 : assassinat d'Ali Abdallah Saleh (1947-2017), président du Yémen depuis 1978, marginalisé après les manifestations de 2011.

Notices biographiques des auteurs

Jérémy André est agrégé d'histoire. Il a été correspondant en Irak en 2016-2018 pour le journal *La Croix*, et envoyé spécial en Syrie, en Irak et au Congo pour *Le Point*, *Le Figaro Magazine*, *La Vie* et *Marianne*.

Bernard Bajolet choisit la diplomatie, après Sciences Po Paris et l'ENA, qui le conduit à Alger, Rome et Damas. À partir de 1994, il enchaîne plusieurs postes d'ambassadeur à Amman, Sarajevo, Bagdad, Alger et Kaboul. Il a été coordonnateur national du renseignement (2008-2011) sous le mandat de Nicolas Sarkozy. Il est nommé en 2013 à la tête de la DGSE, et y restera jusqu'en mai 2017. Il est l'auteur de *Le soleil ne se lève plus à l'Est* (Plon, 2018).

Éric Branca, historien et journaliste, est un fin connaisseur du gaullisme et des services secrets auxquels il a consacré plusieurs ouvrages à succès dont chez Perrin, en 2017, *L'Ami américain. Washington contre de Gaulle*, et, en 2019, *Les Entretiens oubliés d'Hitler, 1923-1940*.

Jean-Christophe Buisson est directeur adjoint du *Figaro Magazine* et présente « Historiquement show » sur la chaîne Histoire. Spécialiste des Balkans et du monde slave, il est notamment l'auteur d'une *Histoire de Belgrade*, *1917, l'année qui a changé le monde* et *Assassinés*.

Élisabeth Burgos, historienne et anthropologue, fut directrice de la Maison de l'Amérique latine et de l'Institut français de Séville, puis attachée culturelle à Madrid. Elle est membre du conseil de rédaction de l'hebdomadaire vénézuélien *Zeta*. Elle est notamment l'auteur de *Moi, Rigoberta Menchu. Une vie et une voix, la révolution au Guatemala* (Gallimard, 1983 ; coll. « Folio », 1999). Elle a longuement résidé à Cuba.

Stéphane Courtois est historien, directeur de recherches honoraire au CNRS, directeur de la revue *Communisme* et de collections chez plusieurs éditeurs (Seuil, Le Rocher, Cerf, Vendémiaire). Il est l'auteur d'une trentaine d'ouvrages consacrés au communisme français et international et au phénomène totalitaire. Il a notamment dirigé *Le Livre noir du communisme* qui a été un événement mondial (26 traductions, plus de 1 million d'exemplaires). Il a publié en 2017 *Lénine, l'inventeur du totalitarisme* (Perrin) qui a reçu en 2018 le grand prix de la biographie politique et le grand prix du livre d'histoire (chaîne Histoire/*Le Figaro Histoire*).

Pascal Dayez-Burgeon est normalien et agrégé d'histoire, spécialiste des deux Corées auxquelles il a consacré de nombreux articles et quatre ouvrages. Sa première étude (*Les Coréens*, Tallandier, 2011) a été suivie par une *Histoire de la Corée des origines à nos jours* (Tallandier, 2013) et un essai sur la dictature Kim (*La Dynastie rouge*, Perrin, 2015), qui a été traduit en coréen. Il a également publié un essai sur la Belgique (*Les Secrets de la Belgique*, Perrin, 2015) et un autre sur Byzance (*Byzance la secrète*, Perrin, 2017).

Laurence Debray, historienne et journaliste, est l'auteur de *Juan Carlos d'Espagne* (Perrin, 2019) et *Fille de révolutionnaires* (Stock, 2018) qui a reçu plusieurs prix dont celui du Livre politique 2018.

Christian Destremau, historien de la Seconde Guerre mondiale et fin connaisseur de la culture britannique, est notamment l'auteur d'une magistrale biographie de Lawrence d'Arabie (Perrin, 2014). Il a également publié chez le même éditeur les très remarqués : *Ce que savaient les Alliés* (2007), *Le Moyen-Orient pendant la Seconde Guerre mondiale* (2011) et *Churchill et la France* (2017).

Michel Faure, journaliste, grand reporter à *L'Express* de 1989 à 2005, a couvert l'actualité de l'Amérique latine pendant de nombreuses années. Il a publié plusieurs ouvrages, notamment, chez Perrin, *L'Espagne de Juan Carlos* (2008), *Une histoire du Brésil* (2016), et sa biographie de Pinochet est à paraître début 2020.

Olivier Guez est historien, écrivain et journaliste. Il a reçu le prix Renaudot pour son dernier ouvrage, *La Disparition de Josef Mengele* (Grasset, 2017).

Emmanuel Hecht, ancien rédacteur en chef à *L'Express*, collabore au *Figaro Magazine* et à *Lire*. Il est directeur de collection chez Perrin, où il a codirigé l'ouvrage collectif *Les Derniers Jours des dictateurs* (2012). Dernier ouvrage publié, en collaboration avec Jean-Christophe Buisson : *Les Grands Vaincus de l'Histoire* (Perrin, 2018).

Vincent Hugeux est grand reporter au service international de *L'Express* depuis 1990. Lauréat du prix Bayeux des correspondants de guerre en 2005, il est chargé d'enseignement à l'École de journalisme de Sciences Po et à l'École supérieure de journalisme de Lille. Il est par ailleurs l'auteur de plusieurs essais, dont *Les Sorciers blancs. Enquête sur les faux amis français de l'Afrique* (Fayard, 2007), *L'Afrique en face. Dix clichés à l'épreuve des faits* (Armand Colin, 2010), *Reines d'Afrique, le roman vrai des Premières Dames* (Perrin, 2014, coll. « Tempus », 2016) et *Kadhafi* (Perrin, 2017).

Rémi Kauffer est enseignant à l'ICES (Institut catholique de Vendée), journaliste et écrivain, collaborateur du *Figaro Magazine* et du *Point*. Il est notamment l'auteur, chez Perrin, du *Siècle des quatre empereurs, Sun Yat-sen, Chiang Kai-shek, Mao Zedong et Deng Xiaoping* et coauteur de la biographie de *Kang Sheng, le maître espion de Mao.*

Jean-Pierre Langellier, journaliste, est l'auteur de nombreux ouvrages, dont *Les Héros de l'an mil* (Seuil, 2000), *Dictionnaire Victor Hugo* (Perrin, 2014) et *Mobutu* (Perrin, 2017).

Frédéric Le Moal est docteur en histoire (Paris-IV-Sorbonne) et professeur au lycée militaire de Saint-Cyr et à l'Institut Albert-le-Grand. Il est l'auteur de nombreux ouvrages sur l'Italie, le fascisme et la papauté dont chez Perrin *Victor-Emmanuel III. Un roi face à Mussolini* (2014), *Les Divisions du pape. Le Vatican face aux dictateurs* (2016) et *Histoire du fascisme* (2018) couronné par le prix Ernest Lemonon de l'Académie des sciences morales et politiques.

François-Guillaume Lorrain est grand reporter au *Point* en charge de la rubrique « Histoire », ancien élève de l'École normale supérieure et agrégé de lettres. Auteur d'une dizaine d'ouvrages dont *L'Homme de Lyon* (Le Livre de poche) et *Ces lieux qui ont fait la France* (Fayard), son dernier ouvrage, *Vous êtes de la famille ? (À la recherche de Jean Kopitovitch)*, est paru en février 2019 aux éditions Flammarion.

Jean-Louis Margolin, agrégé et normalien, est historien de l'Asie orientale contemporaine. Initialement spécialiste de Singapour depuis la fin de la domination britannique, il est aussi l'auteur de nombreux livres et articles sur l'histoire des violences de masse en Asie orientale. Son dernier ouvrage publié est *Les Indes et l'Europe : Histoires connectées, XVe-XXIe siècle*, avec

Claude Markovits (Gallimard, coll. « Folio-Histoire », 2015).

Patrick Moreau est docteur en histoire et docteur d'État en science politique (CNRS, laboratoire Dynam, université de Strasbourg). Il a été membre de 1994 à 1998 de la commission d'enquête du Bundestag « Dépasser la dictature du SED ». Il est l'auteur de nombreux ouvrages et articles sur le communisme et le post-communiste en Allemagne.

Catherine Ève Roupert est l'auteur de *Dossier Haïti. Un pays en péril* (Tallandier, 1988) et *Histoire d'Haïti. La Première République noire du Nouveau Monde* (Perrin, 2011). Elle a dirigé *Guerres et droit humanitaire* (ministère de la Défense, 1998) et *Trésors méconnus du musée de l'Homme* (Cherche-Midi, 1999).

Éric Roussel, écrivain et journaliste, est l'auteur d'ouvrages devenus des références sur de grands contemporains : *Charles de Gaulle* (Gallimard, 2002 ; Perrin, coll. « Tempus », 2007) ; *Jean Monnet* (Fayard, 1996) ; *Georges Pompidou* (Perrin, coll. « Tempus », 2004) ; *Pierre Mendès France* (Gallimard, 2007) ; *François Mitterrand, de l'intime au politique* (Robert Laffont, 2016) ; *Valéry Giscard d'Estaing* (Éditions de l'Observatoire, 2018). Il est membre de l'Institut (Académie des sciences morales et politiques).

Pierre François Souyri est professeur honoraire de l'université de Genève où il enseigna l'histoire du Japon. Ancien professeur de l'Inalco de Paris et ancien directeur de la Maison franco-japonaise de Tokyo, il est l'auteur de nombreux ouvrages dont *Nouvelle Histoire du Japon* (Perrin, 2010), *Kamikazes* (avec Constance Sereni) (Flammarion, 2015) et *Moderne sans être occidental. Aux origines du Japon d'aujourd'hui* (Gallimard, 2016).

Bénédicte **Vergez-Chaignon** est docteur en histoire et ancien maître de conférences de Sciences Po Paris. Spécialiste de l'histoire de la Seconde Guerre mondiale en France, elle a publié une douzaine de livres, parmi lesquels *Le Docteur Ménétrel* (Perrin, 2002) ; *Les Vichysto-Résistants* (Perrin, 2008) ; *Les Secrets de Vichy* (Perrin, 2015) et une biographie de *Pétain* (Perrin, 2014).

Nicolas **Werth**, directeur de recherches à l'Institut d'histoire du temps présent (CNRS), s'est fait connaître par sa participation au *Livre noir du communisme*. Grand spécialiste de l'histoire soviétique, son *Île aux cannibales* (Perrin, 2008) a été un événement éditorial. Il a publié chez Perrin en 2019 *Le Cimetière de l'espérance*.

Les dictatures de 1917 à 1944

Frontières de 1938

1 France : occupation partielle jusqu'en novembre 1942. État français » de juillet 1940
2 Yougoslavie : Croatie alliée à l'Axe, Serbie et Monténégro occupés.
3 Chine : occupation partielle par le Japon.

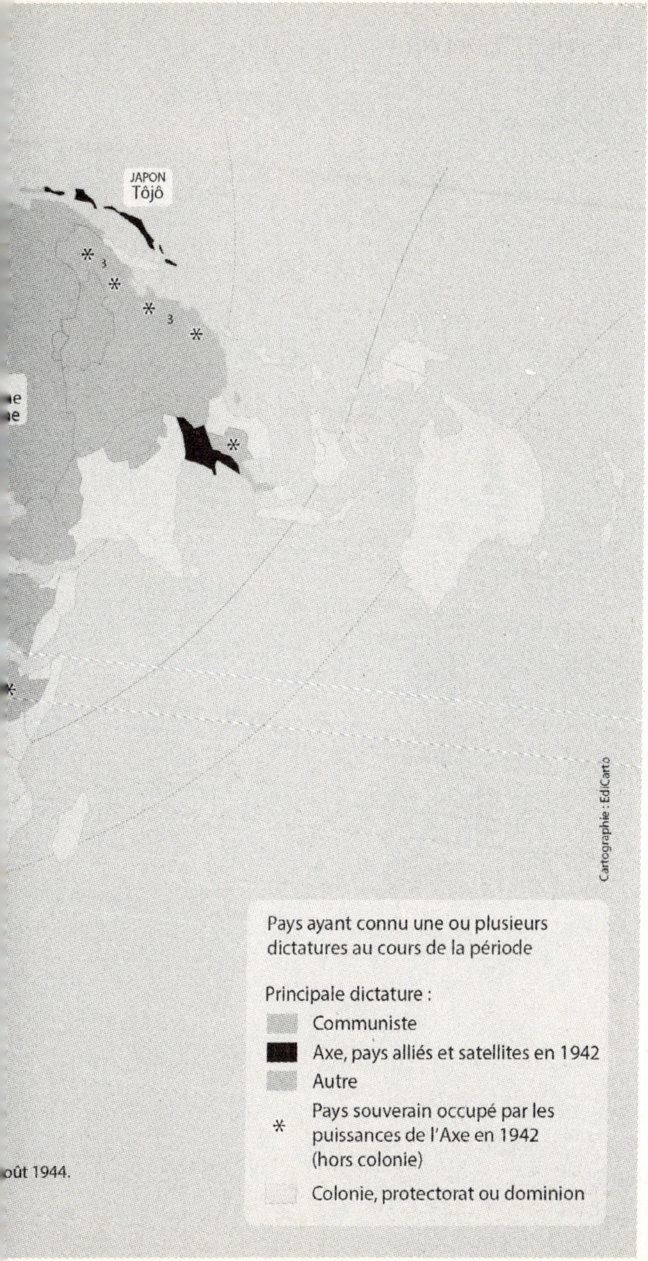
JAPON
Tôjô
Cartographie : EdiCarto
Pays ayant connu une ou plusieurs dictatures au cours de la période
Principale dictature :
Communiste
Axe, pays alliés et satellites en 1942
Autre
Pays souverain occupé par les puissances de l'Axe en 1942 (hors colonie)
Colonie, protectorat ou dominion
oût 1944.

Les dictatures de 1945 à aujourd'hui

Frontières de 2019

1 RDA (République démocratique allemande) : réunification des deux Allemagnes, R
et RDA en août 1990.
2 Dislocation de l'URSS (Union des républiques socialistes soviétiques) en 1990-199
3 Dislocation de la Yougoslavie en 1991.
4 Guinée : dictature d'obédiance marxiste de 1958 à 1978.
5 République populaire du Bénin de 1972 à 1990.

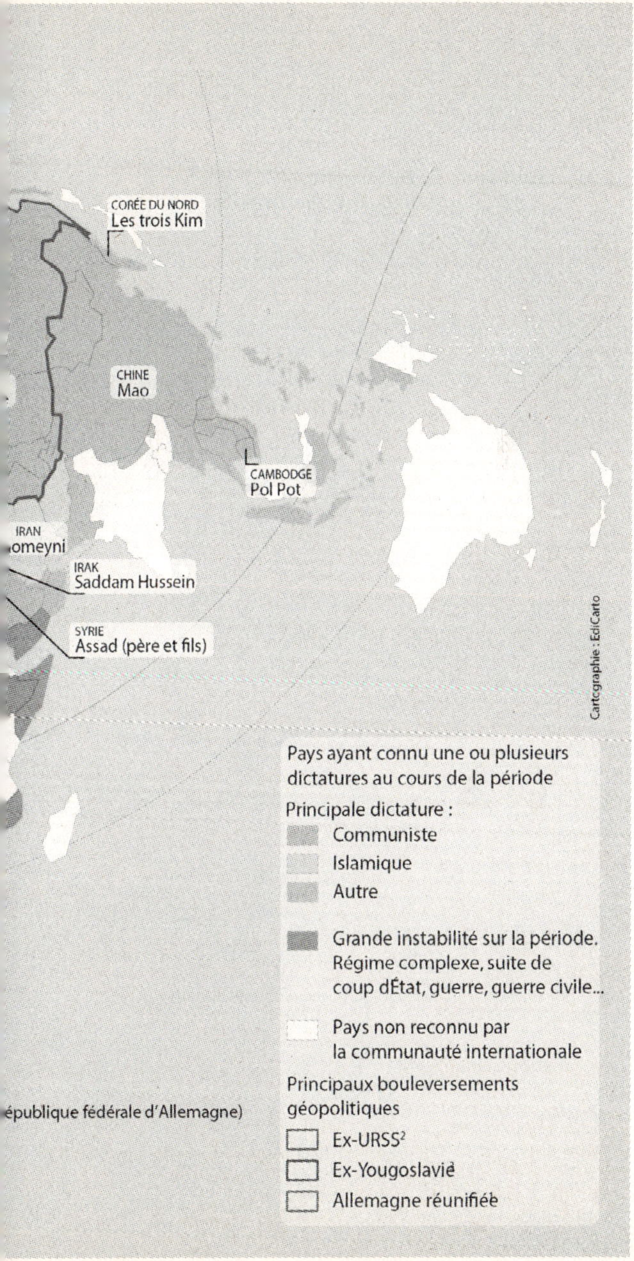
CORÉE DU NORD
Les trois Kim
CHINE
Mao
CAMBODGE
Pol Pot
IRAN
omeyni
IRAK
Saddam Hussein
SYRIE
Assad (père et fils)
Cartographie : EdiCarto
Pays ayant connu une ou plusieurs dictatures au cours de la période
Principale dictature :
Communiste
Islamique
Autre
Grande instabilité sur la période. Régime complexe, suite de coup dÉtat, guerre, guerre civile...
Pays non reconnu par la communauté internationale
Principaux bouleversements géopolitiques
Ex-URSS[2]
Ex-Yougoslavie[3]
Allemagne réunifiée[4]
épublique fédérale d'Allemagne)

Cet ouvrage a été composé et mis en page par Nord Compo à Villeneuve-d'Ascq

Imprimé en France par CPI
en septembre 2020
N° d'impression : 3039784

Pocket – 92 avenue de France, 75013 PARIS

S29852/01